新中国宪法学
学术发展简况

A BRIEF OVERVIEW OF
THE ACADEMIC DEVELOPMENT OF CONSTITUTIONAL LAW
IN NEW CHINA

刘小妹　李　忠　莫纪宏／主编
朱学磊　刘志鑫／副主编

社会科学文献出版社
SOCIAL SCIENCES ACADEMIC PRESS (CHINA)

前　言

新中国宪法学伴随着新中国第一部宪法1954年宪法的诞生而起步。20世纪50年代，在全面学习苏联社会主义制度的大背景下，我国高等院校中的宪法学教材基本上是清一色的苏联国家与法的理论。我国的宪法学研究事业在改革开放之前没有太大的起色，只有个别宪法学者撰写的宪法基本知识讲话，成体系的宪法学教科书或理论著作尚未形成。1982年现行宪法诞生时，宪法学界开始出现了成章成体系的宪法学教材。1982年由北京大学出版社出版的萧蔚云、魏定仁、陈宝音编著《宪法学概论》、1983年由群众出版社出版的吴家麟主编的高等学校法学试用教材《宪法学》等，可以说在构建中国自主的宪法学知识体系方面迈出了决定性一步，至此，宪法学成为中国法学学科体系中的独立学科，摆脱了苏联国家与法的理论的思维束缚，也与政治学、科学社会主义等相邻学科在学科体系上分离开来。随后，随着"五院""四系"中的宪法学教学和科研队伍的成长以及1983年开始启动的宪法学博士点正式招生，作为宪法学学科建设的几大要素——宪法学人、宪法学科、宪法教材、宪法学专业学生逐渐齐备，宪法学作为法学学科的独立完整意义上的学科地位得到了确立。经过40余年的努力，特别是1985年中国法学会宪法学研究会在贵阳成立，极大地推动了我国宪法学教学和研究队伍的发展，宪法学学科建设也得到了突飞猛进的发展，至今全国范围内已经有94所高校设立了学术型宪法学硕士点、20所高校拥有了学术型宪法学博士招生资格。全国从事宪法学教学和科研的人员总数超过了千人，形成了巍巍壮观的宪法学学术共同体。中国法学会宪法学研究会的成立，最大程度地团结了全国范围内的所有宪法学人，参与了现行宪法的历次修正、宣传、阐释和相关宪法制度的建设工作。宪法学学术研究水平不断提高。据中国法学创新网统计，近 3 年（2021-2023）来，我国宪法学界每年在 CLSIC 论文系统中发表高质量学术论文都在 90 篇以上，2023 年度达到了 107 篇，在法学学科中仅次于民法学、刑法学这样的传统"大"法学学科。中国国家图书馆藏书系统显示，自改革开放以来，我国宪法学界出版的各类宪法学著作已经达到几百部，其中以"宪法"为书名的论著或教材就超过了 150 部。时至今日，新中国宪法学事业与宪法制度的发展呈现出同步前行的状态。此外，自 1981 年起，我国宪法学者就参加了国际宪法学协会组织的各项学术活动，先后三次组织了国际宪法学协会圆桌会议，并派遣宪法学者参加了由国际宪法学协会组织的从第一届到第十一届世界宪法大会。在宪法大会上，我国宪法学者不仅仅是简单参与，而且还主动发声，积极引导，向国际宪法学界同仁积极和有效地宣传和使其欣然接受新中国宪法诞生 70 年来我们在宪法制度和法治建设方面所取得的重要成就。讲述中国宪法故事，与国际宪法学界同仁进行广泛、充分和有效的学术交流。

中国社会科学院法学研究所一直是我国宪法学理论研究领域的重镇。法学研究所首任所长张友渔先生是新中国宪法学事业的奠基人，参与了新中国第一部宪法的起草工作，是国际宪法学协会的最早发起人和第一批执行委员。1982 年现行宪法起草过程中，法学所张友渔教授、王叔文教授，北京大学法律系肖蔚云教授，中国人民大学许崇德教授等都是起草 1982 年现行宪法的宪法修改小组成员。中国社会科学院法学研究所宪法研究室也事实上承担了 1982 年现行宪法起草工作的资料室功能，依托中国社会科学院法学研究所图书资料室珍藏的美国阿尔欣纳出版公司出版的《世界各国宪法汇编》，为 1982 年宪法起草小组提供了各国宪法文本规定的各方面的资料和信息，为 1982 年现行宪法的出台作出了突出贡献。在张友渔和王叔文教授的亲自指导下，中国首批宪法学博士出自中国社会科学院法学研究所。中国法学会宪法学研究会 1985 年成立后，王叔文研究员担任了四届干事会总干事。张庆福研究员出任了中国法学会宪法学研究会第五届理事会会长。目前，中国社会科学院法学研究所所长莫纪宏研究员出任中国法学会宪法学研究会常务副会长。在代表中国宪法学界参与国际宪法学协会活动方面，张友渔教授和王叔文教授都先后出任过国际宪法学协会的执行委员职务，莫纪宏研究员先后担任过该协会的执行委员和副主席，2018 年在国际宪法学协会举行上海圆桌会议期间，莫纪宏研究员还被国际宪法学协会执行委员会授予终身名誉主席称号，以此表彰中国宪法学界对国际宪法学协会所作出的巨大贡献。

在宪法学学术研究方面，中国社会科学院法学研究所也一直是我国宪法学理论研究的重镇。张友渔、王叔文、张庆福、陈云生以及莫纪宏等教授都一直是不同时代我国宪法学理论研究的代表性人物。2020年9月20日，中国社会科学院实行"科教融合"体制改革，在中国社会科学院大学下面成立了法学院。2023年6月，中国社会科学院大学法学院设立了17个教研室，宪法学教研室是法学院下属的最重要的教研室之一。目前宪法学教研室主任是中国社会科学院国际法研究所科研外事处处长刘小妹研究员，教研室还汇聚了一批年轻有为的宪法学人，他们中的代表性学者有李忠教授、翟国强教授、柳建龙教授，还有年轻宪法学人朱学磊副教授、刘志鑫博士和江辉讲师等。中国社会科学院大学法学院宪法学教研室全体教学人员是我国宪法学界的一股生机勃勃的力量，立志要为构建中国自主的宪法学知识体系作出自己独特的贡献。

正值新中国1954年宪法诞生70周年之际，中国社会科学院大学法学院宪法学教研室的全体同仁在教研室主任刘小妹研究员的带领下，汇集各方面的资料，编辑了《新中国宪法学学术发展简况》一书。该书介绍了新中国宪法理论发展和国际交流情况、中国法学会宪法学研究会历届年会暨学术研讨会情况、法学"三大刊"以"宪法"为篇名刊文情况、2021~2023年CLSCI宪法学论文发表情况与统计分析，最后还附录了中国国家图书馆馆藏"宪法类"图书目录。本书的编辑目标是为学习和研究宪法的教师、研究人员、学生和社会公众提供新中国宪法学学术发展信息，从而了解当下我国宪法学学科体系建设的状况，便于读者把握新中国宪法70年中国宪法学理论研究和教学工作的面貌。

值此新中国1954年宪法诞生70周年，作为本书的编辑者，要特别感谢为中国宪法学研究事业和教学事业孜孜不倦、努力奋斗的宪法学界同行，也向为历届宪法学研究会年会暨学术研讨会作出了巨大贡献的宪法学界同仁表示由衷的敬意，同时感谢年会综述的各位作者在不同时期为完整留存中国法学会宪法学研究会学术活动的痕迹所付出的辛勤劳动，此次首次全面和系统地汇集的中国法学会宪法学研究会历届年会暨学术研讨会综述，有上述各位学界同仁的贡献。正是基于他们的努力和贡献，才使得读者有机会一睹中国法学会宪法学研究会过去近40年开展学术活动的主要信息，并从历届年会综述中能够体悟到中国宪法学学术发展的脉络和学术研究水平不断提高的历史轨迹。

中国宪法学的发展离不开中国宪法学界所有宪法学人的共同努力，我们愿意为中国自主的宪法学知识体系的科学构建贡献微薄之力。本成果获中国社会科学院学科建设"登峰战略"资助计划资助（优势学科：宪法与行政法学，编号为 DF2023YS33），同时也是中国社会科学院大学法学院院长莫纪宏教授牵头的 2023 年教育部哲学社会科学研究重大专项项目"中国自主的宪法学知识体系研究"（编号为 2023JZDZ015）的重要阶段性研究成果，是中国社会科学院大学法学院实行"科教融合"的创新性成果，欢迎宪法学界同仁和社会各界提出批评指正。

中国社会科学院大学法学院院长　莫纪宏
2024 年 9 月

目录
CONTENTS

第一编 新中国宪法理论研究和国际学术交流概述 …………………… 1
 一 新中国宪法理论研究的发展概况 ………………………………… 1
 二 中国宪法学界参加历届世界宪法大会概况 …………………… 31

第二编 中国法学会宪法学研究会历届年会及学术研讨会综述汇集 ……… 38
 一 中国法学会宪法学研究会 1985 年成立大会综述 ……………… 38
 二 中国法学会宪法学研究会 1986 年年会综述 …………………… 42
 三 中国法学会宪法学研究会 1987 年年会综述 …………………… 42
 四 中国法学会宪法学研究会 1988 年年会综述 …………………… 43
 五 中国法学会宪法学研究会 1990 年年会综述 …………………… 46
 六 中国法学会宪法学研究会 1991 年年会综述 …………………… 48
 七 中国法学会宪法学研究会 1992 年年会综述 …………………… 50
 八 中国法学会宪法学研究会 1993 年年会综述 …………………… 54
 九 中国法学会宪法学研究会 1994 年年会综述 …………………… 58
 十 中国法学会宪法学研究会 1995 年年会综述 …………………… 61
 十一 中国法学会宪法学研究会 1998 年年会综述 ………………… 62
 十二 中国法学会宪法学研究会 1999 年年会综述 ………………… 68
 十三 中国法学会宪法学研究会 2000 年年会综述 ………………… 74
 十四 中国法学会宪法学研究会 2001 年年会综述 ………………… 82
 十五 中国法学会宪法学研究会 2002 年年会综述 ………………… 87
 十六 中国法学会宪法学研究会 2003 年年会综述 ………………… 92
 十七 中国法学会宪法学研究会 2004 年年会综述 ………………… 97
 十八 中国法学会宪法学研究会 2005 年年会综述 ………………… 101
 十九 中国法学会宪法学研究会 2006 年年会综述 ………………… 107
 二十 中国法学会宪法学研究会 2007 年年会综述 ………………… 114

二十一　中国法学会宪法学研究会 2008 年年会综述 …………… 124
二十二　中国法学会宪法学研究会 2009 年年会综述 …………… 138
二十三　中国法学会宪法学研究会 2010 年年会综述 …………… 142
二十四　中国法学会宪法学研究会 2011 年年会综述 …………… 148
二十五　中国法学会宪法学研究会 2012 年年会综述 …………… 158
二十六　中国法学会宪法学研究会 2013 年年会综述 …………… 167
二十七　中国法学会宪法学研究会 2014 年年会综述 …………… 175
二十八　中国法学会宪法学研究会 2015 年年会综述 …………… 188
二十九　中国法学会宪法学研究会 2016 年年会综述 …………… 200
三十　中国法学会宪法学研究会 2017 年年会综述 ……………… 211
三十一　中国法学会宪法学研究会 2018 年年会综述 …………… 224
三十二　中国法学会宪法学研究会 2019 年年会综述 …………… 240
三十三　中国法学会宪法学研究会 2020 年年会综述 …………… 254
三十四　中国法学会宪法学研究会 2021 年年会综述 …………… 265
三十五　中国法学会宪法学研究会 2022 年年会综述 …………… 268
三十六　中国法学会宪法学研究会 2023 年年会综述 …………… 294

第三编　法学"三大刊"以"宪法"为篇名刊文汇集 ………… 298
　一　《中国社会科学》以"宪法"为篇名的学术论文目录
　　　及论文摘要 …………………………………………………… 298
　二　《法学研究》以"宪法"为篇名的学术论文目录及论文摘要 …… 306
　三　《中国法学》以"宪法"为篇名的学术论文目录及论文摘要 …… 331

第四编　2021～2023 年 CLSCI 宪法学论文发表情况与统计分析 …… 366
　一　2021 年 CLSCI 宪法学论文发表情况与统计分析 …………… 366
　二　2022 年 CLSCI 宪法学论文发表情况与统计分析 …………… 375
　三　2023 年 CLSCI 宪法学论文发表情况与统计分析 …………… 389

附录　中国国家图书馆馆藏"宪法"类主要著作书目 ………… 405

第一编　新中国宪法理论研究和国际学术交流概述

一　新中国宪法理论研究的发展概况

今年是新中国第一部宪法1954年宪法诞生70周年。过去的70年中，我国的宪法制度不断发展，其间虽然因为受到极"左"思潮的影响曾经遇到了一些暂时的挫折，但总的趋势是适应了不同时代的要求，为中国特色社会主义制度奠定了坚实的宪法基础。1954年宪法是在认真总结1949年9月29日中国人民政治协商会议第一届全体会议通过的具有"临时宪法"作用的《中国人民政治协商会议共同纲领》（以下简称《共同纲领》）实施经验基础上诞生的，是一部社会主义类型的宪法。1954年宪法明确规定了我国的根本政治制度人民代表大会制度，确立了宪法所要保护的公民基本权利结构，全面和系统地肯定了社会主义原则和民主原则，为中国特色社会主义宪法制度建设奠定了宪法文本的基础。1954年宪法在实施过程中，先后经过了1975年宪法、1978年宪法和1982年宪法三次修改。1982年宪法又经过1988年、1993年、1999年、2004年和2018年五次修正，目前共有正文143条，宪法修正案52条，是现行有效的宪法。与我国宪法不断发展的历史相适应的是，1954年宪法的诞生也催生了以研究宪法制度和宪法现象为对象的宪法学的出现。1954年宪法出台之后，中国法学界就出现了详细介绍1954年宪法的知识读本，例如1954年中国青年出版社出版的吴家麟著《宪法基本知识讲话》就是由中国本土宪法学者撰写的最早的宪法知识读本之一,从而摆脱了中国宪法学者过度依赖苏联国家和法理论的被动局面。直至1982年现行宪法诞生,虽然我国法学界独立出版的宪法学著作和知识读本并不多,但是,仍然有零星的宪法学著作面世。例如,王珉等著《宪法基本知识讲话》①、陈荷夫编《中国宪法类编》② 以及张友渔编《宪法论文集》③ 等。

总体上说,新中国的宪法学是在学习和借鉴苏联国家和法的理论基础上逐步发展起来的。20世纪50年代,我国高等法律院校中使用的宪法学的教材都是清一色苏联国家和法的理论教材。在1954年宪法通过后,也出现了一些宣传和介绍1954年宪法主要内容的书籍,但都没有从一个完整的法学学科知识体系的角度来构建中国宪法学的学科体系。④ 改革开放以后,随着1982年现行宪法公布施行,在全国高等法律院校中逐渐出现了专门研究中国宪法的教材,例如1982年由北京大学出版社出版的萧蔚云、魏定仁、陈宝音著《宪法学概论》,1983年由群众出版社出版的吴家麟主编的高等学校法学试用教材《宪法学》。此后,随着宣传和介绍1982年现行宪法的深入,加上中国宪法学研究的最高学术团体中国法学会宪法学研究会1985年在贵州成立,中国宪法学界开始从整体上关注中国宪法学的学科体系建设问题,先后出版了很多有学术影响的中国宪法学教材,包括何华辉著《比较宪法学》⑤、许崇德主编的《中国宪法》⑥ 等。20世纪90年代,中国社会科学院法学研究所宪法研究室推出了由张庆福研究员领衔主编的《宪法学基本理论》⑦,它在借鉴世界各国宪法文本结构特征的基础上,较为全面地构建起中国宪法学的学科体系,中国宪法学开始在学科研究对象上具有了独立性,宪法学的研究范围也越来越广泛。与此同时,中国社会科学院法学研究所还先后组织了多次关于宪法学研究范畴的全国性理论研讨会,这对于中国宪法学的学科体系如何构建、怎样把宪法理论与宪法实践结合起来、怎么区分中国宪法学与一般宪法学的学科体系、如何强化比较宪法学的理

---

① 中国青年出版社1962年版。
② 中国社会科学出版社1980年版。
③ 群众出版社1982年版。
④ 张友渔、王叔文两位中国宪法学前辈曾于1962年在中国青年出版社出版过《宪法基本知识讲话》,该著作是改革开放前仅有的几本介绍中国宪法制度的宪法学著作之一。
⑤ 武汉大学出版社1988年版。
⑥ 中国人民大学出版社1989年版。
⑦ 社会科学文献出版社1999年版。

论研究等基础性理论问题展开了深入研究。① 进入 21 世纪，由中国法学会宪法学研究会组织的"中国宪法学基本范畴与方法"学术研讨会基本上每年举行一次，形成了成规模和成系列的研究成果。② 近期，教育部还组织专家编写了《宪法学教材编写指南》，对全国高等法律院校如何开展宪法学的教学进行了引导性的规范。可以说，在中国宪法学的学科体系建设方面，中国宪法学界已经取得了令人瞩目的学术成果。

但不可否认的是，由于在宪法学的学科体系、学术体系和话语体系三大体系建设方面缺乏深入和细致的研究，作为宪法学的最基础性知识，中国宪法学的学科体系建设还存在这样和那样的不足。最典型的例子就是以马克思主义理论研究和建设工程（以下简称"马工程"）重点教材《宪法学》（第二版）③ 为例，习近平总书记在《谱写新时代中国宪法实践新篇章——纪念现行宪法公布施行 40 周年》一文中所提及的一些基础性宪法概念、范畴和命题都付之阙如。例如，习近平总书记在文章中提到了宪法规定、宪法精神、宪法制度等中国宪法实践中出现的宪法现象，但马工程重点教材《宪法学》却没有对应的概念以及基于这些概念所建立起来的知识体系和知识范畴。在理论命题方面，习近平总书记在文章中强调指出，"坚持依法立法，最根本的是坚持依宪立法"。④ 这一重要论断对于树立宪法在法律法规等规范性文件制定时的法律权威至关重要，也是以宪法为核心构建中国特色社会主义法律体系必须遵循的基本准则。此外，宪法作为根本法，是党和国家事业的重要组成部分，党对"宪法工作"的全面领导是中国宪法实践最重要的特征。这些宪法现象存在的基本形式和规律，在包括马工程重点教材《宪法学》在内的绝大多数中国宪法学的教科书中都鲜有涉及。这至少说明目前中国宪法学的学科体系建设存在概念不全、结构不完整等基本知识元素匮乏的问题。中国宪法学的学科体系建设中，哪些概念是宪法学特有的，哪些是可以与其他法学学科共有的，哪些是与其他社会科学的学科共通的，对这些最基本的理论问题缺乏深入研究。

---

① 参见莫纪宏《比较宪法学研讨会综述》，《法学研究》1991 年第 4 期；莫纪宏、周汉华《全国比较宪法学研讨会综述》，《法学研究》1991 年第 6 期。
② 参见韩大元、林来梵、郑磊主编《中国宪法学基本范畴与方法（2004-2009）》，法律出版社 2010 年版。
③ 《宪法学》编写组编《宪法学》（第二版）（马克思主义理论研究和建设工程重点教材），高等教育出版社、人民出版社 2020 年版。
④ 习近平：《谱写新时代中国宪法实践新篇章——纪念现行宪法公布施行 40 周年》，《人民日报》2022 年 12 月 20 日，第 1 版。

所有这些问题都可以归结于中国宪法学的研究对象还不是很清晰，尚未完全区分宪法现象与宪法作为根本法所调整的社会关系所涉及的社会现象在宪法学的学科体系中如何加以区分和如何建立不同的知识体系。

正因为如此，目前的中国宪法学的学科体系还存在学科知识庞杂的问题，在很多基础性概念上，简单地借用了政治学、法理学、部门法学等学科的概念，缺少宪法学的独特的概念选择机制。宪法学的基础性范畴、命题和判断也没有很好地与部门法学加以区分。例如，宪法上的人格尊严和人格权的法律内涵、法律保护机制和法律救济方式常常与民法上的人格尊严和人格权相互混淆，导致宪法学的学科体系在很多重要知识点的理论阐述上缺少自身的独立性，影响了宪法学的整体学科知识体系的科学构建以及宪法学知识功能的发挥。① 因此，贯彻习近平总书记关于加强中国宪法学科体系、学术体系、话语体系建设的指示精神，必须从抓中国宪法学的研究对象和研究范围开始，必须从源头上为宪法学的学科体系的知识特性画上底线，确保中国宪法学的学科体系有一套区别于其他法学学科或者其他社会科学学科的具有自主性价值的知识谱系。

（一）宪法学研究领域的主要成就

1982年现行宪法颁布实施以来，围绕现行宪法的宣传、教育和研究，我国的宪法学作为法学学科中的一门独立学科的学科地位得到充分肯定，学科建设也逐渐走上正轨，宪法学作为研究宪法现象的一门专门法学学科已经在繁荣中国特色社会主义法学事业方面发挥了非常重要的作用。特别是在21世纪后的"十五"到"十四五"期间，我国宪法学研究有了重大发展，取得了令人瞩目的成就，主要表现在以下几方面。

1. 出版了一批有质量的宪法学理论著作

在"十五"期间，以中青年为主体的宪法学研究队伍，在总结传统宪法学研究成果的基础上，运用新的研究方法，通过扩大宪法学理论研究的范围，出版了一些关于宪法学新问题领域的学术专著，产生了一批有较大社会影响的宪法学理论专著。代表性的有徐秀义、韩大元主编《现代宪法学基本原理》②，

---

① 林来梵：《人的尊严与人格尊严——兼论中国宪法第38条的解释方案》，参见韩大元、林来梵、郑磊主编《中国宪法学基本范畴与方法（2004-2009）》，法律出版社2010年版，第70~85页。
② 中国人民公安大学出版社2001年版。

韩大元、林来梵、郑贤君著《宪法学专题研究》①，莫纪宏著《现代宪法的逻辑基础》②，林来梵著《从宪法规范到规范宪法》③，等等。这些宪法学理论著作都突破了传统宪法学的研究框架，或者是在研究方法上有所创新，或者是在宪法学研究问题领域上有较大突破。这些著作的出版，改变了我国宪法学理论研究单一化的态势，宪法学界的研究成果开始整体上受到法学界的全面关注。

2. 翻译出版或介绍了一批有影响的外国宪法学著作或外国宪法制度的著作

改革开放以来，我国宪法学界开始注重将国外宪法学的研究成果翻译介绍到国内。比较有影响的是20世纪80年代末陈云生翻译的〔荷〕亨利·范·马尔赛文、格尔·范·德著《成文宪法的比较研究》④，该比较宪法著作对中国宪法学界了解国外宪法学研究的最新动态起到了重要的引领作用。从"十五"开始，宪法学界在翻译出版国外的宪法学著作以及出版介绍国外宪法制度的著作上取得了巨大成绩。在翻译外国宪法学著作方面，出现了一批高质量的翻译著作，包括李力、白云海译《实践宪法学》（〔日〕三浦隆著）⑤，刘丽君译《自由的法：对美国宪法的道德解读》（〔美〕罗纳德·德沃金著）⑥，程洁译《瑞典的议会督察专员》⑦，林浩译《生存权论》（〔日〕大须贺明著）⑧，重版雷宾南译《英宪精义》（〔英〕戴雪著）⑨，等等。这些译著填补了我国宪法学研究资料的空白，丰富了宪法学研究的比较法材料。另外，在此期间还出版了一批介绍国外宪法制度的宪法学专著，影响最大的是全国人大常委会研究室组织编写的"国外议会丛书"，其中包括韩大元编著《韩国国会》、甘超英编著《德国议会》、许振洲编著《法国议会》、杨建顺编著《日本国会》以及王瑞贺编著《新加坡国会》等⑩。还有一些学者进一步加强了对外国宪法学的深度研究，出版了相关的比较宪法学或国别宪法学的专著，丰富了我国比较宪法学的理论研究

---

① 中国人民大学出版社2004年版。
② 法律出版社2001年版。
③ 法律出版社2001年版。
④ 华夏出版社1987年版。
⑤ 中国人民公安大学出版社2002年版。
⑥ 上海人民出版社2001年版。
⑦ 清华大学出版社2001年版。
⑧ 法律出版社2001年版。
⑨ 中国法制出版社2001年版。
⑩ "国外议会丛书"由华夏出版社2002年出版。

成果。这方面的主要成果有任允正、于洪君著《独联体国家宪法比较研究》①，沈宗灵著《比较宪法：对八国宪法的比较研究》②，王建学著《法国式合宪性审查的历史变迁》③，等等。在翻译国外宪法文件方面，比较有影响的是20世纪80年代姜士林主编的《世界宪法大全》（上卷）④、20世纪90年代中期姜士林主编的《世界宪法全书》⑤，以及21世纪《世界各国宪法》编辑委员会编译（孙谦、韩大元主编）的《世界各国宪法·欧洲卷》《世界各国宪法·亚洲卷》《世界各国宪法·非洲卷》《世界各国宪法·拉丁美洲卷》，⑥它们在收集国外宪法文本基础性资料方面起到了非常重要的作用。

3. 加强了对宪法学高等教育教材的编写工作

从"十五"开始，我国宪法学高等教育教材的编写工作进一步得到了深化，不仅教材的种类进一步扩大，而且教材的体系和内容也有了改进，呈现出繁荣局面。根据中国国家图书馆馆藏书目的统计，自改革开放以来至2016年，我国宪法学界出版的各类宪法学教材近150部，较好地满足了600多所高等院校法学院或法律系宪法学教学工作的需要。近几年随着马工程重点教材《宪法学》的出版，一般性宪法学教材出版的速度有所下降，平均每年出版量或再版量只有几部。在宪法学教材方面，比较有特色的教材包括郑贤君主编的《宪法学》⑦，魏定仁、甘超英、付思明编的《宪法学》⑧，杨海坤主编的《宪法学基本论》⑨，莫纪宏、李忠主编的法律硕士教材《宪法学》⑩，等等。这些宪法学教材在体系上有了进一步开拓，对宪法学新问题领域的介绍也比较多，产生了较好的示范作用，受到学生的好评。此外，马工程重点教材《宪法学》⑪的出现，把马克思主义宪法理论引入高等法律院校的宪法课堂，提升了宪法学教学水平。2020年该教材又出版了第2版⑫，写入了习近平法治思想中

---

① 中国社会科学出版社2001年版。
② 北京大学出版社2002年版。
③ 法律出版社2018年版。
④ 中国广播电视出版社1989年版。
⑤ 青岛出版社1997年版。
⑥ 中国检察出版社2012年版。
⑦ 北京大学出版社2002年版。
⑧ 北京大学出版社2002年版。
⑨ 中国人事出版社2002年版。
⑩ 社会科学文献出版社2004年版。
⑪ 高等教育出版社、人民出版社2011年版。
⑫ 高等教育出版社、人民出版社2020年版。

关于宪法的重要论述，明确了习近平法治思想在宪法学知识体系中的重要指导地位，极大地丰富了我国宪法学教材的知识内涵，奠定了中国特色自主的宪法学知识体系的框架。

4. 发表了一大批有巨大社会影响的宪法学论文

改革开放以来，宪法学界在探讨宪法学基础理论和社会主义宪法制度建设等问题方面，都进行了有益的创新和尝试。不仅研究方法发生了较大的变化，研究的内容也有了实质性的发展，并且越来越注重与宪法实践相结合。许多有影响的学术观点通过发表在各种法学理论刊物上的宪法学论文体现出来。据CNKI文献资料统计，以"宪法"为篇名发表学术论文最多的是韩大元教授，论文数量在180篇以上，莫纪宏教授发表的论文数量紧随其后，达到了近80篇。[①] 法学"三大刊"（《中国社会科学》《法学研究》《中国法学》）刊载的以"宪法"为篇名的学术论文数量达到了300多篇。这方面具有较大学术影响的宪法学学术论文有：韩大元、张翔著《试论宪法解释的界限》[②]，胡锦光著《齐玉苓案与宪法的司法适用》[③]，许崇德、郑贤君著《"宪法司法化"是宪法学的理论误区》[④]，周叶中、周佑勇著《宪法学理论体系的反思与重构》[⑤]，赵世义著《经济宪法学基本问题》[⑥]，莫纪宏著《论宪法原则》[⑦]，莫纪宏著《审视应然性——一种宪法逻辑学的视野》[⑧]，林来梵著《论宪法学的根本方法》[⑨]，韩大元著《因特网时代的宪法学研究新课题》[⑩]，焦宏昌、姚国建著《对法院向人大会议报告工作的质疑》[⑪]，等等。这些宪法学论文的最大特

[①] 中国知网，https://kns.cnki.net/kns8s/defaultresult/index? crossids = YSTT4HG0% 2CLSTPFY1C% 2CJUP3MUPD% 2CMPMFIG1A% 2CWQ0UVIAA% 2CBLZOG7CK% 2CPWFIRAGL% 2CEMRPGLPA%2CNLBO1Z6R%2CNN3FJMUV&korder=TI&kw=%E5%AE%AA%E6%B3%95。数据显示，以"宪法"为篇名发表学术论文40篇以上的学者有韩大元（184）、莫纪宏（75）、秦前红（66）、郑贤君（57）、范进学（54）、张翔（46）、周叶中（46）、刘茂林（41）、上官丕亮（41）等。

[②] 《法学家》2001年第1期。

[③] 《判解研究》2001年第1期。

[④] 《法学家》2001年第6期。

[⑤] 《法学研究》2001年第4期。

[⑥] 《法学研究》2001年第4期。

[⑦] 《中国法学》2001年第4期。

[⑧] 《中国社会科学》2001年第6期。

[⑨] 《法学文稿》2001年秋季号。

[⑩] 《环球法律评论》2001年春季号。

[⑪] 《岳鹿法律评论》2001年第2期。

点是在宪法学研究方法上有了比较大的突破，同时，对传统宪法学的一些基本概念和问题提出了全新角度的思考，产生了比较大的社会影响，提升了宪法学在整个法学理论界的学术地位。据中国法学创新网统计，在CLSCI发文统计中，2020年度为97篇，2021年度为96篇，2022年度为84篇，2023年度为107篇。① 上述统计数据表明，中国宪法学者发表高质量学术论文的数量总体呈稳步上升态势，宪法学界的整体学术水准也逐渐得到了法学界的公认。

5. 宪法学研究队伍不断壮大，形成了梯队衔接的宪法学人共同体

新中国宪法学理论研究和教学队伍是随着我国宪法制度的发展而不断壮大的。新中国成立初期高等院校院系调整时，只有北京大学、中国人民大学、武汉大学和吉林大学（"四系"）拥有专门的宪法学教学力量，后来司法部系统产生的"五院"（北京政法学院、华东政法学院、西南政法学院、西北政法学院和中南政法学院）也配置了宪法学的教学队伍。改革开放初期，高等院校恢复法学教育事业，宪法学教学队伍也是以"五院""四系"力量为基础建立的。作为中国宪法学理论研究和教学的一支特殊力量，中国社会科学院研究生院从1978年刚成立时就招收了宪法学方向的硕士研究生，陈云生、吴新平是首批招收的宪法学硕士。1983年教育部开始设立法学博士招生点时，中国社会科学院研究生院张友渔教授成为首批法学学科博士研究生指导教师，王叔文教授在1984年也获得博士研究生指导教师资格。1984年中国社会科学院研究生院招收了首批宪法学博士研究生，陈云生、骆伟建成为新中国首批两位宪法学方向的博士研究生，并于1987年5月顺利通过论文答辩获得博士学位。从1985年开始，北京大学法律系肖蔚云教授、中国人民大学法律系许崇德教授、武汉大学何华辉教授也开始招收博士研究生。随后，随着我国高等法学教学事业的发展，宪法学研究队伍也不断壮大。目前在全国范围内620余所高等院校法学院中都有专门的宪法学教学力量，在没有设立法学院的设有法学专业的高等院校中也配备有相应的宪法学教学人员。初步估计，目前我国高等院校和科研机构中从事宪法学研究和教学的人员超过千人。据统计，目前在我国高等院校中，可以招收学术型宪法学硕士的院校达到94所，可以招收学术型宪法学博士的院校达到20所，具体情况参见表1-1。

---

① 中国法学创新网，http://www.fxcxw.org.cn/dyna/content.php?id=26798。

表 1-1　开设宪法与行政法学（专业代码 030103）硕士点、博士点的高校

（1）学术型硕士（94 所）

1	北京师范大学	2	首都师范大学	3	中国人民公安大学	4	中国人民大学
5	对外经济贸易大学	6	中央民族大学	7	中国政法大学	8	中国地质大学（北京）
9	中共中央党校（国家行政学院）	10	中国社会科学院大学	11	南开大学	12	天津师范大学
13	天津商业大学	14	河北经贸大学	15	河北大学	16	河北师范大学
17	中央司法警官学院	18	山西大学	19	东北财经大学	20	辽宁大学
21	东北大学	22	延边大学	23	东北师范大学	24	吉林大学
25	黑龙江大学	26	上海政法学院	27	上海社会科学院	28	上海海事大学
29	复旦大学	30	同济大学	31	上海交通大学	32	华东师范大学
33	上海师范大学	34	华东政法大学	35	扬州大学	36	中共江苏省委党校
37	河海大学	38	苏州大学	39	东南大学	40	南京航空航天大学
41	南京工业大学	42	常州大学	43	南京财经大学	44	南京大学
45	南京师范大学	46	宁波大学	47	浙江工商大学	48	浙江大学
49	安徽大学	50	厦门大学	51	江西财经大学	52	江西师范大学
53	江西理工大学	54	华东交通大学	55	山东财经大学	56	烟台大学
57	山东大学	58	中国海洋大学	59	河南财经政法大学	60	郑州大学
61	河南大学	62	中共湖北省委党校	63	武汉大学	64	武汉工程大学
65	中国地质大学（武汉）	66	中南民族大学	67	中南财经政法大学	68	湖北大学
69	华中师范大学	70	湖南工业大学	71	中南大学	72	湘潭大学
73	湖南师范大学	74	广东财经大学	75	中山大学	76	暨南大学
77	广东外语外贸大学	78	广西师范大学	79	广西大学	80	海南大学
81	西南政法大学	82	重庆大学	83	西南民族大学	84	四川大学
85	电子科技大学	86	四川师范大学	87	贵州民族大学	88	云南大学
89	西安交通大学	90	西北政法大学	91	兰州大学	92	西北民族大学
93	甘肃政法大学	94	青海民族大学				

地理分布：北京（10）天津（3）河北（4）山西（1）辽宁（3）吉林（3）黑龙江（1）上海（9）江苏（11）浙江（3）安徽（1）福建（1）江西（4）山东（4）河南（3）湖北（8）湖南（4）广东（4）广西（2）海南（1）重庆（2）四川（4）贵州（1）云南（1）陕西（2）甘肃（3）青海（1）

(2) 学术型博士（20 所）

1	北京大学	2	中国人民大学	3	中国政法大学	4	中国社会科学院大学
5	南开大学	6	吉林大学	7	黑龙江大学	8	复旦大学
9	华东政法大学	10	苏州大学	11	南京师范大学	12	浙江大学
13	厦门大学	14	山东大学	15	郑州大学	16	武汉大学
17	中南财经政法大学	18	湖南师范大学	19	西南政法大学	20	重庆大学

地理分布：北京（4）天津（1）吉林（1）黑龙江（1）上海（2）江苏（2）浙江（1）福建（1）山东（1）河南（1）湖北（2）湖南（1）重庆（2）

资料来源：根据研究生招生信息网整理，参见 https://yz.chsi.com.cn/zyk/。

改革开放之后，我国宪法学理论研究和教学队伍不断壮大，特别是 1985 年中国法学会宪法学研究会在贵阳成立，团结了全国范围内从事宪法学教学和理论研究的宪法学人才，建立起我国自主的宪法学科研教学队伍体系。在中国法学会宪法学研究会的组织下，除了每年一次的年会暨学术研讨会之外，还举办了很多与改革开放和社会主义现代化建设时代要求相适应的专题学术研讨会，吸收了全国范围内的绝大多数优秀的宪法学人参与，形成了较为稳定的宪法学学术共同体，推动了我国宪法学研究事业的发展和教学工作质量的提升。王叔文教授、张庆福教授、韩大元教授先后担任中国法学会宪法学研究会总干事或会长。目前会长是全国人大常委会法工委前副主任郑淑娜女士，常务副会长是中国社会科学院法学研究所所长莫纪宏研究员，秘书长是北京大学张翔教授。在中国法学会宪法学研究会的组织下，自 1985 年至 2023 年，总共成功召开了 36 次年会暨学术研讨会（中间只有 1989 年和 1996 年没有举行年会，1997 年因发生意外，未成功完成）。年会暨学术研讨会得到了全国范围内宪法学理论研究、教学和实务部门的广泛支持，先后举办中国法学会宪法学研究会年会暨学术研讨会的省份和城市如下：贵州贵阳（1985）、广东汕头（1986）、河南郑州（1987）、黑龙江哈尔滨（1988）、陕西西安（1990）、广东中山（1991）、山东济南（1992）、海南海口（1993）、四川成都（1994）、河北石家庄（1995）、山东济南（1997）、浙江杭州（1998）、广东东莞（1999）、北京（2000）、江苏苏州（2001）、湖北武汉（2002）、上海（2003）、江苏南京（2004）、山东济南（2005）、广东广州（2006）、福建厦门（2007）、四川成都（2008）、黑龙江哈尔滨（2009）、河南郑州（2010）、陕西西安（2011）、北京（2012）、重庆（2013）、江西南昌（2014）、贵州贵阳（2015）、河北保定（2016）、吉林长春（2017）、江苏南京（2018）、广东广州（2019）、湖北武汉（2020）、广东深圳（2021）、北京（2022）、海南海口（2023）。其中，举办过6次年会的有广东，3次年会的有北京、江苏、山东，2次年会的有贵州、河南、黑龙江、海南、四川、湖北、陕西、河北，1次年会的有上海、福建、江西、吉林、重庆、浙江。举办过年会暨学术研讨会的省份达到17个，超过了全国31个省份（不含港澳台）的一半。这说明，中国法学会宪法学研究会每年一次的年会暨学术研讨会已经产生了全国范围内的学术影响力，是彰显中国宪法学研究和教学力量的主要传播平台。

6. 在宪法学学术体系建设方面取得了一定的学术成就

我国传统的宪法学在研究体系上具有两个明显的特征：一是宪法学的学科体系基本上是按照《宪法》的内容结构来安排的，宪法学的主要内容是围绕《宪法》所规定的内容展开的，因此，宪法学在某种程度上具有"宪法解释学"的味道；二是宪法学中的主体内容主要是关于国家的政治制度的，缺少"法的特征"，特别是缺少对"宪法问题"、"宪法争议"以及对处理"宪法问题"和"宪法争议"法律机制的关注。宪法学与政治学的学科体系重叠部分较为明显。

以吴家麟先生主编的高等学校法学试用教材《宪法学》为例，该教材曾在20世纪80年代和90年代初作为我国高等院校中宪法学的主要教材。它是在我国现行宪法颁布后出版的，其体系基本上反映了我国现行宪法的内容安排。包括绪论、国家制度、经济制度、公民的基本权利和义务、国家机构五章，对于宪法自身作为一种根本法的法律问题基本上没有涉及，至于说宪法争议如何处理更是没有进入该教材的研究视野，因此，可以说，该教材内容的基本特点是现行宪法的内容加上科学社会主义原理的政治学，而不是严格意义上的以解决宪法问题和宪法争议为核心的宪法学。许崇德先生在20世纪80年代末主编的高等学校文科教材《中国宪法》在突破宪法的解释模式上作出了不少努力。该教材共分11章，包括《中国宪法》导言、宪法的基本理论、宪法的历史发展、国家性质、国家形式、中央国家机关、地方制度、审判制度和检察制度、选举制度、政党制度、公民的基本权利和义务。很显然，该教材已经注重从宪法所确立的基本制度入手来安排自身的逻辑体系，而不是拘泥于现行宪法的内容体系。不过，该教材仍然没有摆脱政治学的影响，其基本的内容与中国政治制度的内容相近或相同。该教材仍然没有完成宪法学与政治学的学科功能划分问题。

进入21世纪，出版的一些宪法学著作开始注重对宪法自身问题的研究，宪法学的学科体系和研究方法逐渐从传统的"泛政治学"中摆脱出来，具有了自身独立的价值判断体系。以周叶中主编的《宪法》（面向21世纪课程教材）①为例，该教材比较突出地强调了对宪法问题的研究。该教材共3编25章，其中第1编是"宪法基本理论"，涉及宪法的概念、宪法的历史发展、宪法的制定、宪法的基本原则、宪法形式与宪法结构、宪法规范、宪法关系、宪法的价值与作用、宪法观念与宪法文化等；第2编是"宪法基本制度"，包括国家性质、国家形式、公民的基本权利和义务、选举制度、国家机构、政党制度；第3编是"宪法实施"，包括宪法实施的条件、宪法实施过程、宪法解释、宪法修改、宪法实施评价与违宪审查、宪法秩序。很显然，该教材的最大特点就是在安排宪法学自身体系时始终注意以"宪法"为线索，紧紧地扣住了宪法这个研究对象。但是，也应当看到，尽管该教材扩大了对宪法基本理论以及宪法实施的研究，但作为主体部分的"宪法基本制度"仍然没有摆脱传统的政治学研究方法的束缚，具有"缩小主义"的色彩。例如，在公民的基本权利和义务问题上，并没有从法律权利的一般特征出发来区分宪法权利与普通法律权利，而是基于宪法规定的公民基本权利和义务来进行"政治性阐述"，所以，该教材在研究方法上仍然存在巨大的可以不断发展的空间。

值得注意的是由徐秀义、韩大元先生主编的《现代宪法学基本原理》②一书一改以往宪法学理论研究的范式，采取了独特的研究方法，其中最重要的特色就是对宪法的一些最基本的范畴作了多角度的探讨和研究，深化了宪法学的学科体系。该著作分为上下两编，上编是"宪法学基础概念"，包括宪法概念、宪法制定权、立宪主义、宪法结构、宪法渊源、宪法关系、宪法规范、宪法原则、宪法价值、宪法作用、宪法文化、宪法解释、宪法修改、宪法惯例、宪法的司法适用性、宪法判例等；下编是"学科共同体中的宪法学"，包括宪法学的历史与未来、宪法学的方法、宪法学与民法学、宪法学与刑法学、宪法学与行政法学、宪法学与国际法学、宪法学与军事法学、宪法学与刑事诉讼法学、宪法学与劳动法学、宪法学与哲学、宪法学与政治学等。该著作不仅着重探讨了宪法的理论问题，而且研究了宪法学自身的理论问题，已经开始注重划分"宪法学"与"宪法学学"之间的界限，认识到了发展"宪法学学"对于

---

① 高等教育出版社、北京大学出版社2000年版。
② 中国人民公安大学出版社2001年版。

发展"宪法学"的重要意义。

当然，要使宪法学真正摆脱政治学的影响，必须以宪法问题为核心。此外，宪法学的学科层次也必须清晰，目前我国的宪法学基本上是介于第一代宪法学与第二代宪法学之间，对近代宪法的基本原理关注得比较多，对现代宪法学的知识体系也开始加以介绍，但是，对于反映当代世界各国宪法学发展趋势的第三代宪法学的学科内容和研究方法涉及得很少。所以，我国宪法学理论研究的发展，只有从解决宪法问题的角度出发，才能真正地在概念和范畴上摆脱传统宪法学受政治学束缚的不良影响，真正地具有宪法学自身的理论特色。

"十五"至"十四五"期间，我国宪法学的研究体系有了进一步发展，以近15年出版的几本宪法学教材为例，它们在研究体系上都有比较好的创新，特别是扩大了传统宪法学的研究范围。杨海坤主编的《宪法学基本论》将宪法学的研究体系分为四个部分，包括宪法基础论、宪法权利论、宪法权力论和宪法运行论。在宪法基础论中，将宪法关系、宪法效力和宪法文化作为宪法学的基本概念加以深入研究；在宪法权利论部分，对宪法权利作了新的分类阐述，包括个人权利、政治权利、社会权利、弱势群体的权利等，比较有效地扩大了宪法权利的内涵；在宪法权力论部分，对宪法与国家权力之间的关系作了专门探讨；在宪法运行论部分，对宪法适用的理论等进行了讨论。上述内容都突破了传统宪法学的研究领域，拓展了宪法学的研究体系。莫纪宏、李忠主编的《宪法学》不仅在教材中系统地阐述了宪法学的研究方法以及与宪法学的学科建设相关的理论问题，明确了宪法学在整个法学学科的地位以及与其他部门法学之间的关系，而且在宪法的基本理论方面增加了许多新的概念和范畴，如增加了宪法争议与宪法救济、宪法诉讼等专题，同时，还将宪法所建立的规范体系划分为基本国策和基本制度两个不同层次，强调了宪法政策对宪法制度的指导作用。

总之，"十五"至"十四五"期间，我国的宪法学理论研究体系正在朝着全面和多元化方向发展，宪法学的概念体系和范畴体系都有了实质性发展，宪法学的问题领域也变得越来越宽，涉及社会政治、经济和文化生活的各个领域，中国自主的宪法学学术体系正在逐步形成，特别是在下列学术问题上取得了重要进展和突破，体现了中国宪法学的理论特色。

（1）在宪法史研究方面出版了几本有质量的学术成果

进入21世纪，我国宪法学理论研究的一个最重要的特点就是在宪法史方面的研究取得重要突破，出版了几本有影响的学术著作，填补了我国宪法史学研究的空白。其中最突出的成果主要有许崇德教授撰写的《中华人民共和国宪法史》① 和韩大元教授撰写的《1954 年宪法与新中国宪政》②。这两本宪法史学的著作，比较系统地研究了新中国宪法的发展历史和特征，总结了新中国宪法发展的经验和教训，对于认识和理解我国现行宪法的特征以及我国宪法制度的基本内涵和精神实质具有非常重要的学术参考价值。许崇德教授的《中华人民共和国宪法史》从宏观的角度，对新中国宪法的演变过程，特别是1982 年现行宪法的诞生历史基于第一手史料进行了系统介绍和分析，可以说是国内宪法学界最权威的研究成果。韩大元教授的《1954 年宪法与新中国宪政》，在充分掌握第一手资料的基础上，对 1954 年宪法进行了全方位的研究，具有很高学术质量，填补了我国宪法学对 1954 年宪法研究的空白。

（2）在宪法学的研究方法上出现了百家争鸣的现象

进入 21 世纪，我国宪法学在研究方法上有了比较大的突破。特别是在解释宪法起源的理论上，最具影响的是周叶中、周佑勇在《宪法学理论体系的反思与重构》一文中提出的"人民主权说"，赵世义在《经济宪法学基本问题》一文中提出的"经济宪法学"，莫纪宏提出的"宪法逻辑学"以及林来梵在《从宪法规范到规范宪法——规范宪法学的一种前言》一书中提出的"规范宪法学"的研究方法。

林来梵在《从宪法规范到规范宪法——规范宪法学的一种前言》一书中对宪法学的研究方法作了深入探讨，提出了许多有启发性的见解。他认为，宪法学的研究方法可以分为三个层次，包括根本方法、普通方法和具体方法。所谓根本方法，就是要在区分价值与事实、存在与当为的基础上，将面向 21 世纪我国宪法（学）的价值取向定位于二者（宪法的近代课题与现代课题）之间的某种类似于美学的"黄金分割点"上。③ 所谓普通方法，即传统宪法学所惯用的理论联系实际、本质分析（或阶级分析）、历史分析、比较分析和系统分析的研究方法，同时也包括对法哲学、法理学、社会学、政治学等方法的借用。所谓具体方法，只不过是将宪法学的根本方法和普通方法贯彻到宪法学研究过程中所体现出来的具体方法或技巧，直观地呈现出学术的风格、品位或特

---

① 福建人民出版社 2003 年版。
② 湖南人民出版社 2004 年版。
③ 法律出版社 2001 年版，第 26 页。

色。如我国宪法学者比较重视直接提出结论，而日本宪法学者则更重视论证过程。[①] 林来梵对宪法学研究方法的层次的揭示具有自身的合理性，特别是将事实与价值、存在与当为作为首要的研究方法是值得称道的，这里实质上突出了哲学方法的基础性作用，也就是说，宪法学的理论研究离开了对基本哲学方法的关注，就不可能在规范和科学的意义上来研究宪法学，其研究结论离规范宪法学的要求也会相距甚远。不过，将历史分析、比较分析等方法降低为与"根本方法"相对应的"普通方法"，似乎对方法自身的价值没有再作精确的区分。隐含有历史低于哲学的判断，这种方法论上的偏好是值得警惕的。林来梵关于重新评价宪法学研究方法的论述在宪法学界引起了广泛关注，成为近年来宪法学理论研究的一个热点问题。

（3）宪法学研究及时地跟踪和反映了当今世界宪法学研究的最新发展趋势

"十五"之后，我国宪法学界特别关注当今世界宪法学研究的最新发展趋势，不仅介绍国外宪法学理论研究的最新动态，还与国际宪法学协会合作，2002年11月在北京召开了国际学术研讨会。来自近20个国家的近百名宪法学专家和学者参加了这次国际学术研讨会。此次国际学术研讨会是中国法学会首次承办的国际性学术组织会议。国际宪法学协会是于1981年9月成立的旨在促进世界各国宪法学专家和学者进行广泛的学术交流、不断深化对宪法学的理论研究、推动世界各国宪制建设发展的国际性非政府学术组织。自国际宪法学协会成立开始，我国宪法学界就积极参与了该组织举行的各项学术交流活动。我国著名宪法学家张友渔、王叔文、浦增元先生先后担任过国际宪法学协会的执委，中国法学会宪法学研究会也于1986年以团体会员的身份加入了国际宪法学协会，并在其中发挥了重要作用，受到了世界各国宪法学界的尊重。

此次国际学术研讨会围绕市场经济与宪制建设之间的关系，重点就全球化背景下的宪制、经济权利的宪法保护、对私人财产权政府规制的限制以及司法审查和对行政行为合法性的法律控制等问题展开了深入研讨。来自中外的8名宪法专家、学者就上述问题作了专题报告，与会各国代表也积极地参与了学术讨论，代表们畅所欲言，充分发表各自的学术观点，交流彼此看法，达成了许多共识，并对讨论中所出现的观点分歧表示了充分理解和尊重。此次国际学术研讨会为我国宪法学界提供了一次绝好的与外国同行进行学术交流的机会，同

[①] 法律出版社2001年版，第54页。

时，也让国际宪法学界更好地了解了中国改革开放以来在建设社会主义市场经济和加强社会主义法治建设方面所取得的成绩，对中国依宪治国建设的状况和特点有了正确认识。此次国际学术研讨会对于推动我国依宪治国建设、提高我国宪法学理论研究水平，必将产生非常深远的意义。此外，中国法学会宪法学研究会还于 2011 年和 2018 年分别在北京、西安、香港、澳门和上海组织了国际宪法学协会两次圆桌会议和执委会会议，对于推动中国宪法学界与该组织的学术联系，扩大中国法学界在国际宪法学界的学术影响起到了非常重要的作用。

（4）结合实际提出了依宪治国、依宪执政的命题

早在 20 世纪 90 年代中叶，宪法学界就提出了依宪治国、依宪执政的命题，进入 21 世纪，依宪治国的学术思想逐渐为最高决策层所采纳，得到了最高领导人讲话的肯定，成为指导我国社会主义法治建设的一个重要主题思想。依宪治国的命题最早由莫纪宏研究员在 1996 年提出[①]，后来逐渐为宪法学界所接受，并逐渐得到了领导和决策部门的认同。2004 年年初，温家宝总理在国务院法制讲座上明确了依法治国的核心就是依宪治国的法制主题；2004 年 9 月，胡锦涛总书记在纪念人民代表大会制度诞生 50 周年大会上的重要讲话中又重申了依宪治国、依宪执政的重要性。依宪治国、依宪执政由此成为法学界所认同的指导我国社会主义法治建设的一个重要的指导思想。2020 年 11 月 16 日至 17 日，习近平总书记在中央全面依法治国工作会议上发表重要讲话时将"坚持依宪治国、依宪执政"作为当前和今后一段时间全面推进依法治国各项法治工作必须坚守的"十一个坚持"事项，从而成为习近平法治思想的"核心要义"之一。

（5）对违宪审查制度理论的研究取得了重要突破

"十五"之后，我国宪法学在违宪审查理论研究方面有了重大突破。尤其是以贯彻立法法所确立的违宪审查规定为出发点，先后以 2001 年最高人民法院"8·13"司法解释和 2003 年"孙志刚案件"为契机，对如何在制度上健全和完善我国的违宪审查制度进行了充分研究，产生了一批非常有影响的学术论著。首先是"宪法司法化"成为宪法学界讨论的热门话题，就宪法在司法审判中的适用性问题，宪法学界展开了广泛讨论，不仅弥补了我国传统宪法学

---

① 参见莫纪宏《宪政新论》，中国方正出版社 1997 年版。

在该问题上的研究空白，还将我国的宪法学理论研究引入法治建设的实践层面，宪法案例在宪法研究中的作用得到了高度重视。其次是以法律法规的合宪问题为重点，宪法学界对法律法规的违宪理论进行了深入研究，提出了违宪审查制度理论建设的一整套思路。最后，结合比较法的研究，宪法学界开始出版和介绍国外的宪法诉讼理论和违宪审查理论，在这方面比较有影响的是胡肖华的《宪法诉讼原论》、王振民的《中国违宪审查制度》等。违宪审查制度已经成为我国宪法学理论研究的一个最重要的范畴。

（6）对宪法解释有了比较系统的法理

进入21世纪后，我国宪法学界加强了对宪法解释问题的研究，尤其是对法律解释的一般理论进行了比较系统的专题研究，既产生了一些宪法解释方面的专著，如范进学的《宪法解释的理论构造》[①]，又出现了结合基本法的解释而形成的法律解释研究论著。2004年4月6日，十届全国人大常委会第八次会议审议批准了关于《中华人民共和国香港特别行政区基本法》附件一第7条和附件二第3条的解释议案，对基本法的实施进行了继1999年居港权案件之后的第二次法律解释。在全国人大常委会对基本法作出第二次法律解释的过程中，我国宪法学界的专家和学者广泛地参与了法律解释建议案的讨论和论证工作，并以此为契机，广泛深入地探讨了我国法律解释的基本法理和特征，为建立和完善我国的宪法解释机制提供了比较好的研究环境和研究背景。中国人民大学韩大元教授自2009年承担"宪法解释程序研究"课题后，组织专家系统研究宪法解释程序，最终于2015年11月形成了"中华人民共和国宪法解释程序法"专家建议稿并提交全国人大。中国社会科学院法学研究所莫纪宏研究员在2021年第6期《法学研究》上发表《法律事实理论视角下的实质性宪法解释》一文，明确指出，结合宪法解释制度的法律事实特征来看，我国《宪法》第67条确立的宪法解释制度，在宪法实施的实践中已经具备了构成完整法律事实意义上的宪法解释的实体性要件，并且通过具有法律拘束力的法律文件发挥着实质性宪法解释的制度功能，但其程序性要件还不完备。宪法解释制度今后完善的重点，应当是全面和系统地整合各种具有法律拘束力的宪法解释文件，通过统一、规范的宪法解释程序发布正式的宪法解释令，构建判断方法科学、认定标准清晰、结构体系严密的完整法律事实意义上的宪法解释制度。

---

① 山东人民出版社2004年版。

（7）注重宪法学理论研究与其他部门法学之间的关系

进入21世纪，我国宪法学也注重加强与部门法学学科之间的学科联系和交流，不仅在学术活动上，宪法学界与其他部门法学界相互合作，举行了若干次跨学科之间的学术对话，① 而且在学术成果方面也体现了宪法学与部门法学之间的研究成果的融合。宪法学与诉讼法学、刑法学②等学科之间的对话，促成了一些跨学科研究成果的出现，宪法刑法学③、宪法与生态之间的关系、宪法与网络的关系、宪法与克隆人的关系等综合性的社会课题得到了宪法学界和其他部门法学界的关注和重视。

（8）宪法哲学的重要性得到学界关注

进入21世纪，宪法哲学问题也开始在宪法学界受到关注，出现了一些研究和探讨宪法哲学的论著。莫纪宏研究员在《现代宪法的逻辑基础》一书中提出了三个层次的宪法哲学，即宪法道德学、宪法文化学和宪法社会学、宪法逻辑学。并指出，建立科学的宪法哲学是21世纪我国宪法学理论发展的前提。④ 莫纪宏研究员在近期出版的《宪法的逻辑与合宪性》一书中，围绕宪法与宪法学的逻辑、宪法的实施和评价以及宪制三个方面，从本体论、运行论和制度论三个层面建构了宪法的逻辑与合宪性的基本理论体系，就宪法和宪法学的逻辑、宪法的解释与适用、宪法实施、宪法与人权保护、依宪治国、合宪性审查等核心宪法议题提出了系统而深刻的理论主张。⑤ 此外，一些年轻的宪法学者也从一般哲学知识的角度来探讨宪法哲学的基本思路，如江国华教授就以《宪法哲学批判》为题⑥，系统地论述宪法哲学在建构宪法学理论体系中的重要作用。宪法哲学的构造问题已经成为近年来中青年宪法学者关注的理论热点问题。

总之，"十五"至"十四五"期间，我国宪法学理论研究无论是对宪法学文献资料的掌握和梳理，还是对宪法实践经验的观察和总结，都比以往有了质

---

① 2006年5月25日，中国人民大学民商事法律科学研究中心与中国人民大学宪政与行政法治研究中心共同举办的"民法学与宪法学的学术对话"研讨会在中国人民大学明德法学楼国际学术报告中心举行。研讨会由中国人民大学法学院宪政与行政法治研究中心主任韩大元教授和民商事法律科学研究中心主任杨立新教授共同主持。本次研讨会得到了国内许多民法学者与宪法学者的重视，来自全国各大院校及最高人民检察院的50多位专家学者参加了研讨会。
② 中国法学会宪法学研究会2018年年会第三分论坛主题是"宪法与刑法的对话"。
③ 如刘树德著《宪政维度的刑法思考》，法律出版社2002年版。
④ 参见该书第一章"宪法逻辑学的方法论"，法律出版社2001年版。
⑤ 当代中国出版社2023年版。
⑥ 此文载张庆福主编《宪政论丛》第4卷，法律出版社2004年版。

的发展。特别是随着中青年宪法学者的成长，宪法学的研究方法不断得到创新，传统宪法学的研究框架和结构体系也逐渐发展变化，不论是宪法学的问题领域，还是宪法学的概念和范畴体系都比传统宪法学有了进一步拓展，宪法学的理论研究在加强与部门法学之间的学科关联的过程中，开始朝着规范化和科学化的学术论证路线方向发展。

（二）宪法学研究存在的主要问题

我国宪法学研究仍然存在许多问题需要认真加以对待，主要包括以下几点。

1. 宪法学的基本概念和范畴还比较混乱

我国宪法学是从苏联国家与法理论的基础上发展起来的，因此，传统宪法学所使用的概念体系和范畴体系基本上与苏联国家与法理论相同和相似。宪法学中的概念范围与科学社会主义学说具有很大的相似性，有些是直接借用的。此外，宪法学的概念和范畴体系法学色彩不浓，与政治学的概念和范畴体系没有产生有效的学科分工，宪法学的研究对象与宪法学研究对象所调整的社会关系之间没有价值和事实的区分，宪法学的问题和政治学的问题混杂在一起。

另外，宪法学作为研究根本法宪法的法学学科，对宪法与其他部门法的关系缺乏深入和系统的研究，使得宪法学的研究成果无法指导其他部门法学的研究，宪法学没有形成有效指导部门法学发展的专门性的概念和范畴，宪法学的知识和理论尚未成为指导法学学科中其他部门法学的知识基础。

2. 宪法问题没有在宪法学界中引起足够重视

长期以来，宪法学的主要研究方法基本上立足于一定直观经验基础上，宪法命题很多但缺乏对宪法命题合理性的考证，特别是缺乏宪法问题意识，没有在宪法问题与宪法命题之间建立必要的学术联系，使得宪法命题带有非常强烈的主观色彩。特别是在宪法学的基础理论部分，包括国体、政体、主权、人权等概念，往往是直接设定相关的宪法命题，尤其是许多相关的宪法命题基本上受到科学社会主义理论的一些经典性结论的影响，有些甚至直接照抄照搬相关的结论。由于缺乏宪法问题意识，宪法学的概念和范畴体系的构建缺少公共理论平台，宪法学界也没有真正意义上的学术批评，宪法学的大部分研究成果基本上停留在宪法学者的个体化生产阶段，没有形成具有科学特征的公共理论平台。这个问题在21世纪以来的宪法学知识体系创新中并没有得到有效解决。

3. 宪法学的研究方法缺少规范性

进入21世纪，虽然从整体上来看，宪法学界比较关注宪法学的研究方法的科学化和理论创新，但是，由于缺少学术规范化的研究传统，许多学者在运用新的研究方法来研究宪法问题时，很明显地带有主观臆造的迹象。许多研究方法形式新颖，但并没有多少方法论上的依据。有的学者对研究方法的选择态度不是非常慎重，经常修改研究方法的缺陷，由于从本质上并没有掌握新方法的客观规律，所以，所谓的研究方法的创新，实际上没有多少科学意义。

从整个宪法学界对宪法学研究方法的总体创新来说，由于研究方法的创新主要以个体学者的创造为主，缺少公共性，因此，在缺少必要的规范性的前提下产生的许多新的研究方法，没有能够被多数宪法学者所接受，致使研究方法对学术发展的影响并没有产生实质性的促进作用。

4. 宪法学没有很好地吸收部门法学研究的理论成果

目前，我国宪法学的总体研究状况，从概念到命题还没有完全摆脱《宪法》所包括的概念和制度的局限，对宪法与其他部门法学之间的关系没有进行深入探讨。虽然在过去的二十几年中，宪法学界与其他部门法学界加强了彼此之间的学术联系，但是，体现在宪法学与其他部门法学的研究内容和研究体系的有机联系上，还没有特别像样的理论成果。徐秀义、韩大元主编的《现代宪法学基本原理》中对宪法学与哲学、刑法学、民法学、诉讼法学和国际法学等部门法学之间的关系进行了尝试研究，取得了一定程度的研究成果。但是，在部门法学的理论体系构造中，对宪法学的指导地位以及本部门法学与宪法学的关系基本上没有涉及。宪法学与其他部门法学的研究成果基本上还是处于隔离状态，没有实现研究成果的共享和共同发展。

5. 比较宪法学的研究相对落后

比较宪法学是从比较宪法的材料出发，来探讨世界各国宪法思想和宪法制度发展过程中所具有的共同特征或者独特特征。对比较宪法学的研究，有助于借鉴国内外的宪法学研究成果，为建立中国特色的宪法学提供必要的参考资料。从"十五"到"十四五"期间我国宪法学界对比较宪法学的研究状况来看，存在两个方面的问题：一是没有总结各国宪法制度发展的共性，并从中抽象出带有共性的宪法原理；二是对国外宪法发展的历史和宪法思想发展史的研究关注不够，导致整个比较宪法学的研究水平不高，仅有的科研成果主要还是以国别宪法的形式出现的，没有真正地体现出比较宪法学的学科特色。

6. 宪法学与实际生活的需要不相适应

我国现行的宪法学的框架体系是以现行宪法的基本框架和基本制度为基础

建立起来的，由于现行宪法并没有在宪法如何适用方面规定完善的宪法制度，因此，以研究宪法为核心任务的宪法学也就没有对宪法适用问题给予必要的关注，致使宪法学的理论研究成果基本上立足于原理研究或者原则表述，或者主要重视纯理论问题，而没有对宪法在实际生活中如何发挥作用，特别是如何发挥根本法的法律功能作出深入研究，使得宪法学的理论研究成果无法有效地指导社会现实。特别是 2023 年新修订的《中华人民共和国立法法》第 5 条规定"立法应当符合宪法的规定、原则和精神"之后，宪法学界尚未从法理上有效地解释宪法三种存在形态之间的形式差异，对于宪法规定、原则和精神与宪法规范之间的形式与内容关系尚未作深入细致的研究，目前的宪法学理论还不能很好解决新修订的立法法描述的三种形态的宪法依据在依宪立法和合宪性审查中的区分标准。

7. 宪法学对基本法实施中的理论问题研究不够

随着香港和澳门特别行政区的建立，基本法开始在两个特别行政区实施。由于基本法是在特别行政区没有建立之前制定的，所以，基本法不可能对所有的制度都能够设计得非常完善，难免会因为基本法的实施而出现一些基本法制定时所没有考虑到的新问题。事实上，从香港和澳门回归祖国之后，全国人大常委会对香港基本法作了 5 次解释，对澳门基本法作了 1 次解释。[①] 相对于对基本法实施的法律保障要求来说，我国宪法学界对基本法实施中的理论问题关注不够，不仅宪法学者没有投入必要精力来研究基本法，尚未从法理上为基本法实施的解释提供有效的解释和说理工具，而且整个法学界也没有针对基本法实施可能会出现的问题推出一些有影响的著作，使得宪法学界在整体上还不能为基本法的实施提供有效的理论支持。

8. 宪法学对司法审判体制改革理论研究不深入

司法审判体制改革是近年来我国法治建设的热点问题，但是，对司法审判体制改革的理论支持主要还来自诉讼法学界和法理学界，或者检察机关和审判机关以及司法行政管理部门，这种研究状况导致司法审判体制改革缺少宪法理论的指导，许多关于司法审判体制改革的建议往往没有正确地认识我国目前人民代表大会制度的特征，没有能够正确地处理司法审判体制改革中所涉及的各项权力关系。宪法学界虽然也涉及司法审判体制改革的个别问题，但是，并没

[①] 全国人大常委会对香港基本法的解释：居港权问题（1999）、香港政制发展（2004）、补选行政长官任期（2005）、香港对外事务（2011）、香港立法会宣誓风波（2016）；对澳门基本法的解释：澳门政制发展（2011）。

有为司法审判体制改革提供整体有效的改革思路和宪法依据。

9. 宪法学对立法权的作用缺少有分量的研究成果

立法权是重要的国家权力，也是我国人民代表大会制度的一项重要权力制度。但是，我国传统宪法学并没有非常重视立法权的权力性质问题，主要研究重点集中在立法体制和立法机构上，因此，对与立法权相关的基本宪法关系并不非常清楚，也缺少有说服力的论著。"十五"至"十四五"期间，虽然我国宪法实践中屡次发生与立法权的性质相关的案例，如 2003 年因"孙志刚案件"引起的《城市流浪乞讨人员收容遣送办法》被《城市生活无着的流浪乞讨人员救助管理办法》所取代，不论是实践部门，还是理论部门，在论证这一变化的时候，主要关注的是人权保护问题，而没有从立法权的角度来考虑这种变化所带来的法律问题。究其原因是我国宪法学理论还没有在立法权问题上形成比较有效的分析思路，缺少系统和成熟的宪法理论。

10. 宪法学对当今世界各国宪法诉讼制度的发展趋势介绍不够

宪法诉讼制度是当代世界各国宪法制度的重要组成部分，而以宪法诉讼制度为研究对象的宪法学也逐渐地分化出宪法诉讼法学这一学科分支。宪法诉讼法学的建立，从法学理论上有效地弥补了民事诉讼、刑事诉讼和行政诉讼在对公民权利实现司法救济方面的缺陷，进一步充实了宪法所保护的诉权的权利内涵。

由于我国目前还没有建立起正式的宪法诉讼制度，因此，反映到宪法学理论研究上，对宪法诉讼制度只有零星的研究成果，而没有系统的全面的学说思想的形成。另外，对国外宪法诉讼制度的介绍由于语言方面的问题，一直没有得到很好的深入，导致目前为止，国内宪法学界对国外宪法诉讼制度的了解仍然停留在非常肤浅的层次，这种状况也严重地影响了宪法学界对宪法诉讼制度理论研究的整体水平的提升。

总之，"十五"至"十四五"期间，宪法学理论研究存在的问题主要是传统宪法学遗留下来的老问题，或者是宪法实践的不足导致对一系列宪法问题的研究尚处于非常肤浅的阶段。因此，要从根本上改变我国宪法学理论研究落后的状况，全面提高宪法学理论研究水平，必须从研究方法、研究手段和研究环境等方面作出全面改进，必须吸收更多的研究力量来从事宪法学的基础理论研究。与此同时，宪法学的理论研究也应当不断地与宪法实践相结合，宪法学界应当主动运用宪法学的理论研究成果来参与社会实践，为法治建设的实践活动及时地提供宪法学的理论指导，才能形成宪法学理论研究和宪法实践之间的良好互动关系。

（三）以习近平法治思想为指导，加强宪法学"三大体系"建设，构建中国自主的宪法学知识体系

习近平总书记在《谱写新时代中国宪法实践新篇章——纪念现行宪法公布施行 40 周年》一文中强调指出："要结合当代中国宪法制度和宪法实践，加强中国宪法理论研究，提炼标志性概念、原创性观点，加强中国宪法学科体系、学术体系、话语体系建设，巩固中国宪法理论在我国法治教育中的指导地位。要讲好中国宪法故事，有自信、有志气宣传中国宪法制度、宪法理论的显著优势和强大生命力，有骨气、有底气同一切歪曲、抹黑、攻击中国宪法的错误言行作斗争。"① 习近平总书记上述重要论述为繁荣中国特色社会主义宪法理论注入了一股暖流，也为中国宪法学理论研究指明了未来正确的前进方向。归纳起来，习近平总书记的重要论述为繁荣我国宪法学理论研究指明了三重维度的努力方向：一是加强中国宪法学的学科体系建设；二是加强中国宪法学的学术体系建设；三是加强中国宪法学的话语体系建设。② 当前和今后一段时间，我国宪法学界认真学习和贯彻习近平总书记关于加强中国宪法学"三大体系"建设的重要论述精神，最关键的是要走学术创新之路，要从中国宪法实践中提炼标志性概念、原创性观点，要运用作为马克思主义法治理论中国化的最新理论成果习近平法治思想来改造和完善现行宪法学的学科体系，培育适应中国宪法实践要求的基础性概念、范畴、命题和判断，形成要素齐备、结构完整、功能健全的中国特色社会主义宪法理论体系，从而在国际宪法学界的学术舞台上和学术竞争中为中国宪法学赢得话语权，讲好中国宪法故事，传递中国宪法的理论力量，展现中国宪法实践的巨大伟力。

1. 中国宪法学学术体系建设必须以习近平法治思想中的宪法精神为指导

法学是一门意识形态特征非常浓厚的学科，特别是作为根本法的宪法，由

---

① 《人民日报》2022 年 12 月 20 日，第 1 版。
② 习近平总书记在《谱写新时代中国宪法实践新篇章——纪念现行宪法公布施行 40 周年》一文中使用的是"加强中国宪法学科体系、学术体系、话语体系建设"的表达方式。很显然，中国宪法学科体系、学术体系和话语体系从严格的学术逻辑上讲并不等同于中国宪法学学科体系、学术体系和话语体系。但中国宪法学界长期以来有从最广义上来使用"中国宪法"概念的习惯，例如许崇德主编《中国宪法》（中国人民大学出版社 2006 年版）实际上讲的是"中国宪法学"，所以说，"中国宪法"在最广义上使用也可以指"中国宪法学"。

于其规定了国家的根本制度和根本任务，确立了一个国家的主体意识形态，是一个特定主权国家政治理念的集中性法律表达。宪法这一意识形态特性导致了研究宪法现象的宪法学必然也就被打上了意识形态的烙印。事实上，自列宁领导的俄国十月革命建立世界第一个社会主义性质的国家政权之后，作为根本法的宪法因为意识形态因素的作用，也就呈现出两种类型的宪法。一是资本主义类型的宪法，二是社会主义类型的宪法。资本主义类型的宪法是以维护资本主义赖以生存的生产资料私有制及其建立其上的生产关系为宗旨，而列宁领导的十月革命胜利后颁布的第一个社会主义性质的宪法性文件《被剥削劳动人民权利宣言》开诚布公地宣布苏俄苏维埃政权以废除私有制作为制度的出发点和前提。该宣言后来成为 1918 年苏俄宪法的序言。[①] 由此就因为意识形态的对立和差异形成了两种类型的宪法。虽然作为宪法现象，都具有根本法的特性，并且对公共权力、公民权利等最基础性的宪法现象都使用了相同的概念来加以表述，甚至对国家权力需要进行监督和制约都形成了相同或相似的宪法命题和判断，但资本主义类型的宪法和社会主义类型的宪法在意识形态方面的本质性差异，导致以这两种不同类型宪法作为研究对象的宪法学本身也具有了不同的概念、命题和判断的阐释方式，形成了相同相似概念却具有不同或迥异内涵的宪法学学科体系。

新中国成立后，我国高等法律院校最初是照抄照搬苏联的宪法教科书，主要是国家和法的理论方面的著作，[②] 没有突出强调宪法作为根本法的形式特征。1954 年宪法诞生以后，我国宪法学的研究对象有了自己的特征，但归根到底属于社会主义类型的宪法。因此，在宪法概念、范畴、命题和判断的阐释方面，与苏联宪法学的学科体系比较相近。这也导致了直到改革开放之后现行宪法公布施行，才真正地推动了中国宪法学的学科体系建设。自 20 世纪 80 年代以来，中国宪法学界通过借鉴国外宪法学理论研究成果，不断吸收中国宪法实践的经验和要求，逐步开始探索中国宪法学的学术体系，在使用与国外宪法学相同或相似的宪法概念、范畴、命题和判断的情形下，运用马克思主义立场、观点和方法，形成了一套中国特色社会主义宪法理论，具有了学术上的自洽性。例如，同样是基于"人民主权"原则，在中国宪法学的学术体系中采取的就是如何通过人民代表大会制度这一根本政治制度来最大程度地体现人民

---

① 1918 年 1 月 25 日全俄苏维埃第三次代表大会通过。该宣言明确规定：为实现土地社会化而废除私有制。

② 〔苏联〕卡列娃：《国家和法的理论》（上下册），中国人民大学出版社 1956 年版。

的意志和利益,这种宪法学知识的学术表达明显区别于美西方国家的议会制或总统制。[1] 而在宪法实施及其宪法实施功能的指导原则方面,美西方宪法学崇尚的是"宪政",而中国宪法学奉行的则是"依宪治国""依宪执政"的法治原则。尽管"宪政"与"依宪治国""依宪执政"都强调宪法在治国理政中的根本法地位,但是,"宪政"所追求的还是美西方所推崇的资产阶级的民主理念,包括多党轮流执政、三权鼎立、"一人一票"这些资本主义类型宪法的基本价值,而"依宪治国""依宪执政"强调的是在中国共产党领导下,以宪法为核心、通过运用法治作为治国理政基本方式全面推进依法治国各项事业的发展,充分发挥法治在全面建设社会主义现代化国家中的重要保障作用。

习近平总书记在《谱写新时代中国宪法实践新篇章——纪念现行宪法公布施行40周年》一文中对"依宪治国""依宪执政"区别于"宪政"的主要价值特征作了充分论述。习近平总书记指出,要"坚持和加强党对宪法工作的全面领导,更好发挥我国宪法制度的显著优势和重要作用"。[2] 我国宪法是我们党领导人民长期奋斗历史逻辑、理论逻辑、实践逻辑的必然结果。没有中国共产党领导,就无法保证我国宪法得到全面贯彻和有效实施。习近平总书记在文章中进一步强调指出,要坚持和加强党对宪法工作的全面领导,确保我国宪法发展的正确政治方向,确保我国宪法得到全面贯彻和有效实施,更好发挥宪法在坚持中国共产党领导,保障人民当家作主,促进改革开放和社会主义现代化建设,推动社会主义法治国家建设进程,促进人权事业全面发展,维护国家统一、民族团结、社会和谐稳定等方面的重要作用。要坚定政治制度自信,坚定不移走中国特色社会主义政治发展道路,坚持和完善中国特色社会主义制度,坚持宪法确定的中国共产党领导地位不动摇,坚持宪法确定的人民民主专政的国体和人民代表大会制度的政体不动摇,决不照抄照搬别国模式和做法。由习近平总书记上述阐释可以看到,"坚持党对宪法工作的领导"、"坚持和完善中国特色社会主义制度"、"坚持宪法确定的中国共产党领导地位不动摇"以及"坚持宪法确定的人民民主专政的国体和人民代表大会制度的政体不动摇",这些基本宪法原则都是作为社会主义类型宪法的1982年宪法所独有的,具有明显的意识形

---

[1] 例如卡尔·施密特著《宪法学说》一书从"人民主权"原则出发,探讨的问题主要集中在四个方面,包括宪法的概念、近代宪法的法治国要素、近代宪法的政治要素以及联邦宪法学。参见〔德〕卡尔·施密特《宪法学说》,刘锋译,上海人民出版社2005年版。

[2] 《人民日报》2022年12月20日,第1版。

态特征。因此，反映到宪法学的理论体系中就是具备了独特的学术价值，超越于宪法这种根本法的法律形式，实现了宪法背后的宪法价值和宪法精神。

所以，中国宪法学的学科体系建设和完善离不开决定宪法学学科体系的意识形态。中国宪法学的学科体系是在马克思主义宪法理论指导下形成的，尤其是在党的十八大以后，作为马克思主义法治理论中国化的最新理论成果，习近平法治思想中的宪法思想极大地丰富了中国宪法学的学术内涵，形成了以习近平法治思想为指导的独立自主和独特的宪法学的学术思路和理论体系，超越于传统宪法学过度关注宪法现象的表面特征的局限，充分挖掘了宪法现象背后的宪法价值和宪法精神，赋予了中国宪法学以更强有力的理论解释力和法理说服力。

不可否认的是，在中国宪法学的学术体系发展过程中，也出现了一些宪法学的教科书生搬硬套美西方国家宪法理论的情形，个别宪法学著作甚至热衷于运用资本主义类型宪法所倡导的三权鼎立和多党轮流执政的"宪政"理念来解释在中国宪法实践中所出现的宪法现象，其结果不仅不能很好地把握社会主义类型宪法自身产生、存在和发展的规律，[①] 相反，囫囵吞枣、不加思考地引进美西方"宪政"理念，导致了阅读者的思想混乱，甚至干扰了国家机关依据宪法正常履行宪法职责的活动。

2. 中国宪法学话语体系建设的关键是要科学地归纳和总结中国宪法实践的有益经验

话语体系是与学科体系和学术体系紧密相连的理论体系中的一个重要特征。[②] 一方面，学科体系决定了一门学科在形成自身的理论体系过程中，会使用一些专有的名词术语来表达客观现象或者主观的观念，形成概念与概念之间的特定意义上的语言学和语义学上的逻辑联系，这些由专有名词术语构成的话语体系具有鲜明的学科特征。例如，在政治学学科话语体系中，就比较关注"人民""政权机关""阶级斗争""暴力革命"这些概念，政治学的基础性概念、范畴、命题和判断都是通过这些专门名词术语构建起来的。而在宪法学话语体系中，依据个体与主权国家之间形成的法律联系就会产生"公民""非公民""国家权力机关""权限冲突""违法""违宪"等概念，并由这些专门名

[①] 参见《宪法学》编写组编《宪法学》（第二版）（马克思主义理论研究和建设工程重点教材），高等教育出版社、人民出版社2020年版，第13页。

[②] 参见高志刚《构建新时代中国法治话语体系》，《中国社会科学报》2022年11月2日，第4版。

词术语组成"公民"与"国家权力机关"之间的法律关系、"公民"与"公民"之间的法律关系、"国家权力机关"相互之间的权力配置关系、"公民"和"国家权力机关"行为或活动是否具有合法性或合宪性等命题或判断。一方面，不同学科体系决定了自身的话语体系，学科体系中的概念、范畴、命题和判断的科学性和有效性决定和影响着学科话语权和话语体系的科学性和有效性；另一方面，在同一个学科体系中，由于学术体系的不同，也可能存在基于相同或相似的概念组成具有不同价值和功能的范畴、命题和判断，形成基于学术体系而产生的学科内的不同话语体系。例如，在宪法学领域，美西方国家的宪法学习惯从保障个人自由的理念出发，强调要绝对尊重个人权利和自由，强调国家权力之间的制约和平衡，重视形式民主对制度合法性的决定作用，① 而在中国宪法学的学术体系中，由于坚持党对宪法工作的领导以及强调上级对下级进行监督的民主集中制原则，故比较重视任何组织和公民个人不得有超越宪法和法律的特权、主张集体人权与个体人权的有机结合、强调国家权力机关要全心全意地为人民服务等执政为民的服务理念等。尽管在学科性质上都是宪法学，但由于学术思想不同，故通过相同或相似概念表达出来的整体学术思想的内涵和功能就有很大差异。

不论是不同学科体系形成的话语体系，还是同一个学科体系中的表达不同学术思想的话语体系，由于话语体系是基于专有名词术语形成的范畴、命题和判断，所以，就存在针对相同或相似的客观现象或主观观念的不同话语体系之间的话语权竞争问题，只有在话语体系相互博弈过程中赢得优势的话语表达才能产生巨大的话语传播力，② 最终成为优势话语，逐渐地被大家所接受，继而使话语体系所表达的学科体系和学术体系成为优势性的学科体系和学术体系，在众多的学科体系和学术体系之间的学术能力博弈和竞争中脱颖而出。因此，一门学科或者一种学术思想要想最终形成话语权，具有学科和学术生命力，就必须对专有名词术语的科学性、系统性和话语表达能力给予高度关注。打造优势话语体系必须从谨慎地使用每一个概念开始，并且在建立概念与概念之间的

---

① 例如在《宪法学教程》中，狄骥就探讨了很多问题。在该著作的前言中，作者讨论了客观法和主观权利、"法"的基础、个人权利学说、社会法学说、国家的一般概念、神权政治学说、民主政治学说、国家的法律框架、公法等。这些问题在今天看来，有许多属于"法理学"的研究内容。参见〔法〕莱昂·狄骥《宪法学教程》，王文利译，郑戈校，辽海出版社、春风文艺出版社 1999 年版。

② 参见吴玫《绘制思维意识图谱，提高话语权竞争力》，《公共外交季刊》2014 年第 1 期。

理论联系，基于概念之间的联系提出重要学术命题、作出重大理论判断时，必须坚持理论联系实际，所有的话语体系必须"经世致用"，要把为公众所理解和接受作为构建话语体系的逻辑前提。与此同时，话语体系除了要具有很强的实践应用性，能够通过逻辑自洽的概念体系和逻辑判断机制表达出来，也是至关重要的。

习近平总书记在《谱写新时代中国宪法实践新篇章——纪念现行宪法公布施行40周年》一文中为打造中国宪法学的话语体系提出了很多具有实践意义的宪法概念和名词术语。例如，在宪法学的概念和名词术语方面，该文就提出了诸如"宪法工作""依宪治国""依宪执政""宪法规定""宪法原则""宪法精神""宪法制度""法治规律"① 等传统宪法学的话语体系中所没有或者被忽视了的描述宪法现象的重要概念和范畴，这些概念和范畴引入中国宪法学的学科体系，必然会增强中国宪法学的学术表达能力，继而形成中国宪法学独特的学术体系和话语体系，使中国宪法学在国际学术舞台上拥有更加强大的话语表达能力，能够更加准确地阐述中国宪法学的重要学术思想。此外，在该文中习近平总书记还提出了一系列体现中国特色社会主义宪法理论学术特征的重要宪法命题，这些命题都是基于中国宪法实践产生的，是对现行宪法公布施行40年来所取得的历史性成就的高度概括和总结，也丰富了中国宪法学的话语体系的重要宪法价值。例如，习近平总书记强调指出："制定和实施宪法，是人类文明进步的标志，是人类社会走向现代化的重要支撑"；"我国宪法是我们党长期执政的根本法律依据"；"宪法集中体现了党和人民的统一意志和共同愿望，是国家意志的最高表现形式，具有根本性、全局性、稳定性、长期性"；"宪法是国家一切法律法规的总依据、总源头，具有最高的法律地位、法律权威、法律效力"；"只有坚持宪法的国家根本法地位，坚决维护和贯彻宪法规定、原则、精神，才能保证国家统一、法制统一、政令统一"；"宪法作为上层建筑，必须适应经济基础的变化，体现党和人民事业的历史进步"；"没有中国共产党领导，就无法保证我国宪法得到全面贯彻和有效实施"；"坚持依法立法，最根本的是坚持依宪立法，坚决把宪法规定、宪法原则、宪法精神贯彻到立法中，体现到各项法律法规中"；"一切违反违背宪法规定、原则、精神的法律法规规定必须予以纠正"；等等。② 上述关于宪法现象的各项重大

---

① 《人民日报》2022年12月20日，第1版。
② 《人民日报》2022年12月20日，第1版。

命题来自宪法实践，又高于宪法实践，是构建中国宪法学学术体系和话语体系最具学术价值的宪法资源，可以确保中国宪法学话语体系的科学性和有效性。只要科学和全面系统地将习近平总书记文章中基于中国宪法实践所提出的各项重要命题有序和整体地纳入中国宪法学的研究体系，那么，中国宪法学的理论体系必然就具有理论渗透力和话语优势，中国宪法学就可以基于中国宪法实践的经验，通过强势的宪法话语走向国际舞台，传递中国宪法声音，讲好中国宪法故事。

3. 中国特色社会主义宪法理论一定要走上国际学术舞台才能具有强大的理论生命力和传播影响力

习近平总书记在《谱写新时代中国宪法实践新篇章——纪念现行宪法公布施行40周年》一文中以"7+5"完整的逻辑结构，深刻总结新时代全面贯彻实施宪法7个必须坚持的原则，以及系统阐述谱写新时代中国宪法实践新篇章5个方面的要求。① "7+5"的叙事结构具有非常鲜明的理论特色：第一，"7+5"是对现行宪法过去40年实施工作和实践经验的科学总结；第二，"7+5"论述中提出的一些新颖的学术价值很高的概念、范畴、命题和判断，都来自中国宪法生动的实践，值得中国宪法学人深入思考；第三，文章强调加强宪法学理论研究，要建立和完善中国特色社会主义宪法理论，特别要加强宪法学的学科体系、学术体系、话语体系建设，讲好中国的宪法故事；第四，文章与时俱进，对宪法秉持不断发展的态度，文章强调，宪法作为上层建筑必须适应经济基础，要不断地修改和完善，对未来宪法实践指明了方向。

习近平总书记在《在哲学社会科学工作座谈会上的讲话》（2016年5月17日）中明确指出："只有以我国实际为研究起点，提出具有主体性、原创

---

① 新时代全面贯彻实施宪法7个必须坚持的原则：一是必须坚持中国共产党领导；二是必须坚持人民当家作主；三是必须坚持依宪治国、依宪执政；四是必须坚持宪法的国家根本法地位；五是必须坚持宪法实施与监督制度化法规化；六是必须坚持维护宪法权威和尊严；七是必须坚持与时俱进完善和发展宪法。谱写新时代中国宪法实践新篇章5个方面的要求是：第一，坚持和加强党对宪法工作的全面领导，更好发挥我国宪法制度的显著优势和重要作用；第二，把宪法实施贯穿到治国理政各方面全过程，不断提高党依宪治国、依宪执政的能力；第三，加快完善以宪法为核心的中国特色社会主义法律体系，不断增强法律规范体系的全面性、系统性、协调性；第四，健全保证宪法全面实施的制度体系，不断提高宪法实施和监督水平；第五，加强宪法理论研究和宣传教育，不断提升中国宪法理论和实践的说服力、影响力。参见习近平《谱写新时代中国宪法实践新篇章——纪念现行宪法公布施行40周年》，《人民日报》2022年12月20日，第1版。

性的理论观点，构建具有自身特色的学科体系、学术体系、话语体系，我国哲学社会科学才能形成自己的特色和优势。"① 包括学科体系、学术体系、话语体系在内的"三大体系"建设是当代中国哲学社会科学理论研究面临的重要课题。"5·17"讲话之后，习近平总书记第一次在正式发表的文章中突出强调了中国宪法学科体系、学术体系、话语体系建设的重要性。中国宪法学的"三大体系"建设有利于巩固中国宪法学在法学学科体系中的指导地位，特别是有利于中国宪法学的学术体系走向国际舞台，参与国际宪法学界的学术话语竞争，为中国特色社会主义宪法理论正名。②

中国宪法学要走向国际学术舞台，关键是要构建科学和有效的话语体系，要基于可靠和富有成效的宪法实践经验来赢得中国宪法学的理论话语权，从而向世界宪法学界传递中国宪法学的学术声音，宣传以习近平法治思想为指导思想的中国特色社会主义宪法理论。要真正做到让中国宪法学在国际舞台上具有学术话语权，关键是要全面和系统地总结现行宪法过去40年实践的经验，要科学地归纳和总结在中国宪法实践中证明行之有效的宪法概念、宪法范畴、宪法命题和宪法判断，要在国际学术交往中主动设题，接受来自不同法律文化背景和不同宪法制度下形成的形形色色的宪法学知识的挑战。纵观当今世界各国宪法学的研究现状，以国际宪法学协会主导的世界宪法大会的学术影响力最引人瞩目。由国际宪法学协会组织的世界宪法大会从1983年在南斯拉夫贝尔格莱德举行第一届世界宪法大会迄今为止已经举办过十一届，最近的一届是2022年12月5日至9日在南非约翰内斯堡举行的第十一届世界宪法大会。中国法学会是国际宪法学协会的创始会员国，在过去的40多年中，中国宪法学者从未缺席过世界宪法大会，并且中国宪法学者在世界宪法大会上积极主动地参与大会组织的各项学术活动，利用各种机会向世界各国宪法学者宣传和介绍中国宪法制度发展和中国宪法学理论研究的最新成就，得到了广泛的好评，产生了一定的国际性学术影响。③ 但客观地讲，目前的国际宪法学界的学术活动主要还是按照美西方宪法学的学术思路展开的，历届世界宪法大会设定的研讨主题基本上是美西方国家在宪法制度发展方面所遇到的重大宪法理论和

---

① 人民出版社2016年版，第19页。
② 习近平：《谱写新时代中国宪法实践新篇章——纪念现行宪法公布施行40周年》，《人民日报》2022年12月20日，第1版。
③ 参见莫纪宏《宪法学原理》，中国社会科学出版社2008年版（2022年4月第2次印刷），第13~16页。

实践问题，其中大量的宪法问题在中国宪法学的学科体系、学术体系中还没有得到对应性研究，中国宪法学所构建的宪法学概念、范畴、命题和判断尚处于曲高和寡的状态。所以，要在国际宪法学学术舞台上真正发出中国宪法学的声音，首先要基于中国宪法实践形成中国宪法学的话语体系，其次要尽量求同存异，在宪法学的基本概念、范畴和命题方面与世界各国宪法学理论研究形成必要的交集；最后中国宪法学的理论知识要在国际宪法学学术舞台赢得话语权，关键是要让世界各国宪法学者们对中国宪法学中的宪法知识产生兴趣、乐于关注，继而产生学术上交流的冲动，形成有效的学术交往平台和机制。这些工作都不是一朝一夕可以完成的。

二 中国宪法学界参加历届世界宪法大会概况

（一）中国法学会宪法学研究会参与国际宪法学协会活动的主要情况

国际宪法学协会（International Association of Constitutional Law）成立于1981年南斯拉夫的贝尔格莱德，迄今为止已经有43年的历史。国际宪法学协会是一个独立的国际性非政府学术组织，根据章程目前主要以国家宪法学协会作为团体会员，同时吸收重要宪法研究机构和全球范围内有影响的宪法学者作为机构会员或个人会员。该组织章程显示，该组织的宗旨是团结全世界范围内的宪法学者、宪法法官以及专门从事宪法学教学和科研的各类法律人才，就宪法问题进行广泛学术交流，增进相互理解。目前该组织在联合国教科文组织获得咨商地位，同时吸收了欧洲理事会威尼斯委员会作为团体会员，每届世界宪法大会都有宪法审判的实务专题，迄今为止，全球范围内有50多个国家的宪法学协会成为该组织的团体会员，机构和个人会员达600个左右，执委会成员跨越五大洲，每个洲都有代表。全球范围内的最著名的宪法学者都先后在该组织担任过主席、副主席或执行委员，例如，美国人权之父前哥伦比亚大学教授路易斯·亨金、法国普罗旺斯大学著名宪法学家路易斯·法沃赫生前都曾是该组织的名誉主席。迄今为止，担任过历任主席的都来自美国、欧洲、拉丁美洲，现任主席是丹麦哥本哈根大学海伦教授，按照章程，下任主席将是土耳其安卡拉大学赛琳教授。近年来，女性领导在该组织中的地位和作用越来越显著。

中国法学会是该组织的最早团体会员。自1981年该组织成立起，中国法学会宪法学研究会代表中国法学会作为该组织的团体会员一直参加了该组织的各项学术活动，先后组团参加了国际宪法学协会组织的 11 届世界宪法大会。中国宪法学专家和学者在该组织的各项学术活动中积极介绍中国法治建设和宪法学理论研究的发展动态，在该组织中赢得了一席之地。中国法学会先后于 2002 年、2011 年和 2018 年分别在北京、西安、香港、澳门和上海组织了国际宪法学协会 3 次圆桌会议和执委会会议，这对于推动中国宪法学界与该组织的学术联系，扩大中国法学界在国际宪法学界的学术影响力起到了非常重要的作用。中国宪法学界的张友渔、王叔文和浦增元先生曾经担任该组织的执委会执行委员。中国法学会宪法学研究会常务副会长莫纪宏研究员曾先后出任该组织的执委会执行委员（2007~2014）、副主席（2014~2018），2018 年被执委会聘为该组织的名誉主席（终身）。2018 年中国法学会宪法学研究会会长韩大元教授当选为该组织的执委会执行委员至今（目前为第二届任期）。

（二）国际宪法学协会组织的 11 届世界宪法大会举办情况

第一届世界宪法大会于 1983 年在南斯拉夫贝尔格莱德举行。我国著名宪法学家肖蔚云教授代表张友渔执委参加了此次大会。会议分组讨论了 5 个问题：现代宪法的概念、制宪权问题、宪法的解释、宪法的适用以及法律的合宪性问题。

第二届世界宪法大会于 1987 年 8 月 31 日至 9 月 4 日在法国巴黎和埃克斯举行。著名宪法学家、国际宪法学协会执委张友渔教授一行 4 人代表中国法学会出席了此次宪法大会。来自 47 个国家的 350 位宪法学专家参加了此次会议。大会主要讨论了人权的概念与任务、第三代人权、人权的宪法保障、宪法与国际法的关系、宪法与财产权以及行政权的加强等问题。我国代表团向大会提交并散发了题为"我国现行宪法对公民基本权利与自由的发展"的报告，肖蔚云教授还以分组主席的身份主持了"关于公民参与国家管理的形式"的讨论会，并在会上介绍了我国公民参加国家管理的情况。

第三届世界宪法大会于 1991 年 9 月 2 日至 5 日在波兰华沙举行。我国著名宪法学家王叔文教授组团参加了此次世界宪法大会。400 多名与会者参加了此次大会。其中来自欧美的代表占三分之二，其他地区的占三分之一。此次大会的主题是"第三个一千年之前宪法的发展"。大会就下列四个专题进行了深入讨论：①纪念波兰 1791 年宪法和法国 1791 年宪法及其意义；②东欧和中欧宪法体制的发展；③第三世界国家民主的产生；④西方国家加强宪法的实施。会议小组讨论会还就宪法与交流、宪法与科技进步、宪法面临经济与社会发展的挑战、宪法与立法要求、宪法与地方自治的要求等问题进行了充分研讨。王叔文教授还以"我国宪法在保障和促进改革开放中的作用"为题，在小组会议上作了专门发言。中国学者对中国宪法制度和改革开放以来法制建设所取得的成就的介绍受到了与会者的高度重视与好评。

第四届世界宪法大会于1995年9月25日至28日在日本东京举行。中国法学会宪法学研究会总干事王叔文教授率团参会。本次大会的主题是"宪政五十年——现实与前景"，大会围绕以下8个方面的问题进行了充分探讨。这些问题包括：①宪政的发展与危机；②宪法：解释与解释者；③国家内部的宪法与和平；④少数人、人权和福利国家；⑤制宪权与新国家的诞生；⑥议会的功能和发展；⑦联邦主义、地区主义和分权的演变；⑧政党与宪法制度。

第五届世界宪法大会于1999年7月12日至16日在荷兰鹿特丹市爱拉摩斯大学举行。中国法学会宪法学研究会派出了以上海社会科学院法学研究所所长浦增元教授为团长的十几名成员组成的代表团出席大会。此次世界宪法大会的主题是"宪政、普遍主义与民主"。大会组委会围绕此次大会的主题选择了十几个重要问题供与会者讨论，其中大会讨论的主题涉及宪法审判的合法性与民主、基本人权的普遍性和文化多元主义以及面向变化中的民族国家的宪政。小组讨论的主题包括：①宪法模式、概念和实践的选择；②民主代表制的宪法框架；③少数人的宪法权利，包括地方主义；④宪法权利和正在衰弱中的国家；⑤无国籍人的宪法权利；⑥宪法、民主和腐败；⑦宗教和国家；⑧个人与集体平等权，包括确认性行动；⑨法治和法治国家；⑩宪法和生命伦理学；⑪宪法教育；等等。

第六届世界宪法大会于2004年1月11日至17日在智利首都圣地亚哥举行。中国法学会派出了以中国法学会副会长刘合法教授为团长的中国代表团出席大会。此次世界宪法大会的主题是"宪政：老概念、新世界"。大会组委会围绕此次大会的主题选择了十几个重要问题供与会者讨论，其中大会分主题涉及权利、国家、少数人以及土著民族，对民族国家宪法产生的来自外部的影响，表达自由、隐私权与因特网，人权与私法，自决权，社会和经济权利，宪法、地方民主与代议制，公民的跨国权利，宪法制定的国际限制，宪法、法治与移民，宪法审查的模式比较和不成文宪法的规则与原则。大会还就国家的性质、变化中的宪法模式、宪法的制定、修改与民主以及实践中的宪法的比较等主题进行了大会主题发言以及大会讨论。

第七届世界宪法大会于 2007 年 6 月 11 日至 15 日在希腊首都雅典举行。来自 70 个国家近 600 名代表出席了此次大会。此次大会是历次世界宪法大会出席人数最多的。中国法学会派出了以中国法学会宪法学研究会副会长莫纪宏研究员为团长的 8 名代表组成的中国代表团出席大会。在国际宪法学协会举行的第七届理事会大会上，莫纪宏教授当选为国际宪法学协会执行委员会委员，董和平教授、戴瑞君博士代表中国法学会出席了理事会全体会议。此次世界宪法大会的主题是"重新审视宪法的边界"。大会组委会围绕此次大会的 4 个主题和 16 个分主题展开了热烈的讨论，其中大会的 4 个主题为在冲突与稳定之间的宪法，面对宪政遭受的威胁的哲学、宗教、国家和社会以及宪法的国际化。大会的 16 个分主题为：①宪法制定中公众参与；②宪法与紧急状态；③选举制度：在合法性与政治不稳定之间达成平衡；④欧洲宪法与当代宪政；⑤政治敏感问题的司法审查；⑥宪法机制在解决一个国家内部的冲突中作用是什么；⑦宪法理论和原则最新发展；⑧宪法和全球恐怖主义；⑨对修改宪法权力的限制；⑩基于私有化的宪法保障；⑪联邦宪法国家中的州宪法；⑫世俗主义与宪政；⑬社会权利的正当性；⑭性别平等、宗教信仰自由和文化；⑮违宪审查中的平衡和比例原则；⑯宪法、腐败和善政。此外，在第七届世界宪法大会上，由代表自发提出的讨论主题还包括：①国家资源的民主控制；②州宪法；③教授宪法；④社会权利；⑤宪法法院；⑥对恐怖主义的宪法回应；⑦人权；⑧调解；⑨宪法司法权的比较研究；⑩欧洲宪法；⑪文本中的宪法；⑫法律的输出和输入；⑬宪法的法哲学构造以及教育与宪法。

第八届世界宪法大会于 2010 年 12 月 6 日至 10 日在墨西哥城举行。中国法学会宪法学研究会派出了以副会长莫纪宏研究员为团长的十几名成员组成的代表团出席会议。会议共分 4 个主题、18 个分主题。4 个主题是：①宪法原则的哲学视角；②宪法原则的形成与适用；③普遍或具体的原则；④宪法原则与法官。18 个分主题是：①选举制度与宪法原则；②传媒与宪法原则；③比例原则；④规划社区与原则；⑤次国家宪法；⑥恐怖主义；⑦旧集权宪法与新民主制度；⑧联邦主义是一个宪法原则吗；⑨宪法原则与转型；⑩多元文化与土著人权利；⑪宗教与国家；⑫外国法：法哲学根基；⑬拉丁美洲宪法的新趋势；⑭人权的不可分割性；⑮国际法对宪法原则的作用；⑯被审查的权力分立原则；⑰比较宪法如何比较；⑱区域融合中的宪法涵义。

第九届世界宪法大会于 2014 年 6 月 16 日至 20 日在挪威奥斯陆举行。来自全世界 90 个国家近 600 名宪法学者出席了大会。中国法学会组成了以国际宪法学协会中国执委、中国社会科学院法学研究所副所长莫纪宏研究员为团长的共计 20 多人的代表团参加了大会。此次大会的主题是"宪法挑战：全球与地方"。大会分 4 个主题和 17 个分主题。大会主题包括：①对宪法和谐的质疑：从启蒙宪法到一个法律上多元的世界；②根植于社会的宪法；③宗教与宪法；④法官视野：宪法审判中的比例原则。大会的 17 个分主题包括：①对恐怖主义的宪法回应；②联邦和准联邦国家中的次级宪法；③自由贸易和政治经济的宪法研究；④社会权利保障与经济危机；⑤宪法对话；⑥移民对宪法的挑战；⑦性与生育权：自由、尊严和平等；⑧互联网与宪法；⑨宪法同一性与民族国家之外的宪政；⑩宪法与非自由的民主；⑪宪法制定的新春天；⑫宪法与财政危机；⑬政党与选举的宪法维度；⑭媒体自由的新挑战；⑮分权原则的变化与转型；⑯直接民主；⑰联邦主义、共同体同一性与分配正义。

第十届世界宪法大会于 2018 年 6 月 17 日至 22 日在韩国首尔举行，来自世界上 80 多个国家的约 600 位学者出席了会议。此次世界宪法大会的主题是"暴力冲突、和平建设与宪法"。国际宪法学协会副主席、中国社会科学院法学研究所副所长莫纪宏率团参加了此次学术盛会。大会期间，代表团成员不仅积极参与大会全体会议和分组会议的发言和讨论，莫纪宏研究员和刘仁文研究员还应邀分别主持了第七小组"紧急状态时期的宪法权利保护"和第二十五小组"跨国家犯罪：刑事正义与程序的边界和宪法挑战"的分组会议，展示了我国宪法学者在国际学术舞台的学术风范。大会期间，莫纪宏研究员和翟国强研究员还作为国际宪法学协会理事会理事参加了 6 月 20 日下午举行的理事会大会，莫纪宏研究员被国际宪法学协会执委会授予名誉主席（终身）称号，中国法学会宪法学研究会会长、中国人民大学法学院韩大元教授当选新一届国际宪法学协会执委会执委。大会期间，中国共有十余名学者出席会议，他们在大会的各个场合发言、讨论，充分展现了中国学者的学术自信和学术风采。在主题研讨阶段，代表团成员与世界各国宪法学者围绕大会主题、分组议题和研究小组的议题进行了发言，并展开了热烈讨论，取得了丰硕成果。

宪法大会分为全体会议发言与分组研讨两个部分，全体会议就如下 4 个主题进行了研讨：①现代宪法中的和平与战争；②对新型暴力冲突的宪法回应：

恐怖主义、叛乱、紧急状态与和平建设；③移民进程中的宪法挑战：主权、国境与人权；④法官论坛。分组涉及27个单元，主题包括：①构建世界宪法的争论；②紧急状态时对宪法的滥用；③紧急状态；④军事行动的议会控制；⑤对恐怖主义的宪法回应；⑥暴力冲突期间的司法审查；⑦紧急状态时间的宪法权利保护；⑧受控状况下的言论自由：冲突、暴力和日益增长的集权下的言论和新闻自由；⑨财政危机与宪法回应；⑩暴力冲突地区的儿童；⑪妇女与冲突地区或期间的暴力；⑫人的尊严与免于指控的庇护权；⑬危机下的宪法修正；⑭非自由的民主；⑮自觉反抗、宗教与宪法；⑯经济危机与移民危机：对社会国家的挑战；⑰新式民主与对司法部门的挑战；⑱外国法和国际法对冲突后及冲突中宪法的影响；⑲后苏维埃宪政与和平建设；⑳恐怖主义时代的因特网；㉑危机时期的成员与排斥和大众主义；㉒宪法建设进程中的外部影响；㉓跨国家犯罪：刑事正义与程序的边界和宪法挑战；㉔宪法事由；㉕通过联邦安排容纳冲突：从冲突管理到分离。此外，大会还组织了研究小组，就以下问题开展了深入交流：①非民主下的宪法；②网络时代的宪法；③宪法制定与宪法变迁；④对恐怖主义的宪法回应；⑤自由贸易与政治经济的宪法研究；⑥宗教复兴时代的宪政与世俗主义：全球和地方宗教激进主义的挑战；⑦司法异体受精：宪法法官使用外国先例；⑧欧洲宪法；⑨社会权利；⑩联邦和准联邦的宪法州的次国家宪法等。

第十一届世界宪法大会于2022年12月5日至9在南非约翰内斯堡大学举行。国际宪法学协会名誉主席、中国法学会宪法学研究会常务副会长莫纪宏研究员，国际宪法学协会执委、中国法学会宪法学研究会名誉会长韩大元教授等一行6人出席了大会。此次会议的主题是"宪法变革"。大会设4个全体会议主题：①贫穷、歧视与各国宪法；②环境、气候正义与自然权利；③危机中的宪法治理；④私权时代的宪政和第四次工业革命。大会分议题有33个，包括：①在宪法变革中社会经济权利的作用；②过渡正义和宪法变迁；③克服因种族、性别、残疾、性少数群体产生的歧视：宪法的作用；④将宪法责任延伸到非国家主体；⑤利用宪法来阐述气候变化：挑战和机遇；⑥比较宪法方法；⑦民主的衰退：原因和救济；⑧宪政、新冠肺炎感染和恢复；⑨第四权力机构（议会督察专员、选举委员会、人权委员会）：设计和实践；⑩宪法修正案和宪法变革：理论和实践；⑪分权的重新定义；⑫多层次的宪政（联邦主义、联合政体、地方政府结构）：挑战和机遇；⑬一般意义上的动物法和特殊意义上的基本动物权；⑭在民主关注和宪法审判中的选举法；⑮直接民主、自我承认和宪法变革；⑯宪法变革和其他：边缘化、排斥和隐形的再造和常规化；⑰次国家宪法和宪政：评估和前行；⑱非自由民主下的假宪政；⑲宪法审判中对外国判例的采用：最近的发展；⑳宪法中的比例原则：对传统司法建构的新挑战；㉑原则、基本权和平衡：宪法法院的法律创造；㉒伊斯兰宪政和人权：阿拉伯之春后的动力学；㉓南半球中通过采用参与性途径提升少数人的代表性；㉔联邦主义的新边界；㉕宪法变革和城市；㉖宪法对未来内在的责任：教条基础和政治实践；㉗宪法学识和宪法变革：主体及影响；㉘对未来人类和非人类后代的宪法环境保护；㉙非洲的宪政、法治和弱点；㉚数字宪政时代的法治原则；㉛非洲的宪法革新和民主进步、适应力及回归；㉜在飞速变化世界中的言论自由趋势；㉝在新的公共主权面前的私人互联网当局的宪法地位。

根据国际宪法学协会 2023 年 6 月 15 日执委会会议的决定，第十二届世界宪法大会将于 2026 年在哥伦比亚开放大学举行，大会主题初定为"可持续的宪政：对不断变化世界的回应"。大会分主题拟定有 4 个：①民主：成长、下滑、修复和重生；②法治：作为守卫者、改革者的法院；③现实中的人权：机会和实施；④以人为中心的世界的人的义务：宪政和私人表演者。

第二编　中国法学会宪法学研究会历届年会及学术研讨会综述汇集

改革开放以来，我国的宪法学研究事业不断走向规范化发展的轨道。最突出的成就是1985年中国法学会宪法学研究会的成立。中国法学会宪法学研究会成立之后，在中国法学会宪法学研究会历届常务理事会的领导和组织下，围绕我国宪法制度发展的重大问题和宪法学发展的重大课题开展了有效的学术研讨，其主要学术活动表现为每年一度的年会暨学术研讨会。中国法学会宪法学研究会成立之后，只有1989年、1996年由于一些特殊原因没有举办年会，1997年年会在山东济南举行，由于会议期间出现了一些意外情况，年会组织的学术研讨会没有如期举行。受新冠疫情影响，2020年在武汉举行的年会采取了线上、线下相结合的方式，2021年原本在北京举行的年会改由完全线上举行，这是中国法学会宪法学研究会历史上唯一一次完全通过线上方式举行的年会暨学术研讨会。从1985年到2023年，中国法学会宪法学研究会先后成功举办了36次年会暨学术研讨会。其中，绝大部分年会情况和信息都通过相应的期刊、网站公开发表[1]，这些年会综述构成了中国宪法学界过去近40年宪法学说发展史料的一部分。

一　中国法学会宪法学研究会1985年成立大会综述[2]

中国法学会宪法学研究会成立大会于1985年10月12日至18日在贵阳举

---

① 收入本书时略作修改。
② 参见《中国法学会宪法学研究会在贵阳成立》，《法学研究》1986年第1期。

行。来自全国各地从事宪法学教学、研究和有关方面的同志共112人参加了会议，其中正式人员96人，列席人员16人，共提交论文69篇。中国法学会副会长、中国社会科学院法学研究所所长王叔文同志代表中国法学会向大会致开幕词并宣布宪法学研究会的成立。

经过充分准备和酝酿，大会民主选举了宪法学研究会干事会及其领导机构。宪法学研究会干事会由48名干事组成，在干事会基础上又选举产生了总干事、副总干事和秘书长作为它的领导机构。王叔文同志当选为本届干事会总干事。

宪法学研究会是中国法学会领导下的全国性学术组织。它的任务是以马列主义、毛泽东思想为指导，坚持理论联系实际的原则，贯彻"百花齐放、百家争鸣"的方针，团结和组织全国从事宪法学教学、研究和实际工作的同志，推动和开展马克思主义宪法学的研究、教育宣传，为建立和发展具有中国特色的马克思主义宪法学，为保证现行宪法的实施，为发展社会主义民主和健全社会主义法制，为促进两个文明的建设作出贡献。

宪法学研究会在成立大会后又举行了学术讨论会。在民主的气氛中，与会代表畅所欲言，就如何进一步保障宪法的实施和如何使宪法学积极为经济体制改革服务两个专题展开了热烈讨论。

（一）如何进一步保障宪法的实施

现行宪法颁布后，在党的领导下全国上下对保证宪法的实施作出了巨大的努力，取得了显著成效。但是，由于种种社会和历史原因，现行宪法在我国社会和政治生活中还没有能够充分发挥其应有的作用，因此有必要对宪法实施过程中所提出的一系列重大理论和实际问题进行创造性研究，以进一步保证宪法的实施。

第一，与会代表对现行宪法中规定的宪法保障制度给予高度的评价，一致认为这对保证宪法的实施十分重要，是完全适合我国国情的宪法保障制度。同时，有一些同志在肯定我国现行宪法保障制度的前提下还提出了一些具体建议。他们认为，鉴于全国人大常委会人数少而立法任务重的情况，由它作为宪法保障机关直接行使宪法监督权在实践中会有许多困难和不便，可否考虑在常委会中设立宪法监督委员会，或者赋予法律委员会以相应职权，可以受理宪法诉讼，有权对案件作出是否违宪的裁定，这样可以使全国人大常委会行使的宪法监督权有专门机构负责。与此同时，还应建立我国的宪法诉讼制度，为保证宪法的实施提供程序上的保障。

第二，一些同志认为，现行宪法和法律已经为宪法的实施规定和提供了一整套完备的组织保障和法律保障，现在的关键是应当加强党的保障和人民的保障。中国共产党作为执政党，党的领导地位在现行宪法中被庄严规定下来，因此改善和加强党对国家的领导十分重要。为此，各级党组织都需要坚决遵守关于"党必须在宪法和法律范围内活动"的规定，严格按照宪法和法律办事，牢固树立宪法的权威。同时，还应当加强对宪法观念（意识）的研究，继续进行宪法的宣传教育，培养和提高全体公民尤其是国家工作人员的社会主义宪法观念，使群众真正认识并掌握现行宪法，自觉地遵守宪法、维护宪法。

第三，与会代表还对"违宪"概念进行了探讨。在对"违宪"概念的理解上有较大的分歧，争论的焦点集中在如何确定违宪主体的范围。一些同志主张狭义违宪论，认为"违背宪法精神"与"违宪"是两个不同的概念，"违宪"一词在宪法学上具有特定的含义，"违宪"不能等同于"违法"。违宪是指国家机关制定的法律、行政法规、决定、命令、地方性法规和决议，以及采取的措施和国家机关领导成员行使职权，与宪法和宪法文件的原则相抵触。即只有国家机关、政党、社会团体、企业、事业组织及其工作人员才有可能违宪，把"违宪"作扩大解释则无异于降低了宪法作为国家根本法的最高法律地位。持广义违宪论者认为，违宪是指国家中一切权力（权利）的主体，即国家机关、社会团体、企事业组织和公民的行为与宪法的原则相抵触。宪法是一切部门法的立法基础，违法必然构成违宪，否认公民作为违宪主体的可能性则不利于培养和提高全体公民的宪法观念，同时也势必使部门法未予进一步规定和调整的某些宪法原则得不到实现。还有一些同志认为，把"违宪"划分为广义狭义并不足以说明"违宪"的根本特征，而必须从现行宪法的具体规定出发，研究宪法规范和宪法的法律效力，因此就有必要借鉴刑法学中关于犯罪构成的理论对违宪构成进行研究。

第四，关于宪法序言的法律效力问题。一些同志认为，宪法序言的基本内容在以后各项条款中都有体现，它是宪法各项具体规定的指导思想，它作为宪法整体的组成部分无疑具有法律效力。另外一些同志认为，所谓法律效力是指法的规范性和强制力。宪法序言只是对制宪目的和国家的大政方针作叙述性说明，它既然不具有规范性和强制力，自然也就没有法律效力。第三种意见认为，对宪法序言的法律效力不能简单化地一概而论，而应当具体情况具体分析，如关于历史的叙述部分就不具有法律效力，而关于国家外交政策和宪法的最高法律地位等规定则不好否定它的强制性和约束力。

（二）如何使宪法学积极为经济体制改革服务

与会代表认为，现行宪法作为建立于社会主义经济基础之上的上层建筑，它应当积极为当前的经济体制改革服务。事实上，现行宪法已经为经济体制改革指明了方向并奠定了法律基础。党的十二届三中全会《关于经济体制改革的决定》是宪法关于经济制度原则规定的具体化，它坚持、丰富和发展了宪法的内容，证明了现行宪法的正确性和强大生命力。

第一，与会同志认为，这次以城市为中心的经济体制改革的目的是建立具有中国特色的充满生机和活力的社会主义经济体制，党中央《关于经济体制改革的决定》与宪法规定的精神是完全一致的，所以，经济体制改革必须在宪法允许的范围内进行，只有这样才能树立和维护现行宪法的权威，才能保证宪法的严肃性和稳定性，才能保证经济体制改革的正确方向。但也有一些同志提出，从某种意义上说，改革是一场深刻的革命，它意味着改革一切与经济基础不相适应的上层建筑，彻底解放社会生产力，宪法作为上层建筑中的重要组成部分必须始终适应并服务于社会经济基础。如果宪法的某些个别规定已不适于经济体制改革所带来的新形势，就应该及时地按照法定程序修改宪法的某些个别规定，而不应该使宪法成为经济体制改革的障碍。

第二，近年来的经济体制改革带来了城乡个体经济的巨大发展，个体经济作为社会主义公有制经济的补充也日益显示出它的作用和重要性，同时也提出了一些新的问题，因此有必要制定相应的法规对此进行调整。只要我们及时地运用国家行政和法律手段对个体经济进行管理，就一定能确保我国经济建设的健康发展。

此外，还有一些同志就如何进一步发展我国的马克思主义宪法学提出建议。他们认为我国宪法学研究现状是不令人满意的，主要表现在宪法学研究仍然停留在对宪法内容的诠释上，摆脱不了政治学的痕迹。这些同志建议，应当把宪法作为社会主义法律体系中的一个部门法来研究，对宪法学的一系列重大理论问题，如宪法规范问题、宪法效力问题以及宪法调整对象问题等进行探讨。

这次会议是新中国成立以来宪法学界一次规模最大的盛会，它说明了我国宪法学研究队伍的不断成长和壮大，显示了宪法学研究的蓬勃发展。大会经过研究讨论，最后确定了宪法学研究会在今后一个时期的工作任务和工作要点。会议决定，今后要加强会员间的联系，通过开展各种学术活动交流宪法学研究信息和经验，推广学术研究成果，促进我国马克思主义宪法学的繁荣和发展。

二 中国法学会宪法学研究会 1986 年年会综述[①]

中国法学会宪法学研究会 1986 年学术年会于 12 月 10 日至 14 日在汕头举行。会议收到论文 65 篇，120 人出席会议。

会议的中心议题是如何加强地方国家权力机关的建设，着重讨论了四个专题：①地方各级人大及其常委会如何决定本行政区域内的重大事项，使地方人大真正成为有权决定该地方重大问题的国家权力机关；②地方各级人大及其常委会如何才能有效地监督本级政府、法院和检察院，同时又避免不适当地干预它们的工作；③如何进一步加强地方性法规的制定和地方的法制建设；④如何加强地方各级人大及其常委会的自身建设，包括改革常委会的成员结构，更好地发挥人大代表和人大常委会委员的作用，健全工作机构和工作制度等。与会者认为，研究解决这些问题，对进一步健全人民代表大会制度、加强社会主义民主与法制建设具有重大意义。

会议采用小组讨论和大会交流相结合的方式，发言的既有理论工作者，又有实际工作者，会议开得生动活泼、富有成效。在会上，许崇德同志还谈了他参加香港特别行政区基本法起草工作的体会。宪法学研究会秘书长廉希圣汇报了过去一年来的工作以及本研究会参加国际宪法学会的情况。

三 中国法学会宪法学研究会 1987 年年会综述[②]

中国法学会宪法学研究会于 1987 年 11 月 25 日至 29 日，在河南省郑州市

---

① 参见为青《全国宪法学研究会讨论加强地方国家权力机关建设问题》，《政治与法律》1987 年第 2 期。
② 参见郑平《宪法学研究会年会在郑州召开》，《法学研究》1988 年第 1 期。

召开了学术讨论会。到会的全国宪法学理论工作者和实际工作者140余人。与会同志就宪法与体制改革问题,各抒己见,展开了热烈的讨论。

与会同志认为,党的十三大精神和现行宪法是一致的。现行宪法不仅确定了以经济建设为中心的"今后国家的根本任务",而且体现了坚持四项基本原则这个立国之本和改革开放的总方针的"两个基本点"的精神。当前主要的问题在于贯彻十三大确定的建设有中国特色的社会主义的基本路线,进一步保障这部深得人心的现行宪法的实施。为此,大家就政治体制改革中的健全人民代表大会制度、改进干部人事任免制度、建立社会协商对话制度和加强社会主义法制建设等问题,作了较为深入的探讨,提出了一些新的见解和积极的建议。大家认为,应当把党的"决策权"和"推荐权"与人大的"决定权"和"任免权"区别开来。党的十三大作出的党中央和地方各级党委拥有对重大问题的"决策权"和对重要干部的"推荐权"等决定,都将有力地保证各级人大及其常委会有效地行使对重大问题的"决定权"和对重要干部的"任免权"。

四　中国法学会宪法学研究会1988年年会综述[①]

中国法学会宪法学研究会与黑龙江省人大常委会办公厅、哈尔滨市人大常委会、黑龙江省法学会和哈尔滨市法学会,于1988年8月24日至28日在哈尔滨市举行了"全国宪法实施保障学术讨论会"。与会150人,提交论文69篇。

会议着重对宪法实施保障的途径和措施、各级人大及其常委会在保障宪法实施中的地位和作用两个问题,从理论和实践的结合上进行了探讨。此外,部分与会者还专门讨论了宪法学理论的发展和宪法学教学与科研的发展问题。

(一) 关于宪法实施保障的途径和措施

1. 对我国宪法实施的基本估计

与会者普遍认为,与前三部宪法(1954年宪法、1975年宪法和1978年宪法)相比,1982年宪法得到了较好贯彻和实施,在国家生活中发挥着越来越

[①] 参见《中国法学会宪法学研究会年会》,《中国法律年鉴》(1989),法律出版社1990年版,第1009页。

大的作用。但是，还不能说我国宪法已经得到了充分贯彻实施。违宪案件时有发生，而且，有些并没有得到严肃认真处理。经济体制改革和政治体制改革的发展，必然对宪法实施保障提出新的要求。因此，进一步保障宪法的实施，是我国民主政治建设中的当务之急。

也有个别人认为，宪法是商品经济原则普遍化的产物，商品经济秩序是实施宪法的基本条件。由于我国的商品经济秩序尚未建立起来，因而我国实施宪法的条件还不具备，我国宪法基本没有得到贯彻实施。

2. 保障宪法实施的措施

这是会议讨论当中的一个热点。与会者普遍认为：应设立专门的宪法保障机构；要充分发挥各级人大的作用；要提高公民，其中主要是领导干部和人大代表的宪法观念；要加快立法工作；要加强宪法和法律的解释工作；等等。应当设立专门的机构来负责保障宪法的实施，但在具体设立什么机构和如何设立机构的问题上，却有不同的意见。

第一种意见认为，在全国人大设立一个保障宪法实施的专门委员会，在全国人大及其常委会的领导下，负责审查违宪案件，向全国人大或全国人大常委会提出报告。

第二种意见认为，保障最高国家权力机关的立法符合宪法，是宪法实施保障的一个重要方面，因此，应该设立一个与全国人大常委会平行的宪法委员会，在全国人大的领导下审查违宪案件。

第三种意见认为，我国地域辽阔，全国只设立一个违宪审查机构，难以充分保障宪法的实施，因此，违宪审查机构应分两级设立，即分别设立全国人大宪法委员会和省、自治区、直辖市人大宪法委员会。

第四种意见认为，我国应当借鉴国外的经验，设立宪法法院，以畅通监督制约渠道，减轻国家权力机关的工作负荷，使宪法实施的监督具有连续性。

第五种意见认为，我国应通过行政诉讼渠道，由普通法院审理违宪案件。

但会上，也有人对设立违宪审查机构持否定态度，认为如果设立一个独立于人大及其常委会的专门机构来行使宪法监督权，就会造成宪法权及监督权的分离，改变了最高国家权力机关的性质；并且认为，审查各种规范性文件的合宪性和违宪案件的工作量很大，难以由人大某个专门委员会单独承担。当前首要的问题不是特设一个专门的宪法监督机构，而是如何充分发挥人大常委会、人大各专门委员会在宪法监督方面的作用，其中包括尽快制定宪法监督法规、完善宪法监督程序、提高常委会委员的法律素质、充实专门委员会的法律人才等。

（二）关于各级人大及其常委会在保障宪法实施中的地位和作用

宪法明确规定全国人大及其常委会有监督宪法实施的职权，而对于地方人大及其常委会，则规定在本行政区域内保证宪法、法律、行政法规的遵守。据此，宪法学界有些人主张，全国人大及其常委会是监督宪法实施的唯一机关，其他任何组织和个人均无监督宪法实施的职权。有些与会者对此提出了异议，认为监督宪法的实施，不仅仅是全国人大及其常委会的事情，对于本地方的违宪问题，地方人大和人大常委会也有权查处。他们的主要理由有以下三个。第一，地方人大监督宪法实施是符合宪法精神的。宪法关于地方人大和地方人大常委会在本行政区域内保证宪法的遵守和执行的规定，就是地方人大和地方人大常委会监督宪法实施的宪法依据。第二，地方人大监督宪法实施是由其性质、地位决定的。地方人大是本行政区的国家权力机关，与本地方的地方行政机关、审判机关、检察机关相比，它在本地方具有最高的法律地位，因而能够担负起在本地方监督宪法和法律的实施的重任。第三，地方人大监督宪法实施符合我国的实际需要。在我们这样一个幅员辽阔的国家，仅由全国人大和它的常委会负责监督宪法的实施是不够的，而由地方人大监督本地方对宪法的实施，则十分便利，也有利于加强对宪法实施的全面保障。

关于加强地方人大及其常委会在保障宪法实施中的作用问题，与会者主要提出了以下几点意见。第一，加强地方性法规的制定。这是地方人大保证宪法实施的主要形式。地方人大既可以通过制定实施有关法律的细则来保证宪法和法律在本地方的实施，也可以在国家还没有制定出有关法律的情况下，制定直接实施宪法某项规定的地方性法规。第二，加强法律监督。这主要包括对"一府两院"的监督和对下级人大和人大常委会的监督等。第三，受理本地方的人民群众对国家机关工作人员的控告。第四，加强法制宣传，努力提高公民的宪法意识。

为了发挥地方人大在监督宪法实施中的作用，与会者提出，当前需要着重解决的问题有三个：第一，要从立法上，明确地方人大在宪法实施监督中的法律地位，并且在法律上明确规定监督宪法实施的程序；第二，要坚决实行党政分开，由人大自主地处理违宪问题；第三，要设立处理违宪问题的专门委员会，以便从组织上保证地方人大做好监督宪法实施的工作。

（三）关于宪法学理论的发展和宪法学教学与科研的发展

宪法学理论的发展和宪法学教学与科研的发展问题，是宪法学界普遍关注的一个问题。

关于宪法学理论的发展问题，普遍认为应当突破苏联模式，突破斯大林体系，要立足于中国的国情，建立具有中国特色的马克思主义宪法学体系。

关于宪法学体系问题，有的认为应包括宪法基本理论、宪法的具体内容（按专题进行比较研究）和宪法实施三个部分。也有的提出，宪法学应该是多学科的统一体，应包括立宪学、宪法实施学、宪法诉讼学、宪法思想史、宪法学原理等。

有的学者认为，宪法学教学与科研的发展已经陷入困境，而摆脱困境则在于"宽松的环境，自身观念的更新"。但也有人认为，环境有大环境小环境，我们对小环境没有充分利用。

关于宪法学教学，有的提出联系实际很困难，主张尽量少讲具体的东西。有的指出，宪法课也是法律课，不能把宪法课讲成政治课。还有的指出，以后不要搞什么统编教材，希望在编教材时要考虑少数民族地区的特点和要求。

五　中国法学会宪法学研究会 1990 年年会综述[①]

中国法学会宪法学研究会在陕西省人大常委会和西安市人大常委会等有关单位的大力支持下，于 1990 年 4 月 10 日至 14 日在西安举行了"坚持和完善人民代表大会制度学术讨论会"。来自全国各地从事宪法学研究和教学工作以及在人大和政法实际部门从事实际工作的同志共 90 余人出席了会议。会议收到论文 44 篇。

与会同志认为，人民代表大会制度是我国的根本政治制度，在当前讨论坚持和完善人民代表大会制度问题，对于加强社会主义民主和法制建设，切实保障人民当家作主，保障我国政治、经济和社会的进一步稳定发展，具有十分重

[①] 参见吴新平、董和平《坚持和完善我国人民代表大会制度研讨会综述》，《中国法学》1990 年第 4 期。

要的意义。坚持和完善人民代表大会制度是辩证的统一，二者互为条件，互相促进。会议对于坚持和完善人民代表大会制度的问题，从理论和实践的结合上进行了具有一定深度的探讨。

（一）关于坚持人民代表大会制度

人民代表大会制度是领导我国人民在长期革命斗争中创立的，适合我国国情。人民代表大会制度作为我国社会主义上层建筑的重要组成部分和人民民主专政国家的政体，对于坚持人民民主专政和社会主义制度至为重要。与会同志对于怎样坚持人民代表大会制度的问题发表了很多意见和见解，主要有以下两个方面。

第一，要批判否定人民代表大会制度的资产阶级自由化观点。搞资产阶级自由化的人在宪法领域的一个重要观点，就是主张照搬西方资本主义国家的"三权分立"，以取代在我国长期行之有效的人民代表大会制度。与会同志对这一资产阶级自由化观点进行了深入的分析和批判，指出我国不存在"三权分立"赖以产生和存在的经济基础和政治基础。虽然我们在完善人民代表大会制度中需要借鉴外国的有益经验，但是我们决不能照搬资产阶级的"三权分立"的政治制度。

第二，要进一步提高对人民代表大会制度的认识。一个时期以来，由于我们一些同志在工作中怕麻烦、图方便，在社会上出现了轻视、忽视和淡化人民代表大会地位和作用的错误思想。与会同志认为，为了消除这种错误思想，就要进一步加强对人民代表大会制度的宣传，提高广大干部和群众对人民代表大会地位和作用的认识。

（二）关于完善人民代表大会制度

我们党一直重视人民代表大会制度的建设。特别是党的十一届三中全会以来，在人民代表大会制度建设方面采取了一系列重大措施，逐步健全和发展了人民代表大会制度。但是，我们必须看到，如何进一步完善人民代表大会制度，仍然是一项十分艰巨的任务。宪法学专家学者与来自人大和政法实际部门的同志互相切磋，各抒己见，提出了一些建设性的意见和建议。

第一，要坚持和完善党对人大的领导。中国共产党作为执政党，不仅要领导政府工作、司法工作，而且要领导人民代表大会工作。党委同人大之间的领导关系不同于行政上的上下级隶属关系。党的领导主要是通过制定和贯彻路线、方针和政策，通过人大中的党员的模范带头作用来实现，而不是由党委直接对人大发号施令。

第二，要进一步完善人大对"一府两院"的监督制度。与会同志提出了三点意见：一是要完善有关立法，不仅全国人大要抓紧制定监督法，地方各级人大也要制定相应的法规和办法，明确规定人大行使监督权的具体权限和程序；二是各级人大要建立有关的组织机构，具体负责有关监督事宜，如增设专门委员会等；三是要建立和健全人大对人民法院和人民检察院的监督制度，解决目前在监督工作中出现的各种实际情况和问题。

第三，设立专门的宪法委员会，以进一步加强全国人大和全国人大常委会对宪法实施的监督，如加强对地方性法规备案的监督等。

第四，在地区设立人大的机构。省属各地区在行政上设有专员公署，在司法上设有中级人民法院和人民检察院，而唯独在人大工作上是一个空白。因此，与会同志建议在地区设立人大的机构，至少是设立省人大的办事机构，以便监督行署、中级人民法院和人民检察院的工作，并且指导各县人大的工作。

第五，加强乡、镇人大的组织和工作。乡、镇人大与群众关系最直接，而这恰恰又是一个薄弱环节。与会同志认为乡、镇人大应该有常设机构，以便经常开展工作。

第六，要提高人大代表、人大常委会委员的素质，并完善各级人大及其常委会的工作程序和工作制度。

六　中国法学会宪法学研究会 1991 年年会综述[①]

中国法学会宪法学研究会 1991 年年会于 11 月 17 日至 21 日在广东省中山市举行。来自全国各地从事宪法学教学、科研和人大工作的近百名专家、学者出席了讨论会。此次学术讨论会的主要观点如下。

（一）保障公民基本权利与维护社会稳定的关系

与会者一致认为，保障公民的基本权利和维护社会稳定两者密不可分，相

---

① 参见张汉宏《中国法学会宪法学研究会 1991 年年会综述》，《中国法学》1992 年第 1 期。

互依存，相互促进。一方面，保障公民基本权利是维护社会稳定的重要保证。只有切实保障公民的政治权利，才能保证人民当家作主，形成安定团结、生动活泼的政治局面；只有切实保障公民的人身权利，人民群众具有安全感，社会才能稳定；只有切实保障公民的社会经济权利，才能保证经济的稳定发展。另一方面，维护社会稳定是保障公民基本权利的前提条件。只有切实维护社会的稳定，有一个良好的政治环境、经济环境与社会环境，才能使宪法和法律规定的公民基本权利得到充分的政治保障和物质保障。

与会者对如何保障公民基本权利、维护社会稳定提出了一些应采取的重要措施。

首先，必须坚持党的基本路线，坚持宪法规定的四项基本原则，坚持改革开放，集中力量搞好社会主义现代化建设，使经济发展，国力增强，才能为保障公民基本权利、维护社会的稳定，提供强大的物质基础。

其次，要切实保障宪法的贯彻实施。现行宪法作为新时期治国安邦的总章程，是建设有中国特色的社会主义经济、政治和文化的根本法律保障。同时，现行宪法对公民的基本权利和义务作了广泛的完整的规定，对保障公民基本权利、维护社会稳定，具有十分重要的意义。

最后，大力加强社会主义民主和法制建设，继续开展以宪法为核心的法制宣传教育，也是保障公民基本权利、维护社会稳定的有力保证。

（二）权利与义务的关系

权利与义务的关系是宪法学研究领域中的一个重要课题。与会者对此展开了热烈的讨论。

多数同志认为，权利与义务之间的一致性的辩证关系表现在以下几个方面：①权利和义务互为条件，相互促进，表现为既没有无权利的义务，也没有无义务的权利；②主体一致性，即同一主体在同一关系中既是权利主体，又是义务主体；③内容的一致性，表现为同一利益和行为，本身既是权利又是义务。

有的同志认为，权利与义务的一致性可以从权利与义务的各种对应关系上得到反映。这些对应关系主要体现为权利与义务的对应、权利义务主体的对应上。其中，权利与义务的对应包括：①普遍权利与普遍义务的对应；②具体权利与具体义务的对应；③具体权利与普遍义务的对应。权利义务主体的对应表现为：①主体自身的对应；②主体的单向对应；③主体的多向对应。

(三) 关于公民权利立法问题

与会者一致认为，党的十一届三中全会以后，我国公民基本权利的立法正在逐步完善。目前仍然存在的问题主要是：①许多保证宪法实施、保护公民依法行使权利的法律尚未制定；②由于立法权限分不清，造成公民权利立法法出多门。对此与会者提出了一些完善我国公民权利立法的建议。

第一，以宪法为核心，从我国的国情出发，按立法项目的轻重缓急，对条件成熟、关系重大的单行法律和法规应抓紧制定，使公民在行使权利自由时有法可依。这方面涉及的内容包括：结社法、言论自由法、宗教法、妇女权利法、紧急状态法、戒严法、人民陪审制度法、警察法等。

第二，在立法的指导思想上，处理好保障与限制的相互关系，把坚持社会主义民主管理同坚持相信群众结合起来，把控制同引导结合起来。

第三，加强全国人大常委会的法律备案和审查工作，减少法律与法规之间的矛盾和冲突。

第四，在立法过程中，充分发扬民主，广泛征求人民群众和专家、学者的意见，适当地借鉴国外有益的做法。

七 中国法学会宪法学研究会 1992 年年会综述[①]

中国法学会宪法学研究会 1992 年年会于 6 月 6 日至 10 日在山东省济南市举行。来自全国 29 个省、自治区、直辖市的宪法理论工作者 66 人、实际部门的同志 32 人出席了会议。会议共收到论文 51 篇。会议期间，代表们认真学习贯彻邓小平同志南方谈话重要精神，并结合现行宪法颁布十周年，就强化宪法的权威和作用、保障宪法的实施以及如何进一步加强地方立法等问题展开了充分而热烈的讨论，提出了许多有价值的学术观点和建议。此次学术讨论会主要有如下内容。

---

① 参见莫纪宏、周汉华《中国法学会宪法学研究会 1992 年年会综述》，《中国法学》1992 年第 5 期。

(一) 认真学习贯彻邓小平同志南方谈话重要精神

大家一致认为，认真学习贯彻邓小平同志南方谈话精神，对于强化宪法权威和作用、加强宪法理论研究具有十分重要的意义。

第一，邓小平同志强调了必须全面贯彻党的基本路线。这同宪法的规定和精神完全一致。只有提高全面执行党的基本路线的自觉性，进一步解放思想，加快改革开放和经济建设的步伐，警惕右，但主要是防止"左"，才能强化宪法的权威和作用，进一步保证宪法的实施。

第二，邓小平同志南方谈话指出，改革开放不仅是发展生产力，也是解放生产力。这也体现了现行宪法关于新时期国家的根本任务的规定。因此，紧紧把握经济建设这个中心，进一步解放和发展生产力，把我国早日建设成为社会主义现代化强国十分重要。与会者还提出了需要加快经济立法的步伐，以适应改革开放和经济建设的需要。

第三，进一步贯彻落实邓小平同志南方谈话中关于敢于和善于借鉴国外先进经验的指示，符合宪法的精神，对于保证宪法的实施，也很重要。我国现行宪法的制定，以总结我国经验为主，同时也注意研究和吸取外国宪法的有益经验。加强比较宪法的研究，具有重要的意义。

第四，与会者还认为，邓小平同志南方谈话体现了两手抓的精神。现在，有的同志提出在执法中要突破法律，这种观点不符合邓小平同志南方谈话中强调指出的：还是要靠法制，搞法制靠得住些。因此，在改革开放的过程中，应该严格依法办事，在法律未修改之前应严格加以遵守，这既是社会主义法制建设的要求，也是保证宪法实施、强化宪法权威作用的需要。

(二) 强化宪法权威和作用，保证宪法的实施

在讨论强化宪法权威和作用、保证宪法的实施时，与会者一致肯定，10年来，现行宪法的实施取得了重大的成就，对推动我国政治、经济、文化等各方面的发展，发挥了重要的作用。但在宪法实施中还存在许多问题，包括宪法的权威性还不够高，公民的宪法意识还不够强，违宪的情况时有发生，甚至得不到公开的、及时的纠正和追究，等等。

与会者就如何强化宪法的权威和作用、保证宪法的实施提出以下一些具体的意见和建议。

1. 监督宪法的实施

加强宪法监督是维护宪法权威的一项重要措施，与会者主要从以下三个方面来探讨如何进一步加强宪法监督：①设立监督宪法实施的专门机构来协助最高国家权力机关保证宪法实施；②把加强人大对"一府两院"的监督作为监督宪法实施的核心；③应尽快制定宪法监督法。

2. 加强宪法的解释

许多同志指出，宪法规定的本身需要进一步明确界限时，应由全国人大常委会作出宪法解释。而社会现实发生变化时，应对那些不适应现实的宪法规定加以修改。例如，个别关于经济方面的规定。但也有同志指出，如果由有权机关作出宪法解释，也可以不修改宪法。

许多同志指出，我国目前宪法解释存在以下几个问题：①虽然现行宪法规定全国人大常委会有解释宪法的权力，但是迄今为止，全国人大常委会还未作过一次正式专门的宪法解释，宪法解释还未制度化、法律化；②实践中全国人大常委会的工作机构对宪法作出的说明较多，但是这些说明起不到宪法解释的作用；③司法解释过多，有一些司法解释超过了权限，涉及立法解释的范围。

针对上述宪法解释中出现的问题，许多同志建议，加强我国宪法解释工作应该做到以下几点：①在全国人大常委会下设专门的解释宪法的机构，以协助全国人大常委会进行宪法解释工作；②制定一部完善的宪法解释程序法，使宪法解释有法可依，有章可循；③对现行的各种立法解释和司法解释加以清理，凡是不符合宪法规定的应该予以撤销。

3. 强化宪法观念，增强干部和公民的宪法意识

具体应做到以下几点：①长期深入地进行宪法宣传和宪法教育，也可结合普法教育宣传宪法，使宪法意识更加深入人心；②严格要求广大干部特别是党政领导干部和党员执行与维护宪法，在宪法和法律范围内活动；③采取一些具体措施，培养公民的宪法观念和意识，如规定宪法节、宪法日，在各级学校开设宪法课程，在国家重要场所放置宪法文本，等等。

（三）关于地方立法的问题

与会者还回顾和交流了近年来地方立法取得的成绩和经验，探讨了地方立法中存在的一些问题和困难，并对进一步完善我国的地方立法提出了许多有益的建议。

1. 地方立法取得了令人瞩目的成绩

主要是：第一，制定了一大批地方性法规；第二，推动了地方政治、经济、文化建设的全面开展；第三，逐步明确了地方立法的基本原则；第四，培养和锻炼了地方立法工作队伍。

2. 地方立法还存在一些需要研究解决的困难和问题

第一，对地方立法的认识还不够一致；第二，一些重要的领域仍然无法可依；第三，地方立法的界限亟待明确；第四，立法者的素质和地方立法的质量有待进一步提高。

3. 进一步完善地方立法的若干建议

第一，解放思想，更新观念。与会者一致认为，我国的地方立法工作应以邓小平同志南方谈话精神为指导，紧密围绕党的基本路线，进一步解放思想，大胆开拓，摆脱姓"社"姓"资"的争论，充分发挥地方立法在改革开放中的作用。在这一前提下，全面地理解和贯彻立法从实际出发的原则，对于进一步完善我国的地方立法，有十分重要的指导意义。一方面，不能把从实际出发简单地等同于从现实出发，把法律看成现实的写照和确认，只有现实能做到的东西才能立法，否则，就以法律"超前"、不符合实际为由反对立法。实际上，法律的功能不仅限于确认现实、保存现实社会的秩序和稳定，法律还有超前性，具有指导现实发展、变革社会的功能。另一方面，不能把从实际出发理解为从现在的、自己的实践出发，而不善于学习、借鉴古代的和国外的各种经验。在人类社会中，许多经济运行规律和社会生活规律都有共同之处，所以，立法必须善于借鉴古今中外一切有益的经验，以适应客观实际的需要。

第二，加强地方人大建设，提高地方立法水平。主要包括：①完善人大立法体制，加强人大干部培训，提高立法者的素质；②加强立法规划和预测；③加强短期立法；④明确地方立法的界限，尤其是地方性法规与地方政府规章的不同调整范围；⑤在地方立法中借鉴一些发达资本主义国家立法中有用的东西，同时可参考和借鉴一些国际惯例；⑥保障民族区域自治地方充分行使立法自治权；⑦加强对经济特区、省会市及较大市的授权立法。

第三，加强对地方立法的审查和监督。大多数与会者认为，加强全国人大常委会和国务院的法律解释工作与对地方立法的备案审查工作，确认地方立法是否与法律、行政法规"抵触"并解决它们之间的矛盾和冲突，实属当务之急。有的同志建议制定地方立法审查程序法，确定审查的时限和程序；有的同志建议将对地方立法的审查分为主动审查和被动审查，主动审查适用备案审查制度，被动审查则实行"不告不理"。

此次会议期间还举行了换届选举，选出了以王叔文为总干事的新一届研究会领导核心。

八　中国法学会宪法学研究会 1993 年年会综述[①]

中国法学会宪法学研究会 1993 年年会于 12 月 13 日至 17 日在海南省海口市举行。来自全国 25 个省、自治区、直辖市的 79 名代表参加了会议。全国人大法律委员会副主任委员、中国法学会副会长、宪法学研究会总干事王叔文同志和海南省委副书记、省人大常委会主任杜青林同志等到会并作了重要讲话。本次会议共收到论文 45 篇，与会代表围绕宪法与改革开放主题，进行了热烈讨论。讨论情况如下。

（一）关于宪法与改革开放的关系

与会代表一致认为，从总体上看，宪法与改革开放之间是相辅相成、相互促进的关系。一方面，宪法为改革开放提供了基本原则和根本方向，使之能够沿着社会主义轨道健康发展；另一方面，改革开放的成果又必将有助于宪法所确立的基本原则得到落实和贯彻执行。在此前提下，代表们针对以下三个问题进行了重点讨论。

1. 宪法在建立和完善社会主义市场经济中的作用

与会代表认为这种作用主要表现为三方面。①保障作用。现行宪法以修正案的方式明确规定，"国家实行社会主义市场经济"，"国家加强经济立法，完善宏观调控"，"国家依法禁止任何组织或者个人扰乱社会主义经济秩序"。这就表明社会主义市场经济的概念已不再停留于理论探索阶段，而是通过国家根本大法的形式予以确认，从而为社会主义市场经济体制的建立与完善提供了根本法保障。②规范作用。社会主义市场经济作为法制经济，必须通过法律制度来规范市场行为。宪法修正案规定国家实行社会主义市场经济，这本身就意味

[①] 参见徐秀义、胡肖华《中国法学会宪法学研究会 1993 年年会综述》，《中国法学》1994 年第 1 期。

着对市场经济有着原则上的规范作用，由于宪法确立了发展社会主义市场经济的基本原则，从而为立法机关制定出更多、更详尽的规范市场经济的法律奠定了基础和前提。③引导作用。我国宪法规定了以公有制为主体多种经济成分长期并存和发展的所有制结构，国有经济是国民经济中的主导力量，国家实行社会主义市场经济，农村中的家庭联产承包为主的责任制是劳动群众集体所有制经济等，这些规定，以宪法的形式确认了我国经济体制改革的基本原则，引导市场经济向健康方向发展。

2. 宪法在加强社会主义民主政治建设中的作用

这主要表现在：①我国现行宪法关于人民代表大会、共产党领导的多党合作和政治协商、企业民主管理以及基层群众性自治组织等的规定，对加强社会主义民主政治建设起着重要作用；②现行宪法中关于宪法的最高法律效力、关于维护社会主义法制的统一和尊严以及关于政权组织形式、国家机构的组成与活动原则等规定，为加强社会主义法制、保障公民的合法权益、维护社会稳定提供了法律基础；③现行宪法中关于社会主义精神文明建设的规定对于认真落实"两手抓"的方针和反腐倡廉工作具有十分重要的作用。

3. 社会主义市场经济的建立对我国民主政治建设的影响

多数代表首先列举了计划经济体制抑制我国民主政治建设发展的诸多表现，并在此基础上，进一步论证了社会主义市场经济对民主政治建设的优化作用，这主要表现在：①社会主义市场经济偏重于运用价值规律来调整社会经济活动，而相对地排斥国家行政的直接干预，从而有利于发挥企业自身的民主管理效能，也有利于国家推行廉政制度；②社会主义市场经济的形成和发展必将使社会物质财富总量大幅度增加，从而为公民基本权利和自由的实现提供雄厚的物质保障；③社会主义市场经济将强化人们的宪法观念、权利意识和平等意识；④社会主义市场经济有助于改革各级人大的选举工作，尤其是有利于将竞争机制引入选举制度。

在肯定社会主义市场经济优化作用的同时，也有少数代表强调指出，应清醒地认识到市场经济对我国民主政治建设带来的一些不利因素，如：①由于文化素质参差不齐，因此国民对市场经济中的价值规律的认识、掌握和运用就必然有差异；②由于市场经济采用的是优胜劣汰的竞争机制，而作为个人的公民在自然素质方面又不可能完全平等，因而市场经济体制下的有些公民尤其是残疾人的劳动权也有可能较难获得实现和保障；③迄今为止，我国尚无完备的法律制度对市场经济进行规范和约束,因而决定了现阶段的市场经济在一定程度上具有盲目性和片面性。不过,大家都认为,建立和完善社会主义市场经济势在必行,不能患得患失,裹足不前。但应当充分考虑到正负两方面的影响,以期在市场经济与民主政治建设之间找到一个最佳结合点,在宪法的基础上大力加强法制建设,通过法制渠道使两者相得益彰,同时发展。

(二) 关于经济特区的立法问题

1. 经济特区的性质

与会代表一致认为,经济特区是我国以实行改革开放方针、发展社会主义经济为目的而依法批准设立的若干经济发展区域,它仍是中华人民共和国的普通行政区域的组成部分（如海南省）或普通行政区域所辖的一个特定部分（如深圳特区、珠海特区）,因而并非行政特区,也不是为推行"一国两制"方针而设立的特别行政区。

2. 经济特区立法的概念

关于经济特区立法的概念主要有两种观点：一是广义上的经济特区立法,即指最高国家权力机关和最高国家行政机关以及有权制定地方性法规的地方国家权力机关制定、修改或废止仅在经济特区适用的有关法律规范的活动；二是狭义上的经济特区立法,即只有经济特区所在地的地方国家权力机关制定、修改或废止仅在该特区发生法律效力的法律规范的活动。相形之下,前者侧重于强调立法的内容,即只要法律规范涉及经济特区的就称之为经济特区立法；后者则侧重于强调立法的主体,即经济特区所在地的地方国家权力机关以外的主体所制定的法律规范即便涉及经济特区内容也只能称之为法律或行政法规,而不能称之为经济特区立法。

3. 经济特区立法存在的必要性

针对这个问题,主要有两种截然相反的主张。一种主张认为经济特区立法不仅有存在的必要,而且还应进一步加强和完善,其理由有三个。①发展特区经济必须通过特区立法来完成和实现。倘若缺乏带有倾斜政策的特区立法,那么特区经济不可能"特",即使"特"起来了,也缺乏法律制度的保障,经济特区的设立就会丧失现实意义。②我国地域辽阔,各地经济文化发展水平悬殊,即使在经济特区之间也是如此。如果不采取特区立法的方式,根据当地的实际情况及时加以调整和规范,特区的积极性和优越性就很难显现出来。③经济特区立法由于采取了特殊的优惠规定，有利于吸引更多的外资，深化改革开放。

另一种主张认为，经济特区立法无存在的必要，即便有必要，也只是短暂的。其理由是：①经济特区不是法制特区，经济特区立法的存在，必然成为国家法制统一的障碍；②经济特区立法冲淡了最高国家权力机关和最高国家行政机关所定法律规范的效力；③经济特区立法多数以体现特区经济主体在税收、进出口贸易等方面的特权为内容，因而违背社会主义市场经济体制下各种经济主体权利义务平等的原则。

4. 经济特区立法的内容和原则

关于经济特区立法的内容问题，比较一致的意见是经济特区立法应以有关经济方面的内容为限，而不应涉及政治、文化教育、军事等领域。但也有少数代表认为除涉及经济方面的内容外，还应制定包括规范和制约政府行为在内的规范，以便加强对政府的监督和控制。经济特区立法应当遵循下述基本原则：①必须坚持四项基本原则，尤其应坚持社会主义道路的原则；②维护国家主权的原则；③坚持不与法律、行政法规相抵触的原则；④坚持特殊性原则；⑤坚持依法立法的原则，即应先由最高国家权力机关制定出"经济特区立法法"，再依此制定经济特区法；⑥坚持与国际惯例、习惯接轨的原则。

5. 经济特区立法应注意的几个问题

①在制定实体法的同时，应当制定相应的程序法，使实体法中规定的权利与义务能通过法律途径得到贯彻落实。②各种经济立法之间应当保持协调统一，不能相互矛盾或抵触。③经济特区的立法既要保持相对稳定性又要注意正确、全面地反映客观规律，适时进行立、废、改。④经济特区的立法要避免相互雷同、照搬照抄现象。⑤要注意处理好国家与经济特区以及经济特区内部的各种利益关系。

（三）关于新形势下，宪法学研究所面临的新任务以及宪法学研究的具体方向等

与会代表认为在新形势下，宪法学研究所面临的新任务主要有两项。一是怎样维护宪法尊严，保障宪法实施。在这方面，宪法学界要强化理论研究，找出目前宪法实施中存在的问题，并指出解决这些问题的方法和途径。二是在20世纪末，建立和完善以宪法为核心的适应社会主义市场经济体制需要的市场经济法律体系。

九　中国法学会宪法学研究会 1994 年年会综述[①]

中国法学会宪法学研究会1994年年会于9月16日至20日在四川省成都市举行。来自全国21个省、自治区、直辖市和中央有关机关的70多名代表参加了会议。全国人大法律委员会副主任委员、中国法学会副会长、宪法学研究会总干事王叔文同志和四川省人大常委会主任杨析综同志等到会并作了重要讲话。本次会议共收到论文50篇。与会代表围绕人民代表大会制度的理论与实践这个主题进行了热烈讨论。讨论情况如下。

（一）完善人民代表大会制度中的代表制度

有的同志认为，可以把人民代表大会制度放在规范体系上划分为三个有机组成部分，一是关于代表即权力机关主体的一系列制度；二是关于权力机关的组织制度；三是关于代表在权力机关组织中的议事活动及权力机关的职权运作方面的制度。代表制度主要是解决人民代表的产生、职权、职权保障、监督罢免等方面的制度。它是人民代表大会制度的重要组成部分，也是人民代表大会制度的生机和活力所在。大家认为，代表制度的健全完善应围绕提高代表素质这一中心环节，着重做好以下工作。

1. 改善现行选举制度，提高选举的民主程度

①走出旧有认识误区，避免把代表的代表性与候选人的模范性、先进性等同起来，避免把代表的代表性与候选人的出身阶级、阶层简单地等同起来。②提高候选人的年龄资格，注重候选人的文化素质和参政能力。③在提名中平等对待党派团体提名和选民联名提名，避免厚此薄彼。④完善对候选人的介绍机制，在候选人与选民或代表的沟通方式上变被动式为主动式。⑤引进竞争机制，全面实行差额选举制度，尤其应在立法上明确规定对政府正职必须实行差额选举。⑥要把间接选举的组织和程序纳入选举法的规范。⑦逐步实现各级人民代表由选民直接选举，把直接选举推向更高一级人大。

2. 减少代表名额，逐步实行代表的专职化

兼职代表制固然有其优点，但也日益暴露出弊端，其突出弊端就是兼职容

[①] 参见徐秀义《中国法学会宪法学研究会1994年年会综述》，《中国法学》1994年第6期。

易造成失职。许多同志主张应在减少代表名额的前提下，逐步实现代表的专职化。有同志认为，鉴于目前各级人大代表总人数高达 300 多万，全部实行代表专职化条件不成熟，可根据代表级别的不同，有计划有步骤地进行，但应逐级严格实行部分专职部分兼职，逐步扩大专职比例；或者代表轮流专职，定期交换；或一年中有一定时间专职，其余兼职。也有同志主张只应对常委会组成人员实行专职，其余代表仍实行业余代表制。还有同志认为从长远的发展眼光来看，权力机关应当是一个组成人员较精干、全部专职化及会期较长的机关，在时机成熟时不必设常设机关，主要加强专门委员会的组织建设，以改变目前常设机关有超乎、凌驾于产生它的同级人大的倾向。

3. 加强对代表的培训，健全对代表的监督罢免机制、健全完善代表活动的各项制度，充分保证落实代表执行职务的保障制度

比如谈到对代表的监督罢免，许多同志主张应树立科学的代表行为标准，改变目前罢免代表只局限于违法乱纪的较低标准，应站在代表的素质、参政议政水平这个高度来把握监督罢免标准。

（二）完善人民代表大会制度中的权力机关组织制度

1. 要加强常设机关的自身建设

①提高人大常委会组成人员的素质，优化组成人员的结构，改变人大常设机关只是一个二线机关或离退休干部的"中转站"的观念，应把那些有较强能力、经验丰富、知识水平高的人选拔到人大常委会中来。②逐步实现人大常委会组成人员的专职化，以避免开会缺席率高、议政准备不足、议政水平较低的状况。③必须建立健全必要的监督约束制度，如会议制度、考勤制度、民主评议制度，以保证和提高组成人员素质。④健全办事机构，增加人员编制，以适应人大常委会繁重的日常工作。

2. 加强和完善人大的专门委员会机构

①适应国家发展的需要，适宜增设一些专门委员会，不少同志强调全国人大应设立宪法委员会、人事任免委员会。也有同志认为财政经济范围之广，单设一个专门委员会似嫌不够。还有教育、科学、文化、卫生归一个专门委员会负责也有不便。②地方各级人大可根据自身特点设立有针对性的专门委员会，如城镇建设、民族、侨务、环保等委员会。如果设专门委员会有困难，可以考虑在有的专门委员会之下，设若干小组委员会。

3. 加强专门委员会的工作

①提案工作要加强。②审议工作要提高质量。③应继续加强调查研究工作。

4. 加强专门委员会的组织

①提高人员素质，吸收懂专业知识、有实践经验、政策水平高的人才进入专门委员会。②重视办事机构人员的配置。

(三) 落实加强权力机关的职权问题

有相当多同志认为目前人大的立法权行使得较好，监督权运用较薄弱，人事任免权流于形式，决定权运用得不够充分。重点就立法权、监督权作了如下探讨。

1. 关于立法权

①许多同志充分肯定我国人大在立法方面的成就，有同志着重指出在我国中央立法相对落后于形势需要的局面下，省级人大在地方立法中的作用显得相当突出，这方面的成效也十分显著。②不少同志认为目前立法模式中各行政部门自行起草法律草案的做法不妥，容易使立法带有部门意志的痕迹，而且拖延时日，缓不济急。应当加强权力机关在立法方面的权能，吸收专家，配备助手，尤其是涉及公民权利立法，草案不宜由行政部门来起草，如结社法、新闻法等，而应由国家立法机关牵头起草。③在立法上要加大力度，尤其是在涉及公民权利立法上，要有超前意识，不要出了问题再去补漏洞。④全国人大要加强对立法的合宪性审查。⑤建议制定立法法，以此推进和完善立法工作。

2. 关于监督权

大家普遍认为人大的监督不力，表现在监督程度有限、监督效力有限、监督规范缺乏。大家呼吁要制定监督法，认为监督法对监督的内容和形式应有所突破。①在监督法中不应规定监督同支持一致的原则，因为监督与支持并不构成法律上的权利义务关系。可考虑在原有的监督原则之中增加规定高效和公开原则。②在全国人大内设立宪法监督委员会，在全国人大和全国人大常委会的领导下，负责审查违宪案件，向全国人大或全国人大常委会报告。③明确规定下一级国家权力机关也是人大的监督对象。④将人大监督内容划分为工作监督和法律监督。而且法律监督的内容中应明确规定各级人大常委会可以过问具体案件。⑤在监督形式中应增加规定人大享有弹劾权，弹劾权的权限可按全国人大及其常委会各自选举、任免干部的权限行使。

此外，与会代表还围绕关于坚持和完善人民代表大会制度应注意的一些问题及人民代表大会制度现存的问题等发表了有益的意见。

十　中国法学会宪法学研究会1995年年会综述①

1995年11月27日至30日，全国人大常委会办公厅研究室、中国法学会宪法学研究会和河北省人大常委会办公厅，在河北省石家庄市联合召开了主题为人民代表大会制度理论的中国法学会宪法学研究会年会暨学术研讨会。全国人大常委会秘书长曹志、副秘书长刘镇，全国人大法律委员会副主任委员、中国法学会宪法学研究会会长王叔文，河北省委副书记陈玉杰，河北省人大常委会副主任李永进、张震环、郜永堂、宁全福、张建新，全国26个省、自治区、直辖市人大常委会有关同志，宪法学界专家学者共130多人出席了会议。

宪法和法律实施工作是我国当前法制建设的一个突出问题，有法不依、执法不严、违法不究、滥用职权的现象在一些地方和部门还相当普遍。如何改进和加强法律实施工作，有效改善法律实施状况，是摆在我们面前的一个重大课题。这次研讨会围绕这一主题，从理论和实践的结合上，探讨在新形势下搞好法律实施工作的途径。

曹志秘书长在27日上午的全体会议上就新形势下改进和加强法律实施的紧迫性和重要性、当前法律实施工作需要着重研究解决的几个问题、充分发挥各级人大及其常委会在法律实施中的重要作用等问题发表了讲话。

与会代表围绕曹志同志的讲话，集中就我国当前法律实施中存在的问题、原因和对策畅所欲言，各抒己见。就如何加强和改善党对宪法和法律实施的领导，如何增强领导干部的法制观念，如何改革和完善行政执法机制和司法制度，如何加强执法队伍建设，如何完善和加强法律实施的监督，如何改进立法工作、提高立法质量，如何搞好法制宣传教育、创造良好法制环境等问题提出了一些意见和建议。

---

① 参见何绍仁《人民代表大会制度理论研讨会在石家庄召开》，《人大工作通讯》1995年第24期。

十一　中国法学会宪法学研究会 1998 年年会综述[①]

中国法学会宪法学研究会 1998 年年会暨宪法与国家机构改革研讨会于 10 月 20 日至 23 日在浙江大学举行。会议就宪法与国家机构改革，围绕四个主题展开了充分热烈的讨论，与会者畅所欲言、各抒己见，在许多观点上达成了共识，并对完善国家机构改革、提高宪法的根本法权威提出了诸多有益的建议和中肯的意见。此次会议的主要学术成果如下。

（一）以邓小平理论为宪法与国家机构改革的理论指导

与会者一致认为，邓小平理论是我党集体智慧的结晶，它的理论核心就是实事求是，勇于开拓，建设社会主义现代化。当前，以邓小平理论为宪法与国家机构改革的指导思想，要处理好以下三个方面的关系。

1. 邓小平理论与现行宪法的原则是一致的

现行宪法将坚持马列主义、毛泽东思想，坚持人民民主专政，坚持社会主义道路和坚持党的领导的四项基本原则作为我国社会主义现代化建设的根本指导思想。邓小平理论一方面坚持和捍卫了四项基本原则，另一方面它本身又是四项基本原则的重要组成部分，它与四项基本原则相互融为一体，共同构成了我国现行宪法的出发点和前提条件。

2. 邓小平理论对国家机构改革的指导作用是通过宪法实现的

"依法治国，建设社会主义法治国家"作为我国社会主义现代化新的历史时期的治国方略本身就是邓小平理论的重要组成部分，而依法治国的核心就是依宪治国。因此，强调将邓小平理论作为国家机构改革的指导思想并不意味着要否定宪法作为根本法对国家机构改革的指导和规范作用。

3. 国家机构改革本身也是邓小平理论的重要内容

邓小平理论中关于改革开放、精简国家机构、反对官僚主义和腐败现象等改革思想，富有成效的国家机构改革实践可以极大地丰富邓小平理论中关于国家机构改革的思想，保障邓小平理论所具有的勃勃生机。

[①] 参见莫纪宏、李小明《中国法学会宪法学研究会 '98 年会综述》，《中国法学》1998 年第 6 期。

（二）宪法与国家机构改革之间的关系

在探讨宪法与国家机构改革的关系时，与会者主要围绕以下五个问题发表了不同的意见。

1. 宪法与国家机构改革之间有没有关系

绝大多数与会者认为，宪法与国家机构改革之间存在密不可分的关系，这种关系最大的特点表现在两个方面：一是国家机构改革不能脱离宪法的指导进行；二是国家机构改革本身就是宪法确立的重要原则之一，国家机构改革的实践就是实施宪法的重要举措。

也有一些与会者从制度与人的关系出发，论证了国家机构改革的根本环节还是在于提高人的素质，国家机构改革的动力源泉来自人，而不是制度，进行国家机构改革如果不能揭示这样一层实质关系，就必然会在深化国家机构改革的过程中遇到人的方面因素的阻碍。

2. 宪法与国家机构改革之间关系的性质

关于宪法与国家机构改革之间关系的性质，与会者意见分歧较大，争论的焦点主要集中在宪法与国家机构改革之间的关系是实施宪法中所发生的宪法关系还是处理宪法与改革作为上层建筑与经济基础之间的关系。

一种意见认为，应当将宪法与国家机构改革之间的关系定性为上层建筑与经济基础之间的关系。因为宪法作为根本大法，它本身属于上层建筑，它的内容和生命力来自宪法对改革实践经验的总结、反映、肯定和保障，宪法不仅仅是纸上的宪法，还包括事实上的宪法。因此，在论及宪法与国家机构改革之间关系时，首先要明确宪法在国家机构改革中的保障作用。这种保障作用至少应当包括两个方面：一是保障宪法条文所规定的国家机构改革能够得到顺利进行；二是保障宪法基于上层建筑的特性而产生的宪法对宪法条文规定之外的国家机构改革的顺利进行，从而实现纸上的宪法实施与事实上的宪法实施二者之间的有机统一。

另一种意见认为，在目前强调依法治国的大前提下，应当给宪法与改革的关系重新定位，即在法治的精神下进行改革。在新中国成立以后历次所进行的比较大的国家机构改革中，为了使作为上层建筑的国家机构适应经济基础的发展，考虑到不因国家机构大规模的改革影响国家机构正常发挥自身应有的管理职能，往往是先试点，然后总结经验，最后在全国范围内推广，在国家机构改革取得阶段性成果后，再来修改法律使国家机构改革的成果合法化。这样的国家机构改革模式给理论带来的困惑是，国家机构改革的动议、过程呈违法状态，而只有国家机构改革的结果可以合法化。这就产生了国家机构改革是否依法进行的问题。先改革、后立法的弊端是不言而喻的，这就是我们所看到的新中国成立以后历次机构改革始终没有走出"精简—膨胀—再精简—再膨胀"的怪圈。在当前强调依法治国的前提下，应当以法治精神来指导国家机构改革，这就意味着应当遵循先立法后改革的思路，尤其是应当将国家机构改革看成实施宪法的一个重要方面，真正地树立宪法在国家机构改革中的指导作用和权威地位。具体到实践中应当依据宪法关于国家机构改革的有关规定，制定国家机构改革法，用法律来规范国家机构改革的动议和过程，从而保证国家机构改革从动议到结果都符合法治精神的要求。

也有一些与会者从国家机构改革的目标来看待宪法与国家机构改革之间的关系的性质，认为在论述宪法与国家机构改革之间关系的性质时不应该仅限于在二者之间进行循环论证，而应该以另一个中介要素作为评价指标，这个评价指标就是利益。也就是说，宪法本身是维护统治阶级最高利益的，国家机构改革是为了调整利益，因此，宪法和国家机构改革在调整和维护利益上是紧密相连的，最终的目标就是要保证二者所维护的利益具有一致性。因此，国家机构改革本身就是一种利益的体现，从法治精神出发，国家机构改革结果形成的新的利益格局应当是与宪法所保障的利益相一致或者说是不应该相互矛盾的。否则，国家机构改革自身就成了目的。

3. 宪法与国家机构改革之间关系的主要表现形式

与会者认为，宪法与国家机构改革之间的关系主要表现为以下几个方面。

（1）宪法是国家机构改革的依据

与会者一致认为，从宪法作为国家根本大法的权威地位来看，要保证国家机构改革合法，首先必须依据宪法进行改革。宪法作为国家机构改革的依据，这种依据的性质应该是法律性的，具有法律上的效力，而不应当仅仅停留于政策依据和原则依据上。作为法律依据，宪法对国家机构改革的指导作用就不只是参考、指导思想等形式意义，更重要的是国家机构改革必须服从和遵守宪法。这主要体现在两个方面：一是现行宪法所确立的国家机构设置的基本原则不得在国家机构改革的过程中丧失规范和指导作用；二是依据宪法产生的国家机构组织法不得因国家机构改革而成为无法实施的法律。

（2）宪法是国家机构改革的保障

国家机构改革是宪法的一项重要原则，作为宪法的一个重要方面，宪法自始至终地为国家机构改革提供合法性的前提。大多数与会者认为国家机构改革必然会改变由传统的国家机构模式所形成的利益分配格局，符合宪法所保护的利益原则而进行的国家机构改革理所当然地会受到宪法的保障。

（3）国家机构改革是实施宪法的重要举措

绝大多数与会者认为，国家机构改革本身就是现行宪法所确立的一项重要制度，推进国家机构改革不仅仅是国家机构自身完善的需要，也是实施宪法的要求。同时，要防止在国家机构改革的实践中出现突破法律禁区，切忌一谈改革就可以漠视宪法和法律的权威，不合宪、不合法的国家机构改革与国家机构改革的目标是相背离的。

（4）国家机构改革有利于完善宪法制度

与会者一致认为，符合宪法所保障的利益机制的国家机构改革对于完善宪法制度具有非常重要的意义。我国的国家机构改革不仅要在机构设置、人员配置上下功夫，也应当适当关注国家机构改革的原则，尤其是与宪法制度相关的宪法原则，从而以国家机构改革的实践来不断丰富和完善我国的宪法制度。

4. 国家机构改革的主要方面

（1）国家机构改革的原则

关于国家机构改革的原则，许多与会者从不同的论证角度提出了一系列观点，其中，具有代表性的观点包括以下几个。

一是系统改革原则。

有的与会者认为，国家机构改革是一项复杂的系统工程。新中国成立以后历次国家机构改革的实践表明，试图以单兵突进、以点带面来进行国家机构改革的改革模式和思路最终都无法摆脱改革本身所处的内外部环境和条件的制约，因此，国家机构改革应该是所有层次、不同性质国家机构的全方位的改革，它不仅涉及行政机构的改革，也包括立法机关、检察机关和审判机关的改革。只有整体上的改革才能从根本上克服国家机关所存在的官僚主义作风和机构臃肿、人浮于事的消极现象，保证国家机构的清正廉洁，全心全意地为人民服务。

二是调整利益原则。

有的与会者认为，以往国家机构改革中出现的一个现象值得引起注意，就是国家机构改革并没有改变在传统国家机构体制下所确立的利益格局，往往是改革处于改革者之下,即机构变了,但与机构利益相关的人并没有真正地与机构利益脱钩,结果是由于国家机构改革留下的死角太多、太宽,往往造成这边的精简,那边的膨胀,结果是机构越减越多,官职越减越高。这里的根本原因是只注重了机构精简的形式效益,而未研究机构精简的动力机制,机构改革不与人的因素关联起来,很难摆脱形式主义的老路子。

三是现实主义原则。

部分与会者认为,以往的国家机构改革,改革动机中的理想主义成分太多。改革者在设计改革目标时总是抱着这样的心态,即只要按照自己所设计的改革目标和改革举措去做,肯定会比改革开始时的状况好,而结果往往适得其反。其实,这里的问题主要是认识上的局限:一方面,国家机构改革本身是调整利益的过程,执行改革方案的人不按照改革方案去做本身就是国家机构改革自身所具有的利益性的反映;另一方面,改革动机过分强烈,以至于与改革目标相脱节,理想主义的改革目标总是寄希望于未来,而不问现在的状况如何,而现实主义的态度总是从目前出发,即只有在当前尽可能地建立完善的国家机构,才能最大限度地防止在今后的国家机构改革中出现问题。所以,国家机构改革要取得实质性突破,首要的精力还是应该放在转变改革思路和战略上,囿于传统的国家机构改革动机是很难走出"精简—膨胀—再精简—再膨胀"的机构改革循环往复的老路子的。

(2) 国家机构改革的具体措施

对国家机构改革的具体措施,与会者从各种角度予以了详细论证,重点是放在国家行政机构的改革上,也涉及立法机构、司法机构和其他机构的改革。

一是关于行政机构的改革。

有的与会者对行政机构改革是以职能为核心,还是以机构为核心发表了不同看法。持政府行政机构改革应以转变职能为核心的人认为,现在有的地方在进行行政机构改革时的一些做法值得进一步加以研究。地方组织法本来明文规定了某种行政职能,并设置了相应的行政机构来履行该行政职能。但一些地方在实际操作中是先拆庙,将具体履行行政职能的机构撤了,然后迫使地方组织法原来设定的某些行政职能没有相应的机构去执行,使之名不副实,然后再设立新的行政机构并赋予新的行政职能,这样,原来地方组织法所规定的某些行政职能由于机构改革致使没有机构去履行而被迫消失。结果,通过行政机构改革,转变的只是行政职能的形式,而行政职能的实体内容却没有得到有效转变,甚至变得更加复杂、更为混乱,这样转变行政职能的方式不仅具有违法性,而且更容易滋生机构改革中的腐败现象。

二是关于立法机构的改革。

有的与会者认为,我国的人民代表大会目前在制度上已经相当完善,因此,对于国家权力机构而言,主要不是改不改的问题,而是做不做的问题,应当依据宪法和法律的规定,在各级人大下面设置协助各级人大及常设机构履行宪法和法律所赋予的法定职能的机构,从而保障人民代表大会制度的规范运行。有的与会者还提出,应该对目前的兼职代表制加以改革,采取职业代表制。另外,有的与会者认为,各级人大下面不设立宪法实施的监督机构以及独立于政府的审计机构,要想进一步发挥各级人大作为国家权力机关的作用是比较困难的。

三是关于司法机构的改革。

关于司法机构的改革,与会者讨论的焦点主要集中在是坚持司法独立还是法官独立上。绝大多数与会者不同意法官独立这种提法,因为法官独立没有宪法和法律上的依据。在目前的司法体制下过多强调法官独立反而会助长法官专断、加剧司法腐败。目前所要强调的司法独立就是宪法意义上的,即宪法所规定的人民检察院、人民法院在行使司法职权时不受任何行政机关、社会组织和个人的干涉,要真正地做到这一点不仅应当保证上下级司法机关之间依法独立地行使职权,还要保障司法机关不受其他国家机关的非法干涉,具体的措施主要是司法机关,尤其是人民法院应该有自身独立的预算,并作为国家总预算的一部分直接受各级国家权力机关的监督。另外,法官制度应当与行政级别脱钩。

四是其他机构的改革。

一些与会者还指出,国家机构改革作为一项系统工程,涉及所有实际上履行国家机构管理职能的机构和组织,其中,军事机构以及具有一定行政管理职能的工青妇工等社会组织也要进行改革,只有全面推进机构改革,才能在国家机构改革的过程中不留死角,彻底到位。

5. 国家机构改革在依法治国中的重要作用

关于国家机构改革在依法治国中的重要作用,绝大多数与会者认为,国家机构改革在依法治国中的作用是积极的,这种积极的影响主要表现为两个方面:一是国家机构改革改掉了传统国家机构体制中不适应依法治国要求的因素,尤其是通过改掉"因人而设"的机构来为实现在依法治国的前提下所要求的"因事而设"的机构创造良好的法治条件；二是依据宪法和法律进行国家机构改革本身就是依法治国的体现，通过依法进行国家机构改革来进一步树立宪法和法律的权威，维护社会主义法制的尊严。

对于如何加强国家机构改革在依法治国中的作用，大多数与会者认为，应当着重注意以下几个方面的问题。

第一，要防止言必称"法治"，言必称"依法治国"，借着依法治国的名义来违背依法治国的精神。在以往的国家机构改革中，有些地方在法律的幌子下搞一些不符合宪法和法律所规定有关国家机构改革精神和原则的改革，甚至把不合法的也说成合法的。

第二，要防止借国家机构改革之名，置依法治国的基本原则于不顾，大搞实用主义，或者是行"上有政策、下有对策"抵制改革的老套路。国家机构改革本身是在宪法和法律指导下进行的，不符合宪法和法律要求的国家机构改革不仅会严重地破坏社会主义法治原则，而且会阻碍国家机构改革自身的进一步完善，因此，突破禁区、大胆改革的改革思路如果要以违反宪法、法律的规定，破坏社会主义法制的尊严为代价的话，那么，这样的国家机构改革宁愿放弃，也不应当让它滋生蔓延、产生难以控制的结果。

第三，应当从建设社会主义法治国家、健全和完善社会主义市场经济的战略高度来看待国家机构改革在依法治国中的重要作用，不能为改革而改革，不能为法治而法治，改革也好，法治也好，其中最重要的就是要坚持邓小平理论的精髓，即实事求是的精神，反对一切形式主义，不断完善国家体制，逐步实现社会主义法治国家的宏伟目标。

十二　中国法学会宪法学研究会 1999 年年会综述[①]

中国法学会宪法学研究会 1999 年年会于 9 月中旬在广东省东莞市举行。此次会议的主题是宪法与依法治国，与会代表围绕会议主题，着重讨论了宪法修正案的意义、宪法在依法治国中的地位与作用及如何进一步保证宪法实施三个问题。此次学术研讨会的主要成果如下。

---

① 参见晓红《中国法学会宪法学研究会 1999 年年会综述》，《中国法学》1999 年第 6 期。

（一）1999 年宪法修正案的意义

1999 年 3 月 15 日，第九届全国人民代表大会第二次会议通过了《中华人民共和国宪法修正案》，此次修宪是对 1982 年现行宪法的第三次修正。与会者一致认为，此次宪法修正案虽然只有 6 条，但意义十分重大。一是确立了邓小平理论在国家生活中的指导思想地位。二是确立了我国社会主义初级阶段的基本经济制度和分配制度，肯定了个体、私营经济等非公有制经济是社会主义市场经济的重要组成部分。三是把"依法治国，建设社会主义法治国家"载入了宪法。除以上三点外，这次修改宪法，将农村集体组织的经营体制肯定下来，这对农村、农业与农民的稳定有重大意义。将国家镇压"反革命的活动"改为国家镇压"危害国家安全的犯罪活动"等，也很重要。

与会者在充分肯定此次修宪所具有的重大实践意义的基础上，还结合此次修宪的提出、程序、技术以及如何以科学的修宪理论为指导来修改宪法发表了许多有益的见解。

关于修改宪法动议的产生，一些与会者指出，现行宪法颁布以来，已经过了三次修改。目前修改宪法的动力主要来自法律与政策的适应关系。1988 年修宪、1993 年修宪和 1999 年修宪分别集中体现了党的十三大、十四大和十五大报告的基本精神。修宪的政策性特征较为明显。这种修宪的动力模式在实践中有可能会引起对宪法修改的一些不必要的误解，也就是说，修宪的动机可以从政策的变化中推导出来。为了避免将政策与法律之间关系予以简单化的释义现象的产生，必须在宪法学理论上研究宪法对政策的适应性。宪法在实施过程中应该具有一定的解释空间，只有当宪法的规定明显落后于社会现实、阻碍社会进步时，才有必要修改。

关于修改宪法的程序，一些与会者认为，修宪程序是修宪活动的科学性。修宪程序具有过滤作用，它将符合统治阶级根本利益的修宪动议纳入宪法修改的范围之内，而将不符合统治阶级利益要求的修宪要求合法地阻隔于宪法修改的范围之外，从而最大限度地保证修宪活动反映宪法制定者的意志和利益。有的与会者主张，修宪程序也具有两种功能，即形式功能和实质功能。形式功能就是宪法修正案必须有宪法修改主体占绝对多数的同意，而实质功能就是修宪程序给修改宪法的活动加以合法地限制。对修宪程序，如果仅仅关注其形式功能，而忽视其实质功能，结果可能会导致修宪比普通法律的修改更加容易。

关于修改宪法的技术,与会者一致认为,新中国成立以来历次修改宪法的活动,对修改宪法的技术总的来说是重视不够的,尤其是对修改宪法技术的重要性认识不足。修宪技术不是可有可无的。宪法修正案是通过语言逻辑形式表达出来的,而宪法条文和宪法规范的表述除了应当符合语言逻辑规律之外,还应当符合宪法原理,忽视宪法条文和宪法规范背后所蕴藏的宪法理论背景,宪法条文和宪法规范就无法在实践中得到有效实施。所以,修宪是一项技术要求很高的法律活动。宪法的规定要获得有效实施,关键在于宪法条文和宪法规范能否简明扼要地为人们提供行为指引,尤其是对宪法修正案,应当更加注意其与宪法正文之间的法律联系。那种一旦宪法被修改,就无法判定如何适用宪法修正案和处理宪法修正案与宪法正文、宪法修正案与宪法修正案之间法律联系的宪法修改活动不仅无法达到通过修改宪法来使宪法及时地适应社会现实变化的要求的目的,相反会加剧实施宪法活动的混乱。有的与会者指出,此次修改宪法,对修改宪法的技术研究不够,虽然修宪的内容意义重大,但一些修改宪法的技术手段的运用还需要加以斟酌。如此次修宪将宪法序言所规定的"我国正处于社会主义初级阶段"修改为"我国将长期处于社会主义初级阶段"。此处修改虽只将"正"修改为"将长期",却反映了一个重要的宪法理论问题,也就是说,宪法能否包含对未来的情势具有某种预测性质的判断和认识。大多数与会者赞同,宪法作为根本法在表述事实时应当立足于"已然"状态,而不应当追求"未然"状态。当然,这并不排斥宪法对未来目标的期待。再如,宪法修正案第 16 条将《宪法》第 11 条修改为两款,即第 1 款为"在法律规定范围内的个体经济、私营经济等非公有制经济,是社会主义市场经济的重要组成部分";第 2 款为"国家保护个体经济、私营经济的合法的权利和利益。国家对个体经济、私营经济实行引导、监督和管理"。很显然,经宪法修正案第 16 条修改后的《宪法》第 11 条第 1 款和第 2 款关于"非公有制经济"的规定在逻辑上存在缺陷。根据修改后的《宪法》第 11 条第 1 款,"非公有制经济"应当包括个体经济、私营经济以及其他形式的经济,并且受到宪法和法律的保护,具有同等的宪法和法律的地位。但修改后的《宪法》第 11 条第 2 款却只对个体经济、私营经济加以保护,而忽略了第 1 款所规定的由"等"所表达的其他非公有制经济是否受到个体经济、私营经济一样的法律保护。由于第 2 款缺少一个"等"字,使得宪法第 16 条修正案的宗旨变得有些模糊。这个问题不能不引起重视。

关于如何以科学的修宪理论来指导修改宪法，与会者提出了许多中肯的建议。一些与会者认为，目前在修改宪法问题上存在两个滞后现象：一是对修宪必要性的理论研究滞后于修宪动议的出台；二是宪法学界对修改宪法的研究滞后于社会其他各界。而最突出的问题是，目前的宪法理论研究还不具有指导修改宪法实践的作用，一方面表现为宪法专家不能直接进入修改宪法动议的操作过程，另一方面表现为宪法专家从宪法理论角度提出的修宪建议还不能直接影响修宪的内容。这反映了我国宪法学理论研究与修改宪法的实践活动尚未找到一个很好的结合点。修改宪法的实用性大于技术性。这是加强我国社会主义法治建设所面临的重要课题。

（二）宪法在依法治国中的地位与作用

宪法在依法治国中处于核心的地位，具有不可替代的重要作用。与会者一致认为，此次修宪尤其是加强了宪法作为我国根本大法的法律权威。

一些与会者指出，宪法在依法治国中的地位和作用决定了依法治国的实质是"依宪治国"。对"依宪治国"与"依法治国"的意义作了区分，认为"依法治国"强调的是单向约束，即政府依照法律法规约束公民；而"依宪治国"则强调了双向约束，即既包括政府依照法律法规约束公民，也包含人民依照宪法、法律约束政府。"依宪治国"反映了宪法的自启动特征，完全摆脱了人治因素的影响。所以说，"依法治国"的关键在于让人们养成良好的宪法意识。从"依宪治国"所具有的上述特征来看，很显然，只有强调"依宪治国"，才是我们今天重申"依法治国"的意义所在。有的与会者还对"依宪治国"的操作规程和原则提出了自己的见解，认为"依宪治国"至少应当包括四个方面的实践：宪法至上、更新宪法观念、推动宪法变迁和加强宪法监督。有的与会者还提出，"依法治国"（法治）与"依宪治国"（宪治）是共通的，它们的核心内容就是强调法律是保证社会公正的最后屏障，其主要的内涵包括：民主立法、宪法和法律的充分实现、人权保护、依法行政、权力的监督和制约以及司法独立和完备的司法制度。不过，多数与会者不同意将"依法治国"简单地等同于法治的提法。

关于如何进一步提高宪法的法律权威，大多数与会者认为，宪法要在法治建设的实践中真正地处于核心地位，首先还在于两个"用"字，即"有用"

与"被使用"。所谓"有用",就是宪法在现实的生活中要真正地成为人们的行为准则,各种"权大于法"、"以言代法"或者"以人立法"的现象如果不从制度上加以杜绝,宪法的根本法作用就无法得到发挥。当前,最重要的仍然是如何进一步正确地处理党政关系,理顺政策与法律之间的界限。另外,宪法要"有用",宪法与国际法、国内部门法的关系也要在理论上弄清楚,在现阶段的法治实践中,由于宪法与国际法、国内部门法之间的具体的法律逻辑关系不清晰,也造成了宪法事实上遭到搁浅。对宪法权威性的忽视首先不是来自大众,而是来自掌握一定的法律知识却不懂得如何发挥宪法作用的法律职业工作者。因为法律专家如果对宪法的作用作错误的注解,就无法让一个作用模糊的宪法在现实中有效地发挥作用。所谓"被使用",也就是说,"法律的生命在于实践"。宪法到底在依法治国中具有何种地位和作用,不是靠主观可以推测出来的,而是通过实施宪法遇到问题来发现的。只要宪法被具体地适用到某个法律事实,就必然会产生宪法规范与法律事实之间的对应关系。围绕解决宪法规范与法律事实之间的冲突与矛盾,宪法的作用自然而然地就产生了。所以,在贯彻"依法治国,建设社会主义法治国家"治国方略的过程中,要充分发挥宪法作为根本法的权威作用,关键就是看是否有效地实施宪法,并对实施宪法的活动进行有效监督。

(三) 如何进一步保证宪法实施

关于如何进一步保证宪法实施问题,一些与会者提出,要在这个问题上有所作为,关键一点,应当对我国目前宪法实施的状况、存在的问题、保障宪法实施的手段提出一些具有可操作性的建议。

就我国目前宪法实施的状况而言,有的与会者认为,目前我国的宪法处于搁置状态,宪法实施是一个新问题,没有经验教训可资参考,必须进行系统设计。大多数与会者不同意上述看法,认为我国宪法的规定在实践中绝大部分是得到实施的,尤其是基于宪法关于人民代表大会制度的规定,建立了我国自下而上的国家政权机关和国家权力体系,拒绝按照宪法的规定来设置我国国家政权制度的现象并不存在。在宪法实施中主要的问题是,目前的宪法实施只完成了组织国家政权的任务,而宪法在保障公民权利以及宪法在维护法制统一方面基本上没有发挥作用,既缺少理论上的论证,也缺少必要的实施经验。有的与会者指出,在研究宪法实施问题时,应当区分宪法实施与保障宪法实施之间所具有的不同意义。宪法实施的意义主要是法治角度的，也就是说宪法实施主要解决"依法办事"。保障宪法实施着重强调宪法的权威性。从逻辑上来看，宪法如果得不到实施，当然也就谈不上什么权威性。因此，对于强化宪法权威作用来说，宪法实施是一个基础性的必要条件。但相对于"依宪治国"的目标而言，仅仅强调宪法实施是远远不够的，关键还在于宪法实施的稳定性、科学性，也就是说，以宪法实施为核心的宪治建设。没有与宪治原则相适应的宪法实施环境和条件，纵然纸上的宪法在实践中得到了表面化的反映，而实施宪法的后果并不能实现宪治的目标。也就是说，在坚持"依宪治国"原则时，实质法治是最重要的。

对于宪法实施中存在的问题，一些与会者指出，目前主要的问题是：超越宪法的规定行使职权；规避宪法的规定行使职权；无宪法授权式的立法；不考虑宪法所规定的程序要求；随意解释宪法；不懂得用宪法保障公民权利；随意将宪法适用于民事和刑事案件；将宪法规范的性质等同于普通法律的性质；等等。

对于如何进一步加强宪法实施，与会者提出了诸多有益的建议。意见主要集中在两个方面：一是要加强宪法学基础理论的研究，运用宪法原理来指导宪法实施的实践；二是建立违宪审查制度。多数与会者认为，宪法实施不同于普通法律的实施，它是一个国家社会生活的全面展开过程，因此，宪法实施的过程也就是各种社会价值的组合过程，宪法实施是归纳逻辑和演绎逻辑的统一，而普通法律的实施主要是采用演绎逻辑的思路。所以，相对于普通法律实施而言，宪法实施具有更高的技术要求，并不是简单的法律技术就可以操作的。宪法实施必须与宪法理论紧密地结合在一起，宪法实施的过程往往就是宪法理论的创造过程，而普通法律的实施则必须严格地限制在合宪的范围内进行，法律实施的自主性不如宪法实施明显。对于保障宪法实施，主动地监督虽然在逻辑上再有利于保障宪法实施的目的的实现，但在具体的操作实践中却往往缺少活力。因为真正的宪法存在于现实的生活中和现实的社会利益冲突之中，而不是宪法规定在字面上的逻辑组合。所以，由宪法争议所产生的对宪法实施的监督更符合宪法实施的初衷，也就是说，通过宪法实施来不断地调整由宪法所反映出来的阶级力量对比关系或者社会不同利益力量对比关系的变化。有的与会者以民主党派对违宪审查机构的设计为例指出，在保障宪法实施的过程中，首先要解决的问题是我们现在在哪儿，然后是确定怎样走。在建立违宪审查制度问题上，试图一步到位的想法不太符合中国国情，不能以成熟的法治社会的违宪审查理念来要求正处于从人治向法治过渡中的社会。我国目前正处于一个秩序重建的社会变革时期，在此阶段，宪法学者更应当担负起历史的重任，通过理性化的制度设计来将中华文明逐渐有序地融入世界法治文明的大潮之中。

十三　中国法学会宪法学研究会 2000 年年会综述[①]

2000 年 10 月 23 日，中国法学会宪法学研究会年会在北京召开，来自全国各地的专家学者共 80 多人出席了会议。会议的主题是 21 世纪中国宪法学的发展趋势，与会学者围绕会议主题，展开了观点纷呈、气氛热烈的讨论。此次学术研讨会的主要内容如下。

（一）20 世纪中国宪法学的发展特点与基本经验

有学者认为在中国近代史上有三种不同类型的宪法，即清朝、北洋军阀制定的虚假宪法，国民党南京政府制定的资产阶级宪法和工人阶级领导的、以工农联盟为基础的人民共和国宪法。从清末开始到中华人民共和国成立，中国人民追求民主法治的历史经验表明：第一，只有社会主义才能救中国，资产阶级宪法方案在中国行不通；第二，宪法是民权法，要求首先必须由人民掌权；第三，宪法是规范政府之法，不受宪法规范的政府，不是法治政府。

关于新中国宪法学的发展，有学者认为，现代中国宪法学的发展大致经历了如下四个时期：1949 年至 1957 年新中国宪法学发展的初创时期；1957 年至 1965 年的曲折发展时期；1966 年至 1976 年宪法学发展的停滞时期；1978 年以后，中国宪法学研究进入了恢复与发展时期。可以说，新中国成立以来，我国的宪法制度建设经历了一个起起落落的过程，留给人们深刻的教训：第一，必须高度重视立宪的价值；第二，必须完善社会主义法制，使社会主义民主制度化、法制化；第三，必须树立正确的宪法观念；第四，必须坚持正确的指导思想。

回顾新中国宪法发展的历程，与会学者普遍认为，我国 1982 年宪法在实施的过程中取得了可喜的成绩，但是，也应该看到，宪法实施工作还存在很多

---

① 参见李晓明、刘志刚、李婧《中国法学会宪法学研究会 2000 年年会综述》，《中国法学》2001 年第 1 期。

问题，宪法的基础理论研究还很薄弱。目前亟待加以研究的重大宪法理论问题包括：①宪法与全国人大的关系问题；②全国人大与全国人大常委会的关系问题；③国务院的授权立法与职权立法的关系问题；④中央军委的军事法规制定权问题；④宪法权利的特征及其保障问题；⑥权力监督与权力制约的关系问题；等等。

立足过去，展望未来，与会学者在总结和概括20世纪中国宪法学发展特点与经验的基础上，对21世纪中国宪法学的发展趋势作了预测。有学者指出，根据国内外的有关情况及有可能的发展变化，21世纪的中国宪法学将呈以下的发展趋势：①宪法的性质和作用将发生巨大变化；②公民权利和国家权力之间的关系将进一步完善；③人民代表大会制度将进一步完善；④地方的自治权力将进一步扩大；⑤宪法实施的保障制度将进一步完善和加强，宪法的司法化将进一步引起人们的重视；⑥宪法学基本范畴和基本理论研究将进一步加强；⑦党政关系将进一步法制化；⑧有限政府原则将更为深入人心；⑨选举制度将更具有竞争性。

（二）两个人权公约与我国人权保障制度的完善

1997年10月、1998年10月我国政府分别批准和签署了《经济、社会、文化权利国际公约》和《公民权利和政治权利国际公约》，这对于提高我国在人权保护方面的国际地位，推动国内的人权立法和人权实践具有十分重要的意义。如何结合两个人权公约来完善我国的人权保障制度为学者们讨论的热点问题。与会学者一致认为，人权保障是一个涉及政治、经济、文化、法律、社会等各个领域的系统工程，相应地，人权保障制度也是由各种制度有机构成的庞大体系。法律所具有的国家意志性、普遍有效性及强制执行性等特征使其成为确认和保障人权的重要手段，而宪法作为国家的根本大法，具有最高的法律效力，其在人权的法律保障体系中理所当然应居于核心地位，因此，结合两个人权公约，研究我国人权保障制度的完善对于完善整个人权保障制度具有先决意义和基础性作用。一些学者指出，我国作为两个人权公约缔约国，有义务不断完善本国以宪法为核心的人权保障制度，以充分实现公约规定的各项人权。与两个人权公约的规定相比，我国人权的宪法保障在立法上比较完备，在司法上却相对滞后。宪法诉讼在人权的宪法保障制度中仍是空白、宪法实施的监督机制尚不健全，解决这两个问题是完善我国人权宪法保障制度乃至整个人权保障制度的当务之急。

与会学者在充分肯定签署两个人权公约重要意义的基础上，还结合两个人权公约与宪法内容的协调问题、两个人权公约适用的法律基础问题、两个人权公约的实施与完善我国人权保障机制问题以及两个人权公约与我国立法的冲突问题进行了深入的探讨，提出了许多有益的见解。

关于两个人权公约与宪法内容的协调问题。一些学者提出，两个人权公约确认了人类所共同享有的普遍权利，这些权利内容的大部分是与我国宪法相一致的，但也存在某些现行宪法中没有规定的权利，如罢工权、迁徙权等。其中由《经济、社会、文化权利国际公约》规定的罢工权比较容易协调，因为依照该公约的规定，对于该公约的实施要受现有资源的限制，可逐步加以实现。但由《公民权利和政治权利国际公约》规定的迁徙权却难以协调，因为该公约对缔约国规定了直接义务，要求其"尊重和保证"公约所宣布的权利，并要求缔约国采取为达到这个目的所必需的其他措施。鉴于此，既然我国签署了两个人权公约，就应尽快通过修宪的方式，增加对公民迁徙自由的保护，以维护宪法与公约在内容上的协调统一。而推动我国宪法修改的根本动因就是"条约义务"以及条约法中形成的"条约信守"原则。

关于两个人权公约适用的法律基础问题。有学者提出，两个人权公约在我国的适用主要涉及两个争论的焦点，一是条约与国内法的关系，二是以何种方式适用条约。其中，前者是后者的基础。就第一个问题而言，我国现行宪法没有规定条约的法律地位、条约与宪法的关系，只能通过修改宪法的途径解决；就第二个问题而言，目前国内多数学者主张两个人权公约在国内法上具有直接适用性。从目前的情况看，我们应该采取两种做法：一是依照签署公约的惯例进行保留，二是修改现行法律。

关于两个人权公约的实施与完善我国人权保障机制问题。有学者指出，两个人权公约规定的实施机制为各缔约国设定了必要的条约义务，其中主要是报告程序义务，由于该义务的承担是一项长期、持久的工作，应由一个专设机构来完成。我国采取的是设置保障特定主体人权的一系列专门机构，由于受职能性质所限，它们不能切实有效地解决在此领域产生的争议，因此必须在组织机构上完善我国的人权保障机制，可以通过加强现有的保障特定主体人权的各类专门机构来解决这一问题。另外，《公民权利和政治权利国际公约》规定，联合国下属的人权委员会受理的有关人权问题的申诉，以穷尽一切救济手段为前提。而在各种救济手段中，最公正有效的就是司法救济，我国目前还没有将宪法争议纳入诉讼程序，为此，应尽快建立我国的宪法诉讼制度，设立专门的违宪审查机构以弥补现行法律中对公民侵权纠纷解决上的不足。

关于两个人权公约与我国立法的冲突问题。有学者指出，对两个人权公约的签署和批准生效，意味着我国政府对公约中人权条款的认可，并使之产生国内法的效力，作为我国政府保障人权的法律依据。通过国际人权公约与我国人权立法的比较，可以看到我国人权立法与世界共同标准不断接近的轨迹。但也应该看到，我国现行人权立法和国际人权公约仍然存在一些差异和冲突，主要体现在：第一，两公约首先规定了人民的自决权、自由处置其天然财富和资源的权利而国内立法侧重于规定个人权利，没有规定这些集体人权；第二，在个人权利方面，我国宪法没有规定罢工权、迁徙自由和选择住所的自由、思想和良心自由；第三，在司法权利方面，没有规定保持沉默权、在法庭和裁判所面前的平等权，没有禁止双重危险的规定；第四，在社会经济权利方面，我国宪法规定了受教育权，但受经济、文化发展水平的制约，还不能像公约要求的那样，做到"初等教育一律免费"。国内法规与人权公约的冲突表现在：第一，供述义务和保持沉默权的冲突；第二，户籍管理法规与平等权和迁徙自由的冲突；第三，劳动教养法规与人身自由和司法权利的冲突；第四，特许制对出版、集会和结社权利的限制；第五，工会法对组织和参加工会权利的限制。

（三）加入世贸组织与宪法学研究的新课题

随着中国入世的日趋临近，越来越多的学者开始思考入世将会给中国带来的变化以及国内法律尤其是宪法应作的相应调整。与会学者一致认为，中国入世将给中国传统宪法体制及宪法价值带来重大影响，中国必须回应入世给我们带来的挑战，强化宪法在统一国内市场中的作用。

有学者指出，中国加入世贸组织将给宪法学研究带来新的课题，具体可以从如下两个方面加以把握：一是加入世贸组织将突破现行宪法某些基本条款的适用范围、理论内涵和传统解释，从而使宪法学研究得以转换视角，拓宽思路，深化认识；二是加入世贸组织，将使宪法学研究不再拘泥于现行宪法的基本条款，许多未纳入宪法学研究领域的宪法现象和宪法问题有可能进入宪法学研究的视野，从而丰富宪法学研究的内容。就前者来说，可以从三个方面加以认识。第一，中国加入世贸组织将深化人们对社会主义市场经济的认识。"国家实行社会主义市场经济",是 1993 年 3 月 29 日在第八届全国人民代表大会上写进宪法修正案的重要条款,是中国改革开放的重要成果。加入世贸组织将使社会主义市场经济增加更加丰富的内容,从而进一步深化人们对社会主义市场经济的现有认识。第二,中国加入世贸组织将拓展依法治国的思路:①加入世贸组织将使解决国际经济冲突的宪法司法化势在必行;②加入世贸组织将使国际人权的宪法保障提上议事日程;③加入世贸组织将使宪法上的财产征用与管制按照国际惯例走向规范和完善。第三,加入世贸组织将转换体制改革的视角,推进国家体制的创新和发展:①国内体制改革的缺陷和客观经济政策的失误是发展中国家在国际竞争过程中往往处于不平等地位的根本原因;②体制改革需要在市场、政府和法治三者的良性互动中有序进行;③转换体制改革的视角,推进国家体制在经济全球化进程中加快走向创新和发展。

对于自由贸易体制与我国宪法价值的协调,有学者指出,无论在何种意义上理解,全球化和自由贸易体制都包含削弱国家主权和国家结构的含义。经济发展和非政府组织在国际事务中的影响,特别是跨国集团的本土化将进一步弱化各国政府的权威,在倡导"宪法爱国主义"的今天,这一影响必然波及各国宪法的价值安排和实现方式。在这样一个时代里,越来越多的个人利益依赖于所有其他人的处境,脆弱的全球命运和个人命运休戚相关。面对自由贸易体系对世界各国政治、经济、文化的冲击,变单一目标为多重目标,重新组合各种价值并促成其实证化是适应这一趋势的表现。对我国而言,价值选择的多样性意味着必须同时面对和解决克服前现代性、发展现代性和全球化时期自由贸易体制的后现代社会的诸多宪法价值。为适应这些变化,必须在对自由、民主、公平与精神文明等价值选择的前提下进行宪法改革,在加强宪法理论研究的同时,区分各类价值的不同属性,设置不同的方式,促成各类价值的实证化。在此过程中,既需要加强对个人主体的权利保护,也需要开通公民政治权利的参与渠道,还要注意社会团结,用先进社会主义精神文明包容冲突的各类价值,抑制全球化的副作用,并为自由贸易体系提供一个良好的宪法框架。

(四) 人民代表大会制度的发展趋势

在高度评价人民代表大会制度在我国社会主义市场经济建设中所起的重要作用的同时,与会学者针对目前人大工作中存在的一些问题,分析了制约人大作用发挥的原因，对市场经济条件下人民代表大会制度的坚持、发展及完善问题提出了许多有益的见解。

关于制约人民代表大会制度发挥作用的原因，有学者认为主要可以从两个方面分析：①制约人民代表大会制度作用发挥的体制内要素；②制约人民代表大会制度发展的文化因素。

关于市场经济与坚持人民代表大会制度，有学者指出，坚持人民代表大会制度是人民代表大会制度发展的逻辑起点和现实出发点。然而，任何一种政治制度的选择都是建立在特定的经济基础上的。在新的社会条件下，坚持人民代表大会制度必须研究人民代表大会制度与市场经济关系的特殊内涵。人民代表大会制度是具有中国特色的代议制度，它与商品经济具有十分密切的联系。可以说，商品经济是近现代以普选制和代议制为基本内容与主要特点的民主制度的经济前提，民主制度则是它的必然产物。市场经济作为商品经济的高级形态，从本质上看，与代议制民主是能够相互促进的。正如"民主共和制是资本主义所能采用的最好的政治外壳"一样，一方面，人民代表大会制度是社会主义市场经济所要求的并从客观上保障其运行的具有中国特色的代议制度；另一方面，人民代表大会制度也需要有中国特色的市场经济作为它的社会经济基础和支撑。就前一方面而言，主要是由我国市场经济不同于西方国家所实行的市场经济的特色所决定的。就后一方面而言，作为社会主义代议制的人民代表大会制度需要人民以各种不同的利益主体的资格进行政治参与，而只有在市场经济条件下才能形成不同的利益主体，才能有代议制这种基本民主形式进行民主参与的激励机制，也只有这样才会有推动人民代表大会制度进一步完善的动力与切实可行的办法和措施。因此，社会主义市场经济的实行将为在新的社会条件下坚持人民代表大会制度提供现实的要求和客观的基础。

关于市场经济与人民代表大会制度发展的原则，有学者指出，根据市场经济的客观要求及其不同发展阶段的具体需要确立和正确理解人民代表大会制度发展的原则，是加强和完善人民代表大会制度的必要条件。市场经济是以市场为主要社会经济资源配置方式的经济形式，这种资源配置方式的客观要求构成了市场经济不同于传统自然经济和计划经济的特点，并由此构成了社会主义经济条件下人民代表大会制度发展的客观基础。它要求人民代表大会制度的发展应以民主、效率和法治为原则。①关于民主原则。市场经济要求的人民代表大会制度发展的民主原则主要有两方面的内容：一是人民代表大会制度应进一步拓展和丰富人民参与的途径和形式；二是作为民意机关的人民代表大会在利益聚合上要进一步民主化。②关于效率原则。在一定生产力发展水平上，市场经济以其对资源配置的高效率优越于其他经济形式。建立在市场经济基础上的人民代表大会制度只有适应市场经济高效率的要求，才能提高自身的效率，跟上市场经济发展的节奏，适应相应的管理和服务。人民代表大会制度建设的效率原则具有特定的政治、社会意义。③关于法治原则。市场经济要求法治即树立法的最高权威，而实行法治的关键在于人民代表大会制度自身的法治建设。根据市场经济在现阶段的要求和我国人民代表大会制度法治建设的现状，人民代表大会制度法治建设在当前和今后相当长的一段时间内应着重开展以下几个方面的工作：第一，加强宪法监督方面的立法，将宪法监督进一步制度化；第二，在立法的基础上进一步明确地方立法的权限、范围，加强对地方立法的管理和监督；第三，应尽快制定监督法，保障监督权的实现；第四，应制定地方各级人大及其常委会的议事规则，保障地方各级人大议事的民主原则和效率原则的实现。

关于市场经济与人民代表大会制度的发展，学者们进行了热烈的讨论，提出了许多有益的见解。主要意见集中在两个方面：一是加强与人大相关的基础制度建设；二是对人民代表大会制度自身进一步完善。一些学者指出，按照人民代表大会制度发展的原则要求，进一步发展我国的人民代表大会制度应从如下两个方面着手。①完善人民代表大会制度的宪法治理体制。在市场经济条件下完善人民代表大会制度的宪法治理体制，应采取以下措施：第一，赋予人民法院在审理行政诉讼案件时对所适用和参照的行政法规、部门规章、地方行政规章的合宪性、合法性进行司法审查的职权；第二，赋予人民检察院对同级政府及其部门的行政立法进行监督的职权；第三，建立行政诉讼的公诉制度，由检察机关对同级政府及其职能部门的行政违法行为向同级人民法院提起公诉。②完善选举制度。第一，缩小农村每一个代表与城市每一个代表所代表人口数的比例，使我国的选举制度更加平等；第二，实行有较大竞争性的选举制度；第三，扩大直接选举的范围，使选举制度更加民主合理。

（五）立法制度

《中华人民共和国立法法》已于 2000 年 3 月 15 日由九届全国人大三次会议通过，并于 7 月 1 日起施行。立法法的颁布和实施，是规范立法活动、健全国家立法制度以及建立和完善有中国特色法律体系的重大举措。结合立法法的颁布实施，与会学者围绕宪法监督制度、民族区域自治制度及民族立法权的发展与完善、地方立法权等问题展开了热烈讨论，提出了许多有益的见解。

关于宪法监督制度，有学者指出，立法法作为规范立法活动、完善立法制度的基本法律，在许多方面对我国宪法监督制度作了发展，但也应该看到，现行宪法监督制度仍然存在很多不足：一是现行宪法和立法法仍未把宪法监督作为一种保障宪法实施的制度，从全国人大及其常委会的一般法律监督和工作监督中独立出来；二是现行宪法和立法法实际上侧重的仍然是对法律以下的行政法规、地方性法规、自治条例和单行条例的事后审查和对法律的一般性事前审议，仍未建立起对违宪法律的事后审查机制；三是根据宪法和立法法的规定，全国人大有权改变或撤销全国人大常委会的不适当的法律和决定，但对不适当的具体含义没有明确，对改变或撤销的具体工作程序也没有作出规定；四是没有建立宪法实施监督的专门机构。建立健全宪法监督制度，应从以下方面着手：①建立相对独立的宪法监督制度；②建立专门的宪法监督机构；③建立宪法监督的具体程序。

关于民族区域自治制度及民族立法权的发展与完善，与会学者一致认为，民族区域自治制度，是民族自治与区域自治的正确结合，是经济因素与政治因素的正确结合。一些学者指出，立法法相比现行宪法和民族区域自治法有两个新的规定：①自治州、自治县的自治条例和单行条例报省级人大常委会审批时，增加了"直辖市"；②立法法新增加自治州、自治县的自治条例和单行条例可以依照当地民族的特点，对法律和行政法规的规定作出变通规定，并授权可以由省级人大常委会予以批准。也有学者指出，虽然立法法进一步完善了民族自治地方的立法权，但仍然存在一些问题，表现在：①民族自治地方的立法权尚有待进一步扩大；②在民族自治地方立法权的规定上，应区分不同层次；③自治州的法律地位及人大立法权问题尚有待进一步明确。

立法法中对中央和地方的立法权配置作了初步的规定，以此为契机，与会学者对单一制国家下的地方立法权问题展开了讨论。与会学者一致认为，立法法虽然肯定了地方立法相对分权的地位，但在具体的制度设计上却未能将这一定位贯彻到底，在某些方面甚至出现了一定程度的背离，表现在：①地方的立法权限缺乏保障；②冲突裁决机制对地方立法过度干预。针对一些学者对地方立法权立法性质的否认，有学者指出，该否认是以"立法权是主权的表征，单一制国家只能由中央立法机关掌握"这一命题为假设的，但从立法权是主权的表征，并不能得出立法权具有主权属性的结论。作为一种国家权力的立法权并不等于主权，也不是主权的属性。立法权是一个有位阶性的权力体系。中央立法机关所享有的立法权是这一位阶体系中效力最高的立法权，地方政府享有的是处于低位阶的立法权，并在整体立法权体系中构成相对于中央立法权的分权。针对一些学者将授权、分权与国家结构形式联系起来的特点，有学者指出，授权与分权不是对立的，如果中央政府对地方政府的授权是通过法定方式进行的，是法律对地方政府权力的初始设定，那么，这种授权仍然形成一种分权，一种法律范围内的分权。单一制国家的地方立法分权是相对的，它具有下列特征：①地方不具有制定宪法的权力；②地方不具有和中央政府的立法权平行的专属立法权。在我国，地方立法的相对分权承载着下列功能：①民主功能；②实现法律的地方化功能；③为中央立法进行实验的功能。

十四　中国法学会宪法学研究会 2001 年年会综述[①]

中国法学会宪法学研究会与苏州大学王健法学院于 2001 年 10 月 18 日至 10 月 21 日在苏州联合主办了 2001 年中国法学会宪法学研究会年会。来自全国各政法院校、法学研究单位及地方人大的专家、学者共 110 人参加了会议。会议共收到论文 70 多篇。年会围绕宪法学的理论创新问题、宪法与人权、宪法与司法体制改革、宪法与依法治国等重要问题，进行热烈的讨论，各种观点频繁交锋。会议论文及研讨中的主要观点如下。

（一）关于宪法学的理论创新问题

1. 宪法学理论要不要创新

与会者普遍认为宪法学理论应该创新，但有的学者认为，宪法学家是通过发现历史的思想逻辑并对之进行阐述来完成理论的进步，而不应该刻意地去追求"创新"。理论创新不是简单地用新的概念来取代旧的概念。理论创新是建立在对一系列具体问题的解决上的。创新应具有应用价值，能推动宪法学发展，否则没有任何意义。也有的学者认为，当前的任务不是要提创新，而是要

[①] 参见陆永胜、朱中一《中国法学会宪法学研究会 2001 年年会综述》，《中国法学》2001 年第 6 期。

回归宪法的本质。

2. 如何进行宪法学的理论创新

与会者普遍认为宪法学理论的创新，应该坚持正确的指导思想，坚持辩证唯物主义和历史唯物主义的观点，但不是僵化的、教条的和封闭的。宪法学的理论创新是多方面的，既要对宪法的内在正义性进行哲理研究，也要在规范层面对宪法进行实证研究，同时对宪法的生存条件进行研究，在这些方面打破常规，提出具有现实意义的新的理论和观点。一些学者进一步提出自己的看法。如有学者提出了对宪法学在新世纪发展的三点希望。首先，重视基本理论的研究，对基本概念进行争鸣。基本概念是研究宪法的逻辑起点，而宪法的理论基础应是人本主义，宪法是研究国家权力如何为公民权利服务的。其次，要关注宪法司法化的问题。只有司法化，宪法的最高权威才会真正确立，宪法才能得到更好的实施，宪法学才能有真正的研究对象。最后，宪法学与行政法学的研究要结合起来。宪法学与行政法学要实行良性互动。也有学者认为理论创新需要大力加强理论学习，研究宪法学。宪法学是社会科学、法律科学，实际上是一个由许多分支学科组成的学科体系。宪法学要对自身进行反省与批判，要全面发展宪法学的分支学科。有学者指出，理论创新首先要有一个良好的学术环境，要创建一个规范平台，要研究"真正"的宪法问题，关注部门法提出的宪法问题。

3. 中国的宪法学是不是一门科学

大多数学者认为，应该肯定宪法学是科学，因为它有特定的方法，有特定的理论体系。有学者提出要进一步完善宪法学理论体系。当前有两个问题需要克服：一方面，理论很难深入下去，另一方面，宪法软弱无力，对人民缺乏吸引力。有学者提出，要重视对宪法的实证研究和哲学研究。他认为，进行规范的宪法学研究必须注意两个问题：必须有规范的问题（大家都同意的宪法问题）；研究方法有同一性。只有这样才能构筑规范的宪法学。有人指出，我国宪法的话语环境、基本价值都是由西方传来的，他认为，要建立规范的术语体系，这是宪法成为科学的基石。要从对体系的讨论转向对理论基础的研究。要从问题开始，通过对问题进行尝试性的解答，从而促进理论的前进。

4. 对几个传统宪法命题的反思

在会议讨论中有些学者提出要对传统的宪法命题进行理论反思。①宪法是政治法吗？该学者指出，宪法本身的特点表明宪法是法律，具有规范性、强制性等法律的特点。②宪法是不是一个总章程？该学者认为，宪法调整的社会关系就是政府和人民的关系。两者地位的主从应是，宪法通过规范国家权力来保障公民权利。对此，有人反对说，权利和权力在宪法中应是矛盾的对立统一，没有高下之分，关系是相互平行的。他主张不要使用"公民权利"与"国家权力"这样的概念，而直接使用更为简单的"权利"与"权力"这样一对范畴。在此之上，他更创造了一个"法权"的概念来涵盖"权利"与"权力"。③宪法的根本性、最高性表现在哪里？应表现在宪法不仅是一切法律和规范的准则，相抵触者无效，更重要的是它是每一个公民权利受侵害后的最后一个保障手段。④宪法是公法还是私法？如果宪法是根本法，那么从逻辑上推论，它或者既是公法又是私法，或者两者都不是。从实践来看，目前宪法已向公民的私权领域中发展。此观点受到了许多学者的拥护。⑤公民能不能违宪？就宪法是根本法的精神来讲，公民无资格违宪。

（二）宪法与人权

有关宪法与人权问题，人们普遍认为宪法学界对此研究不足，表现在对基本权利的理论研究不足，对具体的权利个案研究不足。本次会议就宪法与人权的广泛话题进行了争鸣。

1. 人权、基本权利的宪法保障

人们普遍认为宪法首先是保护公民权利的，宪法保障的是所有人的权利不受政府侵害。而认真对待权利首先应认真对待宪法，要将宪法作为法来看待，必须具备某种程度的司法审查或违宪审查。人权与基本权利的关系，一般认为，基本权利的正当性来源于人权，基本权利是法律化人权的最高形式，公民基本权利的范围不限于宪法规定。也有学者提出国赋人权，认为人权产生于法律的规定。但大多数学者认为人权是依据人的自然属性和社会本质而产生的，法律不是人权的来源。对于人权、基本权利的宪法保障，有学者认为，在我国，市场经济提供了公民权利成长的经济土壤，而依法治国则确立了公民权利的法治保障，因此，宪法应该作出回应，一方面要对公民权利的规定进行修改、补充，另一方面要通过完善宪法解释、违宪审查制度提供公民权利的宪法保障。

关于公民基本权利的效力和适用性问题。有学者认为基本权利对国家有直接效力，它通过限制立法权、司法权和行政权而实现。宪法在具体案件中的效力分为直接效力、间接效力、无效力，宪法通过法律才能适用。法院能否援引基本权利条款，假如普通法律有，就援引普通法律的规定，如果普通法律没有规定，则援引宪法。有学者认为宪法基本权利效力的弱形式是成为审判的依据，强形式是能纠正立法。针对我国的现实，立法者也会犯错，但不能由它自己去审查错误。当立法发生错误时，需要有违宪审查。

2. 主权与人权

有学者认为在当今社会，主权是有限的，如果是无限的，就不存在国际法了。人权的保障离不开国与国之间的合作。中国参加联合国对南非、伊拉克的制裁，反对奴隶制度及其他国际犯罪，以及认为外国人、无国籍人都享有人权就是极好的证明。但也有学者明确指出，历来主权高于人权，不存在人权高于主权的情况，并坚持认为，人权从来是国家主权内的事。也有学者提出，人权是一种信念，不能将之抽象化，人权是通过公民权利表现出来的。法律没有赋予一定的效力，就不存在对权利的保护。从现实的表现层面来看，人权必然源自主权，只能在抽象思考时将人权的地位提高，并且要把人权从类似神权的理解回归到法权。

3. 关于具体权利问题

有的学者指出，要将私有财产权确立为我国宪法的基本权利。他认为，基本权利或人权来自人类的实践，来自人类社会的需要，而不是教条和原则。因此，没有什么是必然的基本权利或人权，也没有什么必然不能成为基本权利或人权。在我国，市场经济的需要是确立私有财产权作为宪法基本权利的社会基础。因为市场经济要求政府不能随意地过度地侵犯私人的财产，必须将私人财产权理解为市场经济的根本。

（三）宪法与司法体制改革

1. 关于司法体制改革

有学者提出了司法改革权的概念，提出司法改革权包括：决定司法权和其他机关关系的权力；决定司法机构内部组织构成的权力；决定司法机构运作的权力。三者分别是不同的司法改革权。第一类，应属于宪法性权力，是宪法保留的权力。第二类属于人大的权力，是立法机关保留的权力。第三类，属于法律保留的权力，可以由立法机关来立法，也可以授权其他机关（如最高人民法院）来立法。

2. 我国宪法的监督审查模式

学者普遍认为，我国宪法被虚置的现象比较严重，作为法，总有适用的机关，无论是普通法院还是特设机关。客观地看，宪法审查模式没有绝对正确与错误之分，我们的宪法监督审查制度实效性不强，我们面临一个选择：宪法审查是借鉴英美法系的模式还是大陆法系的模式。但有学者认为这种选择没有本质差异，因为即使在大陆法系国家，宪法法院也是一个司法程序，无论普通法律还是宪法，法律的生命力都在于诉讼。宪法学的起点是诉讼，宪法体系建立在诉讼的基础之上。在我国，需要有宪法诉讼来解决很多问题。也有学者认为按照我国现行的宪法监督体制，普通法院遇到宪法问题时应停止审判，提交全国人大常委会解决。但也有学者认为宪法具有最高的法律效力，一切组织和个人都有实施宪法的义务，因此宪法的实施可以由权力机关进行，也可以由其他机关进行。

3. 对最高人民法院"8·13批复"的看法

对山东齐某某诉陈某某等姓名权纠纷一案（以下简称"齐案"），最高人民法院于2001年8月13日公布了法释〔2001〕25号《关于以侵犯姓名权的手段侵犯宪法保护的公民受教育的基本权利是否应承担民事责任的批复》，学者们对其意义和影响进行了讨论。许多学者认为，齐案具有积极的社会意义，它提供了一个深入研究宪法司法化或适用问题的机会，引发社会的思考是该案的重要意义。有学者认为这是中国宪法司法化的第一案，开创了法院保护公民依照宪法规定享有的基本权利之先河。但也有学者提出了许多值得进一步探讨的意见。认为在齐案中，宪法是严重错位的，私人之间的侵权应由民法、刑法来解决，而不是宪法。当然，他也不否认作为一种策略，不应过分地苛求法院。有的学者对案件的后果表示忧虑，认为该案意味着各级法院都能对宪法作出解释，赋予各级法院宪法解释权会破坏法制的统一性。即使在联邦制下，实行的也是一种近似于一元化的法院体制，由一个中央法院来协调实现法制统一。所有的国家都要注意协调法制的统一性与地方的自治。司法体制都是单一的，并由一个法院来掌握司法解释权。对司法的最终解释权是行使主权。有学者指出普通法律能解决的案件，就不是宪法问题而只是一个法律问题。显然，齐案是法律问题，是民事审判，是赔偿问题。要注意的是，在两种情况下才适用宪法：①适用的法律是否符合宪法；②当没有具体法律规定，而公民的宪法权利受侵害时才适用宪法。对于宪法解释权问题，有学者指出国家权力机关有权对宪法进行解释，但宪法的具体适用问题是法律的适用问题，要区分宪法的立法解释和具体运用的解释，因此，最高人民法院运用解释权是没有法律障碍的。应规定宪法具有直接的法律效力,具体运用可以由司法机关解释。

(四) 宪法与依法治国

有的学者研究了宪法与依法治国的关系。他认为,静态地考察,依法治国是市场经济加政治民主。宪法与依法治国的关系应是:①宪法是依法治国的法律基础和政治基础;②宪法提供了一种法治模式,在我国,应是司法主导的模式,要提高司法机关地位;③宪法提供了目标模式,要用宪法秩序这个概念来描述依法治国。有学者认为在谈依法治国的同时要注意宪法和法律的局限性,不能简单地谈宪法至上或法律至上。法律可以实现主权至上,但其本身不是至上的。法律靠国家保障实行,是国家意志的反映,不能比产生法律的主体更高。而大多数学者认为法律至上是依法治国的主要标志,法律应具有至高无上的权威。法律就其应然状态来讲应是至高无上的,首先宪法就是至高无上的,它要求所有人都遵守宪法和法律。

十五 中国法学会宪法学研究会 2002 年年会综述[①]

中国法学会宪法学研究会 2002 年年会于 10 月 15 至 18 日在中南财经政法大学召开。来自全国各地的宪法理论工作者和实际工作部门的专家共 150 多人出席了会议。会议收到论文 100 多篇。会议围绕"回顾与展望:纪念现行宪法颁布实施 20 周年"展开了广泛的讨论,与会者畅所欲言、各抒己见,一方面总结了现行宪法颁布实施以来的伟大成就,另一方面在对现行宪法进行反思的基础上提出了许多有价值的学术观点和建议。此次研讨会的主要内容如下。

(一) 回顾和评价现行宪法

与会学者认为,20 年来现行宪法能适应改革开放的发展形势,历经 1988、1993、1999 年三次修宪,是一部与时俱进的宪法。大多学者认为现行宪法为依法治国提供了有力的宪法依据,其 20 年来的成就主要表现为以下几个方面:宪法意识普遍增长、人民代表大会制度优越性得到体现、形成了以宪法为核心

[①] 参见刘茂林、胡弘弘《中国法学会宪法学研究会 2002 年年会综述》,《中国法学》2002 年第 6 期。

的法律体系、宪法修改趋于规范化和制度化、公民权利的发展和保障取得长足的进步、与社会生活相关的宪法制度改革正在深入开展等。

学者们在全面总结经验的同时,也对现行宪法的缺失或不足作了剖析。大多数与会代表认为现行宪法主体性、独立性、法律性发挥得不够;受强烈的计划经济思维主导;对公民某些基本权利的保障较为薄弱,如人身权利、财产权利。也有学者认为我国宪法民主还在发展之中,因为标志着宪法民主制度确立的违宪审查制度还没有建立。

(二) 反思现行宪法若干制度

1. 宪法修改

尽管现行宪法还存在一些不尽如人意之处,但大多数学者并不认为宪法修改的时机已完全成熟。有学者认为宪法修改不可常有,但修改宪法的研究应当经常有人做。有学者认为现实与宪法的矛盾,既不能用本身有损害宪法权威性的"良性违宪"来予以开脱,也不能以有损宪法稳定性的频繁修宪来加以解决,必须寻找这一矛盾的深层原因,从根本上予以解决。宪法工具主义、严格规则主义、宪法政策化等影响是关键因素。有学者认为修宪过程应民主化,扩大民众的政治参与。也有学者对制宪权作了形而下的研究,认为与其频繁局部修宪,不如另起炉灶、缜密论证,尽早制定一部更符合要求的新宪法。

2. 违宪审查

违宪审查问题始终受到与会代表的热切关注。有学者认为违宪审查制的理论研究已经比较成熟,到了需要切实推进其建设和实行的时候了,"要切实地抬步走,哪怕是一小步"。在普遍认可违宪审查制的基础上,学者们从中国国情出发,提出不同的建设性方案,专门机关的监督体制被普遍看好。至于是否需要司法权介入宪法监督,学者们观点并不统一。也有学者否认了在现行宪法的框架内实行任何实质意义的违宪审查的可能性,哪怕是"最低限度的违宪审查"也是于现行宪法无据的。还有学者注意到被淹没在宪法监督制度的宏观理论建构中的"地方人大的宪法监督权",并认为这不是一个简单的涉及层级的程序问题,也不是单纯的加强监督手段问题,而是涉及诸如地方民主与全国民主的关系问题、地方利益与全国利益的冲突问题、限权功能的充分与否问题,甚至是公民品格的养成问题。

3. 人民代表大会制度

与会者普遍认为"坚持"和"完善"是人民代表大会制度建设的永恒主

题，改革和创新是人民代表大会制度具有持久生命力和充分发挥其巨大功效的动力源泉。有学者提出，理顺党和人大的关系，加强人大的立法、监督职能，完善人大常委会的组织建设，以及提高人民代表的参政议政能力都是需要努力的方向。有学者专门就人大代表的选举程序、人大代表的遴选资格以及人大代表的素质作了学术上的探讨。但也有学者从理论上探讨了主权的逻辑与悖论，认为在现行宪法中，人民主权和人大主权的关系是主权的"虚象"和"实象"的关系。

4. 国家结构形式

一方面，有学者宏观地研究单一制和联邦制的各自特点，认为二者之间并无优劣之分，重要的是要适合本国国情，并认为"一国两制"是我国国家结构形式的发展；另一方面，有学者对地方自治及其理论作了考察，对我国行政区划与中央—地方关系进行了微观研究。还有学者在中外地方制度的比较研究上提出了极富学术价值的观点，在分析主要西方国家地方政府的制度改革的内容、特点和趋势的同时，提出了我国地方国家机构改革的基本思路及其发展趋势。有专家结合实际工作经验提出改进地方立法机制和立法程序，如地方立法的立项、法规草案的起草、统一审议及表决等程序亟待健全。

与军事机关相关的宪法问题得到挖掘，有学者分析了宪法对国防和军事制度的重要意义，有学者对军事机关的立法权作了思考，并认为军事机关立法权必须以宪法为基础才能取得可靠的效力保障。

（三）探讨宪法学研究的理论问题

1. 宪法的概念和性质

有学者考察宪法在中外历史的含义后，解析了学术界关于宪法概念的传统认识和新理解，认为宪法所追求的价值是多元的，包括自由、民主、法治、人权等多个方面，根本目标就是限制国家权力、保障公民基本权利。学者们在这一领域的不断努力，主要目的就是使我们的学术交流、学术争鸣能够建立在一个大家公认的平台上。因为基本概念的分歧会导致无谓的争论，形成若干分散的、不能交锋的观点，无助于宪法学的研究和宪法学体系的建构。

2. 宪法学研究的方法

传统的宪法学研究方法得到审视，与会者普遍认为既不能完全否定和抛弃原来的研究方法，也不能忽视新时期研究方法上的变革。

有学者认为，对宪法的阶级分析，反映的是特定历史时期的一种社会政治现象，而非宪法的本质。阶级本质论下的宪法无助于宪法的协调和稳定功能的发挥。新的阶层分析将有助于更好地理解宪法的本质。

与会者普遍赞成宪法学应走中国化的道路，扎扎实实地研究中国问题，避免浮躁、盲目地追随其他国家的研究理路。有学者提出"宪法学中国化"是中国宪法学发展完善标志的基本要求，并阐述了宪法学中国化的概念、基础和途径，主张我们应建立中国宪法学，建立科学的宪法学理论体系。

有学者主张中国宪法学应面向改革这个最重大、最迫切的现实，在分析传统宪法学特征的基础上，提出了宪法学自身变革的路径。有学者强调面向民众、关注民生、扎根生活应是宪法学的品质，也应是宪法学家的品质。有学者分析了宪法问题判断的方法及标准，指出了宪法问题判断的四种类型：合宪判断、不合宪判断、违宪判断与不违宪判断。另有学者呼吁放弃对"伪"问题的争论。

3. 宪法实现的相关问题

有学者探讨了宪法在依法治国中发挥作用的五个条件要素：领导者的宪法意识、完善以宪法为核心的立法、违宪追究制、普及宪法教育、发展经济。

宪法实现要与我国的具体国情相结合，只有这样，才能内化成为我们的习惯和传统。必须保证宪法的正当性，建立一套违宪审查机制，同时还要培养公民的宪法意识。有学者认为宪法的思想也有赖于建立以宪法为基础的具有较强理论与实践包容能力的社会主义公法体系，社会主义公法体系的内涵是保障公民权利和尊严，规范政治生活，其原则是宪法与法律至上，其构成主要以宪法为核心，包括宪法、行政法、刑法、刑事诉讼法、国家公法与社会立法等法律。

（四）探索公民宪法权利的保障

公民宪法权利的保障一直为宪法学界所关注，与会者普遍认为，宪法的核心价值就在于保障公民的权利。

1. 关于权利的宪法规定

与会者普遍认为现行宪法关于公民权利的规定应该有所发展，呼唤建立一个科学的基本权利体系。

有学者认为我国公民权利的立宪模式应从"政策性和不分类的立宪模式"转向"制度性和分类性立宪模式"。也有学者提出我国宪法关于人权的立论逻辑、人权形态、人权的保障体系与国际人权公约还有差距，逐步与国际接轨应是我国宪法今后发展完善的方向。

也有学者认为宪法平等权应包括立法上的平等权，这样的宪法平等权不仅可以直接拘束国家司法机关与行政机关平等地对当事人适用和执行法律的活动，也可以直接拘束国家立法机关（包括行政立法）平等地为自然人、法人和其他组织设定法律权利与义务。

有学者认为我国现行宪法应对某些具体权利加以规定，这些权利集中在世界人权潮流及民主潮流冲击下的相关领域，如请愿权、创制权、复决权、迁徙自由、罢工权、了解权、表达自由、环境权等。也有学者剖析了社会现实，呼吁生命权的规定。公民财产权的宪法意义也受到了关注。

2. 权利的实现和保障

有学者对公民权利实施过程中的各种阻力及其特点、范围进行了分析，提出我国公民权利实现的模式必须以个人自由权利为取向。

有学者从宪法的直接效力分析出发，提出建立和完善我国公民基本权利的司法救济制度。也有学者针对经济体制转轨后我国公民权利所面临的挑战，研究了市场经济体制下公共权利的维护和发展。

3. 对特殊群体权益的关注

有学者关注到农村剩余劳力转移中的宪法问题，对农民工的生存权、劳动权、政治权利等权利的立法规定和实际情形的距离作了客观研究，并呼吁尽早使农民工从义务时代走向权利时代。有学者认为外来人口是一个在经济相对发达地区村民自治中不容忽视的重要因素，主张国家提供相关的法律和制度保障该群体的权益。还有学者基于婚内家庭暴力的思考，探讨了在家庭领域中妇女权利的保障与实现问题。

（五）展望宪法发展

在纪念现行宪法颁布实施 20 周年之际，学者们更多地着眼于新世纪宪法的发展。寻找宪法发展的动力及切入点，成为与会者普遍关注的话题。有学者认为改革是现行宪法发展的原动力，它促成了成文宪法、观念宪法和现实宪法的全方位发展。这一观点得到与会者的普遍认同。

大多数学者认为，宪法发展有以下趋势：行政权力将受到一定限制（行政指导作用显得日益重要），以法院审判权为核心的司法权将得到扩大与加强，中国共产党领导的多党合作和政治协商制度将得到进一步加强和发展，公民权利也将会有重大发展，宪法监督制度将进一步完善。有学者从应然的角度探寻宪法的时代特征，认为其具有法律的回归性、经济规制性和国际开放性。

不少与会者都强调公民的宪法意识培养，公民的宪法意识是宪法发展的主体因素。有学者呼吁宪法宣传、树立宪法权威是依法治国的当务之急，也有人进一步强调需要系统的公民教育来提高公民的宪法素养。

本次会议论文和与会代表的发言大多能紧扣会议主题，从不同的角度对现行宪法作较全面的回顾和反思，系统地研究宪法问题成为一个普遍的特征。这些研究成果都将在推动宪法学的理论研究以及宪法本身的发展上产生积极的作用。

十六　中国法学会宪法学研究会 2003 年年会综述[①]

中国法学会宪法学研究会 2003 年年会于 11 月 17 日至 18 日在上海交通大学召开。参加此次会议的有来自全国各主要法学院校、研究机构和政府实务部门的宪法学专家 130 余人。会议收到论文 100 余篇。与会专家主要就宪法与政治文明、宪法与公民基本权利保护、违宪审查制度建设以及宪法与司法体制改革等论题展开了热烈的讨论，提出和证明了许多创见。会议主要内容如下。

（一）宪法与政治文明

与会学者普遍认为，中共十六大把"发展社会主义民主政治，建设社会主义政治文明"确立为"全面建设小康社会的重要目标"，强调物质文明、政治文明与精神文明协调发展，具有深远理论意义和重大实际价值。

不少与会学者论述了政治文明与宪法的关系。有学者指出，政治文明以民主的政治制度为核心，以实施宪法、实行法治、制约权力为保障。还有学者从政治观念文明、政治制度文明和政治行为文明三个角度来阐述政治文明的基本内涵，认为近现代政治文明的基本特征是国家政治生活的宪法化。

有学者认为完善我国现行的宪法制度，要立足现状，顺应国情，循序渐进。现阶段应集中力量做好以下几个方面的建设：理顺执政党和国家机关的关

[①] 参见童之伟、孙平《中国法学会宪法学研究会 2003 年年会综述》，《中国法学》2004 年第 2 期。

系，充分发挥党在国家权力民主化过程中的强有力的领导作用；强化对国家权力的外部监督，给社会监督的各种行之有效的形式以宪法地位和法律保障；进一步实现人民代表大会制度内部工作制度的科学化和民主化。

学者们接着讨论了政治文明建设与执政党依法执政、依法领导的问题。与会学者普遍认为，依法执政、依法领导是政治文明的重要内容。"三个代表"重要思想是党从革命党向执政党转变的理论基石。依法执政和依法领导顺应了党的根本任务历史性转变的要求。党的领导方式与执政方式的改革，是把坚持党的领导、人民当家作主和依法治国有机统一起来的关键环节。

有学者认为，中国共产党主导社会发展进程的方式从单纯领导到既领导又执政的转变，标志着中国的社会发展进程开始逐步纳入法治轨道。党要落实依法执政、依法领导，需从以下几个方面着手：执政党始终要坚持"立党为公、执政为民"的价值取向；要不断增强依法办事的意识；党的执政行为、领导行为要逐步实现制度化、法律化；必须明确党与人大之间的关系既有领导与被领导性质，又有互相支持和互相监督关系的内容；要逐步强化执政责任、领导责任制度。实现依法执政和依法领导，要求执政党的各级干部有很强的法制观念。与会专家讨论了政治文明与宪法完善的关系。他们认为，重视宪法的完善，是中国特色社会主义政治文明建设的必然要求；应当健全国家机关与公民之间的协商对话机制，实现建立在宪法基础之上的权力与权利关系的平衡；以宪法为根本行为准则，实现党的领导、人民当家作主和依法治国三者的有机统一。有学者说，人民代表大会制度是具有中国特色和优势的根本政治制度，但由于种种原因这个制度的优越性还未能充分发挥。要做到这一点，需不断提高各级人民代表的素质与职务能力，充分发挥他们的作用，完善和发展人民代表大会制度的组织机构和工作程序，保障各级人民代表大会依宪法和法律充分行使职权。

（二）宪法与公民基本权利保护

公民基本权利的保护一直是近几年宪法学界持续关注的一个论题。近期一系列涉及公民基本权利并在全国引起重大反响的案例使得这个论题再次成为宪法学研究中的热点问题之一。

人们首先关注的是宪法基本权利体系的完善。针对公民人身自由保护方面长期存在的一些薄弱环节，有学者提出保护人身自由固然需要完善刑事诉讼程序，但从根本上看却首先是宪法课题。应该使一些现在仅仅被看作公民刑事诉讼权利的内容成为宪法权利，要争取将来把这些权利作为公民基本权利写进我国宪法。这既是200余年来的宪法传统，也是当代宪法发展的趋势。还有学者在比较分析了一些国家宪法关于公民有获得辩护的权利的条款后，总结出"权利保护模式"和"司法原则模式"两种宪法刑事辩护权利表述模式。我国刑事诉讼中辩护制度存在弊端的重要原因之一就是宪法依旧承袭苏联的"司法原则模式"，导致宪法没有规定公民有获得辩护的权利。因此将来在条件成熟的时候，应该考虑把获得辩护的权利也作为公民的基本权利写入宪法。

关于公民的财产权，有学者从基础理论入手，结合西方国家公民财产权宪法保护的历史，指出了我国现行宪法忽视这一重要权利的思想根源，并就公民财产权入宪提出了一些具体建议。

关于生命权，有学者认为它是人的其他一切权利的基础，属首要人权。所以，国际社会有关人权的宣言和公约以及世界各国宪法大都确认了人的生命权。我国应当将生命权写入宪法，并应注意正确处理好与生命权密切相关的死刑、堕胎、脑死亡、安乐死以及克隆人等问题。

关于社会基本权利，有学者认为它是宪法基本权利体系的重要组成部分，区别于自由权，其基本分类是：经济权利、狭义的社会权利和文化权利。其中经济权利在我国的宪法当中值得特别关注。经济权利关注的重点在于经济公平和经济自由两者的并存。当代中国宪法一方面要注重经济公平，另一方面也要加强对财产权的保障，注重对经济自由的保护。

针对当前宪法学研究主要集中在通过修宪扩大宪法中公民权利范围和强化实施保障的做法，有学者提出，宪法学上的权利研究应当把关注重点从权利的法定状况转换为实有状况，即研究已经规定在宪法中的权利怎样成为社会生活中活生生的现实。

有学者以当代西方人权宪法保护的有益经验为借鉴，指出了我国公民基本权利研究需要加强的几个方面：①设定一项宪法权利，就一定要设定相应法律程序，权利的保护是通过一些具体程序来落实的；②设定一项宪法权利，就一定要有相应机构将其落到实处；③应更加重视司法在保护宪法权利方面的作用。

还有学者认为，宪法上谈公民基本权利保护有三个问题必须得到解决：①宪法当中确认公民基本权利和自由的意义是什么，宪法当中确认的公民基本权利和国家权力之间的关系是怎样的；②经过20多年的改革开放，宪法当中原来所确认的公民基本权利的体系需不需要调整，需不需要进一步完善；③宪法权利在没有法律规定的情况下怎样保护、怎样落实。

有学者以其参与的一系列维护公民宪法权利的案例为证，认为中国现有的立法、司法体制是允许或有可能通过诉讼来落实公民宪法权利的。这项工作促使我们关注宪法基本权利进入诉讼程序的理论基点以及具体的方法途径。这种个别案例的意义并不在于其具体的结果，而在于使宪法回到人民生活当中来，成为一种生活方式，从而树立起宪法的权威，普及宪法观念，保障宪法实施。同时积累一定的经验，总结制度上的安排和设计，也是为逐步建立和完善我国的宪法监督制度积累必要的经验。

有学者把少数人的概念引入宪法学，认为少数人并不直接指向事实性的某一部分人群，而只是指符合宪法价值特性的某些特殊的不确定的人群。该学者把少数人权利与我国西部大开发政策相联系，认为在实施西部大开发战略的过程中，从保护少数民族的文化传统出发的少数人权利问题必须引起高度重视。

（三）违宪审查制度建设

对于违宪审查制度，与会学者一致认同专门审查机构的设置在违宪审查制度的建立、启动方面的基础性作用。关于具体审查机构的设置，有学者认为应当建立一个专门的宪法委员会或者宪法法院，同时也不能忽视一般法院在维护宪法权威方面的作用，不能忽视法官通过民事、刑事案件的审判来维护宪法权威的必要性。

但同时有学者指出，人民法院不能成为违宪审查的主角，因为人民法院审判的依据是法律而不是宪法，在人民代表大会制度下法院的地位和作用非常有限。而且，进行违宪审查并不是当前最紧迫的问题，实践中最急需解决的问题是执法不严。不能过分强调法院解决违宪问题。法院也有可能遇到解决不了的问题，比如政治性的判断等，如果过分依赖诉讼恐怕也会产生许多弊端。

关于公民作为违宪审查的启动主体问题，有学者指出，立法法中规定了公民可以启动违宪审查程序，但不具体。公民作为启动违宪审查程序的主体的情况可以区分为两类：一是政治监督，如宪法规定的公民对国家机关及其工作人员有提出批评、建议的权利等内容就可以归纳到政治监督的范畴；二是宪法权利救济，其他国家违宪审查程序的启动，大多是以公民宪法权利救济为契机的。至于判断是违宪还是违法，应该考虑遇事先适用法律，先尝试用合法性审查的方式解决问题，解决不了时再考虑启动违宪审查程序的可能性。

关于违宪审查的研究路径，有学者指出，以前的研究主要关注有关制度宏观的价值功能以及审查模式的选择，近几年的变化趋势是通过个案转向实践研究。

关于建立法律规范审查制度问题，有学者一反通行的意见，主张放弃传统的宪法审查，而把焦点放在法律以下的法规及抽象行政行为的合宪性审查上。至于制度方面的设置，可以有三种选择：第一，扩大法院的受案范围，授权法院行政庭审查某些等级的抽象行政行为；第二，在人大建立专门委员会；第三，在人大外部建立独立的专门委员会，此方案在理论上和实践中遇到的问题较前两种方案都要小一些。

与会学者普遍认为，我国目前的违宪审查制度效率是比较低的，因此在现行的宪法框架内，作出必要的改革，建立一种比较有效的宪法实施保障制度或违宪审查制度是非常必要的，也是可能的。

关于违宪构成问题，有学者认为，在学理上明确违宪构成，是确定违宪责任和构建违宪审查制度的前提。深入研究违宪，必然涉及什么是违宪以及违宪的判断标准问题。至于违宪构成的内容，人们的看法是：一般来说违宪的主体是国家机关，至于公务员、外国人、无国籍人等宪法关系主体可不可以成为违宪主体的问题还需探讨；违宪客体与违法客体的主要区别在于前者侵害的是宪法保护的秩序而后者不是；主观方面是否需存在过错，单位和个人要有所区别，对公务员不需有过错；客观方面就是要有违宪的事实和后果。

关于宪治实践中的宪法解释权问题，有学者指出立法解释是全国人大常委会行使宪法解释权的重要形式，它主要适用于：扩大宪法有关条款的适用范围；对宪法有关条文的含义作进一步明确；对宪法有关条款的内容作出补充。并且，立法中对宪法有关条款的内容进行界定或进一步明确时应当遵循一些原则，这些原则包括：符合宪法的精神和原则；应当是现实所认可的；应当更加有利于保障公民基本权利；应当有利于权力的监督和制约。正视并研究宪法解释方式有利于宪法的实施，丰富和发展宪治实践。

（四）宪法与司法体制改革

学者们还探讨了宪法与司法体制改革的关系。他们在司法改革的背景下探讨了宪法可诉性，认为宪法应该是可用于诉讼的，而宪法诉讼本身是一个司法问题。这是因为两者的目的是一致的，都是权利救济问题。所谓司法即法的适用，宪法如果不能进入诉讼过程，这样的司法制度是不完善的。在一个相对狭小和封闭的圈子里谈宪法的可诉性缺少动力，而司法改革正好提供这种动力。借鉴其他法治国家的经验，结合中国国情，让宪法进入诉讼过程是必要的、可行的，时机成熟时设立宪法法院不失为一种较好的选择。

有学者指出现在的司法体制改革主要是部门法尤其是诉讼法学在研究。但这种改革理应有宪法学的参与。比如司法独立问题，我国宪法对于司法机关独立行使司法权还未给予充分保障。这就使得宪法和法律所设计的司法体制在运作中就产生了很多问题，如司法的行政化、地方化和部门化等。因此宪法对司法权的定位需要作必要调整。为此，宪法和其他部门法工作者应共同努力。

有学者指出，司法改革首先是一个宪法问题，其次才是诉讼法问题，应该在完善宪法的背景下进行司法改革，而不是抛开宪法单独谈司法改革。如果改革需要突破现有的宪法规定，则必须通过修改宪法来实现。此外，司法改革可以设立近期目标，但更要设立长远目标。要让人们能够切实感觉到司法改革对于我们这个国家、这个社会的价值，更要让人们认识到司法改革是对中国的法治发展具有全局意义的重大变革，离开宪法的完善很难成功。

还有学者认为，司法体制改革应当是与政治体制改革和经济体制改革相并列的一项独立改革。司法体制改革与政治体制改革必须协同发展。我国目前所进行的司法体制改革，基本上局限于司法机关的内部，而影响司法公正和独立审判的因素已经触及政治体制的层面。如司法权在整个国家权力架构中的地位，司法机关与执政党的组织的关系，司法机关与权力机关和行政机关的关系，等等。其中有碍于审判独立的问题，大都是司法体制改革难以解决的。因此，在政治体制改革缺位的情况下，司法体制改革的目标难以实现。

十七　中国法学会宪法学研究会 2004 年年会综述[①]

在"五四宪法"颁布实施 50 周年之际，中国法学会宪法学研究会 2004 年年会于 10 月 23 日至 25 日在南京师范大学举行，来自全国各地从事宪法学

[①] 参见刘旺洪、季金华《"五四宪法"与新中国宪政建设——中国法学会宪法学研究会 2004 年年会综述》，《中国法学》2004 年第 6 期。

教学、研究和实际部门的专家学者近 200 人参加了研讨会。与会代表围绕"回顾与展望：新中国宪法发展五十年"这一主题，进行了深入、广泛的交流与探讨。

（一）"五四宪法"的历史回顾

随着"建设社会主义法治国家"战略目标的提出及中国宪法制度建设取得的一系列显著成就，大会一致认为，"五四宪法"在新中国宪法制度建设的历程中意义重大，为我国宪法制度的发展奠定了基础，是比较适合中国国情和社会主义现代化建设的宪法，现行宪法正是以"五四宪法"为范本发展起来的。然而，对于"五四宪法"在新中国宪法制度建设历程中的意义，仁者见仁，智者见智。有学者认为，"五四宪法"是一个过渡时期的宪法，不是完全意义上的社会主义宪法，研究时不能断章取义，当年制定该宪法时有深刻背景，在当时是有其合理性的。有学者则从公民的基本权利方面论述了"五四宪法"的重要意义，认为"五四宪法"规定的基本权利主要体现在三个方面：首先，确立了人民当家作主的主人翁地位，在本质上是对中国人民人权的确认；其次，进一步发展与完善了《共同纲领》，改变了《共同纲领》将基本权利设置于总章中而造成的不突出和不明显的缺陷，并且在《共同纲领》确立的主要是消极性权利的基础上，增设了社会、经济、文化等方面的积极性权利；最后，在权利的体例设置及内容的表现形式等方面成为后来几部宪法的范本。关于"五四宪法"的理论基础，有学者认为，"五四宪法"的理论基础是毛泽东、董必武等人的民主宪法思想，既有鲜明的社会主义宪法特色，也存在时代局限性。这一理论是一个完整的理论逻辑体系，主要包含六个方面的内容，即人民民主（人民主权）、人民代表大会制度、宪法的至上权威、行政要依法、司法要公正为民、人民要守法。这六大要素环环相扣，共同形成了"五四宪法"乃至以后宪法版本的理论基础。

（二）"五四宪法"的历史地位及其对新中国宪法制度的影响

学者们指出：要通过依宪治国，建设社会主义法治国家。因此，宪法就成为依宪治国的前提和基础。历史表明，"五四宪法"正是新中国建设社会主义法治国家的宪法基础，在新中国民主立宪史上具有开创性的意义。对此，有学者本着历史与逻辑相一致的原则，指出宪法是历史的产物，包括制宪者在内的政治家们，只能在历史所给予的环境与空间内，以其政治智慧选择合理的理论模式与制度模式。还有一些学者从"五四宪法"规定的公民权利体系及制度安排对中国宪法制度建设影响的角度，阐释了"五四宪法"的历史地位，指出"五四宪法"确立了新中国国家制度和社会制度的基本原则，确认了公民广泛的权利和自由；同时又分析了"五四宪法"中的相当一部分条款没有得到实施，没有对国家和社会生活发挥实际的规范作用的原因，即经济上的原因、社会结构上的原因和历史文化上的原因。此外，有学者指出，"五四宪法"是一部客观的、从实际出发的、反映了时代特点的宪法，但囿于新中国成立初期的时代条件，它又具有阶段性、政策性、渐进性、对国家机关的具体权限配置的不确定性等；但"五四宪法"又具有超越时代的特性，如它所确立起来的人民代表大会制度、社会主义制度等基本的政治制度和公民基本权利等，对后几部宪法都有积极影响。因此，宪法制度应当能够超越时代，这应成为我们立宪的基本态度和理想追求，否则宪法将会不断为时代所淘汰。

（三）人民代表大会制度五十年

与会代表一致认为，人民代表大会制度是适合我国国情的根本政治制度，是中国宪法制度体系的重要组成部分。

有学者论述了人民代表候选人的产生方式、代表构成等方面改革的必要性，认为广大群众对人民代表选举过程的参与程度不足导致了人民代表合法性受到质疑；在人民代表构成中，历届全国人大代表由组织部任命的干部占到36.1%，这与人大制约公职人员的主要职能不相适应，因此，建议对选举法关于人大代表的产生方式、人大代表的构成进行修改，使中共党员代表和非党员代表的人数各占50%。在人大与人大常委会的关系方面，有学者认为人大常委会在一定程度上具有独立性，常委会的权力直接来源于宪法，而不是直接来自人大的委托，建议将更多的立法权授予人大常委会。有学者认为，目前"人民代表人民选，人民代表为人民"的观点应然色彩很浓，应当完善人民代表依法履行职责的相关制度，并提出了完善选举制度的五项举措：促使选民积极参与；改变长期以来农村和城镇选举代表比例不同的问题；代表的酝酿机制应该公开和透明；候选人的介绍要注重其政治态度和管理才能；阶段性地实现普选，并从人民代表职业化、延长人大开会时间等方面改进人民代表大会制度。

有的与会代表论述了乡镇人大和其他各级人大的异同，认为乡镇人大具有基础性和直接性的特点，这正是其优势所在，同时又存在不稳定性和薄弱性等弱点。乡镇区划的频繁变动，使乡镇人大的公共设施不断毁损，乡镇政府往往举债度日，导致乡镇的统一发展规划失去公信力、领导班子执政能力薄弱等问题。此外，乡镇人大的职权往往被乡镇的党政联席会议所代替，一些党委书记兼任人大主席，人大既没有常设机构又得不到财政保障，存在宪法规定的地位、职能被虚化、弱化、淡化等问题。

（四）司法与人权保障

人权问题是宪法学研究的永恒主题，随着世界经济、社会的发展，人权保障问题也日益引起了我国宪法学家的浓厚兴趣和高度关注。有代表认为，人权保障包括国内、区域性和国际性三重保护机制，中国建立和完善人权保障机制具有其必要性：一是我国具有履行在国内实施国际人权法规定的各项原则和规则的义务；二是我国在国际人权斗争中争取主动权的需要；三是社会主义政治文明建设，推进社会主义法治国家和宪治国家建设的必然要求。有学者建议成立我国专门的人权保障机构，为我国履行人权保障的国际责任、促进我国人权保障事业的进步提供一个常规性的平台。建立这一人权保障机构应遵循"先中央后地方""先内置后外置""先国际后国内"的原则。有学者认为，建立和完善国家赔偿制度是人权保障的重要机制之一，应该理性认识国家赔偿的基本理念和制度架构，在充分把握世界国家赔偿法制发展的共同性趋势的基础上，进一步完善我国的国家赔偿制度，彰显我国宪法所确立的人权保障的根本价值理念。有学者从司法权是保障人权、实现社会公正的最后屏障视角出发，论述了司法权在人权保障中的重要价值；同时指出应看到司法权也是一种国家权力，具有扩张性和侵略性，它也具有侵犯人权的可能性，因此人权保障既需要发挥司法作用又要防范司法侵权，保障司法过程中的人权，推进我国人权司法保障制度的进一步完善。有学者论述了将受教育权作为一项重要人权加以保障的重要性，认为公民的受教育权是与法律社会化浪潮密切相关的积极的社会权利。另有学者论述了现代人权保障的法哲学基础。

（五）新中国宪法学发展五十年

在本届年会上，与会代表就我国宪法学体系的建立和完善进行了热烈的讨论。关于新中国宪法学的发展，有学者认为，中国宪法学的发展是一个沿着注释宪法学到规范宪法学再到解释宪法学的路径逐步演进的过程。党的十一届三中全会以前，我国宪法学主要是注释宪法学，侧重对宪法文本的注释。十一届三中全会以后，随着宪法学研究的深入，宪法学逐渐实现了从注释宪法学到规范宪法学的模式转变，实现了宪法学研究方法的转折性置换，导致宪法的"显学"地位的确立，然而，规范宪法学无法消弭事实与规范之间始终存在的张力，导致了价值性与事实性、有效性与实效性之间的背离。宪法学要摆脱这一弊端就必须从规范宪法学发展到解释宪法学的轨道上来，走向解释性的、司法性的宪法学，这是中国宪法学发展的必然趋势。有的学者认为，宪法学研究应当更加注重我国宪治建设中出现的与人民生活密切相关的基本人权的宪法保障问题。有的学者认为，宪法学应当对宪法学的基本范畴进行科学的界定，从而形成现代宪法学范畴体系。

十八　中国法学会宪法学研究会 2005 年年会综述[①]

中国法学会宪法学研究会和山东大学法学院共同主办的中国法学会宪法学研究会 2005 年年会暨成立 20 周年纪念大会于 2005 年 10 月 22 日至 23 日在济南召开。来自全国各高等院校、研究机构和实务部门的 200 余名专家学者参加了会议。与会者围绕人权的宪法保障，就人权与公民权、人权的立法保障、人权的司法保障以及"人权"入宪与依宪执政、人权公约的实施机制等问题展开讨论。本次研讨会的主要内容如下。

（一）人权与公民权

学者们普遍认识到人权保障是宪法的核心价值和基本原则，是依宪治国的宗旨和目的。有学者指出，人权和公民权问题，不仅是宪法和宪法学的主体内容，而且是宪法和依宪治国的核心和实质所在，是宪法学的理论基点和逻辑起点。

[①] 参见杨福忠《人权的宪法保障——中国法学会宪法学研究会 2005 年年会综述》，《人权》2006 年第 2 期。

1. 关于人权和公民权的关系

有的学者认为，人权与公民权的关系，是人权的源与流、人权的自然形式与法律形式的关系，体现着现代市民社会与政治国家二元结构的宪治格局；而公民基本权利是法定化人权——公民权的集中体现，是基本人权法律化的载体。有的学者研究了二者的区别。第一，主体不同。人权的享有者是"人"，只要是人，人权便与之相伴，不附带任何条件。而公民权的享有者必须是国家承认的"公民"，只有当一个人获得明确的公民资格身份时，他才能享有公民权利。第二，来源不同。人权随"人"而来，先于国家和宪法而存在。公民权则来源于宪法，因宪法而产生了国家权力和公民权的划分。第三，所受限制不同。人权行使的原则是不违反明文禁止的规则；公民权则须严格遵守宪法（包括宪法性法律）的明文规定。第四，普适程度不一。人权每个人都一视同仁地享有；公民权是一种成员权，可以存在国家和文化差异。

2. 关于人权与基本权利的关系

学者们普遍认为，人权主要是一种道德层面的权利，从权利的形态上看，属于应然权利。因此，人权的主体应该是普遍的人、抽象的人，是不分国籍、种族、民族、宗教、性别、年龄、职务、财富、教育等外在身份的人。但是，随着近代民族国家的形成，人权在受到各国宪法和法律保障的同时，也被同时赋予一种国内法上的"有限"地位。这首先表现在宪法和法律以保障自己本国的公民的人权为主，从而使"人权"转变为"公民权利"。其次，关于人权的内容，作为道德和应然层面的人权的内涵是非常广泛的，一切人所应该享有的权利都应该包括在内。但是作为宪法和法律保障的人权是较为具体和明确的，从宪法上来讲，是指在人权体系中，那些具有重要地位并为人们所必不可少的权利，即所谓的基本权利。所以，当人权进入宪法和法律的保障范围后，人权就由一种应然权利转变为一种法定权利，因此可以说，基本权利就是人权在宪法上的表现形式。此外，人权与基本权利的差别还包括以下方面。①产生时间不同。人权产生的时间早于基本权利。②表现形式不同。人权通常以宣言的方式出现，表明其为一国或特定人群的政治主张和宣示；而基本权利是获得国家法律认可的权利，其表现形式通常是一国的宪法。③法律效力不同。由于人权仅为某一国家和群体的政治宣示，它可以在一定程度上成为一国基本权利内容的评价标准和体系，但并不具有法律效力和强制力；而基本权利则具有法律约束力。

3. 关于基本权利

学者们注意从宪法规范的层面研究法定化的具体人权，即公民的基本权利，体现了宪法学研究人权的特点。

在基本权利理论方面，有学者针对传统基本权利的防御权功能，侧重讨论了基本权利的受益权功能和国家相应承担的给付义务。指出基本权利的受益权功能是指公民基本权利所具有的请求国家作为某种行为，从而享受一定利益的功能。受益权功能所针对的是国家的积极义务，也就是国家要以积极的作为，为公民基本权利的实现提供一定的服务或者给付，所给付的内容可以是保障权利实现的法律程序和服务，也可以是对公民在物质上、经济上的资助。在这种意义上，受益权功能又可以称为"给付权功能"或者"分享权功能"，相对应的国家义务可以称为"给付义务"。有的学者讨论了基本权利竞合的成因和解决方法问题，指出由于基本权利规范的特殊构造与基本权利宪法案件的复杂性，一个基本权利主体的一个行为可能同时被数个基本权利所保障而构成基本权利的竞合。厘定基本权利的竞合关系是宪法案件进一步思考的先决问题；对于不同的基本权利竞合类型，可以分别采用特别法排除普通法、推定权利优先、核心接近理论等方法，最终确定案件系争行为究竟属于何种基本权利保障范围。

有的学者在研究《欧盟宪法条约》第二编"联盟的基本权利宪章"基础上，提出《欧盟宪法条约》以社会中的人而非假设的自然状态下的人为起点，确立共同价值而非天赋权利为基本权利的哲学基础，从而将自由权与社会权一统于人的尊严、自由、平等和团结诸项价值之下，修正了欧洲社会长期将自由权与社会权用两个不同文件分别予以阐述的历史，并通过法律形式赋予所有权利以司法救济的完全权利品格。此外，生命权、财产权、人格尊严权、隐私权、宗教信仰自由、迁徙自由、少数民族和农民弱势群体等的权利都进入了学者们研究和讨论的视野，反映了我国宪法学者更趋于理性。他们逐步由关注这些基本权利的应然性价值转向保障这些权利的具体制度构架和具体实施。

（二）人权的立法保障

学者们普遍认识到立法对保障人权实现的重要性，但又认为必须对它进行限制。

有学者以所有国家权力都应受基本权利拘束为理论基础，论证了对立法权进行限制的宪法基础和限制的主要形式。指出相对于行政权与司法权而言，立法权在维护宪法秩序、实现宪法价值方面具有优先的次序，但在宪法学视角下，立法权同行政权、司法权一样是受限制的国家权力。限制立法权，包括：①对立法权行使主体的限制，只有宪法授权的立法机关行使立法权才具有正当性，才可以创制法律；②对立法程序的限制，立法机关应制定并遵循正当的立法程序，以便使制定出来的法律体现公平、正义的价值，保障基本权利的实现；③对立法内容的限制。还有学者认为立法机关基于公共利益的需要而不得不对公民基本权利予以限制时，应遵循的原则是以保障基本权利的实现为出发点，在基本权利的实现与公共利益的维护之间确立合理的界限，以免造成对基本权利的过度侵害。

农民工等弱势群体基本权利的立法保护问题成为学者们关注的一个热点。有学者指出，由于我国经济发展水平的不平衡和城乡二元结构的存在，城市居民和农村居民在人权的享有上存在明显差别。如劳动环境恶劣和高强度劳动导致农民工的生命健康权受到威胁，农民工的就业权遭歧视和限制，农民工的劳动报酬权被侵犯，农民工的社会保障权缺失，等等。改变这种状况，首先在立法方面要完善保障农民工生存权的内容，清理和废止不利于保障农民工生存权的歧视性法规和政策。

（三）人权的司法保障

公民基本权利受到公权力侵害时获得司法上的救济是依宪治国的必然要求。

有学者通过重新解读发生于1803年的马伯里诉麦迪逊案认为，美国对人类在法治领域的最大贡献是提出了基于"制度比人更可靠"的基本认识的"宪法是高级法"的理念。同时指出该案对于美国司法审查制的创立，对于推动、促进世界范围的违宪审查制度的形成和普及，对于宪法作为国家最高法地位的实际确立，对于宪法作为真正意义上的人权保障书，对于宪法学研究的展开，乃至对于人类社会法治秩序的维护，都具有里程碑性质的作用和意义。

有学者从发展史的视角考察了人权保障从法律保障到宪法保障的变化过程。指出早期的宪法着眼于对国家权力的组织与配置，各种基本权利的保障，由立法者通过普通法律加以规定。法律保障的消极后果有三点：①在人权范畴领域，缺失基本权利与一般权利的区别；②宪法不具有司法适用性；③宪法权利不能寻求司法机关的直接保障。

二战后人权保障成为宪法的首要价值，宪法成为人权的第一保障法。具体体现在以下两个方面。第一，由政治保障进入司法保障。宪法更加强调司法对立法的制衡，以期落实人权的宪法保障。现代国家普遍设立违宪审查制度，就是司法保障的具体体现。第二，由"针对行政的保障"到"针对立法的保障"。"针对立法的保障"要求的是通过违宪审查制度保证立法权不侵害公民的权利，其实质是防范多数决原理指导下的多数决定可能对少数人权利的侵犯。

有学者以我国司法实践中的涉宪案件为中心，探讨了我国的违宪审查制度与人权的司法保障问题。指出在我国，行政诉讼法将基于身份管理引发的纠纷排除在法院的受案范围之外，将基于身份而产生的权利义务绝对化，甚至使身份关系具有了人身依附性，过度地强调国家管理的需要，这显然是不符合保障人权的发展方向的。对于事实上行使公权力的单位的行为，如学校开除学生也应当纳入行政诉讼的范围并接受司法审查。另外，还应当建立违宪司法审查制度，使公民能够直接以宪法作为维护自己权利的依据。因此，除了修改行政诉讼法以外，最重要的是应当通过违宪审查制度、通过司法途径来保护公民的权利。

还有学者对人权的司法保障模式进行了反思，提出了新的有价值的观点。认为司法保护模式存在不可避免的理论逻辑与实践中的困惑。在保护的制度层面，人们开始发现司法的人权保护也存在结构性的障碍。特别是在一些非西方国家，"司法机关＝人权的保护神"的观念目前面临新的挑战。其理由主要在于：一是美国或德国等法院的形态在世界上200多个国家中可以说是属于例外，不能说是一种原则性形态；二是在很多发展中国家，人权保障与尊重人权并没有采取西方法院模式，如印度在人权诉讼中采用"社会活动诉讼"，缓和了西方国家人权诉讼中所严格要求的诉讼要件，以将来可以改善的命令等裁决形式处理人权诉讼问题等；三是国家在保障和实现人权中，需要选择多种方式，不能以应然性的命题选择一种模式。

（四）"人权"入宪与依宪执政

针对有学者提出的2004年入宪的"国家尊重和保障人权"的人权条款仅

具有宣示性的作用或者说纲领性的作用的说法，有学者提出了不同的观点。认为该人权条款是"概括性人权保障"条款，其主要作用在于保护宪法所未列举的基本权利，起到了宪法对基本权利列举的"兜底"作用。理由是：①从这一条款所处的位置来看，它位于基本权利部分的第 1 条中，统领下面各个具体的基本权利；②从语式来看，如果对"人权"一词作合宪性的解释，与基本权利部分其他条款不同，它并不规范某项具体的基本权利，而是采用了对基本权利的总括性描述；③从规范效力来看，它反映了国家对于人权保障的基本态度，并为国家设定了保护义务，从而也构成了国家行使公权力的原则和限制；④从其他国家的宪法来看，这种条款一般被称为"概括性人权保障"条款，宪法的"概括性人权保障"条款，为宪法所未列举但又应该受到宪法保障的权利进入宪法提供了可能。

有学者对"国家尊重人权"的内涵作了界定，指出作为人权保护义务主体的"国家"实际上是指具体行使国家权力的国家机关的活动，包括国家立法机关、司法机关与行政机关，以及与公权力活动有关或实际上行使公权力的机关的活动。宪法规范中的"尊重"一词是历史概念，最初主要指国家对自由权的保护义务，表现为国家的消极义务，是一种自由国家的基本理念。但是，从自由主义国家向社会福利国家转变后，对人权的尊重扩大到了社会权领域，尊重义务范围也得到了扩大。为了履行尊重人权的义务，国家既负有积极的义务，同时也要负消极的义务。特别是在社会权领域，国家尊重和保护人权的义务主要表现为满足与促进，积极而适度地干预公民的生活。在自由权领域，国家尊重人权主要表现为国家负有消极的义务，自我控制国家权力对自由权的侵害。因此，国家尊重人权义务是全面性的、综合性的义务，不能片面地强调其中的一项内容。自由权与社会权保护义务的相对化，客观上要求国家保护义务的多样性与综合性。

（五）人权公约的实施机制

截至 2003 年底，我国已先后加入了包括《经济、社会和文化权利国际公约》在内的 21 个国际人权公约。我国政府已于 1998 年 10 月签署了《公民权利和政治权利国际公约》，未来全国人大常委会一旦批准《公民权利和政治权利国际公约》，中国在人权保障领域将面临许多新的挑战和机遇。对此，有学者提出我们需要根据人权保障的国内国际环境，整合国内各种形式的人权保护资源，既要强化人权的司法保障功能，同时也要积极发挥非司法机制对人权的保护功能，通过国家人权机构的活动，实现"国家尊重和保障人权"的宪法原则，使人权保障真正成为社会的基本共识和国家的基本价值观。

设立相对独立的国家人权机构的必要性，主要体现在：①中国人权事业发展的客观需要；②国际人权发展的基本经验；③可以弥补人权保护上的制度性缺陷；④开展人权教育的需要；⑤有助于强化公共权力对人权保护的功能，完善我国的监督体系；⑥有助于我国参与国际人权事务，扩大人权事业的开放度；⑧为区域性人权机构的设立准备必要的条件。

建立国家人权机构的步骤：第一步，整合享有人权保障机构与机制的资源，切实发挥现有制度的功能；第二步，完善现有人权保障制度，在制度框架内建立统一协调人权发展的机构，以积累人权实践经验；第三步，设立独立的国家人权机构，对国家的人权事务与有关人权的立场进行统一协调。

十九　中国法学会宪法学研究会 2006 年年会综述[①]

2006 年 11 月 13 日至 14 日，由中国法学会宪法学研究会主办、广东商学院承办的中国法学会宪法学研究会 2006 年年会在美丽的"花城"广州隆重召开。来自各高等院校、科研机构以及有关机关、新闻单位等的 250 余名学者专家参加了本次大会，共提交了主题论文 140 余篇。本次年会的主题是宪法与社会主义新农村建设，与会专家学者提交的论文紧紧围绕该主题从多个角度展开了有意义的论证和探讨。本次年会提交的论文及研讨中的观点如下。

（一）城市化进程中的农民平等权保障

整体来说，我国的经济在快速发展，社会在全面进步。但是城乡发展不平衡是我国经济及社会全面发展中一大不和谐因素，"三"农问题已成为亟待解决的问题，甚至有人说农民已成为我国最大的弱势群体。宪法学上的平等权是一项原则性权利，平等的理念要求我们必须对弱势群体予以有效保护。

与会学者普遍认识到，我国的城市化进程在逐渐加快，但是在这一进程

---

① 参见张震《宪法与社会主义新农村建设——中国法学会宪法学研究会 2006 年年会综述》，《中国宪法年刊》（2006），法律出版社 2007 年版，第 310~315 页。

中，农民的宪法地位必须得到重视，农民的平等权必须加以保障，这不管是从宪法理念、宪法文本还是宪法实践的角度来看都是要认真对待的问题。学者们关于该问题的文章和观点大体可以体现在以下四个方面。

1. 农民概念的宪法文本分析及农民的宪法地位

有学者认为，从宪法上规定的农民宪法地位的分析入手，揭示不平等现象存在的社会原因，保障农民社会地位的宪法效力是学术界需要探讨的重要课题。从宪法本文上看，农民具有公民、职业、阶级以及作为多种经济成分构成体而存在的农民等多重含义。不管是从基本权利的政治意义、经济意义还是从基本权利的本源与终极意义来看，农民都有权报考国家公务员。限制农民报考国家公务员具有违宪性和违法性。农民宪法地位与社会现实的冲突暴露出了很多问题。回归宪法价值，是解决农民问题的基本途径。

有学者认为我国农民宪法地位具有双重属性，即政治性和法律性，且两重属性之间呈不对称状态。造成这一状况的规范因素是，宪法兼具政治性和法律性决定了"人民"和"公民"两个宪法概念的不一致；事实原因是我国长期革命史和社会主义建设事业的客观需要。有必要通过解释赋予相关宪法概念以新的规范内涵，并通过完善公民基本权利保障体系缓解紧张。

有学者认为，必须明确农民在新农村建设中的主体性地位问题。新农村建设的先决条件是让农民成为公民。而有的学者从相反的角度提出，农民是一个多余的宪法文本概念。宪法文本中规定农民有可能使农民成为事实上的弱势群体，不再是"主人"，也有违人民主权理论。这种提法也为我们带来了新的思考。

2. 农民的平等权保障

有学者认为，改变传统观念，以"法治主义"对待和审视"农民"及"农民问题"，是寻求从整体上保障农民"平等权"得以有效实现的理论前提。增强农民的"主体"权利意识，是城市化进程中实现"农民平等权"的法治文化教育保障前提。

有学者认为，广大农民在城市化进程中，被置于权利义务失衡的地位。其突出的表现为农民在城市化进程中平等权利的缺失。必须建立对农民权利的法律保障机制。

有学者认为，在农民平等选举权问题上，不能简单地批评和抨击这种不平等，这种不平等并不完全是人为的产物，它是由中国农民所处的历史地位，特别是其代表的生产力水平决定的。

有学者认为，农民经济平等权指农民在经济权益上的法律保护和实现。我国缺乏对农民经济平等权的关注和研究，农民经济平等权的实现是实现农民的政治平等权、文化平等权及农民的其他权益的基础，也是我国实现和谐社会的基础。

有学者认为制度性歧视在我国大量存在，可以借鉴香港地区平等机会委员会的经验，来解决我国农民权利的平等保障问题。

有学者对农村土地制度上的农民平等权保障进行了专门研究。有学者对农民工的就业歧视问题进行了专门研究。还有学者提出要对城市化进程中农民平等的社会保障权、住房权以及医疗平等权等问题进行研究。

3. 农民的受教育权问题

有学者认为，随着城市化进程的加快，流动在城市之间的农民工子女越来越多，对这一特殊群体受教育平等权的保障已成为亟待解决的问题。理论界现有的几种主要保障措施各有其弊端，只有从农民人权入手，兼顾教育资源的物质保障和具有终极意义的司法救济，才有望实现流动儿童在受教育权方面的同城同权。

有学者对关闭不达标的打工子弟学校的事件从宪法学的角度进行了分析，认为政府有权关闭不合法定条件的打工子弟学校，父母必须为子女选择达标的打工子弟学校，城市公立学校无权拒绝接收农民工子女，而国家是最终的责任人。

有学者从宪法文本和基本权利功能角度剖析了农村义务教育中国家义务的内容、结构及国家责任。希望能引起社会各界对国家在保障农村孩子受教育权实现的宪法上的"特别性义务"的高度重视，积极采取措施调整公共政策，促进农村义务教育的普及。

4. 农民的其他权利探讨

还有不少学者从平等保障的角度对农民的其他权利进行了较深入的探讨。如有的学者提出要重视农民社会保障权利以及实现的路径；有的学者强调农民的政治权利对于农民权利以及解决农民问题的重要性；有学者强调农民的迁徙自由对于城市化进程的重要性；还有学者专门介绍了中国台湾地区农民权利的宪法保护及其经验借鉴；等等。

（二）农用地的征用补偿与公共利益

土地的征用补偿以及公共利益问题也是近几年宪法学界讨论的热点问题，

在本次年会上学者们围绕这一问题作了卓有新意的探讨。

有学者认为，土地征用的公共利益目的，必须尽可能明确地给予解释，应当采取限制解释的原则，将其概括为"用于公共用途"。

有学者认为，现行的土地征收制度对农民参与其中是一种排斥。在尊重现有宪法和法律精神的前提下，最可行的途径是明确界定农民经营承包权的内涵，使农民在维护自身权益时具备谈判与协商的基础。同时也要注重程序方面的保障。

有学者认为，在行政征用中，要保护农民土地财产权，必须改革现行土地财产制度，明晰土地所有权主体。

有学者另辟蹊径，以马克思的地租理论为分析工具，对《土地管理法》第47条的正当性进行了追问。提出我国国有土地管理法确定土地征用补偿价格时参考的主要指标是土地的产值，这是以劳动价值论为基础确定的土地征用补偿价格，并没有体现土地级差地租 I 和级差地租 II 。

还有学者从国家法律和民间规约的冲突与调适的角度对农村妇女的土地权益进行了研究。

值得一提的是，有学者对一起土地权属争议案作了宪法的解读与实证分析，认为远离权利和权力冲突现场的宪法是存在功能上的缺失的。

（三）村民自治中的宪法问题

村民自治在宪法学上有特定的含义，社会主义新农村建设的提出对村民自治的实现有新的推动，学者们关于"村民自治中的宪法问题"的文章，大多从对其宪法解读、与新农村建设的关系、其中涉及的权利等角度展开。

1. 村民自治的宪法解读

有学者认为，村民自治是一种区别于主权自治和地方自治的乡村基层社会性自治，具有社会自治的特性。村民的"自治"不是由外界授予的而是以"权利"形态出现的，是法治之下的"固有权利"，因此，应当在宪法上明确村民自治的宪法地位与村民自治权的基本权利性质，明确村民自治权的行使主体。

有学者指出村民自治的两张面孔：政治意义上的村民自治体现为基层民主，法律意义上的村民自治是指人权保障层面的，体现为村民委员会的自治权及其与基层政权之间的关系。在村民自治改革发展的过程中，法律上的村民自治被政治上的村民自治所塑造。

有学者认为，经济体制转轨给农村社会带来的"权力真空"是实行村民自治的直接原因。在现实中国农村，要注意和规范家族势力、宗派势力作为一种传统利益群体对村民自治的现实影响。村民自治的实质是社会权力对国家权力的参与，即要实现社会民主；职能是提供公共服务，执行村民大会的公共意志；价值取向是保障公民的基本权利，实践法治原则以及自由精神。

有学者对村民自治宪法制度的历史变迁进行了一番梳理，并对村民自治在宪法和宪法学中的位置作了考察。

有学者对村民自治的直接法律依据即《村民委员会组织法》，进行了宪法上的规范分析。从基本法律和宪法性法律两个角度对《村民委员会组织法》的宪法地位予以解读，对基本法律和宪法性法律的概念提出了新的思考。并提出《村民委员会组织法》第 12 条与《宪法》第 34 条的关系需要认真思考。

2. 村民自治与新农村建设

建设社会主义新农村是我国现代化进程中的重大历史任务。全面建设小康社会，最艰巨、最繁重的任务在农村。构建社会主义和谐社会，必须促进农村经济社会全面进步。只有发展好农村经济，建设好农民的家园，让农民过上宽裕的生活，才能保障全体人民共享经济社会发展成果，才能不断扩大内需和促进国民经济持续发展。"十一五"时期，必须抓住机遇，加快改变农村经济社会发展滞后的局面，扎实稳步推进社会主义新农村建设。

有学者认为，在社会主义新农村建设中，应从公平正义、权利观念以及民主法治等层面对社会主义新农村建设的观念进行更新。

有学者强调了村民自治在新农村建设中的重要意义。有学者认为，完善的村民自治制度能够为社会主义新农村建设提供充足的内在动力，丰富的社会主义新农村制度也能够为村民自治创造一个良好的外部环境，社会主义新农村建设和村民自治作为当下农村发展的两大关键制度，它们之间是一种相对独立、相互促进、相得益彰的辩证关系。采取"多予少取放活"的思路，村民自治制度在社会主义新农村建设影响下将有新的发展。

3. 村民自治中的权利问题

有学者认为，随着人口流动的频繁化，诸如回乡居住的职工、外来务工人员、出嫁女、空挂户等情形大量存在，相关人员是否具有村民选举资格，无论理论还是各地选举和审判实践中设置了户籍、居住地、履行义务等诸多标准。

该学者赞成以居住地标准认定村民选举资格,并且主张以1年的居住期限为居住地标准的组成部分。

有学者通过对两个村庄的考察,提出所谓的农民的权利意识之淡薄,要因不在于农民在权利行使过程中缺乏利益体验,而在于其没有进入对利益的妥当体验模式,为此甚至产生具有病态特征的权利意识。借助外力"提高"农民权利意识不是问题解决的出路,因为作为权利主体的农民自身才是其权利意识增进的主体,而国家的恰当作用则在于对其权利意识的生长进行正确的利益诱导。

有学者认为,在经济全球化的现代社会背景下,没有组织的单个农民无法融入现代政治与经济生活中。在具备正当的法理基础上,克服观念上的障碍,借鉴世界上主要国家和地区农民自治组织建设的经验,应当建立我国农民的自治组织农会。也有学者从社会主义新农村建设的角度谈了组建农会组织的必要性和框架性方案。

有学者强调村民自治权利的司法救济的重要意义,认为能够保障村民自治顺利进行、防止村民自治中权力的滥用、促进法制的完整和统一、提高村民的法律意识和养成法律习惯等。针对现有的司法救济的困境,提出必须构建我国村民自治中权利的司法救济制度,以保障村民自治中各项权利的实现和村民自治的健康发展。

有学者比较注重从现实的村委选举纠纷中,探讨村民自治的司法救济问题。还有学者借鉴香港地区的经验,认为完善内地村民自治司法救济制度的重点不在于制定完备的法律,而在于重塑司法机关本身,应采用司法积极主义和司法现实主义相结合的司法进路与方法。

(四) 基层政权建设的宪法保障

宪法学上的基层政权包括两个层面,在城市是指不设区的市和市辖区,在农村是指乡和镇。基层政权建设一直是宪法学上较为重要的问题,本次年会,学者们围绕这一问题也进行了饶有价值的探讨。

有学者对"下级政府状告上级政府第一案"进行了分析,认为法治国家主要以法律机制解决争议,基层政权可能成为我国法治建设的突破口;民主原则当然包括次级治理团体自治自主的意涵;上下级公法人间是内容确定的法律关系,公法人在特定情境中也是基本权之主体,通过违宪审查机制维护此种法律关系，是基层政权建设的必由之路。

有学者认为，新农村建设中，乡镇政府不能取消，相反，应该通过改造而强化其职能。在宏观体制上要理顺乡镇政权与上级政权的法律关系，市场化进程中乡镇政权组织的事权范围主要包括自主事权范围、法律法规授权乡镇政府管理的事务和乡镇政府委办的事务。按照"一级政府、一级预算、一级事权、一级财权"的现代政府组织原则，规范配置乡镇政府取得财政收入的必要权力和行为方式，逐渐使乡镇政府成为一级享有法定权力的独立公务法人。

还有学者从广义的角度，把村级组织建设作为基层政权建设的重要内容，论证了在社会主义新农村建设中加强基层政权建设的重要意义和具体思路。

（五）其他论文的观点

本次年会提交的论文中，有个别虽然与年会主题有些区别，但还是为会议带来了不少角度新颖的、较有深度和价值的讨论。

如有学者对宪法文本中"个别"的含义作了专门的研究，通过对全国人大代表和地方各级人大代表罢免统计表的分析，认为几乎所有的被罢免代表都由各级人大常委会"个别"罢免，这无疑是一种整体违法，行使罢免权的各级人大常委会整体违反了《宪法》第102条、第104条的条文和精神。

有学者对"七五宪法"的研究为大家带来了新的思路。该学者通过对具体条文的分析，认为"七五宪法"对现行宪法在文本上的影响涉及国体、党的领导、外交政策、自然资源、土地制度等14个方面。应该认真对待"七五宪法"，对其利弊应作进一步理性分析。

有学者提出，西方发达国家先后经历了"自由法治国"和"福利法治国"两个时期，目前正在进行福利法治国的反思与危机处理。福利法治国不仅使国家机构急剧膨胀和税权的非理性扩张，而且导致了"议会行政化"和"行政的立法化"。我国虽然是"单位型"福利模式，远未达到西方"福利国"的社会形态，却同样面临税权的规范和控制问题亟待解决。为了消除城乡和区域差距，实现统筹发展，中国必须首先实现税权监督的法治化、民主化及程序化。

有学者通过考察我国宪法修改的现实情形，并经过法理分析，提出了我国宪法修改的一般原则。有学者提出了防止宪法泛政治化的路径。此外，还有学者对公民择业自由、"准生证"的法学性质以及俄罗斯和独联体国家宪法文本的特征等问题进行了研究，带来了新的思考。

(六) 年会形式的创新

2005 年年会对学术研讨的形式进行了新的尝试。原来大会型的研讨方式，虽然参与者多，氛围好，但是由于近年来参加宪法学会的学者专家越来越多，大会发言的机会毕竟有限，无疑减少了更多学术观点介绍、探讨、碰撞的机会。所以 2005 年年会在形式上作了创新，即在保留大会发言的基础上，根据年会的主题和大家提交的论文开设了分论坛。经过 1 年的试验，大家普遍觉得效果较好。2006 年年会继续保留了分论坛的形式。而且考虑到分论坛是同时进行，学者们无法全面顾及，因此，为了让学者们了解到更多论文的观点和其他分论坛的情况，本次年会在 2005 年年会形式创新的基础上，又作了进一步发展，即在大会闭幕式上由分别来自不同院校的三位博士或副教授分工负责，对三个分论坛进行了总结。通过总结，第一，可以让学者们了解到更多的学术信息；第二，可以让参加某个分论坛的学者对自己的分论坛情况有进一步的学术认识。

二十　中国法学会宪法学研究会 2007 年年会综述[①]

中国法学会宪法学研究会 2007 年年会及学术研讨会于 10 月 20 日至 21 日在厦门大学举行。来自全国各高等院校、科研机构和法律实践部门的近 250 名代表出席了会议。此次年会共有两个主要议程，一是选举产生中国法学会宪法学研究会第六届理事会；二是举行主题为社会转型时期的宪法课题的学术研讨会。

学术研讨会开设了四个论坛，就宪法文本的变迁、宪法与民生问题、宪法与部门法问题以及中央与地方关系的法治化等问题，展开了热烈的讨论。会议总共收到了代表提交的论文 160 多篇，会议以四个论坛为依托，广泛地吸收与会代表参与讨论，就热点的理论和实践问题展开学术争鸣，取得了很好的研讨效果，在许多问题上达成了共识。同时，还拓展了宪法学理论研究的学术空间，为我国宪法学理论研究指明了今后发展的方向，学术研讨会达到了预期目

---

① 参见莫纪宏《中国法学会宪法学研究会年会学术研讨会综述》，《中国宪法年刊》（2007），法律出版社 2008 年版，第 205~213 页。

的，获得了圆满成功。此次学术研讨会的主要学术观点如下。

（一）宪法文本的变迁

在第一论坛关于宪法文本的变迁的讨论中，会议总共分三个单元。

1. 宪法文本的变迁的一般理论

在本单元的研讨中，许多代表都提出了自己独到的学术见解。

刘松山教授认为，在现行宪法框架下，全国人大及其常委会是适用宪法的主要机关，国务院、国家主席和中央军委在行使职权的过程中，有时也有权适用宪法，但法院和检察院在现阶段缺乏适用宪法的可能的权力能力。法院判决书引用宪法与法院适用宪法完全是两码事。促使全国人大及其常委会充分适用宪法，同时发挥法院以及其他有关宪法关系主体在协助全国人大及其常委会监督宪法实施中的作用是实现民主法治的根本途径。需要学会离开司法机关来思考和推进中国的宪法适用。刘松山教授指出，在现行宪法框架下，法院作为宪法适用主体本身是违宪的，宪法适用的主要机关是全国人大及其常委会。刘松山教授上述关于宪法适用的观点引起了专家、学者的高度关注和热烈讨论。汪进元教授和邓世豹教授在评议中就法律适用概念的内涵，宪法作为"法"所自然具有的可适用性等问题，对刘松山教授的观点提出了质疑。与会代表也对"法院判决书引用宪法与法院适用宪法完全是两码事"的观点进行了有益的讨论。

武建军教授对新中国成立近60年来宪法文本的变迁现象，进行了法史学的梳理。武教授的发言令人感受到"3"这个数字在宪法学中的魅力，例如：新中国宪法文本变迁可分为临时文本向正式文本转换、政治文本的变迁、现行文本的变迁三个阶段，由此实现从革命宪法到改革宪法的变迁；宪法中贯穿始终的，是国家、社会、公民三方主体的利益协调，因此是国家根本法、社会根本法、公民根本法三大根本法；法治国家、人权公民与和谐社会，是当代宪法的三个基本要素。

祝捷博士以发展光谱理论为支撑，将宪法区分为常态宪法与转型宪法，并概括了超越常态宪法的转型宪法的五大特征：文本与现实之冲突带来的两难、释放国家发展的信息、多途径的宪法变迁、多样化的人权内涵与保障方式、宪法审查在限制权力保障人权之外有更多的担当。

曾宪义教授列举了需从中央地方关系、国家民族关系、民族平等关系、民族权利关系、宪法制度的整体制度等多个维度，全面考察宪法文本中的民族区域自治制度，展示了该制度的丰富内涵。

2. 宪法文本中的权力条款变迁

在此单元中，与会代表围绕主题展开了有针对性的探讨。

李晓兵博士基于中国与法国在历史等方面的相似性及法国1958年宪法第92条内容论证了过渡条款的宪法价值，指出宪法中的过渡条款，即涉及一项新宪法通过之后的一个特殊历史时期的政治安排的"过渡条款"，其价值不只是一个临时性问题，而是事关合法性之传承的基础性问题。这是一个尚没有充分展开的研究领域。

钱宁峰博士从2007年湖南衡阳中院工作报告未获人大通过、浙江台州两院工作报告差点未获通过引发思考，发现两院组织法与宪法在两院是否需要报告工作上存在背离。工作报告未通过的唯一责任形式是辞职，这属于政治责任而非法律责任。法院工作报告不通过的责任，应由院长而不是法官个人来承担。

贵立义教授探讨的是个案监督。他认为，若因为监督法没有规定个案监督，就认为个案监督应画上句号，这是一个误区。一方面，《监督法》第8条的条文解读不能得出此点；另一方面，若如此，对司法不公的个案的救济与对不合格的司法人权之撤销权，难以实现。关键不在于"要不要"个案监督的问题，而在于"怎样展开"个案监督的技术性问题。

程洁教授认为，基于巴力门主权之英国与作为司法审查之母国的美国的比较法经验，开出了调和代议机关的最高立法权与法院的最高裁判权这两个最高之间的矛盾的方案：议会通过立法来推翻其认为违背了议会立法意图的宪法解释、法律解释或判例，且对于原先个案不具有追溯力。

3. 宪法规范的变迁

4位年轻的宪法学博士在本单元作了主题发言。

郑磊博士在题为"规范宪法学的开放性"的发言中，概括了自20世纪90年代依赖宪法学方法多元化端倪次第呈现以来，在"围绕文本""开放性"两点上，学界已达成基本的共识。着眼于宪法解释学、规范宪法学等有力说，从适用主体的开放性、适用方法的多元性、规范外的价值与事实判断是如何进入宪法规范三个方面，论述了对"开放性"的理解。

王锴博士在题为"论宪法中的基本国策条款"的发言中，区别作为一种陈述的宪法文本和作为其背后之意义结构的宪法规范，指出政策与规则、原则一样，是规范的三大构成部分，由此认定了作为政策性条款的基本国策的宪法规范属性。进而言之，基本国策条款是基本权利条款、国家机构条款之外的"第三种结构"。对基本国策的研究是部门宪法建立的基础与切入点。

杜强强博士在题为"论国家主席提名权的性质"的发言中，通过分析宪法文本中选举、提名和决定、提请和任免等概念，认为虽然主席职权比较虚，但第62条第5款规定的对总理的提名权是一项实实在在的职权。在自由发言中，他谈到了其问题意识：国家主席同时担任的其他职务对提名权的影响化约在国家主席的职能内。

翟国强博士在"法律明确性原则的宪法适用"的发言中，展示了宪法审查研究中精致的原理与技术进路。安定性价值所衍生的法律明确性原则，作为一项宪法审查基准，会导致一个法律条文因文面不明确构成模糊笼统而被判定违宪。当然，该原则本身是有限度的，一方面，存在不明确的违宪阻却事由，另一方面，可通过合宪限定解释进行合宪性转化。

范进学教授在对上述发言进行评议时重点针对王锴博士的发言指出，将基本国策定位为对国家权力的一种限制，这是一种不可靠的限制。在以国家为主语的宪法文本表述中，中国宪法文本中的"国家尊重和保障人权"的规定，在规范宪法学意义上表述的应当是一个义务性规范，即"国家应当尊重和保障人权"。现行宪法的文本表述不严谨。与此研究相关的台湾地区学者陈新民教授的分类是经验性的而不是普适性的。

贺日开教授重点针对杜强强博士的发言进行了深入评议。贺教授指出，"国家主席在很大程度上影响着国务院的运行"这种提法是值得考虑的。因为国家主席身兼多职，很难说由于国家主席的身份参与影响着国务院的运行，这是需要进行经验考察的。在探讨国家主席的职权时也应当考虑2004年宪法修正案的相关规定。

在自由发言中，张翔博士谈到学者的任务在于批判，法学学者另一个更重要的专业使命是维系宪法文本的权威。林毅教授对王锴博士发言中所提出的"部门宪法"概念与当今存在的"部门法"的关系提出了一些评论。还有一些与会者指出，在涉及以国家作为主体的宪法文本时，应当区分"国家应当做什么"与"国家有权做什么"或"国家必须做什么"的规范特征，以此通过宪法规范的表述来进一步明确国家与国家机关、社会组织和公民个人之间的宪法关系。

（二）宪法与民生问题

在第二论坛关于宪法与民生问题的讨论中，与会者主要围绕宪法与民生问题的一般理论、民生与权利保障以及民生与政府义务三个问题展开了充分的学术研讨。

1. 宪法与民生问题的一般理论

龚向和教授以"民生之路——民生的宪法保障"为题，充分论述了宪法是民生的根本保障。龚教授提出了宪法保障民生的具体路径包括几个方面：保障和改善民生是宪法确认的政府的基本义务；政府以再分配的手段来履行宪法义务、保障和改善民生；为监督政府履行保障和改善民生的宪法义务，应当将保障民生、改善民生作为评价和考核政绩的核心指标。

徐振东教授从立法作为义务的基础、宪法规范对立法者的拘束力以及立法不作为与违宪审查等几个方面论述了立法不作为对基本权利的侵害以及对民生的忽视。

夏正林教授重点论述了地方立法在外嫁女问题中出现的负面问题，指出应当通过强化国家立法的方式来解决地方立法中无法有效解决的外嫁女的权利保护问题。

2. 民生与权利保障

曲相霏教授以对"国际法上作为人权的健康权"的分析为基础，论述了国际法事例中的健康权保障问题。郭曰君教授以"国际劳工组织视野下的中国工会权利"为题，论述了工会权利的概念及其性质、国际劳工组织的工会权利的救济机制以及中国的相关案件等问题。李燕博士从自由权到社会权、住宅权的宪法规定及社会权意义的住宅权等几个方面充分论述了住宅权的相关理论问题。康健教授以"电子眼"现象为起点，论述了"电子眼"在公共安全维度中所凸显的矛盾，"电子眼"立法应调整与规范的基本问题以及"电子眼"立法的启示等方面的问题。

3. 民生与政府义务

曾祥华教授认为，广义上的食品安全包括数量上的安全和质量上的安全，而最初是指数量上的安全，体现在基本权利方面即免于饥饿的权利。从国际公约与宪法的规定来看，食品安全主要涉及生命权、健康权、知情权及环境权，而食品权已经成为一项独立的人权。

侯宇教授在题为"公共使用公共利益在美国的体现"的发言中，首先分析了美国宪法第五条修正案的内涵，并列举和分析了相关案例，理清了美国在界定公共利益上所采取标准的历史发展脉络。侯教授指出，美国历史上采取的目的标准存在弊端，但是，美国对公共利益的界定对我国有一定的启示作用，也就是说在具体案件的处理过程中，必须同时注重目的和手段两个方面的关系，在个案中准确地使用利益权衡原则。

沈跃东教授在题为"信访制度的前景分析：一个比较法的视角"的发言中，从相关立法背景谈起，阐述了信访制度的来源及发展方向，认为我国现行信访制度的发展方向是国家人权机构的管辖，并提出了由信访转向国家人权机构的具体途径，包括明确人权机构的宪法地位，在人、财、物上保障人权机构的独立地位，明确人权机构的管辖范围，等等。

蒋银华教授在题为"论国家保障民生之义务的宪法哲学基础——以客观价值秩序理论为导向"的发言中，指出在保障民生这一问题上，构建国家义务、实现国家义务法定化是其中的关键。

王红教授在评议发言中指出，民生问题根源于经济增长而因此产生的福利却未普及全体人民。王教授赞同国家义务法定化的观点，并主张消极义务要多于积极义务，保障民生就是通过国家义务履行的方式来实现的。国家发展的成果应由全体人民共享。保障民生并不能单独依靠行政规制来解决，而是要通过不断地转变政府职能、深化市场改革来实现。

周刚志教授针对几位主题发言人的思路，就当前宪法学研究中"缺乏中国理想法律图景"问题作了分析，指出以西方的宪法学理论分析中国问题时，还需要我们对中国自身的条件予以考量。

（三）宪法与部门法问题

对宪法与部门法问题，与会者分三个单元，详细探讨了宪法与民法、宪法与刑法以及宪法与行政法之间的关系。

1. 宪法与民法的关系

陈道英教授主张，就法律效力而言，宪法毫无疑问是高于民法的。因此，当民法规范与宪法发生冲突的时候，唯一的当然选择就是修改民法以适应宪法。就调整领域而言，民法是在宪法承认的范围之内，调整市民社会的基本法，民法无法摆脱其国家法的性质。就权利保护来说，宪法权利与民事权利最为根本的区别之一就是得以主张的对象不同，宪法权利只得向国家主张，而民事权利则可以在私人之间相互主张。

刘志刚教授认为，宪法属于公法，其性质是毋庸置疑的。宪法是民法的基础，通过对私法优位、宪法私法化等理论的反思，刘教授比较详细地探讨了宪法是以公法的面貌还是以根本法的面貌出现成为民法的基础问题。

钱福臣教授认为，在宪法与民法，乃至宪法与其他部门法的关系上，长期存在两对相互混淆的范畴，即将作为部门法的宪法与其他法和作为法律形式的宪法与其他法相混淆，以及将作为宪法权利的某些基本权利与作为民事权利的某些法律权利相混淆。要从法理上彻底厘清上述概念与范畴意义的不同，才能对宪法与民法的关系作出比较有价值的学术探讨。

熊文钊教授在评议时指出，在宪法与民法之间的关系上之所以出现比较混乱的描述，原因是一些最基本的问题没有得到充分的研究和讨论。熊教授认为，宪法是公法，但是其是否公法本身就需要反思；我们要弄清楚宪法是干什么的，宪法虽然不能使人致富，但失去宪法的保护却会使人陷于破产。熊教授主张，应当区分近现代宪法与之前的"宪法"，我们所讲的宪法是近代意义上的宪法，只有在这个前提下讨论宪法与民法的关系才是有意义的。

许安标主任在评议时指出，宪法与民法关系的核心本质是什么，宪法是公法与私法的共同的根本法，还是仅仅是公法的根本法，这个问题必须弄清楚。现在有许多民法学者认为民法是市民社会的根本法，对此种意义上的"根本法"的含义必须严格加以界定。许主任指出，应当从近现代宪法发展历史中来看待宪法与部门法的关系问题。谈论宪法与民法的关系，最终还是要回到中国的现实问题中，要解决如何看待宪法与民法之间的关系。他认为，在中国的立法体制下，宪法效力优于民法，民法本身也有相对独立性，宪法与民法之间有互动关系。

莫纪宏研究员则提出了回答宪法与民法之间的关系应当首先加以明确的前提，即考察两者关系的思考角度。莫研究员认为，有五个角度是可以来认识宪法与民法之间的关系的：一是从概念的一致性角度来探讨宪法与民法之间的关系；二是从宪法与民法的法律效力出发，可以比较两者之间的异同；三是从宪法与民法调整社会关系方法的不同角度，可以对宪法与民法作出区分；四是从宪法与民法所调整对象之间的差异来认识宪法与民法的不同；五是可以从宪法权利与民事权利之间的保护方式的不同来区分宪法与民法。莫研究员还强调指出，要正确地回答宪法与民法的关系，最重要的学术问题在于要首先澄清研究宪法与民法之间的关系究竟为了解决宪法学理论上的哪些问题，是解决宪法的性质问题，还是解决宪法的功能问题。探讨问题的目的比探讨问题的思路更重要。

2. 宪法与刑法的关系

王德志教授认为，在宪法与刑法的关系上，两者在价值层面上的追求不一致，在实在法的层面上，两者的功能有许多冲突的地方。

刘淑君教授认为，刑事辩护权属于宪法规定的公民基本权利，是始于侦查阶段的宪法权利，是以宪法平等权为基础的制衡性权利，是以言论自由权和人身自由权为前提的，包括被追诉者的辩护权和律师的辩护权，是应当得到宪法救济的权利。

张德瑞教授在发言中主要讨论了如何对领导的职务行为进行规制，张教授认为，应从行为前的自我控制、行为中的监督控制和行为后的惩罚矫正入手。

谢维雁教授主张，宪法与部门法的关系是母法与子法一说对违宪审查制度有消极作用。如果这样说，部门法都是根据宪法制定的，那么就不会有违宪问题的出现，从而导致了宪法权威的降低。

陈云生研究员在评议中指出，王德志教授发言中提到的刑法制定需要重视宪法的价值的观点是非常重要的，但陈研究员认为宪法和刑法之间的冲突不是价值体系的冲突，而是执行中的问题。陈研究员非常赞同刘淑君教授提出的将刑事辩护权提升为受宪法保护的基本权利，但也认为应当防范将刑事辩护权任意扩大的倾向。

穆红玉副主任在发言中指出，司法改革一定要依法进行，并认为应对正在进行的刑事和解政策的出台作出进一步规范。刘茂林教授则指出，宪法与刑法之间的关系是宪法学的一个真问题，值得认真系统研究。

3. 宪法与行政法的关系

俞德鹏教授认为，政治法是调整人们在确立国家重要制度和决定国家重大事情的过程中形成的社会关系的法律规范体系，是一个包含宪法、宪法性法律和其他政治法律，而与行政法、刑事法等部门法相并列的法律部门。俞教授指出，宪法属于政治法，宪法是民主国家政治法的核心，宪法是近现代民主国家以及标榜民主国家的政治法。

涂四益博士认为，在一般意义上宪法是原则性的，行政法则更具有应用的特征。行政法必须以宪法为基础，通过对自由资本主义时期和晚期资本主义社会的宪法和行政法关系进行分析，涂博士提出了解决行政法问题的途径。

马英娟教授则通过对监管制度的正当性的论证来具体说明宪法与行政法之间的联系。马教授通过对美国监管机构产生的正当性以及其体现分权制衡原则的制度安排进行分析，认为监管机构已成为现代国家治理的有效工具，我们可以通过问责机制将其纳入宪法和法治框架中。

杜钢建教授在评议发言中指出，要针对中国的实际情况发挥宪法自身更好的作用，应当建构行政法体系。杜教授认为，余德鹏教授认识到了宪法的"政治法"性质，这是值得充分加以重视的。杜教授还指出，在违宪审查中，是否可以选择行政权审查作为一个很好的切入点。于霓林教授在评议发言中也指出，余德鹏教授关于宪法是"政治法"的观点对于认识宪法相对其他部门法的法律性质是一个很好的学术尝试。

在有关宪法与部门法问题的探讨中，与会代表还对"宪法性法律"这一个概念的正当性基础进行了充分的讨论，大多数与会代表主张，在具有成文宪法的国家中，除了成文宪法典与宪法修正案之外，其他法律形式不宜称为"宪法性法律"，否则会很容易混淆宪法与其他法律形式之间的效力等级关系。

（四）中央与地方关系的法治化

对中央与地方关系的法治化问题，也是分了三个单元，分别就中央与地方关系的一般理论、中国区域制度研究以及中央地方关系的争议解决进行了广泛而充分的学术探讨，与会代表畅所欲言，提出了许多有价值的学术观点。

1. 中央与地方关系的一般理论

任进教授在题为"论地方制度及其宪法保障"的发言中，首先对地方制度、地方政府和地方自治等概念作了清晰的厘定，并着重对我国地方制度的宪法保障作了理论探讨，提出应加强对我国地方制度的宪法规范和保障。

梁美芬教授在题为"香港回归十周年：从抽象宪法传统演变为具体宪法传统"的发言中指出，由于历史的原因，香港特区沿袭了不成文宪法的宪法文化，在中国收回对香港的主权、《香港特别行政区基本法》生效后，两种有区别的宪法传统较好地结合起来。基本法具有理论上的创新意义。

上官丕亮教授在题为"论中央与地方关系的法治化"的发言中，指出我国应在坚持单一制的基础上，以加快中央与地方行政关系的法治化为当务之急，尽快走出"一统就死、一放就乱"的怪圈。

何建华教授在题为"纵向分权的宪法学语境"的发言中，提出以"联邦"概念为重点重新认识关于中央和地方关系的问题，并进一步指出宪法学的语境问题就是要拓展法律移植的学理进路。

2. 中国区域制度研究

程建教授在题为"民族区域自治地方自治条例实证分析"的发言中，首先运用大量的一手数据，对我国各自治条例作了全面的介绍和分析，认为我国民族区域自治条例的实施虽然取得了一定的成绩，但由于对自治条例的认识存在误区，其理念的落后、制度自身的缺陷，使民族区域自治制度不能充分发挥作用。陈教授对制度的改善提出了自己的一系列建议。

叶海波教授在题为"双轨政治下主权与自治权的冲突与协调"的发言中，从香港基本法实施的角度，指出香港基本法中机关分权和政党分权制衡机制以及"剩余权力"分配规范的缺失，导致了主权与自治权的紧张与冲突。

石东坡博士从审议民主的全新视角深入剖析了中央与地方关系在实体与程序层面所涉及的问题，得到了与会者的普遍关注。

董和平教授在总结本单元的讨论情况时指出，在研究中国区域制度问题上，应当重视对基本概念的研究，同时还要立足于法律分析，但又不能局限于法律分析，特别是注意应当有国情意识。

3. 中央地方关系的争议解决

许多与会代表都积极地参与了讨论。陈丹博士认为，我国宪法为区域法制协调、中央权力下放已经提供了文本依据，并主张我国比较适合采纳"契约型"方案应对目前地方制度的一些问题。

朱应平教授对《信访条例》中有关第 34、35 条涉及的"上一级行政机关"的解释提出了违宪质疑，并建议将信访的处理机制由三级审查改为二级审查。李洪雷教授主张以"团体自治"和"居民自治"的概念作为分析框架，以英美地方自治制度作为比较和借鉴的对象，从事权、财政权、人事权以及立法权等角度对中国地方制度作建构性的探讨。

魏晓阳副教授则以日本和中国作为共同的分析对象。魏教授指出，在历史上，中国和日本都具有地方自治的传统，当下的中国也具有地方自治的良好基础，而且制度的建构可以带来文化、思维上的突破。中国应当借鉴、学习日本的地方自治经验，使中央和地方关系实现法治化。

潘弘祥教授在评议时对陈丹博士的发言提出了若干追问，如区域之间的协定是如何定位的，当作法律形式还是契约形式，效力如何，拘束力是否可靠，出现纷争如何解决，等等。薛小建教授对主题发言人的发言在作出详细评议的基础上，指出在中国建立地方自治制度应当考虑目前的政治国情，不能过于乐观。应当从概念出发，对地方自治的内涵作现代意义上的解释。地方自治不能避开中央与地方关系问题，所以，就目前中央与地方关系而言，中国的地方政府很难具有地方自治的权力。

刘向文教授针对提倡地方自治的观点也主张，强调地方自治的学术观点主要是脱离了中国国情。刘教授指出，应当结合国情来考量国内的地方自治制度。中国的传统是集权，现在处于转型期，应当实行适当的集权，但在某些方面应当适当放权，主要是在经济方面。

关于中央与地方关系的法治化问题，与会代表在其他几个分论坛的发言中也有所涉及。例如，郭殊博士认为，联邦下的司法权在调节中央与地方间关系时具有特殊的功能，并以美国和德国两种模式为主进行了分析。陈焱光教授则主张，中央与地方关系是国家权力行使权在国家机构体系内的纵向分配关系，而处理好这两者关系的根本思路是中央与地方关系的法治化。陈教授提出了主权统一与安全原则、分权与制约原则、有利于及时有效保障公民权利原则这三大原则，认为中央与地方关系的法治化应在这三大原则的基础上进行规范建设。

总之，与会者通过充分和热烈的研讨，结合党的十七大报告的最新精神，提出了许多完善宪法学理论和推进宪法实施的很好的学术建议，有力地推动了我国宪法学理论研究进一步走向深入，拓展了我国宪法学理论研究的发展空间，为我国宪法制度的不断健全和完善，为保障和提高宪法的法律权威都起到了非常有益的促进作用。

二十一　中国法学会宪法学研究会 2008 年年会综述[①]

2008 年 10 月 25 日上午，中国法学会宪法学研究会 2008 年年会在成都市望江宾馆开幕。四川大学党委书记杨泉明教授，中国法学会副会长周成奎，中国法学会宪法学研究会名誉会长许崇德教授，会长韩大元教授，研究会顾问、副会长、常务理事、理事、代表共 230 余人参加了开幕式。

四川大学党委书记杨泉明教授在会上致辞，他说，改革开放 30 年，既是国家发生翻天覆地变化的 30 年，也是法制建设、法学研究不断进步的 30 年，

[①] 四川大学法学院网站，参见 https://law.scu.edu.cn/info/1011/1110.htm。

宪法学在未来的发展中一定会有更大的空间和更广阔的平台。同时，杨书记还介绍了在"5·12"地震发生以后四川大学对灾区的关心和努力帮助，表示这是在民族危难时刻四川大学应承担的社会责任，这也得到了中央领导的高度评价。最后，杨书记介绍了四川大学近年的发展情况，学校一直把学科队伍建设作为学校的工作重点来抓，四川大学法学院宪法学专业通过近年的努力已经取得一些成就，但还有差距，相信在各位专家学者的关心和支持下，在法学院老师和同学的努力下会有更好的发展。

大会开幕式由四川大学法学院周伟教授主持。中国法学会周成奎副会长在开幕式上发表了重要讲话。他在讲话中说，改革开放30年来，我国经济社会的发展取得了丰硕的成果，这些成果反映在宪法中，宪法也保障了改革开放的顺利进行。随着经济社会文化的发展，我国宪法与宪法研究不断与时俱进。我国宪法研究正处在一个很好的时期，一定会更加兴旺发达。中国法学会宪法学研究会会长韩大元教授致开幕词。他在讲话中说，在改革开放的背景下，我国宪法已经步入了一个良性发展的轨道，宪法理论研究与宪法实践良性互动，为宪法学的发展开辟了广阔的空间。但是，在肯定30年发展的同时，也要总结、反思经验教训，学术反思是推动学术发展的更好方式。他希望各位代表本着求真务实的精神，倡导学术民主与学术批评，成功地开好这次学术研讨会。四川大学法学院院长唐磊教授代表四川大学法学院对代表的来临表示热烈欢迎。他说，树立宪法权威，促进宪法实施，是我国宪治体制发展的方向。中国宪法学的研究必然对中国宪法、宪治产生深远影响。唐磊教授还介绍了四川大学法学院及宪法学科建设情况。

开幕式后，会议进行了主题研讨。主题研讨会由韩大元教授主持。许崇德教授在发言中指出，改革开放以来宪法学理论与实践的发展已经取得了一定的成果，"八二宪法"起着扭转性的作用，通过宪法条文的修改，已经比较完善，但宪法在发展过程中受到一定的干扰，所以学界一定要结合实际，多思考，逐步提高研究水平，为宪法的发展贡献力量。廉希圣教授回顾了宪法学研究会23年的发展历程，他提出，从整个宪法学界来说，要保持优良传统，增强凝聚力和向心力，实现老、中、青三代和谐发展；现在宪法学界共性有余而个性不足，他希望存在更多的学派，以推动宪法学向纵深方向发展；学者要"为学术而学术"，不能敏感问题绕着走，要有自己的坚持。周叶中教授总结了改革开放30年中国宪法学的发展历史，认为当前是宪法学发展的良好时机，提出以国情为基础、以实践为品格、以建设为目的、以制度创新为目标的宪法学发展模式，并完成从法制到法治，从依法治国到以法治国再到依宪治国的提升。最高人民法院杨临萍副庭长以行政诉讼中五权即诉权、胜诉权、赔偿权、补偿权和裁判权的保障为切入点，针对保护公民基本权利和构建和谐社会的关系进行了发言。

开幕式后，各位代表在会场前集体合影。随后，中国法学会宪法学研究会第六届理事会召开了第二次会议。

与会代表还积极为地震灾区捐款，共捐款 14500 元。

25 日下午 2 点，中国法学会宪法学研究会 2008 年年会分三个论坛，分别就依宪执政与宪法学的使命、规范性文件的审查机制、基本权利的理论与实践三个主题同时展开讨论。与会代表进行了热烈的讨论。三个分论坛研讨情况如下。

第一分论坛主题：依宪执政与宪法学的使命。

邹平学教授从六个方面阐释了依宪执政的内涵，分析了依宪治国的意义，提出了依宪治国的路径：建立权力制约机制，实现政党制度、选举制度、代议制度的有机结合，切实保障人民的宪法权利和学习借鉴世界各国的先进经验。

杜力夫教授回顾了新中国成立以来中国共产党探索执政方式和治国方略的轨迹，即从"法制"走向"法治"，从"依法执政"走向"依宪执政"，中国共产党领导人民终于找到了一条在社会主义条件下治理国家的有效方法及执政方式。

范进学教授指出，宪法的立法目的在于确立四项基本原则，确立国家的根本任务，确立一个列举与概括并举的政府权力体制，确立违法主体与违宪主体相一致的模式。如何改进宪法中存在的问题是今后中国特色社会主义依宪治国所必须认真面对与解决的问题。

张义清副教授认为，"主权"与"合法性"是法治国家得以发育和成长的两个基础性要素，而只有获得"合法性"的现代国家方能成长为法治国家。中国特色社会主义法治国家的成长，亟须通过社会整合和国家建构之路达成。

马英娟副教授对邹平学教授和杜力夫教授的发言进行评议，探讨了"治国"和"执政"、"依法治国"和"依宪治国"是不是一个概念以及各个概念之间的关系。李琦教授则探讨了法治国家的实现及其所需要的条件和路径。

在自由讨论阶段中，代表们把中国民生关怀作为启动中国依宪治国的切入点，对依宪执政和依法执政是真命题还是假命题、二者的内涵和外延如何界定等问题进行了深入探讨。

刘旺洪教授认为，依法执政理念明确了执政理念的合宪性，即按照党的领导、依法治国和人民当家作主的有机统一原则，把党的各项工作纳入宪法和法律的轨道，自觉遵守法律，增强法律意识，依法行使权力，在依法执政的理念下实现共产党执政与领导和支持人民当家作主的有机统一。

喻中教授认为，宪法学要进一步发展需要处理好形式宪法与实质宪法、宪法修改与宪法稳定、宪法发展和国家经济状态、传统政治智慧和西方主流价值观、宪法两大功能的协调发展与宪法的道统和法统五大关系。

江国华教授在发言中说，宪法是解读一个国家权力秩序的基础。我国权力秩序结构是以宪法为权力源分别向四个方位辐射的特色体制架构，可以把权力概括为四个层面：政治权力与国家权力、统治权力与自治权力、创制权力与执行权力、全国性权力与地方性权力，各层面权力秩序在权效上是和谐对等的关系。

翟小波博士就"党的领导与人民当家作主的统一"分析了中国民主何去何从，传统代表制民主应不应成为当代中国民主化的规范性模式问题，从而得出结论：代表制民主作为我国民主化的规范模式是必要但不充分的。

熊文钊教授在评议中指出，执政党要依法进入政权体系，要与人民代表大会制度相结合。刘松山教授在评议时，对政治权利和国家权力的关系、代表制民主在我国的作用等问题提出了自己的观点。

第二分论坛主题：规范性文件的审查机制。

陈宏光教授认为，当前我国行政规范性文件尚未成为一个为理论界和实务界所普遍接受的名称，我国行政规范性文件的监督机制有国家监督和社会监督两大方面。在各监督机制中，司法审查负担不宜过重，行政监督手段优先选择，权力控制手段不宜常用，其他监督手段应定位于过程控制。

李晓兵博士认为，至今没有出现一个完整意义的合宪性审查案例，以至于违宪问题得不到应有的关注和重视。现行宪法和立法法所设计的合宪性审查制度所规定的审查对象没有涉及国际法律文件，我们应建立对国际法律文件的违宪审查机制。

莫纪宏研究员从法律形式、内容、效力、地位以及基本法律以外的法律和宪法之间的关系等多重角度对宪法实施作了非常细致和深入的逻辑分析。他提出，必须以坚持人民代表大会制度为前提，在制度上实现基本法律与宪法效力的同一性，在法律形式上将"基本法律"与"基本法律以外的其他法律"完全分离开来，全面推动宪法的有效实施。

任喜荣副教授从纯粹的法律逻辑出发，认为人大集体行使监督职权原则的确认并没有深入地思考诸如"多数决"、"集体负责"与"集体行使职权"的关系，也没有认真分析监督权的内在构成和人大代表的个人责任问题，因此存在缺陷。

蒋劲松教授从党的领导、民意表达等方面总结了人民代表大会制度这30年来的成长历程，并提出了设立"职业委员"的主张。

王磊教授对陈宏光教授和李晓兵博士的发言进行了评议。他认为，他们两人的文章都是研究国外的情况，然后再进行借鉴来探讨解决中国的问题。其中，李晓兵博士更侧重于对法国、德国的研究。马岭教授对莫纪宏研究员在进一步健全和完善"基本法律"制度需要解决的几个重要的理论与实践问题中提出的几个看法表示认同。

在自由讨论阶段，有代表提出了以下观点：应该把党的领导和人民当家作主结合起来；监督主要是外部的，内部主要依靠改善。

孙大雄教授认为，在当代语境下，哈贝马斯等人的"程序正义宪法观"为违宪司法审查的正当性提供了新的法理阐释及制度化导引，从而对当代违宪审查机制在司法审查范围、程序效力等方面的完善具有启发性。

吴天昊博士以上海社会科学院法学研究所承担的"上海市地方性法规后评估"课题的调查研究为基础，对地方性法规备案审查机制的设计提出了四点建议：备案审查应当从"重备案、轻审查"转变为"备案与审查并重"；应当将审查的重点聚焦于那些侵犯上位法立法权限，对法制统一和公民权益造成明显损害的法规；应当丰富审查的手段；应当突出备案审查的公开性和参与性。

周刚志副教授认为，财政立宪的可能性在于它是历史经验教训的制度成果。从"实质宪法"的视角考察1978年以来中国财政宪法规范的变迁过程，未来中国财政立宪应当以基本国情为依据，宪法文本修正与具体制度建设并重。

张献勇副教授运用文本分析的方法，对各国预算立宪制度在宪法中的位置、预算原则、预算提案、预算审批、预算执行、决算等方面作了比较分析，为我国修订预算法提出了若干意见。

胡锦光教授认为，与会代表关于违宪审查的正当性的基础阐述比较清晰，在中国背景下，效力等级、审查主体和启动主体的正当性问题值得关注。范毅教授认为，财政立宪要达到知识精英和政治精英的共识，实际上是不容易的。

在自由讨论阶段，香港大学代表提到，香港立法会保留区域财政立法的权力。孙大雄副教授赞成胡锦光教授提出的违宪审查的三个思路。

第三分论坛主题：基本权利的理论与实践。

甘超英副教授通过对人权和宪法权利观念30年发展的回顾，认为宪法权利的发展和权利保护的进步，均产生于对过时权利观的批判和反思过程中。

沈跃东博士对公民参与裁判权的实现机制——人民陪审员制度进行了探讨。他认为，人民陪审员制度虽是以实现司法民主、确保司法公正为宗旨的，但制度的构造却与这一宗旨存有相悖之处。在选任程序、任职资格以及人民陪审员参与案件审理程序等方面亟须完善。而与我国人民陪审员制度具有相似之处的新西兰环境专员制度，也可为我国人民陪审员制度的完善提供许多可借鉴的经验。

滕宏庆博士认为，宪法可以分为平时宪法和紧急宪法。紧急状态法制对于构建社会主义和谐社会意义重大，实属于必要之法。我国紧急状态法制的法理基石，除了构建核心价值之外，还应包括紧急状态法制的原则、基本范畴和法律关系等，在确立特别法的基础上，可对我国紧急状态法制进行宪法性安排。

曲相霏副教授将视角投向了目前宪法规定胎儿地位的两种较为成熟的模式——德国模式和美国模式，并对这两种模式各自的价值基础和逻辑推理及其合理性和局限性进行了比较分析。

在评议阶段，秦前红教授认为，甘超英副教授论述的问题非常具有建设性，选择的题目也十分具有挑战性，同时对甘超英副教授的观点也提出了几点中肯的意见。刘嗣元教授认为，滕洪庆博士的《我国紧急状态宪法条款的再思考》一文是一种大胆的尝试，曲相霏教授比较研究的探索性思路给了我们启发。

谢立斌副教授认为，我国个人数据的宪法和法律保护在立法方面仍然是空白的，我国可以参考国外经验，通过立法、行政和司法活动改善个人数据保护状况。此外，现实中的个人数据保护还有赖于公民意识的觉醒。

江登琴博士认为，保障公民的知情权、科学界定"商业秘密"的内涵、厘清商业秘密保护与公共利益之间的关系，是正确执行《政府信息公开条例》的前提和基础。

陈颖洲副教授对现今互联网表达自由提出了自己的观点和看法，认为进一步完善表达自由的保障机制十分必要。

刘小妹博士就新闻自由的权利属性进行了论述。她认为，新闻自由权利是一种旨在保障新闻媒体实现民主参与和监督政府功能的制度性基本权利。她提出通过修宪程序将新闻自由作为一项独立的公民权利在宪法中予以规定，并制定新闻法将之具体化。

郑贤君教授在评议中认为，谢立斌副教授从宪法中的四个基本权利条款推出个人数据保护的宪法依据是非常值得肯定的，同时对个人数据是否适用宪法法律关系进行了探讨。江登琴博士将焦点放到《政府信息公开条例》第14条中对商业秘密的解释上，认为商业秘密的界定在公法、私法上应有区分，这是一个很好的切入点。同时，她也提出，若能在公法、私法的区别上对商业秘密进行界定将更有利于今后的深入研究。

谢维雁教授对陈颖洲副教授的选题表示肯定，对该论文中互联网表达自由法律规制提出了若干建议。他认为，刘小妹博士使用"制度性权利"这一新概念，将新闻自由作为公民基本权利写入宪法，是较新颖的提法，从民主功能入手认证新闻自由是制度性权利，有一定的思辨性，逻辑性较强。但他也提出，需要明确其他权利是否也属于制度性权利，制度性权利相对应的权利是什么；新闻自由不仅涉及公民的权利，还包括媒体的自由，也涉及政府，仅仅将新闻自由作为公民基本权利写入宪法，值得商榷。

26日上午八点半，中国法学会宪法学研究会2008年年会分三个论坛，就"宪法学的发展、机构改革"和"基本权利的理论与实践"两个主题同时举行研讨会（其中两个分论坛讨论了同一个主题"基本权利的理论与实践"）。与会代表进行了热烈讨论。三个分论坛研讨情况如下。

第一分论坛主题：宪法学的发展、机构改革。

陈云生教授回顾了改革开放30年中国宪法学的发展历程，并对其进行了两个方面的反思：在改革开放后20多年的宪法学研究和教学中，宪法学者始终没有对中国宪法学自身的学科体系予以认真科学对待；应当而且必须重视宪法的科学规范要求。

王丛峰代表从社会建设的内涵、宪法对社会建设的指引作用、社会建设对现行宪法的诉求三方面对社会建设的宪法学意义进行分析。他把宪法对社会建设的指引分为宪法精神的指引和宪法规范的指引。宪法精神指引包括公平正义和人权保障；宪法规范指引主要体现在教育发展、就业促进、收入分配、社会保障、医疗卫生、社会管理六个方面。

程乃胜教授认为，宪法的"通律"是商品经济的法权要求，是任何国家商品经济发展到一定阶段的必然产物。对正在建设社会主义法治国家的我国而言，引进、借鉴宪法"通律"的同时，必须发掘中国传统法律文化的良性遗产，使其成为中国法治建设的有机组成部分。这就需要做到：进一步明确中国共产党的合法地位，借鉴中国传统的考试制度、封建社会的监察制度及中国传统的地方制度。

夏正林代表认为在作规范宪法学研究时应当以理清逻辑思维为前提。"规范宪法学"更多的是强调"规范"的研究对象意义，而不是方法论意义；"规范宪法学"在价值问题上的中庸立场使该学说在根本上不可能归为规范的方法论体系；回避价值如何进入规范的问题，是"规范宪法学"最大的缺憾。

林来梵教授在评议中说道，陈云生教授的发言有亲历感、词语平稳、结构符合传统的审美意义。但是他认为，宪法研究应该注重方法论的意义。王丛峰代表的论述主题新颖、结构合理，但是对社会建设和宪法在社会建设中的作用的表述不甚明确。

陈端洪教授在对程乃胜教授的评议中认为，宪法的普适性和民族性都应该归结到解决具体问题上。他在对夏正林代表的评议中说，在宪法层面上，规范的分析和价值的分析都不可能是单纯的，而是混合的价值思维。

在自由讨论阶段，与会代表就"封建社会"一词在法学领域的适用、规范法学和分析实证法学在中国的适用等问题进行了讨论，发言人也给予了积极回应。

苗连营教授认为，政府权威的本质乃宪法权威，维护和巩固中央权威是对中央政府宪法地位的尊重和维护。中央权威受到来自地方保护主义者、既得利益集团、权力异化等的冲击。维护中央权威必须进一步推进民主进程、维护宪法的地位和权威。

陈志英副教授认为，行政主体理论是整个行政法学体系的一块基石，是构建行政法学其他理论的基础。行政主体概念作为法学术语首先出现于大陆法系国家。尽管英美国家没有行政主体概念，但由于其与大陆法系国家具备大致相同的宪法基础，因此同样存在行政主体制度。行政主体在西方有着深厚的宪法基础，并强调人的独立意志和自我治理。

朱孔武副教授认为，地方政府驻京办事处构成了中央与地方关系纵横交错的权力关系网络的极其关键性结点，成为地方参与中央决策，尤其是影响中央转移支付决策的有效途径之一，亦成为中央与地方关系非法治化的表征。机构体制改革的目标之一是理顺中央与地方的关系，进行地方参与中央决策的制度建构，以地方制度和民主监督的新安排来取代中央的管理职能，即实现中央与地方关系的法治化。同时，他还强调，整顿规范"驻京办现象"势必推动中央与地方关系的法治化进程。

朱丘祥副教授认为，自 20 世纪 80 年代以来，世界范围内的单一制国家普遍产生了扩大地方自治权的理论和实践；改革开放 30 年来，向地方放权让利也成为我国调整中央与地方关系的基本倾向，但我国中央集权的体制性因素尚未根本触动，这使得我国的政府间关系呈现出明显的转型期特征。顺应市场经济深入发展的需要，从行政分权走向法律分权，实现中央与地方关系的法治化是中国特色社会主义建设大业中的紧迫时代课题。

任进教授很赞同苗连营教授关于中央权威与地方民主的关系、中央权威与地方分权等问题的阐述，认为目前确实存在中央集权该下放的没有下放、地方权力分散等问题。中央权威和地方的关系需要法定化，中央放权需要按照严格的法律程序。朱国斌副教授在评论中认为，中央和地方应该分权，并把有效的实践上升到法治化；地方自治的权力属性应该明确。他还提出了如何认识单一制、中央与地方是利益关系还是权力关系等问题。

在自由讨论阶段，熊文钊教授认为，中央对地方应该有足够的张力才有助于中央与地方关系的调节，应该设立地方事务委员会来管理地方事务。许崇德教授认为，行政区划是多元化的，我们实行的是民主集中制，在宪法上不提倡分权，中央与地方的关系问题涉及包括财政体制、经济体制和教育体制在内的多种体制。曾祥华副教授认为，大部制是横向分权问题，涉及如何解决中央与地方的关系问题。陈志英副教授认为，中央和地方关系问题既涉及理论也涉及实际操作，应在法律上重新界定中央与地方的关系。

第二分论坛主题：基本权利的理论与实践。

路常青代表从讨论基本权利的基本形态、基本权利的来源出发，认为基本权利源自道德权利，人的基本权利不应限于现有法律的规定。他认为是基本权利造就了宪法，而不是宪法造就了基本权利，并提出了实现基本权利的三项途径——文化传播、司法改革、制度建设。

邓联繁教授提出，基本权利的学理分类是沟通基本权利总论与分论的桥梁。他分析了现有基本权利分类方法的优劣，综合考虑基本权利的涵义、本质特点以及彼此间的联系，认为可以将基本权利分为自由权、受益权和平等权三大类。

钱福臣教授认为，私有财产权优先的宪法制度能够尽可能地发挥人的主观能动性，使之为自己和社会创造和获取尽可能多的财富，但容易造成社会成员在财产的实际占有和享有方面的不平等；社会保障权优先的宪法制度有利于消灭不平等，但实施该制度缺乏现实性。提出在价值目标上对私有财产权和社会保障权给予同等重视，在保障私有财产权优先实现的基础上实现社会保障权。

徐继强副教授以"奥克斯检验"为例，分析了基本权利保障和限制的法理与方法。从"足够重要之目的"的识别、"合理关联"的发现、"最少侵害"的判断和"均衡效果"的衡量四个方面讨论了加拿大奥克斯检验制度的运用，指出奥克斯检验中的权利衡量更接近阿列克西所言之规范衡量论。他进而研究了该制度的规范性与技术性。

朱福惠教授评议认为，路常青老师和邓联繁教授的发言都反映了近年关注的问题，并在原有研究基础上进行了新的尝试。同时对路常青代表的发言在宪法规定与基本权利的逻辑关系、基本权利的实现、宪法权利的保障等方面提出了不同的意见。朱教授肯定了邓教授的学术思路和大胆的、有意义的探索，但提出基本权利的各种分类方法均有其特殊意义，不能轻易以一种方法否定另一种方法。

王世涛教授认为钱福臣教授的研究走的是大陆法系的路径，而徐继强副教授走的是英美法系路径，均有其独到之处。王教授向钱教授提出了自己的疑问：社会保障制度是否就是社会主义公有制优先的价值取向，钱教授的结论是否有逻辑问题？建议对财产的私人占有是否符合人性这个问题进行深入研究。对于徐教授的发言，认为能否用西方的叙事逻辑讲述中国的宪法问题还值得探讨。

在自由发言阶段，华东理工大学法学院的郭曰军副教授指出，社会保障的核心是社会保险，而不仅仅是社会救济，富人也需要社会保障。山东大学法学院李卫华副教授向邓联繁教授提出自己的问题：自由权、受益权是否也有平等的问题？与会其他专家学者也纷纷就会议主题和自己关心的话题发表了自己的见解。

张军教授认为受教育权之于个人生存发展具有突出的意义，国家要分层次保障公民的受教育权，优先保障的是公民最低限度的受教育权——义务教育阶段的受教育权以及弱势群体子女的受教育权。他提出政府应从基本权利高度审视各阶段和各类型的受教育权并予以合理定位和区别性保障。

黄学贤教授提出，由于受现行教育体制和教育财政制度等因素的制约，流动儿童与城市当地儿童的初等教育权在入学机会和教育过程上仍然存在较大程度的不平等，这显然与作为宪法权利的受教育权相悖。政府应当通过逐步建立以居住地为主入学的教育体制、完善教育财政体制等措施来实现对流动儿童初等教育权的平等保护。

郭曰君副教授总结了国际劳工组织理事会结社自由委员会对不同种类罢工的不同态度和评价，介绍了结社自由委员会通过一系列判例法就罢工程序、罢工的限制及其补偿、对雇主行为的限制、对政府权力的限制等问题作出的较为详尽的规定。他指出国际劳工组织关于罢工权利的判例法对我国罢工立法具有借鉴作用。

陈焱光副教授认为我国公民监督权的宪法规范超越了西方传统的请愿权之意蕴，具有更多的社会主义民主法治的色彩。他从国际法、国内法方面总结了我国公民的法定监督权，并指出其现实的尴尬，提出从舆论监督法治化与建立举报人保护制度两个方面实现我国公民的监督权。

评议人周伟教授认为，张军教授和黄学贤教授发言中提到的教育体制问题是客观存在的，认为张教授关于分层次保障受教育权的提法很有意义，但认为张教授关于受教育权是消极权的论证还不充分。

王广辉教授评议认为，郭曰君副教授全面介绍国际劳工组织的罢工立法，对于拓宽视野很有积极意义，但对劳工组织罢工立法的价值理念和背景缺乏深入分析，也没有对我国如何接受或遵循国际罢工规定表明自己的观点。他认为陈焱光副教授对于公民监督权进行了系统的梳理，体现了敏锐的眼光，但对监督权的法理概念与学理分析的联系与区别还需要进一步的辨析。

自由发言阶段，汕头大学郑军教授呼吁大家从受教育权的家庭选择比例、立法公正等方面关注社会性别平等问题。吉首大学法学院张义清副教授认为教育法律关系主体还需要进一步阐明，罢工权、社会群体性事件与维持社会稳定的关联性有待进一步厘清。重庆工商大学袁维勤代表指出，以居住地为原则确立受教育权在现实实施中存在难度。北京大学甘超英副教授认为，监督权是不是受益权还有很多值得商榷的地方。上海师范大学徐继强副教授认为，宪法学研究不能太功利化，不是所有的宪法问题都需要具体解决。

第三分论坛主题：基本权利的理论与实践。

李宝奇教授从延边朝鲜族自治州少数民族语言文字诉讼权利的现状出发提出，越来越多的朝鲜族当事人使用民族语言进行诉讼的宪法基本权利不能充分落实，并提出了以下解决路径：创建民族语语言法学教育模式，切实加强少数民族司法人才队伍建设，发挥运用好本地方高校优势，为地方培养专业人才。

王勇波副教授认为，少数民族自治权不是固有的权利，只是一国的政策安排。并指出，我国现行宪法只提到了对少数民族的保护，并未提到少数人，若与《公民权利与政治权利国际公约》接轨，就要将少数人纳入宪法中的基本权利保障，我国的公民基本权利保障体系将更加完善。

何建华副教授认为，就我国的目前状况而言，人格权的保护存在宪法与一般法两个保障层次。这两种保障机制在赔偿范围、赔偿标准和赔偿内容上存在偏差。而私法意义上的人格权的保护较公法范畴中人格权的保护更为受到重视，这种保护机制的偏差不利于对公民人格权的全面有效保障，理应从宪法保障的高度完善我国人格权保护制度。

杜强强副教授从广电总局对"选秀节目"的限制出发，指出虽然美国19世纪80年代通过宪法解释，逐渐将宪法的保护扩大适用于公司，使得公司成为宪法权利的主体，但是该经验对我国很难起到借鉴作用，而只有通过修改宪法才能赋予企事业组织基本权利主体的地位。

程建副教授认为，李宝奇教授采用实证分析的方法是值得肯定的，但对少数民族诉讼权利的内涵和外延的界定不够清楚。他认为，王勇波副教授采用了对比研究方法，但论证不够充分。

刘春萍教授认为，何建华副教授的论述条理清晰，层次感强，从公法和私法两方面进行了论证，但对人格权概念的界定不够清晰，且在解决方式上回避了宪法申诉制度。杜强强副教授的文章内容丰富，同意美国公司成为某些宪法权利的主体的经验对我国没有借鉴意义。

在自由讨论阶段，代表们对宪法基本权利的保护在我国实践中存在的诸多问题进行了深入探讨。

丁玮副教授介绍了美国内战前北卡罗来纳州、田纳西州、纽约州的三个案例。她认为，实证性正当程序的概念是在美国创新和发展起来的，该程序在司法审查中起着积极作用，完善了正当程序理论。

王锴代表阐释了程序权的内涵，分析了程序权作为基本权利的程序功能，厘清了我国《宪法》第 41 条规定的权利的类型，并对其中的申诉权、控告权、获得国家赔偿权等三项诉讼权的构建提出了相关建议。

刘连泰教授结合美国诺伍德诉贝克案、马苟恩诉伊利诺斯信托储蓄银行案、美国诉豪斯密尔公司案，提出征收条款的效力一般不及于征税，但有例外情形。征收条款不适用于征税的原因是技术上的，征收和征税之间不存在本质上的差别。

李丹林教授引出美国和英国广播电视法上的公共利益这一问题，她认为，信息的多样性和独立性是实现公共利益的基本路径，我国也需要从公共利益角度对传媒活动进行规制，且美国和英国的实践对我国有启示作用。

汪进元教授认为丁玮副教授和王锴代表的文章的共同特点是考察程序问题。他认为，丁玮副教授的研究方法务实，但对史料的分析提炼不够，对实体性正当程序的内涵和外延界定不清。王锴代表的文章主要涉及诉讼权，范围过于狭窄；对程序权的分类缺乏依据。

林峰副教授认为，刘连泰教授的案例太陈旧，结论过于大胆。李丹林教授的选题新颖，研究空间比较大。

在自由讨论阶段，代表们对表达自由、征税权以及正当程序在国外以及我国的理论与实践等问题进行了深入的探讨。

2008 年 10 月 26 日下午，中国法学会宪法学研究会 2008 年年会大会发言、会议总结暨闭幕式在成都市望江宾馆举行。中国法学会宪法学研究会名誉会长许崇德教授，会长韩大元教授，研究会顾问、副会长、常务理事、理事、代表共 230 余人参加了闭幕式。

大会发言由四川大学法学院谢维雁教授主持。胡锦光教授在发言中将中国宪法学研究 30 年来存在的缺陷概括为以下十个方面：我国具有中国特色的宪法学体系不完善；依宪治国理念还不够成熟；研究者对研究课题的选择没有形成合力；从宪法角度和法律角度研究问题的界限不够清晰；宪法学者对违宪审查的推进比较消极；从宪法角度研究立法和司法改革的积极性不够；对公民基本权利的制度性保障的研究不足；对国家和公民基本关系的研究不够；缺少从宪法角度对司法改革的研究；对国家权力及其运行研究不够。他还提到，宪法学者在研究现行制度和问题时要坚持中国社会的进步是主流这一正确立场。林来梵教授对日本四代宪法学家作了介绍。他认为日本的宪法学研究正处于学者世代交替的时代，具有时代标志意义的学者退出了学术界，新的具有时代特色的学者和理论体系正在形成，处于发展之中。他还认为中国宪法学界要借鉴日本的先进经验。林峰副教授介绍了香港回归11年来的宪治发展状况。他认为，由于两地宪法体系不同，导致法律解释有差异。香港终审法院遵守全国人大常委会的全部解释，但仅是对文本的遵守，而不是遵守解释的论证方法。香港应在法治、民主等方面与内地良性互动，以促进共同繁荣。黄卉副教授认为，留学国外的学者肩负着为国内比较法提供素材的责任，他们应当以仔细研究案件的推理过程替代对案情的简单介绍。她还认为学者和司法人员在司法过程中应保持良好的互动关系，以更好地推动司法判决的公正化。王蔚博士研究生介绍了2007年法国的宪法修改，分析了此次修宪的三个趋势——对总统权力的进一步限制、对议会权力的加强和对公民权利保护的进一步增强。

会议总结由中国法学会宪法学研究会常务副会长莫纪宏研究员主持。姚国建博士、上官丕亮副教授及龚向和教授分别介绍了分论坛的讨论情况。副会长焦洪昌教授在大会总结中说：本次年会在论文提交方面更加规范，使得讨论和评议针对性更强，从而提高了办会质量，这在组织上是一个大进步。同时他指出大会总结应该更加规范；建议增设辩论环节，展示学者风采；希望推出高质量的论文。

闭幕式由中国法学会宪法学研究会常务副会长莫纪宏研究员主持。齐小力秘书长通报了中国法学会宪法学年会第六届理事会第二次会议决定事项：①通过《中国法学会宪法学研究会章程》；②制定《中国法学会宪法学研究会五年工作规划》；③成立两岸及港澳法治研究专业委员会；④决定增补常务理事、理事名单，聘请四川大学党委书记杨泉明教授和安徽省检察院崔伟检察长为顾问，增补四川大学法学院谢维雁教授和吉林大学法学院任喜荣副教授为副秘书长；⑤决定由黑龙江大学承办中国法学会宪法学研究会2009年年会。刘茂林副会长通报了中国法学会宪法学研究会教学与研究专业委员会的工作情况。研究会副秘书长张翔、胡弘弘和任喜荣分别宣布了大会论文提交和评议规则、论文编辑出版规则和理事联系制度。黑龙江大学法学院副院长钱福臣教授作为中国法学会宪法学研究会2009年年会承办方代表致辞。他表示，一定要将2009年年会办成高质量、高水平的年会。中国法学会宪法学研究会韩大元会长致闭幕词，他对研究会顾问、四川大学及四川大学法学院师生、与会代表以及媒体朋友表示感谢。

17 时 30 分，中国法学会宪法学研究会常务副会长莫纪宏研究员宣布：中国法学会宪法学研究会 2008 年年会闭幕。

二十二　中国法学会宪法学研究会 2009 年年会综述[①]

2009 年 8 月 23 日至 24 日，中国法学会宪法学研究会 2009 年年会暨"共和国六十年：公民基本权利保障的变迁"学术研讨会在哈尔滨市举行。会议由黑龙江大学法学院承办，来自国内高校、法学研究、法律实践等部门及国外学者 210 人参会。会上，学者们就我国 60 年来公民基本权利保障及宪法学的发展历程展开了热烈讨论，会议达到了预期目的，获得了圆满成功。

此次年会及学术研讨会的情况如下。

（一）大会主题发言

大会主题发言针对 60 年来公民基本权利保障及宪法学的发展历程，立意高远，见解深刻，既是对我国公民基本权利保障及宪法学 60 年来发展的历史总结，也是对我国公民基本权利保障及宪法学的未来发展进行的科学预测。许崇德教授说，60 年来，我国宪法学和公民基本权利的研究经历了不平凡的过程。宪法学研究者要坚持正确的政治方向；宪法学研究和教学要以宪法文本为依据；宪法学的发展是在同各种错误观点的斗争中成长起来的，宪法学研究者要有智慧，分析透彻、认识清楚，积极推动宪法和基本权利学说继续发展。陈斯喜副主任将我国公民基本权利的发展分为三个阶段：第一阶段从新中国成立初期到"文化大革命"前，是公民基本权利发展的探索阶段；第二阶段否定了 1954 年宪法，使公民基本权利陷入了错乱的认识状态，集中体现为 1975 年宪法；第三阶段是十一届三中全会以后的重建和发展阶段。这一阶段的特点是：公民权利与义务具有统一性；公民权利先于国家权力；权利是发展的；公民宪法权利的保障得到了加强。周叶中教授提出构建具有中国特色的社会主义宪法学的主张。他说，这既是中国特色社会主义实践、中华民族和中国各族人民为人类的政治文明发展作出贡献及国际竞争的必然要求，也是宪法学人应有

---

① 参见谢维雁《共和国六十年：公民基本权利保障的变迁——中国法学会宪法学研究会 2009 年年会综述》，《政法论坛》2010 年第 1 期。

的使命。梁美芬副教授认为，香港特区法院在基本法实施过程中通过对国旗法等的判例，对立法会的权力进行审查，从而制约了立法会的权力。王人博教授认为，我国宪法文本跟实践处于二元分离状态，宪法规定的公民基本权利与实践也存在二元分离的格局，现在我国正面临从文本中的权利向实践中的权利的转型。来自日本的高桥和之教授认为，日本采用附随型"违宪审查"制，最高法院的裁判可考虑下级法院的意见，但哪种更合适由最高法院决定，并且最高法院有变更权，容易影响下级法院的独立性，产生裁判上的行政性。

（二）从《共同纲领》到"人权条款"

关于《共同纲领》与民主问题。张金晓博士认为，《共同纲领》是中国共产党对政权合法性问题进行的一系列探索的结晶，是对根据地和解放区等地方民主政权建设的继续，体现了"民主联合政府"的理念，解决了新政权的合法性问题，规定了国体政体等国家制度和人民权利，是新中国的宪法。张景峰副教授认为，民主集中制在《共同纲领》中被确定为国家的根本组织原则，使得民主集中制从党内生活运用到了国家政治生活。民主集中制跟"议行合一"没有必然联系，也不同于三权分立制，而是超越了三权分立制。王德志教授认为，民主与民本最大的区别是实现人民权利的手段不同，民主有实现权利的保障，而民本表现为统治者的贤德，人民没有权利。不能把当今的执政理念归结为民本。

关于宪法及公民宪法权利的发展。豆星星副教授认为，经过修改，1982年宪法已经包含保障人权、法治、保护私有财产和实现社会公正的宪法理念，实现了由以国家为本位向以人为本的宪法理念的转变。王广辉教授认为，从《共同纲领》到现行宪法，公民基本权利条款实现了如下变化：结构上由在国家机构之后变为在国家机构之前；内容上在反复中有发展；价值取向上由国家权力本位向公民权利本位转变；宪治观上由以民主为核心向以人权为核心转变；人权观上由以人的阶级性为基础向以人的普遍性为基础转变；立足点上由强调对基本权利的约束向加强对国家权力的规范转变。石文龙副教授认为，中国人权发展经历了三个阶段，从排斥到接受是前30年国家人权发展演变的基本样态。改革开放后的30年，"人权"在价值上优位于"专政"。2009年之后的30年是中国特色人权体系逐步形成的时期。王卫认为，我国宪法经历的变化反映出，宪法保障公民权利与自由是法治发展的必然趋势，宪法要以人的价值为基础，加强对私有财产权的保护。尹好鹏副教授认为，中国宪法为基本权利保障设计的路线图是，保障最基本的自由权并逐渐培育成熟的自由权，不断提升对社会权的保障水平，逐渐提高对政治权利的保障。俞德鹏教授认为，我国歧视现象的特点是制度歧视、社会歧视、态度歧视并存，其中制度歧视居于主导地位，社会歧视也很普遍。针对我国反歧视法薄弱的现状，我们应借鉴国外反歧视立法经验，制定反歧视法律体系。肖巧平副教授认为，我国四部宪法都把"现实保障性"作为公民基本权利的取舍标准，使得有关对特定人权利的规定很不规范，也不系统。应扩大特定人权利的范围，加强对特定人权利的救济。陈云生研究员认为，大赦是有效调节社会矛盾、法律纠错、宽宥和实现刑法谦抑的机制，具有缓和社会矛盾、促进社会和解、促进政治革新、推动社会进步的功能。我国社会总体趋于宽容，具备了重构大赦制度的现实基础。吴天昊认为，我国宪法有三大发展：一是宪法的理念不断演进；二是宪法在社会生活中的作用不断加强；三是宪法文本不断完善。

关于《国家人权行动计划》。肖金明教授认为，它保持了人权制度和人权实践上的中国成分和中国方式，完整表述了中国特色的人权框架，并与世界人权体系和国际人权公约的精神相吻合，表达了在人权问题上的开放和合作姿态。李琦教授则认为，《国家人权行动计划》的政治属性强过法律属性，人权话语采用政治话语而不是以法律话语来表达。

（三）公民参与与政治权利

关于我国公民参与存在的问题及发展。杨士林副教授认为，我国体制内的利益表达渠道不畅，表达权得不到保障，表达方式受限，从而诱发了体制外的非法表达，影响了政治稳定与社会和谐。孙大雄教授认为，我国公民政治权利与宪法关于国家性质的规定有密切联系，内容广泛，始终被限制在可控制的范围内，缺乏具体保障和规范。江国华教授认为，当前我国公民参与制度建设不足，这决定了非典型参与成为我国公民参与的主要模式。李岩松副教授认为，只有通过制度化的实践，将公民参与法序化才能实现政治权利的本质内容。关于公民参与的具体方式与途径。姚丽霞认为，网络结社中存在诸多问题，需要认清网络结社权的属性，完善结社立法。赵谦认为，我国目前的公民街道事务评议参与模式存在不足，需建立决策形成参与和决策执行参与制度来予以完善。戴激涛提出，应通过完善规范体系和程序机制等方式构建适合我国国情的公民参与预算模式。关于选举权。魏兴荣认为，宪法规定的选举权没有得到落实，我们已经到了以重建选举制度、落实公民选举权为突破口，推动政治体制改革、实现政治文明的时候了。蒋劲松教授认为，我国的选举法应抛弃被选举权资格说，采纳资格加竞选正当性的被选举权理念，促进选举制度从追求形式正义上升到追求实质正义。张卓明认为，选举权不仅是参政权，具有参与功能，还是收益权和防御权，具有给付和防御功能。朱中一副教授认为，地方性法规对村委会选举程序的规定发展了《村民委员会组织法》，但由地方性法规规范村委会选举的历史使命已经完成，应逐步将其升格为法律。

关于违宪审查制。涂四益博士认为，中国违宪审查机制的实现路径应该照顾到我国政治条件和法律条件，要在现实掌权者和民众之间形成政治共识，坚持一元化的领导机构和政治指导思想。

（四）社会经济权利及其国家责任

关于国家义务。蒋银华副教授认为，应以人性尊严为价值基础和以社会契约理论、福利国理论、客观价值秩序理论、现代公共性理论为渊源构建国家义务。仇永胜副教授认为，艾滋孤儿社会权利的保障是国家的义务。张震认为，环境权也具有防御权的功能，已成为公民生活的必备要素，具有公共性。卞辉博士认为，国家应在保障公民健康权方面承担国内责任和国际义务。曲相霏副教授认为，国家对食品安全承担着尊重、保护与实现等多方面的义务，并主要通过食品安全的监管机制和政府责任的途径来实现这一义务。张晓琴副教授认为，农民工应与城镇劳动者平等享有所有劳动权利，应该得到国家的平等保护。国家有义务为充分实现全体公民的劳动权而积极采取包括立法、行政、司法在内的各种措施。刘练军博士认为，应改革现行招生政策，对少数民族考生给予差别待遇，并加强平等受教育权的司法保护。马得华博士认为，法院可以在个案中就宪法如何保障经济社会权利与立法机关和行政机关进行交流和对话。张雪莲认为，"最低核心义务"为法院审查政府行为提供了标准，但仅仅获得司法判决的支持还不够，所有国家机关都应采取措施保障这些权利的最低核心标准。

关于公务员的忠诚义务。曾哲教授认为，基于公务员身份的双重性，他一方面代表国家行使职务权力，另一方面又具有普通公民的一切私益权利，公务员的忠诚义务与公民私有财产权的宪法保护具有内在的关联。

关于住房问题。张清教授认为，要实现住房权，需通过宪法对住房权进行确认和宣告，制定住宅法；要赋予住房权以可诉性，通过诉讼保障住房权。王蕾博士认为，在住房权实现过程中，国家具有平等对待每一个公民的义务。

吕艳辉副教授认为，受吉登斯第三条道路正义观理论的影响，采取混合式的多元主体参与的柔软的社会体系是当代欧洲福利国家调和冲突的一种方案。

（五）自由权的限制及其标准

关于宪法义务与公民义务。李勇博士认为，宪法义务已得到绝大多数国家的肯定和认同，但中国对宪法义务的研究显然与之不相匹配，对宪法义务的深入研究有助于中国宪法学向纵深方向发展。梁洪霞认为，对公民基本权利的限制与公民基本义务毫无关联，但对公民基本义务的履行必然带来对公民基本权利的限制。

关于权利的克减与限制。王祯军认为，应对我国公民权利的克减性进行分析，不可克减的权利包括平等权、宗教信仰的自由、人格尊严权、取得赔偿的权利，其他的权利就是可克减的权利。周云副教授认为，无限制和自主是自由的主要要素。我国《宪法》第51条不是对自由本身的限制，而是对违法行为造成危害后果的限制。朱国斌教授认为，对表达自由的限制应遵循职责法定、必要性和比例原则，并置于法院的审查之下。马涛认为，法律对公共财产权和私有财产权规定的倾向性应有所区别。对国家财产权和集体财产权应重在限制和监督，而对私有财产权应重在维护与保障。

其他相关内容。刘志刚副教授认为，除宪法规定的"一般权力关系"外，个人与国家之间也存在一些特殊关系须予以处理，特殊权力关系下如何保障公民的宪法权利是非常重要的理论问题。周强认为，应把权利概念当作一个简单的、不定义的、不可分析的原始概念来接受，应积极促进科技进步以推动权利实现。沈寿文副教授认为，宪法保留是对立法权的一种约束，必须从法律保留上升到宪法保留才能在根本上规范公权力、保障人民的基本权利。

二十三　中国法学会宪法学研究会 2010 年年会综述[①]

中国法学会宪法学研究会 2010 年年会暨学术研讨会于 8 月 27 日至 28 日

[①] 参见莫纪宏《中国法学会宪法学研究会 2010 年年会暨学术研讨会综述》，载莫纪宏、苗连营主编《宪法研究》（第 12 卷），中国人文科技出版社 2011 年版，第 1~5 页。

在郑州圆满举行。此次会议由中国法学会宪法学研究会和郑州大学法学院主办，河南省法学会和河南大学法学院协办。会议的主题是"宪法与法律体系"，在主题下又分了三个分论坛：宪法与法律体系，宪法与部门法、地方立法以及基本权利与国家制度。会议组织者共收到与会者提交的学术论文近200篇。会议主题发言分为大会主题发言及分论坛主题发言两个部分。与会者围绕大会主题及分论坛的研讨主题踊跃发言，对许多重要的理论和实际问题都作了有针对性和富有实效的讨论，达成了许多共识。一大批中青年宪法学者加入了年会及学术研讨会的讨论中，使我国宪法学界呈现出后继有人的生机勃勃景象。

（一）大会主题发言

大会首先听取了五位主题发言人所作的报告。中国法学会宪法学研究会名誉会长、中国人民大学法学院许崇德教授在大会主题发言中，明确地提出了他自己对法律体系基本特征的五点认识：一是法律体系的性质取决于经济基础的性质；二是法律的调整范围决定了特定的法律部门的存在，并在此基础上进一步形成了科学合理的法律体系；三是法律体系的构建必须结合自身国情，国情变化决定法律体系的演变；四是法律体系应是法律规范的总和，应是一个包括宪法与一般法在内的门类齐全、内部协调的法律规范网络；五是法律体系的演变是一个历史的过程，有一个发生、发展的过程，必须遵循其客观规律。许崇德教授就法律体系还提出了三个供大会讨论的问题，包括我国是何时开始建设法律体系的、法律部门应当分为几个才合适以及大陆港澳台四种法律体系的冲突如何加以协调等。

最高人民检察院法律政策研究室陈国庆主任在大会主题发言中，结合检察工作的实际，提出了四个问题供与会者进一步加以研讨。一是司法机关在办理案件中能否援引宪法条文？陈主任认为，根据目前宪法的规定，司法机关没有监督宪法实施的职权，所以，不应在办理案件时援引宪法。二是司法机关是否应该实施案例指导制度？陈主任指出，案例指导制度与判例法不一样，它不创设新的法律，而是帮助司法机关正确地理解法律。对于下级司法机关来说，以上级司法机关的案例为指导，可以在一定程度上限制地方司法机关滥用自由裁量权。所以，在实践中，值得推广。下级司法机关如果不参照上级司法机关的指导案例，应当说明理由。三是司法解释与立法解释的界限需要进一步予以明确。目前由于立法滞后，司法机关适用法律的解释文件在许多地方比法律还要具体。要解决这个问题，应当通过修改法律的方式来大面积地增加刑事诉讼法的条文，充实和丰富刑事诉讼法法条的内容。四是检察改革中的宪法问题。目前宪法所规定的公检法三机关相互制约、相互配合的关系仅仅适用于刑事案件，检察院作为国家法律监督机关如何监督法院，这些问题还需要宪法作出进一步回答。

中国法理学研究会副会长、中国人民大学法学院朱景文教授在主题发言中提出了三个非常重要的与会议主题相关的问题：一是法律体系形成阶段如何划分；二是法律体系形成的标准怎么界定；三是"中国特色社会主义法律体系"中的"中国特色"的内涵是什么。朱景文教授介绍了目前学术界对法律体系形成阶段划分的主流观点，认为我国法律体系形成可大致分为三个阶段：第一阶段是新中国成立初期到改革开放之前这30年，我国的立法工作初具规模；第二阶段是改革开放之后到1997年党的十五大正式提出到2010年形成中国特色社会主义法律体系，这一阶段的主要特点是立法工作进一步完善，法律体系初具雏形；第三阶段是1997年到现在，法律体系正在形成和接近形成。第三阶段按照中央权威部门的看法，又可以分为三个具体的发展阶段：一是2003年九届人大任期届满时是"初步形成"；二是2008年十届人大任期届满时是"基本形成"；三是到2010年底是"正式形成"。关于法律体系形成的标准，朱教授强调应当把握两个基本尺度：一是社会标准，也就是说法律是否与国情、法律实践相协调；二是法律标准，即法律本身是否齐备、科学和合理，主要的法律部门是否已经建成。关于"中国特色"问题，朱教授进一步指出，目前关于七个法律部门的分类方法具有一定的中国特色，但是，还不能很好地反映法律适应社会现实发展的要求，环境资源法和军事法应当考虑独立出来。还有"宪法相关法"的概念不妥当，过去我们用"国家法"来指称，可以考虑使用其他的名称来代替"宪法相关法"的提法。再者，实体和程序一体化的立法思路也可以考虑，例如，可以将刑法与刑事诉讼法有机地结合在一起，从而保证刑事审判工作的统一性和整体协调。

香港特别行政区立法会议员、香港城市大学法学院梁美芬教授在主题发言中，围绕香港特别行政区少数人士提出的"五区公投"以及通过公投来决定特别行政区未来发展的规划和重要事项问题，从论述宪法与基本法的关系出发，有力地批驳了少数人提出的公投合法的错误言论。梁议员指出，根据基本法的规定，香港特别行政区只能依据基本法的授权来实行高度自治，基本法没有明确授权的事项，一般不得随意行使。公投问题实质上是政治敏感度很高的事项，不可能属于特别行政区自治事项的范畴。因为中国的《宪法》第 31 条已经明确了"一国两制"原则，而且明确规定，特别行政区的具体制度由全国人大通过立法来加以规定。所以，根据中国现行宪法和基本法的规定，香港特别行政区不存在英美法意义上的"剩余权力"或者"剩余权利"，香港特别行政区的自治权是基本法授予的，特区政府的权力来自中央政府的授权。中央政府相对于特别行政区政府的权力不是特别行政区政府让渡的，而是作为一个主权国家依据宪法享有的。因此，在中国现行宪法和基本法的框架内，在香港特别行政区不存在"法无禁止即自由"的英美法意义上的"法治原则"，而属于明确的"依法高度自治"的范畴。

福建省人大常委会法制工作委员会游劝荣主任在主题发言中强调两点：一是法律体系要具有全球品格；二是要关注地方立法在法律体系中的作用，灵活有效的地方立法要优于僵化和依据固定程式对立法作出统一解释的立法制度。

在接下来的三个分论坛的发言中，论点鲜明、讨论焦点集中，在与会者中产生了诸多共鸣，取得了很好的研讨效果。

（二）宪法与法律体系

与会者提出，儒学，特别是现代儒学中存在着宪法学可资利用的思想资源，宪法学可以从中汲取营养，丰富自己的理论体系；中国法律体系的形成不是自生自发的，而是有着非常明显的理性建构主义的色彩，理性主义发展进路在我国的社会历史条件下有其必然性与合理性；应从五个维度来看待中国特色社会主义法律体系形成的标准；宪法和法律之下的配套法规（主要指行政法规与地方性法规）应当而且必须是我国法律体系的重要组成部分；对于中国特色社会主义法律体系形成的判断关键在于"特色"与"形成"。

与会者还讨论了社会主义法律体系的实施与保障问题：如通过促进新疆少数民族就业的法律思考来探讨临时特别措施立法问题；作为立法程序外完善法律制度途径的执法检查；法规审查的启动；从最高人民法院废止齐玉玲案的批复探究宪法案例的拘束力；宪法相关法中基本权利立法存在的问题；人权条款作为宪法未列举权利的"安身之所"；美国宪法"保留权利条款"对我国的启示以及当代中国公民宪法理念及其发展的调查报告；等等。

(三) 宪法与部门法、地方立法

与会者提出了下列问题和观点：在部门法规范冲突案件中，法官需遵循宪法上的人权保障原则与比例原则，在私法案件中适当引入公法规定而区分诸种民事法律行为的效果，在公法案件中为维护公法法益则应酌情考量当事人私法行为的效力；对宪法与部门法的关系，有必要从两个角度来分析，一是宪法应为部门法做什么，二是部门法应该为宪法做什么。宪法与部门法的关系命题实际上反映了不同法秩序之间的关系，通过宪法解释的途径可以使宪法学真正走向宪法解释学，从而有可能沟通宪法与其他部门法之间的关系；宪法就是宪法，它不是部门法的表现形式；军事法作为法律部门之一同样要受到宪法的拘束和规制；国家赔偿法在宪法相关法中找不到合适的位置，国家赔偿法也不能归结为行政法，实际上它应该成为一个独立的法律部门；地方人大预算监督权的未来发展有必要客观认识人大与政府在预算改革问题上的合作关系；20 世纪 20 年代的省宪运动展现了联省自治的全国真实情况；行政机关的行宪能力既是一种权利能力，也是一种行为能力，更是一种宪法责任能力；精神病人强制送治制度是一个宪法学问题，精神病人强制送治制度涉及维护公共秩序与保护公民个人权利之间的价值冲突和选择，是一个迫切需要加以解决的制度问题；依法纳税基本义务条款可以通过宪法上的公民义务条款来规制；法院对地方法的态度实质上反映了一个国家司法机关与立法机关的关系；法规生命周期现象是法律时效在地方性法规中的特殊表现形式，应当将法规修订、废止作为立法工作的重点，应当建立法规后评估制度，应当设立法规修订的简易程序，应当制定扩大法规修订工作的社会参与度的具体可行办法；"较大的市"的宪法地位不明确，我国地方立法在宪法中没有得到完整的体现，由此引发了地方无法参与到中央立法的有效博弈之中；宪法为普通法律的制定提供依据，普通法律的制定使宪法规范具体化和专门化。

(四) 基本权利与国家制度

与会者针对基本权利与国家制度展开了深入探讨：作为人权范畴的人的尊严是生命尊严与社会尊严的统一，而脱离人的自由自觉的实践活动去谈论人的自主、自决与自治必然会使人之尊严失去现实的根基；日本社会权发展过程中的经验对于关注我国法治意义上的民生问题具有重要意义；保障工人享有真实的组织和参加工会的权利，可以改变我国工人在劳动关系中越来越不利的境地；非政府组织的兴起在组合草根社会资源、形成公共话语和公共空间、促使中国市民社会的形成、为中国社会的平稳转型创造条件等方面有重要的作用；我国宪法解释应服从于解释目的和解释意义，把维护国家的根本制度、实现国家的根本任务作为核心；传统与现代宪法解释方法存在实质上的区别；在应对金融危机中，应当充分发挥人民代表大会制度的优越性，使政府干预在体现民主原则的同时兼顾民主与效率的统一；法律监督权只是虚拟的宪法文本概念，而且也没有成为一个确定的文本概念；任何脱离实际利益的制度构造都是虚妄的，因此应当引入利益博弈方法和新制度经济学的有关理论；外嫁女的权益受到侵害，根源在于法律、政策在农村没有得到很好实施；宗教信仰自由在成文宪法中受到保护的普遍性；在限制有前科者就业资格的立法中采取宽容原则；2010年美国联邦最高法院鲍威尔案产生了几个值得思考的问题；等等。

（五）大会总结及闭幕

大会闭幕式之前，听取了主题发言人的报告。

北京航空航天大学法学院高全喜教授在"宪法与革命及中国宪制问题"的主题发言中指出，主权在民正当性契入宪法，在国外法治国家主要有两种模式。一种是英美模式，另一种是法德模式。英美模式的特点是让人民参与立宪，保持了政体的稳定。法德模式采取专政和斗争的革命思路，结果使得政权长期处于更迭状态。因此，"革命"与"非革命"直接影响到宪法制度的正当性基础和宪法价值的稳定。英国光荣革命中的"非革命"因素是宪法的内在逻辑，这是中国转型社会对宪法学研究提出的重要研究任务。

中国法学会宪法学研究会副会长、中国人民大学法学院胡锦光教授在"中国宪法学的出路"的主题发言中强调指出，中国宪法学的出路在于关注实际生活中的宪法问题。关键是问题意识。宪法主要是理念和原则，宪法中的规范大致上用来回答具体制度的正当性。这是宪法与部门法的不同。中国宪法的发展，必须在宪法、具体法律制度和社会问题三者之间进行充分论证。三要素必须关注，否则宪法学就没有生命。如果仅仅停留在宪法层面，就可能自娱自乐。

中国法学会宪法学研究会副会长、清华大学法学院林来梵教授在"宪法学研究中的宽容精神"的主题发言中指出，中国宪法学进入了一个似乎多元化，但存在一个与多元化不同的制衡力量的时代。这就是目前的情景，需要学术研究上的宽容，不只是一种风度，还要以方法论上的立场来对待，不是表面上的，而是应当放到我们的研究立场上。法学不能说是非科学的，而是超越科学的。法学可解决价值判断问题。人类迄今仍然面临这样的任务，这样伟大的任务让我们去做，很显然是超科学的。宪法处于法与政治的焦点，处于政治价值冲突的浪口，应当有宽容精神。如何宽容，从方法论上、立场上，从骨子里容忍差异，不能宣布自己获得了绝对真理，否则就无法形成学术共同体，在一定范围内达成共识。如果标榜自己形成了绝对真理，就很危险。宪法学研究必须在一种宽容的气氛中才能获得有效生存和发展的良好的学术环境。

总之，在此次研讨会上，与会者围绕大会主题和三个分论坛的主题，从不同侧面对此次学术研讨会主题"宪法与法律体系"作了深度反思，提出了许多值得宪法学界进一步加以研究的理论和实际问题。

二十四　中国法学会宪法学研究会 2011 年年会综述[①]

社会转型期的中国亟须宪法重塑社会价值观，辛亥革命百年纪念之年也需要重新认识宪法的贡献。基于以上共识，中国法学会宪法学研究会第一次会员代表大会暨 2011 年年会将会议主题确定为"中国社会变迁与宪法"。此次会议由中国法学会宪法学研究会、西北政法大学主办，陕西省人大常委会办公厅、兰州大学法学院协办，于 2011 年 10 月 22 日至 23 日在古城西安召开。在为期两天的会议中，来自全国各地的近 300 位专家、学者围绕社会转型与宪法、中央地方关系法治化、宪法与国家权力的结构与运作、财政立宪主义与社会保障、宪法与刑法的关系等问题进行了广泛而深入的讨论，会议达到预期目的，获得圆满成功。本次会议的主要内容如下。

（一）大会主题发言

社会转型涉及各个方面，其中一个重要方面就是政治制度的转型。我们从清末开始就一直在努力实现一个以宪法为基础的治理模式。这其中，宪法学者

[①] 参见董和平《中国社会变迁与宪法——中国宪法学研究会第一次会员代表大会暨 2011 年年会综述》，《中国宪法年刊》（2011），法律出版社 2013 年版，第 159~169 页。

作出了哪些贡献？全国人大常委会委员、内务司法委员会陈斯喜副主任认为，前几代宪法学者至少已经完成了以下几大任务：第一个是完成了宪法的启蒙，宪法意识在全社会得到普及；第二个是经过清末、民国、新中国的探索，已经找到适合中国的民主道路；第三个是我国制定了一部比较好的宪法，经过长期实践，现行宪法是比较好的宪法；第四个是进行了初步的宪治实践。那么，我们这代宪法学者有什么任务？陈斯喜副主任认为：第一项任务是推动宪法的实施；第二项任务是努力形成中国宪法学自身的理论体系。

100多年来，我国已经颁行了14部宪法。武汉大学法学院周叶中教授认为，我们需要从三个方面着手加强社会基础建设：一是塑造合格的公民，这是加强社会基础的基础性工作；二是保障阶层对话，为政治共同体的构建提供基础；三是以市民社会为目标构建宪治的社会基础。只有如此，才能使宪法真正从空中走向地面，从宪法走向宪治。

关于宪法的实施。北京大学法学院王磊教授提出了"宪法法律论"的观点，他认为宪法是法律，宪法应该具有法律所具有的一般特征，宪法的实施与普通法律的实施必然分享某些共同特征。

关于宪法权威问题。中国政法大学李树忠教授认为，宪法权威的性质应该是法权威，并且是最高法权威，它具有优于法律的优先权，即宪法优于立法机关，这是最高法权威的全部思想，同时指出宪法的权威来自人民的制定。

（二）社会转型与宪法的适应性

关于宪法学研究拓展的可能性。西北政法大学行政法学院郑军教授认为，在社会转型期间，基于国家职责精准实施人权保障细化的要求，宪法学研究应拓展其研究视域，关注社会性别主流化问题，确立适应变革、合理且先进的宪法学理念，缓解宪法学理论与社会生活的疏离状况，进一步彰显宪法学应有的公平、正义等象征性价值和学科生命力，以及宪法学对法学科发展、法秩序建构的引领和规范作用。

信访在当下社会是一种纠纷解决与权利救济的特殊制度，赞成和主张彻底废除信访制度的声音兼而有之。香港城市大学中国法与比较法研究中心王书成研究员认为，信访的立法发展过程反映了其逐步制度化的法治进程，但实践中制度化进程也逐步暴露了信访在制度上的方向偏离，并没有在根本上达到维护社会稳定、保障公民权利的目的。信访不能发挥解决纠纷的功能，信访制度的纠纷解决的立法角度是好的，但是社会效果却并不理想，因此，应该废除这一功能，因为信访是机关内部的纠纷解决体制，让机关内部来解决自己的纠纷是不可行的。同时，应该将信访的救济功能取消，但不能取消其政治功能。香港城市大学林峰副教授则认为，信访制度和多元化的争端解决机制是不冲突的，当然，信访制度对多元化的争端解决机制只是补充，而不能替代多元化的争端解决机制。

关于社会转型期间释宪机制的创新。江西财经大学法学院刘国副教授认为，转型期社会情势的复杂性与变异性使其异于常规社会，转型期的社会关系变动、社会制度变迁、利益和矛盾冲突都对释宪机制提出了异于常规社会的特殊要求。为应对转型期社会变迁对宪法解释提出的挑战，及时构建一套合理的释宪机制是第二次转型成功的关键。但究竟什么样的释宪机制才能适应社会变迁的需要和社会管理创新的要求？刘国副教授指出，二元释宪机制是构建和完善转型期我国释宪机制的合理选择。其基本思路是，在保留现有释宪机制基础上，适应转型社会的特殊需要，建立一种常态释宪机制，形成常态释宪机制和原有全国人大常委会的非常态释宪机制并存的二元释宪机制格局。

社会转型对执政党权力的科学运行提出了新的要求。上海师范大学石文龙副教授认为，在中国的现实语境中，"执政党的权力"常常被称为"党权"，执政权与领导权是两个既有联系又有区别的概念，两者存在"同中有异、异中有同"的现象。执政党的权力观不是一成不变的，法治时代执政党的权力观需要"与时俱进"。执政党的权力源于人民，这是人民主权的基本内容之一。当前，我们需要在宪法上构筑执政党与人民之间的关系，从而回答在宪法领域中什么是执政为民，怎么样执政为民。

在加强和创新社会管理背景下，如何基于深思熟虑与自由选择以维系政府的良好运作，实现共和国公民的自由全面发展与社会的和谐稳定，是当代中国面临的重大挑战。

关于政党执政合法性问题。西北政法大学胡晓玲讲师认为，执政理念和执政方式对于执政者是否拥有执政合法性休戚相关。现行宪法确立的"依法治国"方略，时下大力宣传普及的社会主义法治理念，事实上在对党依法执政指明方向的同时也提出了重大要求：党要依法执政，党的执政方式必须程序化，要在加强内部自律的同时建立健全社会监督机制，这些基于当下的执政方略构建的初步考量，客观上为党执政的合法性奠定着理论和进一步制度论证的基础。

(三) 财政立宪主义与社会保障

在我国社会转型的过程中，市场经济的实行和法治国家的建设均呼唤财政立宪主义理念的落实。中南财经政法大学王广辉教授认为，财政立宪主义理念的核心是对国家税收权的制约。为此，不仅需要从宪法的意义上对"税收"的内涵进行解读，而且需要从征税权的行使、税收收入的使用、纳税人的权利保护、征税权的合理划分等制度上进行建设和完善，方能在通过财政立宪推进中国法治进程方面见到实效。在财政立宪主义的语境下，对税收权的控制，应包括以下几个方面的内容：一是征税必须得到民意代表机关的同意；二是税收的使用必须遵循"取之于民、用之于民"的原则；三是政府举债也应纳入民意机关的监督之下；四是税收立法权的分配应符合法治的精神；五是纳税人权利的保障。大连海事大学法学院王世涛教授认为，用不同的分析工具，对财政税收会有不同的认识。从"个人主体性"出发，效益意味着"一致同意"，对议会税收立法的宪法审查实现了帕累托改进；以产权理论为视角，税收源于产权的私有，并促进法治的萌发，同其他财政征收方式相比，税收是效率最优选择；以博弈论为视角，税收是零和博弈，却是合作博弈的非均衡赛局；以国家和社会理论为视角，国家与社会二元分化，产权与国家的分离是税收产生的基础，根据"国家补充原则"，社会私经济免受国家的不当干预，通过私经济的优先发展从而保证税源和税基；以人性论为视角，每个人都有自私的本性，有追求自身利益最大化的偏好，"税痛"唤起了公民权利主体意识、参与意识和监督意识。

从"统收统支"到"统一领导、分级管理"、"划分收支、分级包干"，再到分税制，我国中央与地方的财政关系总体上遵循了从集权走向分权的基本思路。上海财经大学法学院徐健讲师认为，财政分权的策略及其实践并未转化成稳定的法律制度。1994年确立的分税制，也仅仅是一个低层次的制度化开端。这种低层次性主要体现在宪法规范的缺失、法律规范的碎片化和低位阶性、制度化范围的局部性，以及事实行动的制度外溢等诸方面。正当的制度只能逐步建设和改进，这是制度塑成与变迁的一般规律。但在改革开放30年跨过了"摸着石头过河"困顿的情况下，中央与地方财政权力配置领域的整体性制度却依然未能有效形成。

香港回归以后，由于受《香港特别行政区基本法》及《香港特别行政区立法会议事规则》的限制，立法会在公共财政方面虽然手握否决权，却几乎不拥有提案权，其修改权也受到很大限制。但香港大学顾瑜博士通过对1998~2010年的数据及个案分析却证实，宪法上的权力不等于真实的权力。作为民意代表机构，香港立法会的自主性和影响力正在逐渐增强。而决定其影响力的，是议席的分布、民意的走向以及议题本身的性质，这也是一个走向民主的政治体制更加成熟的表现。因此可以预见，随着政治改革的逐步推行，立法会的影响力将会进一步增强。

在许多国家，政府的税收和公共开支政策一贯会引起法律和宪法上的争论。华北水利水电学院黄建水教授提出"宪法税"这个新概念，认为宪法中关于税的条款即"宪法税"。对于我国宪法税条款的完善，黄建水教授提出以下建议：第一，修改《宪法》第一章"总纲"部分的第13条，明确税收法定原则；第二，修改《宪法》第三章"国家机构"部分的第62条，明确人民代表大会的税收立法职权，以体现税权民主；第三，修改《宪法》第一章"总纲"部分的第13条，明确税负公平原则，在宪法修正案第22条即《宪法》第13条后增加一款，"赋税应依据法律规定在全体公民之间按其能力平等分摊"；第四，应将"国家为了公共利益的需要，可以依照法律规定对公民的私有财产实行征收或者征用并给予补偿"修改为，"国家为了公共利益的需要，除依据法律规定对公民征税外，可以依照法律规定对公民的私有财产实行征收或者征用并给予公平补偿"。另外，从整个宪法结构来看，公民财产权和继承权规定在宪法"总纲"中，而"公民的基本权利和义务"一章没有公民财产权的内容，似乎结构有点不合理，将来如果修改宪法，拟调整其位置将是十分必要的。河南工业大学法学院谭波副教授从社会保障角度探讨了财政立宪。社会保障作为"社会本位"和人本主义的一大体现，和财政立宪不可分离、分立。两者的联动需要的是内在的互联而不是表面的牵强附会。他认为我国社会保障在财政立宪主义下的缺失表现在：一是财政立宪中的社会保障外延狭隘、价值模糊；二是违反社会保障宪法规范的责任机制的缺失；三是社会保障财政监督检查的乏力。其改革进路在于：强化财政支出与社会保障的联动机制；确立宪法预算的内涵和规范机制，将宪法中的"预算"细化；确立各类预算尤其是社会保障预算的不同规范机制；强化社会保障预算宪法监督，力推宪法公开，强化宪法监督机构和责任机制；确认社会保障与财政支出的价值联动机制。湖南大学法学院肖艳辉副教授认为，我国社会转型带来的体制性缺陷引发的社会风险和诸多不和谐现象与财政立宪主义的基本理念发生了根本冲突。社会保障制度作为收入再分配制度，可以弥补和救济第一次分配中的不正义、不公平和不合理现象。蕴含在社会保障立法精神中的生存权保障原则、抵制社会风险原则、主要政府责任原则、普遍平等原则和分配正义原则契合财政立宪主义的内在品质，对于弥补和纠正社会转型带来的体制性缺陷而导致的社会不和谐现象有重要作用。安徽财经大学金玉副教授认为，我国宪法对财政权的规定以及实践中对国家财政权的规制，还存在下述问题。①在国家财政收入方面，从公民基本义务上来规定，是在国家优越的理念指导下来界定税收；我国宪法没有详细规定国家税收方面的立法限制，没有规定财政法案相应的审议程序；宪法没有明确将我国一切政府收入纳入财政预算，没有明确国库集中收付制度。②在国家财政支出方面，财政的"错位"、"越位"和"缺位"现象严重，财政资金的使用效率低下，公费旅游、公车私用、公款吃喝现象普遍存在。③在国家财政预算审查方面，人大这一职权形同虚设，人大会期比较短，但是需要审议并作出决定的事项过多；当选的人大代表来自社会的各个领域和阶层，专业技能和文化水平差异较大，本职工作又很繁重，难以完成预算审议这样专业性强的工作。④在国家财政监督方面，只是行政机关的内部监督，这不利于国家权力机关有效地行使对行政机关财政权的控制和监督。⑤在中央和地方财政分权方面，我国宪法没有明确中央与地方间的财政关系以及财政权划分，在一定程度上导致了中央尤其是中央国家行政机关财政权力过大；同时还促使几乎垄断了税收立法权和收入归属权的中央乱收税和具有地利优势的地方乱收费。

（四）央地关系与立法权力

中央与地方立法权力关系是国家法律体系建构中无法回避的理论和实践问题之一。南京审计学院程乃胜教授认为，在中央与地方关系中，起决定作用的是中央与地方的利益关系。地方权力宪法化是市场经济发展的必然要求，是一国经济社会发展不平衡的法律体现。地方权力宪法化是单一制和联邦制国家宪法的共同规定，旧中国的宪法和《共同纲领》对地方权力作了明确规定；第二次世界大战以后，地方自治和地方权力宪法化成为世界宪法发展的潮流，就连具有中央集权传统的法国也在1982年开始了地方自治和地方分权的改革。我国宪法应适应社会主义市场经济发展的要求，尽快明确规定地方权力。北京航空航天大学法学院王锴副教授指出，地方立法权的来源在理论上不明确，认为地方立法权应当来自地方的自治权，而且将地方立法权定位为行政权也是不妥当的。云南大学法学院沈寿文副教授认为，我国现行宪法关于国家权力的配置包括三种情况：一是我国中央与特别行政区的关系，由于存在中央与特别行政区矛盾的具体解决方法的规定，因此更容易发挥中央与地方的积极性，在理论上也更贴近国际意义上的地方自治的模式；二是民族区域自治，他认为这种自治并不是国际意义的地方区域自治，实际上是高度集权的模式；三是人民代表大会制度，他认为这是一种特殊的模式，人民代表大会制度在国家权力纵向配置上会导致中央集权、地方分权的发生，民主集中制正好掩盖了此种矛盾。中国政法大学姚国建副教授指出，对地方立法的"不抵触原则"不能狭隘理解，认为在内涵上"抵触"与"不一致"不相同，也与"根据""变通"有别。应以立法目的与规范事项两个标准确定"上位法"的范围，并且不能将宪法排除在外。抵触分为对上位法原则的抵触和对上位法规范的抵触。在判断是否与上位法原则抵触时，除应考量每个上位法的具体原则外，还应考量上位法意图在全国建立的最高、最低标准或统一标准；在判断是否与上位法规范相抵触时，应着重考察其是否侵犯中央专有立法权、超出授权范围等方面。

关于大部制改革。汕头大学法学院邓剑光教授指出，确认、尊重和实现人的价值与尊严，促成所有人的人格全面发展，是法治中国的价值目标，这一目标的实现，必须借助若干机制，其中之一便是民主机制。大部制改革的根本动因是政府对社会诉求的回应，可以视之为社会回应性的自觉改革，具有民主内涵。在中国，政府机构改革一直围绕着政治体制改革进行，是政治体制改革的重要内容。当下的大部制改革，实际上具有优化权力配置体系的功能，并最终有利于法治中国目标的实现。

民国初年，湖南曾经率先制定省宪法，成为第一个依法"自治"的省份，然而不旋踵间就在南北夹击中废宪。郑州大学法学院侯宇副教授认为，联省自治和省宪运动的失败虽然与时机不成熟有关，但主要在于宪制文化的缺失。

关于港澳基本法的合宪性问题。深圳大学法学院叶海波副教授认为，《宪法》第31条中的"全国人民代表大会"是一个集立法机关、总括机关和主权机关三位一体的特殊机关，享有宪法权力和主权性权力，可以不同的法律形式规定特别行政区制度，并不限于基本法律的形式。当全国人大以主权机关的身份作出政治决断时，应当以宪法作为政治决断的外在法律表现形式，而不可载之以普通法律形式，否则会造成主权决断内容与形式的背离。港澳基本法是普通法律，但其承载的却是主权决断的内容，存在主权逻辑与法律形式的背离，并在实践中以港澳基本法是否符合宪法的疑问呈现出来。对于此种矛盾的化解，只能采取促成形式与内容统一的方式，即修改现行宪法，吸纳港澳基本法中主权决断性的内容，使港澳基本法从内容到形式皆符合普通法律的要素，化解港澳基本法的合宪性危机。

关于规范审查权力。河南师范大学法学院袁勇副教授认为，规范审查权力衍生于我国政体和国家结构之上，分属于人大监督权、行政领导权与司法权三个脉络。从其内部构成及运作机制来看，现行规范审查权力整体上表现为国家机关相互协调的自组织权力。在私人普遍缺场的情况下，我国规范审查权力的运作尚未达到监督国家机关抽象行为、保障公民基本权利的宪法要求。正因如此，建立健全我国规范审查权力体系的基本方向是赋予私人更多、更强的启动权，并让其有机会充分参与规范审查判断的说理、论辩过程。如此，方能增加规范审查权力运作的人权保障之维。

（五）刑法与基本权利保护

宪法是国家根本制度概括性的规定，主要关注国家权力框架的组织和协调；刑法是对严重破坏这些制度行为的惩罚性规定，主要关注国家政策和公民权利的维护，其主要内容就是对一系列直接违反各种法律、间接破坏宪法行为的最高和最后一级的制裁措施。而权利则是二者共同关注的焦点，因为宪法权利必须通过刑法保护才能得到有力保障，因此基本权利保护是宪法与刑法的最大交集。南京大学法学院赵娟教授通过分析2011年美国联邦最高法院J.D.B.诉北卡罗来纳州案，系统论证了未成年嫌疑人的年龄应该成为拘留状态分析的要素。她认为J.D.B.案的判决反映了联邦最高法院在米兰达规则适用问题上的最新立场，这一里程碑式的判决使米兰达规则适用中的未成年人宪法权利的保护程序更加完善，是对米兰达案决定的回归。该案突破了长期形成的米兰达规则适用案审判中的保守立场，实现了米兰达规则适用领域的司法进步。对于中国的法治建设，J.D.B.案具有以下启发与借鉴意义：一是刑事诉讼法应该以保护嫌疑人（被告人）的宪法权利为目标定位；二是应该强化法院与律师在刑事诉讼过程中的权利与责任；三是未成年人宪法权利的刑事保护需要合理的制度安排。上海金融学院尹晓红讲师指出，《宪法》第 125 条"被告人有权获得辩护"意味着被追诉人有获得辩护权的基本权利，获得辩护不仅仅是司法原则；被追诉人在所有的诉讼阶段都享有获得辩护的权利；而获得辩护权的主体实质上是每个人。《宪法》第33条第3款规定"国家尊重和保障人权"的原则为获得辩护权提供了价值论基础。

刑法的修改，在本质上反映了基本法律修改权的问题。中南财经政法大学江登琴讲师以八个刑法修正案为样本，通过比较分析认为，八个修正案从颁行主体上看都是由全国人大常委会，缺少作为最高国家立法机关全国人大的声音。立足于八个刑法修正案可以看到，在基本法律修改权的问题上，存在全国人大和全国人大常委会之间的权力划分与界限问题，呈现出全国人大常委会立法权限的积极扩张。在修改刑法的过程中，不仅需要关注社会发展对刑法变革的需要，而且需要在建设法治、保障人权的背景下，着眼于整个法律体系的分工与协作，注重刑法维护社会安全、限制公民基本权利自身的特点和局限，尤其是片面强调入罪化和重刑化所带来的消极影响。

刑事立法直接关涉公民生命权、自由权、财产权以及政治权利的限制或者剥夺，其谦抑程度与公民基本权利的实际容量密切相关。武汉大学法学院江国华教授认为，刑事立法愈谦抑，公民基本权利被限制或被剥夺的概率就会愈低，其实际容量就愈大。在"轻刑化"的大趋势下，我国刑事立法当贯彻谦抑原则，以免公民基本权利受刑法的过度侵蚀。中国传媒大学李丹林教授认为，强调刑法的谦抑性具有很强的理论意义和实践意义。

关于刑法与宪法关系的研究始于21世纪初。福州大学法学院陈应珍副教授根据其收集的资料分析指出，这些研究主要限于刑法学者，对我国刑法的宪法制约问题还没有引起宪法学者应有的关注。她认为，宪法制约刑法的具体途径包括平等原则、合宪性解释、罪刑法定原则、宪法权利、违宪审查制度。甘肃政法学院吉敏丽副教授指出，宪法的核心价值是保障人权，刑法作为部门法，其价值必然要受到宪法的导引。宪法与刑法除了形式上的效力关系之外，在人权保障方面也具有颇多的互动性，人权可以成为沟通宪法与刑法的桥梁。大连海事大学法学院杨晓楠讲师认为，刑法与宪法的关系有二：一是保障关系；二是侵害关系。我国刑事诉讼法中仅规定"严禁刑讯逼供和以威胁、引诱、欺骗以及其他非法的方法收集证据"，并没有具体规定对技术手段（包括秘密监听）的限制，其他法律中也没有具体列明秘密监听使用必须遵循的程序，因而很难对侦查中不符合规定的监听使用进行有效控制，也使当事人申请救济变得难以实现。为了保护公民隐私权和通信自由，应制定更为全面的个人信息安全法，同时对刑事诉讼法的相关条例加以完善，并进一步完善对非法监听受害人的救济制度，从而对公民隐私权和通信自由提供更全面的保护。

（六）基本权利与国家保护义务

从立宪主义发展的历史观之，宪法起初以保证"国家不得为非"为目的，20世纪以来在福利国家等思潮的冲击下，社会形势和环境日趋复杂，传统自由权利在面对各种形势时的捉襟见肘，使公民的权利诉求日益显现和扩张。基本权利的功能在原有的防御功能之外，又增加了要求国家给予保护的功能。厦门大学法学院刘连泰教授以美国诺尔公司诉东部铁路董事长会议案为例，指出中国《宪法》第41条关于请愿权的规定有很大的解释空间，可以借鉴侵权法的路径予以解释。西北政法大学行政法学院管华副教授指出，受教育权写入宪法的本意是保障儿童接受义务教育的权利。流动儿童面临的教育困境包括借读费过高、公立学校无法容纳、农民工子弟学校太差等。保障受教育权的"兜底"责任应由中央政府承担，确定中央政府承担责任的限度，应制定义务教育必要的教育设施的强制性国家标准，该标准应成为儿童请求政府给付的司法依据。"撤点并校"后偏远地区儿童受教育问题、流动儿童受教育问题都可依此思路解决。烟台大学法学院杨曙光副教授根据自己的法院工作经历，结合工伤认定法律实务问题，从"途中工伤"认定的指导思想、法院认定的出发点、立法者的思考角度和宪法学者的思考方式等方面逐层深入展开。他认为，在工伤认定的案件中，必须坚持工伤的本来含义，分析"途中工伤"条款范围宽窄的利弊得失，逐渐扩大工伤的覆盖范围。当出现劳动者伤亡的"途中工伤"界限模糊，既可认定也可不认定属于"途中工伤"的情形时，应遵循劳动法和条例等行政法律规范规定的基本权利义务、向劳动者倾斜的"劳动权本位"基本理念，作出工伤认定。东南大学法学院龚向和教授指出，法学界对于民生保障的多数研究主要集中在两个方面：一是从理论方面论证国家民生保障的法理基础；二是从制度方面提出了民生法治化。但目前还未将民生保障提到人权保障的高度，并且民生的司法救济很少。他认为，在当代社会转型期，应在法治框架下配置、细化、实现民生保障国家义务的基本理论，在法学界已达成的民生法治与民生权利共识基础上，促成民生国家义务共识，为民生问题的法律解决提供具体有效、操作性强的理论指导。山东大学法学院姜峰副教授指出，与对基本权利的大量研究文献相比,"宪法义务"长期淡出学界主流视野。原因有二:第一,宪法义务条款似有足够的理由支持,它既是权利义务"统一论"的表现,也符合宪法的"纲领性"特征,而且顺应现代宪法的"发展趋势";第二,宪法义务在实践中没有面临严重的问题,权利常常受到侵害,义务却很少缺斤短两。而且,人们很少出于关心权利而对义务的根据投去怀疑的眼光。但这两个方面都大可存疑。他认为,宪法义务虽没有产生问题,但也是问题所在。由于政府可能扩大公民的义务,缩小公民的权利。因此,他希望通过反思公民宪法义务条款,来探讨为什么当前公民的权利会受到损害。广州大学蒋银华副教授根据近几年的社会变化与发展,在对规范的妥协性归根结底的价值判断中,提出了国家对民众义务的思考,并且对由国家权利到国家义务再到人权作了简要叙述。他认为把握国家义务的本质需要挖掘具有普遍妥协性的绝对价值,而主张"人性尊严"这一绝对价值是国家义务存在的合法性根据。人性尊严之彰显,将促进生成民众合法性信念,达成普遍利益认同与共识,从而形成有普遍约束力的规范,成为最高判断标准与根本规范,是全体法规范价值体系的根源。人性尊严为国家义务提供了坚实的合法性与正当性基础,是国家义务的妥当性规范。华南师范大学俞少如副教授认为,作为社会权具体化的给付行政凸显了国家义务的丰富特质。给付行政领域国家义务具有性质的双重性、来源的广泛性、内容的复合性,其正当性可从人民主权、人权保障和人性尊严获得证成。国家在给付行政领域具有多重义务,如国家对基本权利不得侵害的义务;国家对人民有给付义务,为此国家有对财政资源进行再分配的必要;国家有保护人民免受第三者侵害的义务;国家对基本权利提供正当程序保障的义务;国家有按照"客观价值秩序"提供制度性保障的义务;等等。我国应该积极调整有关国家义务的宪法理念,逐步完善宪法的国家义务规范,加强国家义务宪法规范的实效性。

二十五　中国法学会宪法学研究会 2012 年年会综述[①]

由中国法学会宪法学研究会、北京大学法学院、清华大学法学院、中国人

[①] 参见姚国建《八二宪法实施 30 年:回顾与展望——中国宪法学研究会 2012 年年会暨学术研究会综述》,《中国宪法年刊》(2012 年),法律出版社 2013 年版,第 230~237 页。

民大学法学院、中国政法大学法学院、中国社会科学院法学研究所共同主办的中国法学会宪法学研究会 2012 年年会于 8 月 25 日至 26 日在北京召开。开幕式上，中国法学会副会长周成奎、中国社会科学院法学研究所所长李林、原日本公法学会会长高桥和之、韩国宪法学会会长沈景秀和中国法学会宪法学研究会会长韩大元到会祝贺并讲话。开幕式结束后，现场举行了"第七届中青年宪法学者优秀科研成果奖"颁奖仪式。

会议共收到与会者提交的学术论文 200 余篇。在两天的时间里，来自全国各地的 200 多位老中青三代学者、专家、实务工作者围绕"八二宪法实施三十年：回顾与展望"展开了充分和深入的讨论。

（一）大会主题发言

现行宪法是新中国成立后实施时间最长的宪法。如何看待现行宪法实施 30 年的成绩，中国法学会宪法学研究会名誉会长、中国人民大学许崇德教授认为，相对于 30 年前，现行宪法的实施给我国的政治、经济、社会和文化生活以及公民权利保障等方面都带来了巨大的积极变化。中国社会科学院陈云生研究员认为，虽然现行宪法实施存在一定的问题，但总体上是成功的。全国人大常委会委员陈斯喜认为，宪法实施成功的根本要素是宪法坚持了改革的思想，确保了我国各项改革事业的顺利推进，对于宪法实施当中存在的问题仍然需要通过不断改革来解决。清华大学王振民教授认为，现行宪法实施最为成功的地方在于确立了正确的国家领导体制。中国政法大学李树忠教授则对宪法实施当中的问题保持了警醒，认为虽然宪法保障了经济和社会的快速发展，但社会中的排斥性发展、资源环境破坏、公权力滥用、公民基本权利保障不力等宪法实施中的问题应予解决。北京大学王磊教授重点探讨了宪法中公民基本权利立法保障问题，指出权利保障立法明显不足，造成了公民权利的虚置。中国人民大学胡锦光教授认为，宪法实施的关键在于宪法进入司法领域。林来梵教授则认为，规范宪法学强调从文本出发是宪法学者对文本应有的尊重。中国政法大学王人博教授认为，应从中国的传统智慧中寻找对宪法实施有利的因素。首都师范大学郑贤君教授认为，基本权利的具体化是一个如何实施基本权利规范的问题。

（二）"八二宪法"与宪治发展

迄今为止，"八二宪法"已经实施 30 年，根据宪法制定的两部特别行政区基本法也分别实施了 15 年和 13 年。尽管两部基本法实施以来有着世人瞩目的成功实践，但亦存在一些悬而未决的理论和实践争议，比如宪法在特别行政区是否有效力、是否适用以及如何适用，宪法和基本法的具体关系是什么。深圳大学法学院邹平学教授认为，这些问题的解决直接与如何正确理解《宪法》第 31 条的含义、性质和地位有密切的关系，他主张宪法对特别行政区的效力具有普遍性、整体性和不可分割性，是概括性效力。它的适用应采取统一的模式，《宪法》第 31 条允许实行"一国两制"，这使有关社会主义制度和政策的宪法规范适用于特别行政区的方式，不采用显性的"运用和实施宪法落实处理各种事情"的宪法执行模式，而采取隐性的"认可、尊重和不得破坏"的宪法遵守模式，特别行政区政权机关、社会组织和所有居民对中国宪治秩序的尊重是宪法在特别行政区遵守适用的主要形式。

"国家"是"八二宪法"文本中出现频率最高的词之一，此外还有"中华人民共和国""中国"。青岛大学副教授门中敬通过分析几次宪法修改所导致"国家"概念的变迁，提出宪法已经扬弃了"以阶级斗争为纲"的指导思想，为法律成为国家的要素奠定了政治上的基础，由此开始，政治国家初步转向为法治国家。并且，他认为在国家的定义中应将国家的自由和个体的自由统一起来，并内置于国家的制度性结构中。从宽容的宪治哲学视角来看，只有那种体现宽容宪治的国家的定义方式，才能真正弥补个人利益与国家利益之间的冲突。在自由讨论阶段，杭州师范大学刘练军博士针对"国家的自由"这一说法提出了质疑。

中国人民公安大学杨蓉博士向与会者揭示了通常被认为是"过渡性"的"七八宪法"对于"八二宪法"的作用。其基本观点为：从"七八宪法"的转变可以看出，"七八宪法"标志着中国社会主义宪制倒退历史的终结，反映了中国人民对民主政治的需求。虽然"七八宪法"很快被时代所淘汰，但它所努力表达的民主政治诉求已被"八二宪法"吸收并发扬。具体而言主要表现为："七八宪法"所确认的民主原则为"八二宪法"所传承；"七八宪法"所确认的公民权利的宪法地位在"八二宪法"中得到弘扬；"七八宪法"在国家机构设置方面的变革为"八二宪法"所吸纳和完善；由"七八宪法"所确认的中央与地方关系的原则为"八二宪法"所坚持。"七八宪法"在法制建设方面的努力，一定程度上成为法治起航的基点，为"八二宪法"提供了法治传承，最终在"八二宪法"中逐步完善并沿用至今。

中国人民大学法学院博士后研究人员程雪阳关注的是"八二宪法"第10条关于中国土地制度的规定，特别是其第1款所规定的"城市的土地属于国家所有"。他回顾了城市土地产权制度从新中国成立初期到社会主义改造时期再到"文化大革命"时期最后到"八二宪法"时期的变迁史，揭示了中国土地制度领域种种矛盾的根源。

（三）宪法学的发展与反思

每当社会面临重大的变革，"问题"与"主义"之争便随之兴起。"问题"论者往往讲求具体而细微，直面社会之具体需要提出相应的对策，"主义"论者则气势宏大，主张发现新的社会治理思想、重构社会统治机制，从而在根本上解决层出不穷的社会问题。吉林大学教授任喜荣在分析了分权主义与民主主义的理论分歧、人民代表大会制度框架下的控权机制问题、宪法基本权利的"法律化"问题、国家基本政策的制度化问题、新媒体时代的"权利—权力"关系问题和宽容的宪治文化的培育问题这六大宏观问题后，认为许多问题的解决不需要在理论的非此即彼中寻求良方，而是需要我们去践行一些根本的价值观。当代中国的宪治制度建设只能走中国特色社会主义道路。宪治理论发展应该成为中国特色社会主义理论体系不可分割的一部分。

近5年来，宪法学方法论上的争论愈演愈烈，本次年会上再度出现交锋。深圳大学法学院叶海波副教授详细梳理了当前规范宪法学、政治宪法学以及宪法社会学的主要观点，并对它们一一作出评析。

国家与宪法的关系是宪法学基础理论中极其关键的部分。山东大学法学院李忠夏副教授再次对此作出反思。他在发言中简要指出：主权与宪法的关系是宪法学中的固有难题，背后隐藏的则是政治一元论和多元论之间的差异。新中国成立之后的制宪活动深刻反映了一种政治决定论的革命逻辑，并在"八二宪法"之后凸显出这种政治逻辑与改革开放所产生的多元主义之间的冲突。在此背景下，保持以宪法为基础的法律系统的自主性是现代国家的使命，"国家的生存"并不能成为"违宪"的根据，而恰恰应以宪法的生存为前提，因为在现代语境下，"民主"已成为国家的正当性基础，而只有宪法才能凸显出民主的真正意义。

中国人民大学王旭副教授以"作为公共理性之展开的宪法实施"为题作主题发言。他认为，当前关于"宪法实施"的讨论没有体系化地展现宪法实施的基本问题，尤其没有对宪法实施的各种基本前提进行理论上的追问和回答；另外，作为一个实践话题，对于宪法实施的论说也没有联系当代中国的社会实践语境来理解其意义。通过层层分析，他推论宪法实施的意义绝不仅仅体现在个案涵摄与法律推理以保障基本权利这一宪法规范的形式理性面向，它更是一种重要的权威话语符号，通过它蕴含的公共理性实现政治生活的良序与共识。

（四）国家机构的法治化

全国人大法律和全国人大常委会法律之间的位阶关系如何、法律位阶的判断标准究竟应该是什么这两个问题一直聚讼纷纷。上海师范大学教授马英娟尝试回答上述两个问题，探讨我国最高国家权力机关及其常设机关的法治化问题。她认为，基本法律和非基本法律的区分是宪法对全国人大和全国人大常委会立法事项的基本分工，属于立法决断的范畴，不宜作为全国人大法律和全国人大常委会法律间位阶关系的判断依据。制定机关的地位、立法程序的限制、规范内容的重要性以及法律的民意基础等是判断法律位阶的形式标准或辅助性标准。法律位阶理论的探讨不能仅仅停留在不同性质的法律文件的关系层面，而应进一步深入规范层面。只有以规范间是否存在效力关系为法律位阶的主要判断标准，辅之以其他形式标准或辅助性标准，才能从根本上解释我国现有法律体系复杂的位阶关系，并有效应对法律适用过程中出现的规范冲突问题。

云南大学沈寿文副教授认为现行宪法实施 30 年来，我国立法机关与司法机关的"法治化"踏上了两条自相矛盾、相互冲突的轨道：一条轨道是符合法治基本原理的非行政化方向；另一条轨道是违背法治原理的行政化方向。这种现象正是转型时期中国国家机关法治化的独特图景。他主张中国立法机关与司法机关之法治化方向应无须涉及行政级别。

在大会开幕式上王振民教授曾指出，现行宪法实施最为成功的地方在于确立了正确的国家领导体制，中南财经政法大学讲师江登琴以一篇《规范与现实之间：自 1982 年宪法以来国家主席制度的发展》呼应了上述看法。她分析了新中国成立后国家主席制度发展的三个阶段，即国家主席制度的调整时期（1983～1993 年）、国家主席制度的巩固时期（1993～2003 年）、国家主席制度的发展时期（2003 年至今），在此基础上，她特别主张不仅要看到宪法条文的规定，而且要结合实际的运用，才能进一步考察国家主席在政治生活中的作用。要以现行宪法规定为规范依据,紧密结合我国的政治实践,在规范和现实的基础上,深入剖析其性质、职权及影响,从而准确把握国家主席制度的未来发展。

中国政法大学宪法学与行政法学专业 2012 级博士研究生叶强用他与焦洪昌教授的合作论文作了主题发言。他认为国家机构应该是宪法学的核心。研究国家机构和倡导权利本位只是看问题的角度不同,二者达成的功效可能是一致的。他特别提出要从四个维度来研究国家机构,即国家机构横向之维、国家机构纵向之维、国家机构与公民之维、国家机构与社会组织之维。

(五) 地方法治与自治制度的发展

江苏广播电视大学公共管理系骆正言博士和广东商学院涂四益副教授都从乌坎事件切入,进而对村委会选举制度和村民委员会组织法进行研究和分析,骆正言博士认为我国村委会选举制度还存在漏洞,主要有四个方面:一是选举委员会不够独立;二是缺乏选举诉讼机制;三是参选参与不自由;四是村委会财政不独立。应该将这四个问题解决好。涂四益副教授则认为,村民委员会组织法没有规定行政村的法律地位,也没有规定自治的性质,对自治范围的规定模糊。近年来,关心香港特别行政区基本法和它在现实中运作的内地学者越来越多,相关论著不断出现。在有关的一系列议题中,香港特区法院违基审查权自"吴嘉玲案"以来一直备受内地和香港学者的极大重视。《求是》编辑部易赛键博士的主题发言分析了香港特区法院违基审查权及其限制,他特别提出,香港特区的法院、区议会,对香港特区在司法实践中存在的司法扩权倾向,有必要依据宪法和基本法进一步明确对违基审查权的限制,从而全面落实"一国两制""港人治港""高度自治"的方针。针对内地学者对香港特区政治体制的研究集中于立法机关与行政机关的权力关系、立法会成员和特首的产生办法也就是所谓"双普选"问题,而作为香港民主政治发展的其中一环——香港区议会却鲜有研究者问津的现象,中山大学法学院孙莹博士在其主题发言中分析了香港特别行政区区议会在香港政治体制架构中的地位与功能,她提出,在香港政治体制架构中,区议会不仅能发挥反映基层民意的作用,还对政党竞争和立法会选举有举足轻重的影响。

(六)"八二宪法"与文化、社会建设

2011 年 10 月 18 日,中共十七届六中全会通过了《中共中央关于深化文

化体制改革　推动社会主义文化大发展大繁荣若干重大问题的决定》。党的这一重大政策必须在国家根本大法之下进行解读。福州大学法学院沈跃东副教授认为这份文件明确提出的"大力发展公益性文化事业，保障人民基本文化权益"不仅具有文化政策面向的意义，更是一个宪法层次的议题。他主张我国宪法中的文化权，其保障的范围不包括受教育、宗教信仰等在宪法文本中另有规定的精神性权利，"民族"或"少数民族"作为一个集体，不是我国宪法文化权的主体，其中的个体才是我国宪法文化权的主体。但这并不否认国家具有保护一个民族或少数族群的整体文化利益的义务。就我国宪法文化权的规范效力而言，他认为"总纲"中含有文化权意涵的部分规定具有宪法委托的规范效力，而《宪法》第 47 条第 1 句中的文化权是自由权，其应具有主观权利的规范效力，同时第 47 条第 2 句中的文化权，尽管列于"公民的基本权利和义务"中，但不必然具有主观权利的规范效力。相对应的，我国宪法文化权的实现也应分为作为自由权的文化权的实现和作为社会权的文化权的实现。

一国的宪法镶嵌于产生它的社会中，但又因具有规范效力而高于社会从而引导社会的发展。德国蒂宾根大学博士候选人张慰以近年来发生的众多语言事件为引子，对"八二宪法""总纲"第 19 条第 5 款进行了规范的立法背景、规范的结构及内涵的详细分析，从宪法中规定的"语言问题"推导出国家对语言文化负有的义务及应有的节制态度，认为应该解决其中国家与社会、个人与民族认同、多元主义与文化统一性等多重矛盾。湖南大学法学院周刚志教授对"我国宪法国家目标规定"与"财政模式"两者关系进行了历史考察与比较研究，认为应重新解释"国家目标"，改革财政体制，建立满足公共服务均等化的财政体制。湖南工业大学法学院陈雄副教授以《改革价值引导下的中国"经济宪法"30 年之脉络与展望——以宪法文本分析为基础》一文作主题发言，他详细考证了宪法文本变化与社会变迁的关系，认为"八二宪法"为中国的改革开放奠定了制度基础，随后的四次修宪从不同方面引领着中国经济、社会的变革。

（七）"八二宪法"与基本权利保障

"八二宪法"颁布以来，基本权利的保障一直受到宪法学界的极大重视，本次年会安排了基本权利原理、基本权利的实践发展（一）和基本权利的实践发展（二）三个单元来讨论该主题，涵盖面广，内容丰富。

中南财经政法大学王广辉教授在区分《德国基本法》中的社会国原则与福利国家、社会政策等概念之间的不同后，分析得出社会国原则的三项具体内涵：合乎人性尊严的基本生存条件的满足、社会正义和社会安全。他认为，社会国原则在我国宪法中同样存在，并整理了我国宪法中所体现出的社会国原则的内容及如何实现。中央民族大学陆平辉教授基于实践中出现的房地产限购政策，通过阐释权利限制正当性法理来分析限制公民权利的经济管制措施正当性判断标准和实现机制。他从限购政策是否存在明确的法律依据、是否侵犯宪法平等权、是否与法律相冲突甚至引发矛盾纠纷、是否遵循正当程序、是否存在连续性和稳定性五个方面探讨了限购政策权的形式正义之惑，又从限购政策所影响的权益是否属于我国宪法所保障的财产权的范围、限购政策在目的和手段上是否具有合法性、限购目的与手段之间的关联性和均衡性和限购是否属于宪法确认的公益征收行为、是否应该给予补偿这四个方面来检讨其是否符合实质正义。

上海师范大学石文龙副教授以"我国基本权利合理限制的成就、问题与对策"为题作了主题发言。他从《宪法》第51条出发，认为该条是对宪法基本权利行使的总限制，肯定其在"人权"地位的凸显、"人格尊严"的弘扬、个人利益与国家利益的"兼顾"等方面取得了成就，但指出现行规定存在对基本权利限制的内容不够清晰与全面的问题，进而提出了他认为可取的对策。南京师范大学屠振宇副教授对公民选举权的平等保护问题再次给予了关注。他回顾了从中国共产党领导的陕甘宁边区和各抗日根据地的选举规定到1953年选举法再到改革开放以来我国选举制度的发展，指出我国的选举制度在坚持形式平等的同时，应进一步迈向实质平等。而郑州大学法学院侯宇副教授则以自己的研究成果回应了屠振宇副教授的观点。他分析了选举权实质平等的种种现实阻碍因素——选区划分、投票规则、议席分配规则，并通过对中国当下社会的实证研究得出"一人一票"的设想显得异常遥远的结论。

本次年会中关于基本权利保障的一个分论坛受到了与会者的广泛好评。在民营化以及中国事业单位改革逐步推进的大背景下，中国政法大学秦奥蕾副教授对德国公法人基本权利主体地位的发展脉络进行了回顾和梳理。《德国基本法》虽然规定了基本权利对公法人有效力，但在之后的实践中，宪法法院一般性地否定了公法人的基本权利主体地位。在"实质基本权利保护""穿透理论"的拱卫下，公法人的基本权利主体地位现出生机。中南民族大学潘弘祥教授在报告"多神的世界与普遍认同"中，提供了解决多民族国家民族问题的两种思路：一种是爱国主义；另一种是文化多元主义。这两种模式在认同基础、权利保护的范围方面有诸多差异。潘教授认为中国在多元文化主义模式的基础上应积极吸纳有关宪法爱国主义的思维和制度以完善少数民族权利保护。对于精神病人的保护问题，西南政法大学温泽彬副教授认为，"八二宪法"第21条和第45条构成了国家建立发展精神病人医疗保障制度的宪法规范依据，他以精神病医疗保障为切入点，将30年来我国精神病人救治医疗制度发展与演进作为考察对象，总结与检视现行宪法实施30年以来的成绩与问题。中国人民公安大学沈国琴博士在《中国妇女结社的实践及结社自由保障》一文中，首先肯定了妇女结社是结社自由保障中重要的组成部分，接着依次分析了妇女结社的内部动力和外部原因，对妇女结社进行了实证考察，然后探究了妇女结社自由保障的制度困境——双重许可制和制度差别对待，最后针对这两个制度困境提出了保障妇女结社自由实现的路径。

这几位学者将他们的关注点放在了弱势群体基本权利的保障问题上，深具人文关怀。中央民族大学熊文钊教授认为以上四位青年学者着眼于中国的实际问题，"小切口，大深入"的态度和方法值得宪法学界学习。

关于传统上的常见基本权利，河北省委党校政法部杨福忠博士的主题发言源于以下三个逻辑上相互承接的问题：农民工愿意加入但迄今为止国家尚未通过立法予以明确承认的同乡会是否属于结社自由的范畴而受宪法的保护？如果应受宪法保护，则宪法对其保护的程度与对工会的保护程度是否相同？进而，国家对结社自由的法律制度应如何作出调整？他先后探讨了结社自由的内涵及其规范领域、结社自由的保护程度，最后提出了调整相关法律制度的一个总体思路：由突出对社团的管理转到对结社自由的保障，通过一些具体规定，明确结社自由的内涵，并为其实现提供制度性支持。

关于文化权利保障，华南师范大学南海校区法政系喻少如教授认为，文化权利主体兼顾个人权利和集体权利，文化权利内容包括自由权和社会权两方面，文化权利性质兼有主观权利和客观权利两重属性。就我国文化权保障领域的国家义务而言，它面临一系列现实课题：在文化自由权和文化社会权层面，平衡国家积极义务与消极义务的关系；在文化权的平等问题上，重视文化平等权保障及相应的国家义务履行；加强文化权保障国家义务宪法规范的实效性。

湖北大学政法学院刘祎博士详细梳理了"八二宪法"制定前我国宗教政策的种种探索，并总结从其中获得的启示：宗教信仰自由同整个宪法的命运形成唇亡齿寒的关系，同其他基本权利更是无法分割，一损俱损；执政党的宗教政策也是影响宗教信仰自由的重要因素；"八二宪法"宗教条款的形成受到历史传统和对外开放的双重影响，其后续发展将继续在两者间寻求平衡。

杭州师范大学副教授刘练军以"陪审的性质与功能新论"为题作了报告。他认为现有的将陪审等于司法民主的观点堪称我国学者在陪审性质问题上的"通说"，但是司法与民主各有其运作规律，这个"通说"是存在疑问的。为此，他探究了英美国家陪审的性质和功能，结合我国现行陪审制度的历史和运行，提出应把获得陪审和参与陪审视为一种基本权利，发挥陪审制度的"普法"功能。

（八）结语

本次年会的主题发言、评论和研讨有一些优点值得重视：①将30年放在60多年的实践历史发展中进行思考和分析；②从现实的法律实践寻找提炼宪法话题，比如从乌坎事件这一危机化解机制来看选举制度的完善、评议村民委员会选举法等；③从中国宪法本土发展来展开，即使从一般的原理开始讨论，也会对中国宪法实践中的问题进行比照，分析存在于其中的问题，提出自己的主张、观点。

参与本次年会讨论的各位专家、学者在发言中，既有审慎缜密的分析，也有率直乐观的流露；既有深刻的历史思考，也有精确的规范分析。整个研讨过程是开放而有序的，可谓百花齐放、百家争鸣，并且不乏激烈的交锋观点。将宪法学人所拥有的"历史深处的忧虑"和"我有一个梦想"进行了完美而全面的结合。当然，诚如中国政法大学焦洪昌教授在大会闭幕式上所作的简短总结中所说，希望宪法学者不仅应该格物致知，更应在现实中做"宪法的守护者"。

二十六 中国法学会宪法学研究会2013年年会综述[①]

2013年10月26日至27日，由中国法学会宪法学研究会、西南政法大学共同主办的中国法学会宪法学研究会2013年年会在重庆召开。本届年会的主

---

① 参见张震《法治国家建设与宪法实施——中国宪法学研究会2013年年会综述》，《中国宪法年刊（2013）》，法律出版社2014年版，第237~244页。

题是"法治国家建设与宪法实施"。来自全国各地的 200 余名代表参会。

本届年会在坚持既往倡导学术自由研究品格的传统上，在论文集编印形式上进行了改革，采取印刷版与电子版相结合的方式，将经遴选确定的分论坛发言论文汇编成册印发，全部论文另行制作电子版发放，并少量印制置于会场供与会代表取阅，既保证了研讨质量，也有效减轻了会务负担，提高了学术交流和会务工作的效率。

本次年会的发言及研讨、交流方式与前几届相同，即采取全体会议与平行分论坛相结合的方式。在 10 月 26 日上午的全体会议上，西南政法大学文正邦教授、山东大学法学院杨海坤教授、武汉大学法学院周叶中教授、中国人民大学法学院胡锦光教授和武汉大学法学院秦前红教授等分别作了大会发言。在 10 月 27 日下午的全体会议上，中国政法大学焦洪昌教授、中南财经政法大学刘茂林教授、清华大学法学院林来梵教授、青岛大学法学院董和平教授、北京大学法学院王磊教授分别作了大会发言。

本次年会讨论的情况如下。

（一）社会主义宪制解读

厦门大学法学院朱福惠指出，1982 年宪法是全面体现社会主义宪治的宪法。社会主义民主政治中存在的问题需要我们进一步完善宪法的规定，加强宪法的实施，通过提高中国共产党的依宪执政能力来不断解决。

广东财经大学法学院涂四益指出，马克思对宪政的哲学分析是从对黑格尔法哲学的批判开始的。黑格尔法哲学的核心是市民社会之外的国家，马克思将政治哲学的核心从国家拉回到由个体组成的社会，由于社会本身并不能成为终极价值，所以马克思的政治哲学的最终核心在于个体的人。但马克思认为作为价值载体的个人并非代表个人私欲的、单子式的个体，而是与整个人类相联系的"类存在物"，对马克思来说，人的充分解放意味着共产主义的实现。

中央民族大学法学院熊文钊指出，社会主义政治文明是在摒弃传统的官僚政治和寡头政治，逐步实现政治民主化的过程中形成的符合人类社会发展进步的政治文化和政治制度。

云南大学法学院沈寿文指出，中国的宪治，就是对宪法的实施，是中国特色社会主义宪治。宪法文本应当是中国宪法共识的前提，在此前提下，通过"概念升格"让宪法无法具体化的意识形态处理意识形态该管的事务；通过

"概念降格"让能够具体化的宪法抽象规范解决宪法规范条文应规范的内容。

中国政法大学姚国建指出，印度尼西亚向民主政治的转型是依托于宪法修改及政治体制的完善来进行的。通过修宪，维系威权统治的宪法规范完全被剔除，重新构建了国家的权力结构，强化了人权保障在宪法中的地位。印尼的政治转型是在因经济危机所引发的政治危机中开始的，具有被动性和突发性。同时，经济衰退和政治混乱为政治转型增添了诸多困难和不确定性。但印尼人民坚守民主的信念，秉持正确的道路，通过宪法文本的完善和行宪努力，最终达致政治体制的基本转型。

（二）法治国家规范内涵分析

深圳大学法学院叶海波指出，我国从新中国成立之初便逐步确立了形式法治国原则，要求服从法律，建立法律的权威，随着法治和人权入宪，实质法治国原则最终在我国确立，二者一道构成社会主义法治国的基本内涵。中国执政党是事实和法律上的领导党和执政党，掌控着根本性的国家权力，遂成为社会主义法治国原则规范的核心对象，将立宪主义原则直接贯彻于政党领域，规范政党的组织和行为，是社会主义法治国原则的根本要求。

西南政法大学张震指出，"建设社会主义法治国家"入宪以来，法治国家已经从纯粹理论意义上的概念演变成了法律文本中的规范，因此，对法治国家的解读，须以现行宪法的文本规定为规范依据。紧密结合宪法文本，同时照应相关因素，法治国家建设存在以下规范课题，即对社会主义的正确理解、宪法权威的树立以及国家与公民各自的功能分担等。

中南大学法学院周刚志指出，法治中国是当今中国实行依法治国所要实现的国家目标，即中华民族法治共同体，其内容主要是社会主义法治国家，还包括中国大陆与港、澳、台地区之间通过"行政协议"等方式开拓的合作法治。中国大陆与其他地区之间的行政协议，主要属于一种行政规范性文件，可以由各方以法律形式予以确认，或直接转化为地方性法规等立法形式。区际协议效力的实现，往往涉及跨区域的事项，还需要建立区际行政合作机制和纠纷解决机制，以提供法治保障。尽管区际协议的实施还面临诸种挑战，但是它的出现将会给法治中国建设提供崭新的法治平台。

（三）宪法实施理论探讨

山东大学法学院李忠夏指出，社会转型时期，宪法规定与宪法现实经常会出现不一致的情况，因此面临宪法变迁的问题，而宪法变迁亦为宪法学提出了挑战，即宪法应如何保持与社会现实的"结构相适性"，而又不失其安定性的特质。应对宪法变迁问题，最重要的手段莫过于宪法解释，而当代价值多元主义的背景亦要求宪法解释任务的转变，即不再以客观和"唯一正确"为目标，而是致力于追求社会价值的整合，即在统一的宪法价值前提下保证宪法中可能冲突的各种价值能够共存于宪法的统一性当中。但无论如何，宪法再如何解释亦不能脱离文本的框架，文本必须获得尊重。宪法理论必须是"合乎宪法的宪法理论"，只有在此宪法理论的引导下，宪法的统一性才不致流失，宪法中所蕴含的可能发生冲突的各种价值才会融汇到一个"内在统一"的宪法体系中。

首都师范大学政法学院郑贤君指出，长期以来，我国学界遵循宪法解释等同于宪法争议裁决的思维惯性，在将法官作为宪法解释唯一主体的同时，也将其他国家机关排除在宪法解释主体的大门之外，其结果导致理论与实践中司法中心主义的宪法实施与宪法解释理论占据支配地位，忽视民众与其他国家机关的参与。这既是对宪法文件属性的不当理解，也影响并阻碍了我国宪法实施理论的拓展，限制了其他国家机关运行宪法赋予的实施宪法的权力空间。在澄清宪法解释是对宪法规范含义确定与查明的前提下，明确宪法解释不等同于宪法争议裁决；作为规范含义查明的宪法解释是有权实施宪法的各国家机关共同分享的权力，在此意义上宪法解释等同于宪法实施。

武汉大学法学院李炳辉指出，当代中国的政治发展方向仍应以政治现代化为旗帜，这一点毫无疑问。问题只是，政治现代化并不是在空间意义上代表西方价值的普及化，也不是在时间意义上代表现代价值对传统价值的绝对取代，而是在不同时空背景下所存在的各种价值以及实现诸般价值的方式的杂糅。中国政治现代化不是在政治共识的基础上保持自己的特色，而是恰恰相反，即在保持自己特色的基础上接受政治共识。

华东师范大学法律系郑琪指出，人民与宪法的关系是宪法学中极其重要的一个话题，也是我们全面了解民主内涵的关键。尽管在宪法框架之内行使民主权利的活动至关重要，但民主的内涵远比单纯地依据宪法进行投票选举的活动来得丰富。借助德国著名的宪法学家卡尔·施米特的相应观点，除了探讨这三种状态下人民的内涵，也应该思考在例外状态中人民与宪法的关系。

广东财经大学法学院戴激涛指出，在当前的治理背景下，宪法实施需要充分考虑国家与社会的协商情势,晚近兴起的协商民主为此提供了丰富的理论资源。协商民主秉持人民作为宪法最终实施者的理念,认为宪法实施就是人民通过宪法创设的协商机制来自我表达,协商民主的互惠原则可以提升共同体的宪法认知力,通过公开理性论辩以制约国家权力及未完全理论化协议解决协商困难等问题。构建中国特色的宪法实施机制需从宪法文本出发,发展人民代表大会制度中的协商机制,推进政治协商制度中协商民主的规范化与制度化,并让宪法论坛等大众协商机制成为民意与舆论形成机制。

苏州大学王健法学院上官丕亮指出,百年来我国虽制定了一部又一部的宪法,但宪法文化并没有形成,由此我国宪法的实施状况不甚理想。中国宪法实施的未来命运在很大程度上取决于宪法文化的养成。在大力培育宪法文化、推进宪法实施的过程中,要进一步重视宪法文化的作用及其培育,而不要苛求宪法文本的完美;政府和政党要带头养成守宪护宪的风气和习惯,同时每个公民都应当而且可以为宪法文化的形成作出贡献;既要充分认识宪法文化培育的长期性,又要对未来充满信心。

苏州大学王健法学院程迈指出,宪法共识同时具有"对宪法文本的共识"与"对宪法实施的共识"两种含义。宪法文本规定通常分为宪法价值目标与国家权力配置机制两部分,对中国宪法的价值目标,解读中并不存在太大争议,争议更多地集中于中国宪法文本规定的国家权力配置机制。获得对宪法实施的共识,其关键在于对国家权力配置机制达成共识,在缺乏共识的情况下,共识应当是改革的结果而非改革的起点。

广东财经大学法学院邓世豹指出,实践中宪法意识是人们从事宪法意义行为背后的心理活动,包含宪法知识、宪法理念、宪法态度和宪法意志层次结构。只有调查分析现实生活中宪法功能性群体"有多少宪法知识"、"如何理解宪法"、"心中是否有宪法"以及"为践行宪法而努力"四个层面,才能全面、客观地测度公众宪法意识状况。

(四)宪法实施的机制及具体制度研究

复旦大学法学院刘志刚指出,宪法实施制度更多地属于政治体制方面的问题,完善我国的宪法实施制度属于政治体制创新中的重要内容。宪法实施制度的完善应立足中国实际,在坚持党的领导、坚持人民代表大会制度的前提下建立中国特色的宪法实施制度。

湖南湘西土家族、苗族自治州委党校邓联繁指出，习近平总书记等中国共产党领导人在论及宪法实施时，多次明确要求完善中国共产党自身领导方式与执政方式，强调自身要在宪法与法律范围内活动。可以说，完善中国共产党的活动方式包括其领导方式与执政方式是全面实施宪法的关键要求。从宪法文本、中国共产党章程、中国共产党全国人民代表大会报告等文献来看，全面实施宪法对完善中国共产党活动方式的具体要求有三：第一，在宪法范围内活动，这侧重中国共产党的现代政党角色，是全面实施宪法对中国共产党作为现代政党提出的基本要求；第二，带头遵守宪法，这侧重中国共产党的领导党角色，是全面实施宪法对中国共产党体现其先进性提出的集中要求；第三，推进依宪执政，这侧重中国共产党的执政党角色，是全面实施宪法对中国共产党作为执政党提出的时代要求。

华东政法大学刘松山指出，党委对极少数案件的过问仅限于政策指导和组织协调，组织协调的目的是查清案情，而不是要求司法机关在实体和程序上执行党委的意志。1954年宪法与1982年宪法中法院独立审判的条款虽然表述不同，但内容是完全一致的，都包含党对审判工作的领导。彭真关于党领导政法机关的思想观点，今天看来仍然有很强的现实指导意义。

中山大学法学院孙莹指出，代议民主理论中有精英主义代表模式和多元主义代表模式。从理论渊源和制度设置上来看，我国的人民代表大会符合多元主义代表模式的特征。随着改革开放后社会结构的变迁、社会分层的加剧，人民代表大会中的代表结构比例出现了对新社会阶层的倾斜。十八大报告指出要提高一线工人、农民、知识分子代表比例，这是对人民代表大会制度实际运作的一种纠偏，也是理论上向多元主义代表模式的回归。人大代表的结构组成，既要吸纳新兴社会力量，也要兼顾传统的民众基础，达致社会各阶层在代表权上的平衡。

广东财经大学法学院朱孔武指出，选举的金钱要素是一个具有高度争议性的政治议题，涉及人民的权利、政治团体的运作、政治人物的权力关系等诸多层面。但基于政治平等的参与理念，必须确保选举资金来源公开化、透明化，接受全民监督，以预防政治腐败现象和促进政治活动公平性，建立与民主政治相适应的选举财政制度。完善澳门选举财政制度可以从预防贿选、规范社团参与选举和限制博彩业等私人企业对选举的过度参与等方面入手。

苏州大学王健法学院朱中一指出，国库制度改革表现为两个方面的内容：

一是建立国库单一账户体系；二是实现国库集中收付。国库制度的改革，不仅能提高公共财政的效益和效率，而且在更深层次上对权力的集中提供了便利。

中央民族大学法学院郑毅指出，宪法文本在中央与地方关系的调整过程中本应扮演关键角色，然而当前学界在探讨中央与地方关系法治化的问题时，基于宪法文本中相关条款的分析和研讨却十分有限。因此，从1949年《共同纲领》开始对我国历部宪法（文件）中关于中央与地方关系条款的演变进行研究，并在原则性条款、中央与特殊地方关系条款、静态条款、动态条款以及间接条款等类型化的基础上，明确内在逻辑，归纳发展规律，总结其局限性，并最终分别提出发展、完善的方向，具有重要的理论和实践价值。

厦门大学法学院陈鹏指出，对于日本地方公共团体的条例制定权，可从范围与界限两方面加以认识。对于条例的事务范围，地方自治法将日本国宪法第94条的规定加以具体化，确立了自治事务与法定受托事务的二分法。就条例在宪法上的界限而言，主流学说并不排斥通过条例予以规定；但条例的制定必须符合宪法对基本人权的保障。就条例在法律上的界限而言，则存在"法律先占论"与"最低国法论"的观点对立。描摹日本地方公共团体条例制定权的范围与界限，可以对我国地方性法规在法律保留方面的问题以及在不抵触上位法方面的问题提供启发。

北京师范大学法学院陈征指出，第三人受益之征收是指国家实行征收后使第三人成为新财产所有者并将实现公共利益的任务转交给这一受益私人。我国《宪法》第13条第3款规定征收的目的是满足公共利益的需要，并未禁止征收后由第三人实现公共利益，也未禁止第三人在实现公共利益的同时实现个人利益。与其他征收形式相同，第三人受益之征收同样需要通过比例原则的审查，其中适合性原则要求国家必须采取充分且合理的措施确保第三人在成为新财产所有者之后实现公共利益。第三人受益之征收的补偿主体原则上可以由国家与第三人之间的协议来确定。

山东工商学院政法学院王秀哲指出，身份证是政府公权力介入颁发的对居民进行身份识别和身份证明的证件。在大数据时代，身份证的身份识别与身份证明功能越来越强大，与之相伴的权力滥用与对个人隐私权的侵害也越来越严重。必须从身份证法律关系的公法属性入手，通过立法明确个人信息相关权利保护的范围和方式，限制身份证权力行使，保护身份证权利，才能建立起既提高政府社会管理能力又能保护公民个人隐私权的完善的居民身份证法律制度。

上海交通大学凯原法学院林彦指出，从立法体制的宪法构建立场出发，论证劳动教养以及其他类似制度的合法性必须建立在承认宪法对立法体制的统领性这一前提之上。只有严格地在每一部宪法所设定的立法体制框架下进行考察，才能用不同时期所制定的规范准确地进行身份认定。劳动教养制度并非法定制度，因为其制定机关在确立该制度时并不具有立法权，同时这种非立法规则也并未经过宪法或全国人大的正式追认。

中国青年政治学院法律系柳建龙指出，在法律未就言论自由及劳动教养进行规范的情形下，作为部门规章的《劳动教养试行办法》第 10 条第 1 项与第 13 条规定的对罪刑轻微、不够刑事处分的反革命、反党反社会主义行为进行 1~3 年的劳动教养，已然构成了对法律保留原则的违反。1997 年刑法修订以危害国家安全罪取代反革命罪后，其与刑法也存在冲突，违反法律优先性原则；就其目的而言，系争规范经由劳动教养的特别预防、报应以及一般预防功能保护国家安全免受侵害，具有正当性，所设置处罚有助于该目的的实现，但较之 1979 年刑法对反革命煽动罪的处罚以及 1997 年刑法对煽动颠覆国家政权罪的处罚，其对言论自由的干预强度更高，不符合最小侵害原则，构成对比例原则的违反。

西北政法大学管华指出，大学的校规制定权是权利而不是权力，它来源于大学自治权，是学术自由基本权利的制度保障。在我国现行教育法的规定中无法导出大学生的学习自由权，它也来源于宪法规定的学术自由基本权利。因此，大学生的学习自由必须服从于学术自由。

（五）值得进一步深入研究的课题

《中共中央关于全面深化改革若干重大问题的决定》指出，要维护宪法法律权威。习近平总书记在 2012 年 12 月 4 日纪念现行宪法颁布实施 30 周年的讲话中指出，宪法的生命在于实施，宪法的权威也在于实施。从逻辑上讲，要深化和发展宪法的理论与实践，实行和实现宪治就是一个不可回避的重要问题。中国特色社会主义宪治，是在中国特色社会主义理论指导下，作为我国法治国家、法治中国建设核心内容的宪法实施、运行的必然结果。中国特色社会主义宪治的概念基础在于社会主义制度、中国国情以及宪法制度的有机统一。

健全宪法实施监督机制和程序是完善宪法监督制度的关键内容。《中共中央关于全面深化改革若干重大问题的决定》指出，宪法是保证党和国家兴旺发达、长治久安的根本法，具有最高权威。要进一步健全宪法实施监督机制和程序，把全面贯彻实施宪法提高到一个新水平。建立健全全社会忠于、遵守、维护、运用宪法法律的制度。学界普遍认为，健全宪法实施监督机制和程序是当下完善宪法监督制度的关键内容。因此，应该合理借鉴他国经验，尽快研究并形成适合中国实际、切实有效的完善宪法监督机制和程序的技术方案。

二十七　中国法学会宪法学研究会 2014 年年会综述[①]

2014 年 10 月 18 日至 19 日，中国法学会宪法学研究会 2014 年年会在江西南昌举行。本次年会主题为"宪法与国家治理体系现代化"，共收到论文 179 篇。年会由江西财经大学法学院承办，来自全国各地的 200 多位专家学者参会。中国法学会副会长张鸣起同志，江西省政法委副书记、江西省法学会常务副会长胡焯同志，江西财经大学校长王乔教授，中国法学会宪法学研究会会长韩大元教授分别在开幕式上致辞，江西财经大学法学院院长蒋悟真教授主持开幕式。开幕式后举行了第八届"中青年宪法学者优秀科研成果奖"颁奖仪式。

本次年会分别在 18 日上午和 19 日下午设置两次全体会议，在 18 日下午和 19 日上午设置两个平行的分论坛会议。其中，分论坛会议共发表 32 篇论文，它们是从提交会议的论文中按照既定程序遴选出来的。这些论文的问题意识强，体现出宪法学者对国家法治建设强烈的问题感、责任感和使命感。

全体会议和分论坛会议的主要观点如下。

（一）深化改革、法治建设与宪法发展

山东大学法学院杨海坤教授就宪法与国家治理体系现代化的关系等问题发言。第一，宪法与国家治理体系现代化的关系。国家治理体系现代化必然要依据宪法，同时也要推动宪法的完善和发展，宪法和国家治理体系现代化的连接

---

① 参见于文豪《宪法与国家治理体系现代化的时代课题——中国宪法学研究会 2014 年年会观点综述》，《中国宪法年刊》（2014 年），法律出版社 2015 年版，第 339~350 页。

点是人权保障。第二，法治与人民民主专政的关系。人民的权利是宪法规定的，在宪法没有修改以前，必须按照宪法的规定实施；而人民民主专政本身也是不断发展的，现在所说的人民民主专政要讲法治精神，要与过去以阶级斗争为纲的人民民主专政相区别。第三，形式宪法和实质宪法的关系。在修改宪法或解释宪法的时候，要充分考虑政治经济文化对宪法的影响，让宪法条文既有感召力，又有裁判性。既要尊重宪法，即采取形式的宪法主义，又要对宪法条款作出科学解释，即兼具实质的宪法主义。具体到我国，就是既要坚持人民民主专政条款，又要将它和毛泽东思想、邓小平理论、"三个代表"重要思想、科学发展观、中国梦内在地联系起来。

华南理工大学法学院吴家清教授就法治的内涵发言。执政党关于法治的基本表述有两个：一是有法可依、有法必依、执法必严、违法必究，此为旧十六个字；二是科学立法、严格执法、公正司法、全民守法，此为新十六个字。旧十六个字主要是从动态、从过程角度来表述的，新十六个字则是从静态、从层面角度来表述的。新十六个字的价值在于涵盖了法治主体的所有方面，每个方面从逻辑上看都有三个要素：主体、行为、价值目标。它也存在两方面缺陷：一是没有很好地处理国家机关和公民在法治中的基本关系，没有突出公民在法治中的主体地位；二是没有完全呈现法治基本要素的主要价值。具体来看，科学立法没有抓住立法最主要的价值目标，立法的首要目标应是民主，其次才是科学和效益；对于严格执法而言，执法最主要的价值目标应该是依法、合法而不是严格；公正司法的理解没有问题；全民守法不仅表现为消极守法，还包括护法、监督法律，甚至间接参与立法。因此，法治的表述应是民主立法、依法执法、公正司法、公民护法。

首都师范大学政法学院郑贤君教授就"宪法法治主义：法治原则的嬗变与宪法"发言。法治意味着法的统治，何者为法是法治的首要问题，而非谁在统治。法治有如下含义：政府与公民同受法律之治；法律面前一律平等；程序公平或者正当法律程序。形式主义法治发展出来的"依法律行政"仅以议会制定法为中心，并不排除授权行政机关为形式之规范。法律保留原则一方面肯定了只有法律可以侵害基本权利；另一方面可以授权行政机关干预基本权利，法律并不接受更高一级规范的约束与限制。随着形式主义法治的终结、宪法的成文化以及违宪审查制度的建立，法治逐渐被注入抽象的法价值，作为实体规范的宪法成为约束普通法律的上位规范和基础规范。继之而来的实质主义法治肯定宪法及更高一级法价值的规范权威，立法须受宪法限制，法律保留的内涵发生变化。虽然我国的法治国家不可能是形式主义法治的中国延续，但须继承其杰出成果，在坚持实证主义方法的同时，承认宪法是法律，人权保护是法治的核心内容，重视法院在法治国家建设中的作用，发展具有地域和时代特色的社会主义法治理论。

江西财经大学法学院陈运生副教授就"深化改革、社会变迁与宪法发展"发言。深化改革在很多层面上都是宪法问题，它作为一种政治层面的推动将对社会环境产生制度层面、精神层面和整体社会环境上的影响。"活"的宪法注定要回应这种变化，同时宪法又需要保持自身的稳定性与权威性。如何协调两者关系？以往突破宪法进行改革，然后通过修改宪法承认成绩的路径，在当前背景下是不适宜的。应当"以改推宪、以宪促改"，维护宪法的基本稳定。

香港特别行政区立法会议员梁美芬博士就基本法在香港特区的成长发言。香港特别行政区立法会经常引用特权条例来调查政府的不当行为，但立法会议员根据立法会议事规则享有法律特权已经成为立法会的本土病，是否要保留这项特权涉及普通法规则与基本法的平衡。《香港特别行政区基本法》作为香港的"小宪法"，应当受到充分尊重。从这一立场出发，"占中"是对《香港特别行政区基本法》的不尊重，反对派希望借助民众的力量去超越基本法中的共识。香港有优质民主的基础，也许基本法条文并非完美，但如果要超越这一条文，香港一定会出问题，希望大家用文明法治的方式推动"一国两制"。

（二）宪法实施与宪法解释

中国社会科学院法学研究所翟国强副研究员就"中国宪法实施的双轨制"发言。中国宪法的实施包括两种方式：政治化的方式和法律化的方式。其中，政治化的方式是主要实施方式，所以如果以一种法院的宪法理论来认识中国宪法的实施，将得出中国宪法基本上没有得到实施的结论。美国有学者就将中国宪法理解为一种政治宣言，类似美国的独立宣言。政治化的实施实际上是中国共产党主导下的一种实施，手段是以政治动员的方式。法律化的实施即法律机构把宪法也当作法律来实施，它具体又包括两种实施方式：积极的宪法实施，即以立法方式来实施宪法，通过完备的立法来推动宪法实施；消极的宪法实施，它实际上是违宪审查，或称合宪性控制。中国的合宪性控制主体不仅限于司法机关，还包括人大常委会，甚至行政部门。

江西财经大学法学院刘国教授就"通过解释实施宪法——我国宪法实施的反省与借镜"发言。宪法解释在宪法实施中的作用包括：有助于理解宪法条款的含义，消除有关宪法问题上的疑惑；解决有关宪法问题上的争议，消解对宪法内容的错误判断；确保宪法价值和宪法精神的实现；有效应对宪法实施中遭遇的现实挑战；维护稳定性并推动宪法发展。然而，宪法解释的性质对宪法实施也会造成一定影响：宪法的政治性使宪法解释难以做到"政治中立"；宪法解释具有法释义学性质，这就要求宪法解释要受宪法规范的拘束，受法学方法论的制约。我国宪法实施最关键之处在于实现宪法解释机制的有效运行，而不仅是宪法监督制度的建立。

（三）人民代表大会制度的完善

中南财经政法大学刘茂林教授就"人民代表大会制度的完善"发言。宪法和人民代表大会制度存在内在关联，人民代表大会制度是中国实质意义上的宪法，宪法文本是人民代表大会制度的一种表达。人民代表大会制度的地位和作用决定宪法的地位和作用，通过人民代表大会制度的完善来提高宪法的地位，应该被作为宪法学研究者的一种志趣、追求。要理解中国的人民代表大会制度，必须把握以下几点。第一，人民代表大会制度反映了人民与国家间的关系，即主权在民，而我国的制度实践未必达到了主权在民这一原则的要求，选举制度有待完善。第二，把握好人民代表大会制度与国家权力配置的关系。第三，人民代表大会制度的完善涉及党的领导的改善。

厦门大学法学院陈鹏讲师就"全国人大常委会'抽象法命题决定'的AB面"发言。全国人大常委会的某些决定带有抽象法命题的性质。"抽象法命题决定"可以分为创设性、补充性、解释性、修改性、废止性、批准性六种类型，其性质如何以及能否被司法机关适用是一体两面的问题。就性质而言，决定的主体和程序是判断其是否属于法律的唯一标准，但不属于法律的决定也可能被历部宪法授予全国人大常委会的制定法令、解释法律、修改法律、补充法律、批准条约的权力所涵盖。就可适用性而言，司法机关几乎不加甄别地将决定视作可适用的规范，但在应然层面上，并非所有决定都可被适用。"抽象法命题决定"之所以勃兴并呈现法规范的面貌，原因包括转型期宪法对全国人大常委会授权不足、立法者持守积极慎重的立法理念、全国人大常委会权力结构的复合性以及司法活动的条件局限。

南京师范大学法学院屠振宇副教授就"一项被误读的'特权'——论人大代表的人身特别保护"发言。人身特别保护是人大代表依法执行代表职务所需的保障之一。英国、美国、日本等国宪法通常都有"集会期间""开会期间"等限定条件，而我国宪法未设此类限定，相反还有闭会期间须经人大常委会许可的规定，这导致长期存在误读，即将之视为一项基于身份的"特权"。但如果回到立宪者原意不难发现，人身特别保护的享有并非以是否担任人大代表为前提，而以是否影响人大代表执行代表职务为判别标准。而在不同的时间阶段，限制人身自由的措施对人大代表执行代表职务的影响是不同的，所以在厘清"执行代表职务"标准的前提下，人身特别保护条款应根据不同情况区别适用，从而走出对身份"特权"的误读。

华中师范大学法学院孙大雄教授就"人大专题询问的规范化研究"发言。专题询问制度是人大机制的创新，询问应当从宪法赋予人大的监督权方面着手，问重大问题、问焦点热点问题。对于如何"问"，目前没有相应的规范性文件，应将其规范化：应确定专题询问的选题，询问议题应从现实出发；应制订工作方案，递交被问单位；询问的具体过程应予明确；询问主体应刚性化。

西南政法大学行政法学院何永红讲师就"议会主权为何不会走向专制"发言。议会主权理论本身是基于事实的归纳，而不是演绎的推理。通过归纳，英国的议会主权有三大特点：第一，立法机关有权修改包括根本法在内的任何法律，而且所有法律的修改方式和修改权力完全相同；第二，宪法性法律和其他法律之间在法律地位上没有区别；第三，无论是司法机关还是其他机构，均无权废除议会法、宣布其无效或违宪。如此强大的议会主权为何没有或不会走向专制？英国议会在其发展中从未直接行使过行政权，且往往与法院结成联盟。由此，保障个人权利的法治原则与维护国家统一的议会主权原则就不是相互敌对的；相反，二者呈现良性循环。

（四）宪法监督与立法制度

深圳大学法学院叶海波教授就"最高人民法院'启动'违宪审查的宪法空间"发言。在立法机关审查模式下，法院并无违宪审查权，但法院面临冲突规范的选择适用争议。为保证审判的公正性，主审法院向最高人民法院要求处理冲突规范的适用问题时，最高人民法院应行使法规提请审查权和议案提案权，启动违宪审查程序，由全国人大及其常委会对系争规范进行审查，明确判决的规范依据。在审判期限和效率的限制下，最高人民法院的提请和提案有可能逐步促成一个集中行使宪法监督权的专门机构来实施违宪审查。

西北政法大学行政法学院张佐国讲师就"国家治理现代化视角下暂行立法的废止"发言。在社会关系尚不成熟、制定法律的条件尚不具备时，制定暂行立法作为国家立法的"试验田"，在专业化的领域内解决立法中的技术问题。暂行立法的存在与国家治理现代化的秩序价值相悖，大量存在的暂行立法不仅缺乏法律依据，且效力处于不稳定状态。化解暂行立法应然目标和实然状态之间的矛盾，应明确暂行立法中的"日落规则"，通过立法后评估逐步废止暂行立法是国家立法体系法治化的必然要求。

国家检察官学院温辉教授就"政府规范性文件备案审查制度研究"发言。政府规范性文件的界定是行政法上的概念，但进入法治后成为宪法上的概念，包含立法法规定了的规范性文件和具有普遍约束力的非立法性文件，其中包括人大制定和政府部门制定的具有普遍约束力的规范性文件。备案审查的主体没有明确规定，实践中做法不一，建议明确由全国人大法律委员会作为备案审查的专门机构，同时监督工作遵循以下原则：立法中的服务大局原则、集体行使监督权原则、"备"与"审"有限结合的原则、主动审查与被动审查并用的原则。

江西财经大学法学院易有禄教授就"较大的市的立法权：反思与重构"发言。较大的市的立法权的权力来源从无到有，主体从少到多，其发展历程是体制和制度发展的缩影。但是较大的市立法权来源缺乏宪法依据，立法权限划分不够明晰。此次立法法修正草案条款的变化在于：主体扩展到所有设区的市；对立法事项作出了明确的限定，表明了对立法权限的限制态度。对于立法权的限制，应当进一步强化且增加限制性条件和限制适用的范围。

华东政法大学法律学院朱应平教授就"上海自由贸易试验区立法权不足问题的解决"发言。2013年中央政府批准设立上海自由贸易试验区，全国人大常委会有义务直接制定法律或授权变通立法权。但目前并没有实现，使各项工作陷入困境。上海市人大常委会有权在不违反宪法和法律的情况下行使变通立法权，其宪法依据在于市场经济原则、充分发挥地方积极性主动性原则、职责职权一致原则，此外最高立法机关也存在默许授权立法的惯例。

（五）宪法与司法制度

山东大学法学院姜峰副教授就"法院'案多人少'与国家治道变革"发言。中国当前由"案多人少"所反映出来的司法负担问题是社会政治过程阻塞失灵，人民不能有效监控政府权力导致社会矛盾、政治矛盾增加而带来的。关于"案多人少"的出现，第一个解释是，我们只是把权利意识当中的诉讼意识加以凸显，所以权利意识的增加只是诉讼意识增加的一种扭曲，并非正常的权利观念的表现，这是由于政治过程堵塞而带来的路径依赖；第二个解释是，便民本身不是一个重要的司法价值；第三个解释是，若干新法的颁行，尤其是比较重要的法律的颁行增加了法院的诉讼负担；第四个解释是，我国并不存在"案多人少"的真问题，办案负担重是因为我国法官办案几乎都是"单打独斗"，许多法官并不在一线审判案件，法官的业外负担重。

东南大学法学院龚向和教授就"司法体制改革中法院宪法地位之保障"发言。宪法确定了人民代表大会制度下法院与同级政府的平等地位，但现实中法院地位相对较低。关于地方法院与人大的关系，某些中级法院非由对应人大产生，专门法院的产生打破了宪法规定的同级人大产生法院的体制。地方法院应当由全国人大产生并对其负责是理想化的。当前，省级统筹管理只是一种过渡方案。一个法律之外的解决方案是，提高法院院长在党委中的地位，具体来说，应当使中央和省级法院院长进入同级党委。

云南大学法学院沈寿文教授就"合议制的性质与合议庭的异化"发言。法院可以分为组织法意义上的法院和诉讼法意义上的法院。法院的审判组织有合议制和独任制两种模式，划分的主要意义为：独任制解决司法效率，大量案件应当以独任制为原则，合议制为例外；合议制是出于司法公正的考虑，是司法理性的产物，适用于重大复杂疑难案件。其隐含的原理：一是合议庭的组成以平等独立的法官为前提；二是专业化的需要，采取人民陪审员制度是反专业化的；三是奇数才可能形成多数意见。实践中存在逆规律现象，以云南省的主城区经济发达地方和边远地方为例，一是基层一审中以合议制为原则，以独任制为例外；二是陪审员参与较多，以分担法官裁判风险。

华东政法大学王月明教授就"司法机关招录公务员专业资格设置的检视"发言。上海大部分法院、检察院招录公务员要求硕士学位，并要求本科也是法学专业。首先，资格设置的合理性和必要性，我国培养实务型、复合型人才，需要本科其他专业。其次，从合法性来看，从《法官法》《检察官法》对法官的职业要求来看，对于法学专业学士学位的要求并非唯一，司法机关在招录过程中是否可以随意设置条件？最后，从合宪性、平等权的角度分析，法学专业本科的学位是行为，而具有法学专业素养是结果，应看中行为还是结果？如果本科非法学但具有法律职业资格证书，就无须对其非法学本科专业作出"一刀切"的限制，否则是对非法学本科毕业生的歧视。

北京大学法学院刘刚讲师在评议中提出，司法权的国家属性到底意味着什么？从实践出发，这个问题可表述为：司法权的国家属性到底对应什么样的政治体制？或曰司法独立到底与何种政治制度契合？有两个历史案例值得借鉴：法国行政法院产生之初，恰是为了独立反而设在行政机关的体系内；在联邦制国家，各邦各州拥有自己的法院体系，确实是地方性的，只是最终要服从最高法院和联邦宪法法院的判决。所以，司法权的国家性在制度保障上不一定是在体制上把各级法院归中央管，而应着重两点：第一，不管哪级法院审理，只以法律为依据；第二，即使低级法院在人财物等方面由地方政府管理，但只要在法律问题上由全国性的最高法院作出统一裁决即可。法治追求的是法律的统一，而非人事和财政的集权化管理。

（六）宪法与经济制度

苏州大学法学院程雪阳副教授就"宪法与土地制度的全面深化改革"发言。以"国家所有"为切入点，考察我国宪法上"国家所有"的知识来源，及其与民法上"国家所有"的功能异同可以发现，宪法"国家所有"代表的不仅是所有制，而且是所有权：①《宪法》第 9 条第 1 款和第 10 条第 1 款规定的"国家所有"不仅是一项经济制度，而且是一项可被视为基本权利的权利，因此可被纳入基本权利的保护范围；②宪法规定的"国家所有权"与民法所确认的个人所有权、集体所有权等其他所有权在权利属性和权能构造上是一致的，在法律地位上是平等的，没有突破大陆法系数百年形成的所有权理论，因此不存在宪法上的国家所有权与民法上的国家所有权在权能上的差异；③但基于《宪法》第 9 条第 1 款所规定的"国家所有，即全民所有"，国家所有权必须服从"服务全民，全民共享"这一政治要求，这意味着国家所有权的功能确实具有很强的特殊性和异质性，具体表现为国家所有权要为"公民自由和自主发展提供物质保障"；④要实现宪法赋予国家所有权的特殊功能，仅依靠宪法是不够的，还需要具体法律，如民法、自然资源法、土地法等法律部门对国家所有权的行使方式、用途和收益进行规范，从而形成完整的关于国家所有权的法秩序，这也正是部门法规定国家所有权的原因所在。

大连海事大学法学院王世涛教授就"中国法治发展中的财税体制改革"发言。财税体制改革具有积极的法治意义：预算制度改革预示着政府权力将受到更严格的监督制约，有效的预算制度能够对政府权力的滥用"釜底抽薪"；财税体制改革对公民基本权利保障具有重大影响，现代社会几乎所有的财税体制改革都涉及全体公民利益；建立事权和支出责任相适应的制度是理顺中央与地方关系的必由之路。未来税收体制改革应确立税收法定原则，强化对国家税收权力的监督与制约；强化税收的公平正义，纳税人的私有财产受税收法治保障；以预算公开为契机，实施全面规范、公开透明的预算制度；将中央与地方关系由政策主导转向法治主导，实现中央与地方关系的法治化。

（七）基本权利与人权保障

西北政法大学行政法学院管华副教授就"从权利到人权：或可期待的用语互换"发言，用"权利"来翻译"right"蒙蔽了 right 的本身含义——正当性、超越、化解与对抗。权利在性质上是伦理主义的，利益是结果主义的或功利主义的，因此不能将权利的本质归纳为利益。从宪法学的观点看，在理论分析中有可能也有必要将宪法关系的基本主体归结为公民与国家。既然宪法关系的基本主体是公民与国家，宪法关系的核心是公民权利与国家权力的对立统一，就不能不将公民（自然人或者个人）从集体主义、国家主义的笼罩中解放出来。若仅强调国家利益与个人利益的统一性，则宪法学无由存在。"人权条款"入宪后为从国际人权公约角度阐释我国宪法提供了空间。

山东大学法学院李忠夏副教授就"基本权利的社会功能"发言。基于卢曼关于法律功能的认识，提供稳定的规范性预期是法律最主要的功能。当前在国家与市民社会二元分立的前提下，基本权利的主要功能在于防止国家公权力对个体自由的侵犯，并形成以"防御权"为核心的基本权利体系。对基本权利的解读主要受功利主义影响，集中体现在经济领域的社会自治。但随着自由经济问题的凸显，市民社会的理想结构也呈现内在困境，基本权利的功能也不能仅以保障个体自由来涵盖。社会领域日益分化，市民社会分化为利益和功能各不相同的社会子系统，基本权利需要在社会不同层面的自由之间"价值权衡"。基本权利由对抗国家向社会整合转变，某种程度上反而扩充了国家权力，如果仍以传统目光审视今日基本权利的功能，则不免使对基本权利的保护难以适应社会的变迁。另外，社会功能之间存在结构耦合，宪法是政治系统与法律系统耦合的连接，因而，当今国家与社会的融合趋势明显，其背后是社会系统的功能分化，由此构成不同社会功能系统之间既分化、又耦合的关系，基本权利教义学体系应该对这种社会变迁作出回应。

浙江大学法学院余军教授就"正当程序作为概括性人权保障条款"发言。梳理美国联邦最高法院司法史可发现，在正当程序研究中存在一个问题，即"实体性正当程序"因洛克纳案广受诟病。但学者忽略了另一个问题，实体性正当程序是美国联邦宪法上作为未列举基本权利的渊源，它成为保障人权的原则性、概括性的总则条款，通过权利"并入"理论，程序性正当程序对列举权利进行了涵盖。"实体性正当程序"与"程序性正当程序"发展脉络的共同点在于，对正当程序条款中的"自由"概念作扩张解释。通过这种扩张解释，前者发挥了作为论证未列举基本权利独立渊源的功能；后者则实现了对《权利法案》明文列举权利的基本涵盖。这两个发展脉络最终出现"汇流"趋势，即通过判决明确宣告正当程序条款所包含的"实体性正当程序"与"程序性正当程序"的双重含义，使两者融为一体，从而将正当程序条款确立为美国宪法中的总则式人权保障条款。

东南大学法学院陈道英副教授就"禁止事前限制原则"发言。禁止事前限制原则是言论自由理论中一条古老的原则，埃莫森（Emerson）曾将事前限制划分为四种类型：由立法授权、行政官员执行的对言论事先决定是否允许其作出（出版行政许可）；法院发出的禁制令；立法机关通过立法禁止不符合预先设定标准的出版物出版或进行其他形式的交流；将政治观点或其他形式的表达作为取得或保有某一职位或者具有影响力的地位的条件。尽管论述禁止事前限制原则的论文无一能绕开埃莫森的这篇论文，但是它们全都选择了无视埃莫森提出的后两种类型，而仅限于讨论第一种、第二种类型。无论是对禁止事前限制原则的辩护意见还是反对意见，都有一个重要的核心，那就是"寒蝉效应"。对禁止事前限制的强调并不意味着事后追惩就是可以容忍的，且必须尽量准确地界定事前限制，并且在该原则的适用上确定统一的标准。

西南政法大学行政法学院张震副教授就"宪法上住宅社会权的意义及其实现"发言。我国学术界似乎对住宅和住房的概念没有专门区分,甚至互换使用,但从强调居住需求本身、词义以及尊重学者研究成果和继受研究传统的角度而言,住宅比住房更准确贴切。从现代宪法的权利理论上看,任何权利均兼具自由权和社会权属性。但由于《宪法》第 39 条"住宅不受侵犯"的表述,使得住宅自由权被凸显,住宅社会权似乎被隐蔽,国家保障公民适足住宅的义务似乎也被屏蔽掉了。住宅社会权的基本内涵可以概括为国家应该保障公民适足的住宅权,所谓"适"是指具备相关条件适宜公民居住的住宅,所谓"足"是指国家提供的住宅,应该能满足公民正当的居住需要,这既包括刚性需求,也包括改善性需求,所谓"应该"强调的是国家的义务。住宅社会权的路径保障应以宪法文本为资源,通过宪法解释提供住宅社会权保障的技术方案,同时进行住宅立法,充分保障住宅社会权的实现。

江西财经大学法学院吴鹏飞副教授就"儿童福利权体系构成及内容初探"发言。从传统"法益"论出发,儿童福利权的权利体系应包括五大权利:儿童生存与发展权、儿童健康与保健服务权、儿童受教育权、儿童适当生活水准权、残疾儿童特别照顾权。儿童生存与发展权主要包括三项权利:最大限度存活的权利、获得适当信息的权利以及文化与社会生活参与的权利。儿童健康与保健服务权也主要包括三项权利:健康预防保健的权利、获得健康与保健教育的权利、获得必要医疗援助的权利。儿童受教育权主要包括义务教育的无偿化和接受教育的平等及学习权。儿童适当生活水准权主要包括儿童食物权和儿童住房权。残疾儿童特别照顾权至少包含三个层次:获得经济供养的权利、回归社会的权利以及增强能力的权利。

郑州大学法学院侯宇副教授就"财产权取得之宪法学拷问——以彭州乌木事件为视角"发言。我国现行法律未对乌木是否属于无主物及其权属作出规定,由此出现的立法真空是造成乌木权属纠纷的根源。先占制度是以占有时间顺序的优先这一最符合自然理性的规则兼顾占有人的实际占有事实为先占取得的充要条件的制度。我国对先占制度的规定很不完善,而彭州乌木事件不仅暴露出物权法制度设计的缺失以及制度间的冲突,还有将宪法中财产权与人权保障规定虚置的危险倾向。将无主物与埋藏物混为一谈,加之法律对先占制度规定的缺失,才是彭州乌木事件发生的根本原因。

湖北大学政法与公共管理学院刘祎副教授就"宗教与医疗在美国司法实

践中的争议与评析"发言。对于抗拒医疗行为所产生的法律争议，如果这个选择由成年人作出，那么他完全拥有权利，这是意志自由的表现。如果抗拒医疗的主体是未成年人，就关系父母对子女的宗教教育自由与国家保护儿童义务之间的平衡。

(八) 宪法文本的法释义学研究

扬州大学法学院陈玉山副教授就"通过宪法序言把握'看不见的宪法'"发言。目前宪法文本与政治现实存在背离现象，宪法学界关于政治现实与宪法文本之间关系的论辩主要聚焦于政治现实是否符合宪法文本的问题上。实定宪法之外的宪法部分的存在是一个客观事实，这部分被称为"看不见的宪法"。探究"看不见的宪法"应从宪法序言入手。从法释义学的角度看，应承认宪法序言存在的必要性。对宪法序言的态度应当是尊重宪法文本，文本虽不能为宪法上的所有问题提供答案，但毕竟为我国依宪执政的有序展开奠定了规范性基础。

浙江大学光华法学院潘昀博士研究生就"我国宪法文本上的'社会主义市场经济正当性问题"发言。比例原则的形式正当性是一个以什么为根据来承认其宪法地位的问题，即实然的形式正义问题。域外学界对此形成了不同的学说，如派生说、独立说，每一学说都有特定的理论空间和限制。将行政法上的比例原则升格为宪法原则是现代人权理论和规范宪法的发展要求，符合宪法意义上的宽容理念和实质正义。

(九) 其他宪法问题的研究

广东财经大学法学院涂四益副教授就"主权、主权分割与地方治理"发言。博丹的主权理论实质上"是在描绘和倡导一种协调的行政管理体系"，它包括五个方面内容：①为全体臣民制定普适性的法律和专门适用于个别人的特别法令；②宣战和媾和的权力；③设立国家的首要官员；④最终审判权或终止上诉的权力；⑤赦免权。博丹主权理论最重要的意义不在于是否为专制主义提供了理论武器，而在于打开了现代政治的大门。霍布斯、洛克和卢梭修正的人民主权论，成为现代代议制、基本人权、联邦主义等各种现代政治制度的理论基础。现代主权理论对卢梭的修正，使得卢梭和博丹的绝对的、不可分割和不能转让的主权观念变得七零八落，原来被视为整全而坚硬的主权在各个维度遭到了分割。既包括对主权的政治意义和法律意义的分割，也包括对政治意义上的人民主权的纵向分割和对法律主权的纵向意义与横向意义的分割。主权概念涵盖内部主权与外部主权的含义，既要保证外部主权——国家内部事务免受外部力量侵犯的权利的完整性，也要保障内部主权。

（十）宪法学研究的路径、方法与展望

中国社会科学院法学研究所陈云生研究员就"呼唤宪法学研究理性的回归、强化宪法和宪法制度的作用"发言。我国宪法学的发展遭遇诸多坎坷，要反思的第一个问题是宪法学的基础。要充分利用我们的本土资源，回到历史性。要反思的第二个问题是长期以来宪法学的研究都游离在宏大的话题下，契合和反映仁政的社会需要，将王治与现代的社会主义道路、基本路线很好地结合起来，才能使得依宪执政被广泛地认同。

清华大学法学院林来梵教授提出，面对宪法学的未来发展，应当从以下方面努力：①加强宪法解释学研究；②加强宪法学基本概念、基本理论的研究，如依宪执政、人民主权、人民专政等；③做好跨学科的研究，如宪法历史学、宪法哲学、宪法社会学等；④强化部门宪法学的研究，如经济宪法、文化宪法、财政宪法等；⑤强化部门法中的宪法问题，如刑法、劳动法、财税法等部门法中的宪法问题；⑥加强立法学方面的研究，加强司法制度及其问题的研究；⑦加强香港特别行政区基本法、澳门特别行政区基本法等问题的研究。

武汉大学法学院秦前红教授提出，宪法学应直面现实，面对最新的法律修改积极发声。要注重宪法与部门法的联系，打通与部门法的联系。

吉林大学法学院任喜荣教授以地方人大监督权的研究为引就"中国宪法学制度研究传统及其转型"发言。以制度研究为中心的宪法学虽然在方法论上未完全实现专业化，但有其优势：有利于保证学术体系的开放，使宪法学有更多元化的研究路径；可以提供宪法解释学的新路径；能提高对基本权利的制度性保障的关注度；解决宪法中国家基本政策的制度化问题。从制度研究现状来看，这种研究方式还有很大的发展空间，但有必要反思。因为宪法学的研究最终要回到文本解释，且由于制度研究在方法论上倾向于多种方法混合使用，它将削弱宪法学的专业特色，以及理论研究的批判精神。此外，它在纠纷解决上处于"瓶颈"状态。对中国宪法学研究来说，关注制度安排是当务之急，回归宪法的文本解释更有利于宪法学的发展。

浙江大学法学院郑磊副教授就"国家治理体系现代化中中国宪法制度研究路径"发言。当下中国宪法的实施、发展和研究可概括成两个方面：一是宪法发展和社会发展的巨大张力；二是在事实和规范的张力面前，宪法解释机制有待激活。在此背景下，宪法学者的核心使命不仅在于规范的研究，更要从多元途径发掘和发展宪法内涵，避免传统实证主义的误区和无规范立场的背书。30年来，宪法学重点研究的主题包括：①良性违宪；②宪法司法化；③合宪性解题；④不成文宪法；⑤宪法所处的时代问题；⑥通过法律发展宪法；⑦部门宪法。当下宪法的研究从观念、规范、具体制度和实施状况四个方面展开都很重要，应更着重从定位于现实的宪法解释方法开展研究，即从制度里发现宪法规律的内涵。事实的研究有助于认识当下中国、认识研究的对象、认识当下结构，但不能取代规范研究，而且要为规范研究提供素材和问题。在研究过程中，需要不为悲情、谨慎乐观、围绕规范、整合社会。

本次年会以"宪法与国家治理体系现代化"为主题，具有重要的理论和实践意义。从一定意义上讲，研究宪法问题也就是研究国家的治理问题。本次年会的举行恰逢党的十八届四中全会召开前夕。两天的学术讨论围绕宪法基本理论的介绍、宪法文本的研究、宪法基本权利的确认以及宪法运行的具体形态四部分展开，讨论成果体现出当前宪法学研究的三个特点：第一，朝向立体性与多维性发展，从不同角度对宪法发展进行研究；第二，趋向打破学科壁垒，更为观照现实问题；第三，一些基本概念如人权、正当程序等仍需达成共识。

二十八　中国法学会宪法学研究会 2015 年年会综述[①]

2015 年 10 月 24 日至 25 日，由中国法学会宪法学研究会、贵州大学法学院主办的中国法学会宪法学研究会 2015 年年会在贵阳举行。本届年会主题为"宪法监督：理论构建与制度完善"，共收到参会论文 160 余篇，来自包括香港地区在内的全国各地近 300 位代表出席研讨。1985 年 10 月 12 日至 17 日，中国法

---

① 参见于文豪《宪法监督的理论建构与制度完善——中国宪法学研究会 2015 年年会观点综述》，《中国宪法年刊》(2015)，法律出版社 2016 年版，第 265~274 页。

学会宪法学研究会在贵州大学成立。30年后中国法学会宪法学研究会重回贵阳召开学术年会,体现了宪法精神的传承与拓新,具有特别的学术与历史意义。

中国法学会副会长张文显教授代表中国法学会和王乐泉会长,向参会学者和为中国宪法学发展作出贡献的老一辈宪法学者表示感谢。张文显教授指出,党的十八届四中全会指出坚持依法治国首先是坚持依宪治国,坚持依法执政就是坚持依宪执政,因此宪法在国家治理、人民幸福和民族复兴中具有相当重要的作用。张文显教授提出四点建议。一是要在中国特色社会主义法治理论的指导下展开宪法学研究,坚持正确的政治方向。二是要立足于法治中国的伟大实践,从中国国情出发,围绕我国进入全面深化改革和全面依法治国的攻坚期所面临的具体问题展开研究,为国家提供及时的智力支持。三是进一步扩大对外学术交流,展示中国宪法学研究的最新成果,提升中国宪法学在国际上的地位与影响。四是按照中央群团工作的精神,切实加强研究会自身建设,增强群团的政治性、先进性和群众性。宪法学研究会要广泛凝聚团结全国专家学者,发现和培养中青年优秀人才,拓展研究平台,加强与其他研究会、地方法学会和实务部门的交流。

中国法学会宪法学研究会会长韩大元教授指出,自1985年中国法学会宪法学研究会在贵阳成立以来,在中国改革开放的伟大实践中,中国宪法学者为推动法治国家建设、经济社会发展以及在国际上维护国家利益、树立中国法学形象等方面都作出了杰出贡献。宪法学者应该为自己从事的事业而自豪。历经几代宪法学者的努力,目前中国宪法学研究已经进入了可持续发展阶段。韩大元教授认为,30年来宪法学者们通过学科体系化的建设以及方法和范式的提炼,来凝聚学术共识;通过中国化概念的凝练,促进宪法学的中国化和本土化;通过学术研究,发挥宪法学在依法治国、依法执政中的基础地位。结合年会主题,他指出,国家的真正强大在于法治,而法治的强大首先要看宪法能否得到很好的实施,而宪法实施又有赖于宪法监督制度的完善,相信我国的宪法监督机制会越来越完善。在学术研究方面,目前还存在学术精品较少、研究领域分布不平衡、对部门法的修改和重要部门法的制定缺乏关注等问题。希望年轻学者们珍惜学术共同体的尊严,体认学术共同体的使命,继续凝练范畴体系,秉持专业化的研究方法,提高宪法学整体的理论和解释、指引实践的水平,坚守法治理念,坚持专业精神,充满自信和乐观,抓住历史契机,推进中国宪法学研究的发展,推进社会主义宪法的历史进程。

为纪念中国法学会宪法学研究会成立30周年，表彰为中国宪法学发展作出突出贡献的老一辈宪法学家，经中国法学会宪法学研究会常务理事会讨论通过，决定授予吴家麟教授"中国宪法学发展终身成就奖"；授予张庆福、陈延庆、谭泉、程湘清、张春生、廉希圣、孙丙珠、郑九浩、蒋碧昆、魏定仁、王珍行、俞子清、文正邦、田军、廖克林、陈云生、刘向文、罗耀培、吕泰峰19位教授"中国宪法学发展特殊贡献奖"。开幕式上，与会领导和嘉宾为获奖的老一辈宪法学家颁发了这两个奖项，场面感人。其中，获"中国宪法学发展终身成就奖"的吴家麟教授因健康原因不便到会，通过视频方式，由吴先生的夫人汤翠芳女士代为致辞，勉励宪法学研究会多出人才，勉励新一辈宪法学者多出精品。此外，研究会还组织出版了《当代中国宪法学家》《中国宪法学三十年：1985~2015》两本著作，以志纪念。

年会期间，共组织了两场全体会议，老中青共10位学者作了大会发言；组织了三个平行的分论坛，50余位学者作了主题发言或评议。此外，还举行了中国法学会宪法学研究会下属的宪法教学研究专业委员会、国防与军事法律制度研究专业委员会的两场年会。现以所涉问题为序，将年会全体会议与分论坛发言的主要观点，依主题综述如下。

（一）依宪治国、依宪执政与国家治理

中国人民大学胡锦光教授围绕"宪法监督与国家治理成本"这一主题，提出国家治理存在五大成本。一是社会成本居高不下，主要表现在人的焦虑以及社会运行成本、健康成本高，主要表现在规则数量多，规则确定性不够，规则改变方向难以预测。出现问题的原因在于规则的不统一，国家治理规则的建立应以宪法为核心，这套规则的建立离不开宪法监督。二是公权力成本。公权力滥用的原因在于权大于法，所以要把权力关进制度的笼子。由不敢贪到不能贪，要依靠宪法及其相关法，而宪法的实施要依靠违宪审查。三是社会共识成本。社会是一个共同体，人的凝聚需要依靠社会共识，自由公正平等法治应当成为全民共识，而社会主义核心价值观的载体就是宪法。社会主义核心价值观要成为社会共识，就必须依靠违宪审查。四是维稳成本。利益多元化是今天中国社会的基本特征，如何协调是一大难题。党的十八届四中全会提出运用法治来协调不同方面的利益，即用规则来协调利益，"多数人暴政"的风险必须用违宪审查去制约。五是维权成本。宪法实施没有违宪审查就不可能做到，依宪

治国就不能完全做到，依法治国也就不能完全实现。

云南大学沈寿文教授作了题为"'常规、非常规、超常规式治理'与应急法治"的发言。突发公共事件是衡量一国政府治理能力的试金石。以"非常规式治理"与"超常规式治理"这两种模式取代"常规式治理"模式，源于当前国家治理机制中不同机关之间的协作不力，这样难以有效应对突发公共事件。为了维护法治，"非常规式治理"和"超常规式治理"在统合和应用政府权力时应当受到一定条件、程序和规则的限制。

中国传媒大学李丹林教授作了题为"宪法实施、宪法文化与互联网革命"的发言。我国宪法实施不良是一种客观存在，原因在于现行宪法的制定和运行缺少相应的宪法文化基础和社会心理。判断宪法实施好坏的标准是公权力是否得到合理配置。互联网带来的革命性影响体现为互联网精神、互联网思维、个人中心主义以及对于个人意识的改变和对于个人价值的激发与肯定，这为产生一部好宪法提供了好土壤。

安徽大学陈宏光教授作了题为"国家治理法制化与央地新型关系构建"的发言。中国政府在转变职能的改革创新中，应当从法律层面进一步确立中央与地方的控制合作关系，寻求平衡、简政放权，同时加强司法监督与社会监督。

河北大学伊士国副教授作了题为"党坚持依法执政首先要坚持依宪执政"的发言。依法执政是新的历史条件下中国共产党执政的基本方式，坚持依法执政首先要坚持依宪执政。依宪授权是依法执政的前提和基础，依宪用权是依法执政的核心，正确处理好党与宪法法律关系是依法执政的关键，依宪监督是依法执政的重要保障，建议建立执政党的权力清单制度。

南昌大学程迈副教授作了题为"中共党内治理秩序国家化初论"的发言。在中国特色社会主义法治体系中，党内治理秩序应当国家化。目前党内治理秩序已经在很大程度上主动国家化，但是相对于国家治理秩序来说仍显发展滞后。为保障国家化的顺利进行，应当做到党政分离来保护党的政治基础，限制宪法权力组织原则的适用强度以保障党的政治领导力，并区别对待党员与党内治理相关度不同的各种权利，以法治来促进党内民主与人民民主的共同发展。

西南政法大学何永红副教授作了题为"论宪法惯例的规范性"的发言。宪法惯例作为对宪法性法律规则的补充，性质上类似于一种默示契约的规范。宪法惯例的产生依赖大量的成文法，惯例规则对政治行为人有一种内在道德的义务限定。随着更大的宪法共同体对当前政治行为人道德义务的建构,宪法惯例事实上是以一种批判道德体系的方式在运作。宪法惯例需要"自我监督实施",因此要求政治行为人在政治行动中具有非常清醒的自我意识和政治德性。

(二) 宪法监督的启动与宪法实施

中南财经政法大学王广辉教授作了题为"论全国人大与全国人大常委会宪法监督及其关系"的发言。依据宪法规定,全国人大与全国人大常委会都享有监督宪法实施的权力,但如何解决二者之间的复杂关系则需要进一步厘清。我国现行立法对这一制度的规定存在不足,例如,存在合宪性与合法性不分的问题。我国宪法监督事项主要体现为六个方面:法律法规的合宪性;解释宪法;公职人员的罢免;政党的行为;最高司法机关的司法解释;社会组织的行为。

中央财经大学白斌副教授围绕"建立复合型宪法监督机制的可能性"提出,长期以来对宪法的解释往往偏好于单一的固定模型,但是宪法规则具有原则性,更重要的是处理现代和未来不确定的事务,需要赋予宪法一种弹性的流动性内涵,以适应时代需要。解释宪法必须给未来的变迁留下空间。我国作为立法机关审查模式的代表,涉及两个问题。一是监督宪法的实施与改变及撤销权的关系问题。不宜将二者等同化,也不应将后者理解为前者的一种方式,比较妥当的处理模式是把前者理解为正面推进宪法的实施,把后者理解为反面的纠正。前者针对的是不作为;后者针对的是作为。在此基础上可以进一步建构出"宪法实施"的概念,并形成两个子概念,即正面的宪法监督和反面的宪法审查。二是立宪者是否把宪法监督权排他地完全交给全国人大常委会。这是有疑问的。我们目前采用的是复合型宪法审查模式,立宪者明确了法律不得与宪法相抵触,但法律由谁审查,宪法保持了沉默。全国人大具有的自我反思纠正的能力为解决这一问题提供了可能,当前唯一可用的方案是在全国人大下设立宪法委员会进行事前审查。

湖南科技大学李伯超教授作了题为"最高国家权力机关论析"的发言。"最高国家权力机关"的法定职权与党的领导权的共同点在于都源自人民授权、权力主体共同行使国家主权权力、两种公权力都得到宪法确认。完善各级人大包括最高国家权力机关,才是促进国家治理体系与国家治理能力现代化的根本之策。

华南理工大学冯健鹏副教授作了题为"议会工作监督制度比较研究"的发言。议会对政府日常工作的监督主要包括质询和调查两种方式。议会工作监督制度有利于保障以公民知情权为主的基本权利，保障公民基本权利的议会工作监督制度应当从程序入手进行制度建构。

中南财经政法大学秦小建讲师作了题为"群众政治、信访法治化与宪法监督体制的完善"的发言。当前我国信访困境是由"群众政治—科层法治"二元结构的双重悖谬叠加造成的。作为群众政治的信访偏离了"人民主权"的预设轨道，陷入了非常规运作的怪圈，不仅没有将对科层法治的压力转化为调整动力，反而还因科层法治的根基不稳，干扰了其职权运作，使人民主权向代议制科层法治的有效过渡环节受到了阻隔。为弥合这一逻辑断裂，需要顺应信访实践功能，将其纳入宪法监督体制。将信访纳入法治化轨道，实际就是将具有中国特色的信访制度改造成与其功能相符的现代化宪法监督制度的一环。

（三）《立法法》修改与法规备案审查制度

全国人大常委会法工委国家法室武增女士结合2015年《立法法》修改中立法体制调整的背景，介绍了《立法法》修改半年来出现的一些实际问题。首先，关于税收法定问题，全国人大决定在2020年完成税收法定工作，未来待条件成熟后将废止1985年全国人大授权国务院在经济体制改革和对外开放方面可以制定暂行规定和有关条例的文件。其次，关于限定设区的市的立法权范围问题，限制的基础在于地方立法的权限与地方政府的事权密切相关，目前各级政府的事权同构性强，在当前地方立法权主体扩容与各级政府间事权界限不清晰的情况下，进行限制具有现实的需要，也有利于推进政府间事权的规范化、法定化。再次，为实现改革与立法相衔接，全国人大授权一定期限内特定地方暂时调整法律规定或暂时停止法律适用，目前已经做过七次此种决定。最后，对规章的权限进行限定的问题。本次修改明确规章在无上位法依据的前提下，不得作出减损公民权利和增加公民义务的规定。从实际来看，需要研究的是哪些情形涉及减损权利、哪些情形涉及增加义务。

郑州大学苗连营教授作了题为"《立法法》重心的转移：从权限划分到立法监督"的发言。《立法法》完善的重点不仅是划定各立法主体的权限范围，而且应建立一套行之有效的审查监督机制。新修改的《立法法》将地方性法规的制定权进一步赋予所有设区的市，使地方立法主体的范围进一步扩大，但是对地方立法的范围始终保持一种虽放仍收、虽授犹控的审慎心态，而这不能满足不设区的市的立法需求以及顺应扩权强县、省直管县的地方制度改革趋势。《立法法》作为衔接宪法的下位法，对于立法审查监督起着举足轻重的作用，而目前《立法法》在这一问题上的作用和效力未能彰显。为维护宪法权威，应当在立法审查监督上制定出具有实效性、规范性和创新性的具体程序和措施。

中国政法大学谢立斌教授作了题为"国务院的行政立法权"的发言。在我国立法体制中，国务院的行政立法具有重要地位。国务院可以依宪法赋予的职权制定执行性行政法规，以及对不属于法律保留范围的事项制定创设性行政法规。这两类行政法规在内容和效力上，与德国联邦政府制定的行政规定相似。在行政立法和法律的关系上，两国有较大的趋同性：国务院制定的行政法规和德国联邦政府制定的法令原则上都具有低于法令的位阶。从规范上，两国行政立法都不得修改法律。实践中，中德两国立法者都有权直接废除行政立法，甚至德国立法者还经常直接修改联邦政府制定的法令。

青岛大学门中敬教授作了题为"国务院自主法规范制定权的性质——兼谈《立法法》第65条之修改"的发言。根据《立法法》第65条，现行立法体制在法规范制定权层面并未采纳全面法律保留，而是赋予国务院两项行政自主法规范制定权：一是"职权立法类"的自主法规范制定权；二是全国人大及其常委会以授权决定方式授予的法规范制定权。从合宪性角度来看，应将《宪法》第89条第1项中的"宪法和法律"的"法律"解释为"组织规范或根据规范"。鉴于国务院的自主法规范制定权与现行宪法的"行政向立法负责"的制度逻辑相矛盾，建议修改《立法法》第65条：一是废止国务院的法律制定提请权；二是赋予全国人大及其常委会就国务院的法规范制定权的行政保留事项适时制定法律的权限，以维护现行宪法"行政向立法负责"的制度逻辑，使国务院的自主法规范制定权回归其行政权的本质。

浙江大学郑磊副教授作了题为"从'较大的市'到'设区的市'：关于新《立法法》地方立法主体扩容的宪法学思考"的发言。设区的市意义上的"较大的市"和地方立法权意义上的"较大的市"在外延上一直存在错位，其原因在于其"分为区、县"的权力普遍化的同时，具有地方立法主体资格的"较大的市"仍受到稀缺性控制。新《立法法》突破后一方面的稀缺性控制，普遍赋予"设区的市"地方立法权，不仅弥合了地方立法权意义上的"较大的市"同"设区的市"之间外延上的错位，而且消解了"设区的市"之间地方立法权的不平等配置。通过人大立法发展宪法路径而呈现出来的这项弥合方案,在国务院批准"设区"的权力对地方立法权的前置控制,以及对"设区的市"行使地方立法权的合宪性补强等问题上,仍然存在制度缝隙,需要立法机制同释宪机制协同应对,方能实现融贯的宪法发展。

北京师范大学郭殊副教授针对有地方立法权的市,提出如下疑问:其一,"较大的市"和"设区的市"可否画等号?其二,我们常言的"较大的市"就是地级市,但现在谈到"较大的市"中的"较"是不是"比较"的意思,是跟谁比较的?其三,将城市进行划分,如分为一、二、三线城市,有违宪法的平等原则,生活在不同地区的人得到的资源配置不同。其四,我们很大程度上误用了"市"这个概念。

中央民族大学郑毅讲师作了题为"自治机关的构成与自治州制定地方性法规的授权逻辑"的发言。修改后的《立法法》授予自治州人大及常委会制定地方性法规的权力,但民族自治地方人大常委会是否属于自治机关的问题尚存争议。新《立法法》将地方性法规制定权同时授予自治州的人大和常委会并无异议,特定地方的人大及常委会行使地方性法规制定权既是长期立法理论和规范的惯例,也符合自治州客观立法实践的需求。《关于立法法修正草案的说明》之所以一定要列明"自治州人大常委会",是为了避免由于宪法对"人民代表大会"内涵的不明确而导致实践中对自治州人大常委会是否有权制定地方性法规的无谓质疑。《关于立法法修正草案的说明》所采用的"人大+常委会"的二元并列表述方式在事实上确认了"人民代表大会"狭义内涵的选择标准,却同《宪法》第112条的"自治机关"内涵产生冲突,进而混淆了自治州人大和常委会获得地方性法规制定权的不同逻辑路径,应予以澄清。

上海师范大学马英娟教授认为,地方立法主体扩容后主要有三个风险:其一,地方立法主体迅速扩容后对法制统一和地方立法能力的挑战;其二,在扩容的同时,对地方立法权限进行限制,导致地方立法主体职责与权限不统一,可能会出现以红头文件代替立法这种侵害立法权的行为;其三,《立法法》修改的合宪性问题以及我们应该如何协调其与《行政处罚法》和《行政许可法》的关系。

浙江工业大学石东坡教授作了题为"当代本土法治进程中法律续造空间的可能性——基于新《立法法》第104条对司法解释的限定"的发言。对于我国法治中是否容许法律续造，学界存在争议。法律续造应当是司法解释的特殊情形。法律续造的"权力"是一种"造法"的创制权、创设权、拟制权。《立法法》第 104 条规定表明，司法解释必须恪守其边界。严格禁止法律续造同样是严格司法、统一标准的必要保障。

（四）各国家机关在宪法实施中的作用

南京大学赵娟教授作了题为"法院与宪法——世界经验和中国问题"的发言。在成文宪法体制下，法院受宪法约束、宪法的至上性要求法院在审判活动中审查法律。结合中国实际，人民代表大会制度并不构成法院审查法律合宪性的障碍，法院应当对法律合宪性进行审查。

西南政法大学梁洪霞副教授作了题为"我国法院实施宪法的角色定位及作用方式"的发言。我国法院将宪法排除在司法审判之外是不正常的，这可从法院审判权依据、法院在审判中要适用"合宪的法律"、法院援引宪法进行说理三方面得出。但是，法院无权在法律缺位时直接援引宪法审判案件。

福州大学沈跃东教授作了题为"检察机关在实施宪法中的作用"的发言。检察机关在宪法实施中的作用，主要在于其履行好宪法赋予的职权。人民检察院如何履行其作为国家法律监督机关的宪法角色，直接影响其在宪法实施中的作用。检察机关作为国家的法律监督机关，理应对行政执法行为进行监督。检察机关对行政执法行为进行监督的范围、方式，在试点的基础上，应当适时法律化。在法律化时，应该注意平衡检察机关的不同权能。

中南财经政法大学陈明辉博士研究生作了题为"行政机关如何实施宪法"的发言。行政机关通过行政立法、行政规划、行政执法和行政问责等不同方式，对法律化的宪法权利、尚未法律化的宪法权利以及宪法未列举的权利予以保障是对宪法权利规范的实施。行政机关基于紧急状态条款和权利限制条款对宪法权利进行必要的限制，同样是实施宪法的行为。

（五）部门法与具体法治中的宪法问题

首都师范大学郑贤君教授作了题为"作为人权实施法的私法——兼议民法典制定的宪法陷阱"的发言。人权概念的匮乏与宪法实施理论的缺位是私法发达的障碍。民法之于宪法的任务这一重要命题在过往的讨论中未得到充分注意，致使民法与宪法关系之争经久不衰，难成定论。对市民社会概念的过分依赖阻碍了宪法高于民法的认识，私权的宪法基础被遮蔽。形式法治的核心要素授权与规范效力理论被严重忽略，民法之于基本权利的形成任务被视而不见，法院实施基本权利具体化其内涵的空间难以拓展。若不在人权保护与宪法实施双重脉络下解读民法，孤立的私法概念将成为民法的方法论陷阱。

吉林大学任喜荣教授作了题为"论我国预算法治发展的宪法规范基础"的发言。我国的预算改革正在进行，主要的理论研究集中在财政理论和财税法理论领域，宪法的规范价值还没有得到应有的重视。这与宪法本身的规范内容过少有关，也与人们对宪法规范效力的认识不足有关。尽管我国宪法对于预算的规定过于简略，但从宪法文本的整体看，宪法仍然可以在许多层面为预算改革提供根本法的规范依据，从而为预算改革提供宪法的规范基础。

中国青年政治学院柳建龙副教授作了题为"论国家赔偿法之死亡赔偿金条款的违宪性"的发言。《国家赔偿法》第 34 条第 1 款第 3 项对死亡赔偿金作了规定。较民法的人身损害赔偿，其更合乎平等原则的规定和精神，可更有效地保障公民生命安全，促进依法行政；在个人生命权受到侵害的情形下，可以给予其亲属或者被扶养人更充分、更有效的救济。经由文义解释可以发现，这些具体规定在纵向和横向上均有违反平等原则的嫌疑，而且在比例原则之禁止保护不足原则四阶层审查下，虽能经受住目的正当性原则和适当性原则的审查，但未必能经受住实效性原则和均衡性原则的审查，应认定其违宪无效。

武汉大学黄明涛讲师作了题为"反思文化宪法中的'国家与文化之关系'"的发言。文化宪法作为对宪法上文化条款作体系化解释的重要路径日益受到重视，但在如何处理"国家与文化之关系"这一问题上，理论界依然有不同意见。"国家与文化之关系"的类型学说作为一组分析工具有一定的功用，但不可对其附加宪法规范的属性，尤其在处理经历过巨大变迁的"八二宪法"时，这一分析工具更不宜成为文化宪法建构的先入之见。应当回归到以《宪法》第 47 条之文化权条款为中心的路径，寻求一套有关文化宪法的融贯论述。

河南财经政法大学冉富强教授作了题为"论生存权对房产税立法的限制"的发言。生存权作为现代公民的基本人权，理应对房产税征收施加必要限制。生存权对房产税的限制分为居住权对房产税征收的限制和非居住性生存权对房产税征收的限制两种情况。在建立农村居民保障性住房、普通商品房从量及从价免征制度的同时，也要构建社会福利享有者、低收入者及按揭付款购房者减免制度，以保障全体国民的生存权。

厦门大学王建学副教授作了题为"同性婚姻权宪法保障的法国模式"的发言。同性婚姻权在法国的确立遵循了一种颇为不同的模式。法国议会通过立法对同性婚姻权制度建构发挥了积极功能，虽然宪法委员会的审查极度谦抑但也非无所作为。法国宪法委员会有意地为议会法律创造充分的自我形成空间，甚至将自己放在"议会之友"的位置上去保证议会法律的实施。而且立法者与宪法审查者围绕同性婚姻议题的关系定位也是宪法传统的体现。

山东工商学院王秀哲教授作了题为"我国个人信息立法保护实证研究"的发言。个人信息立法的完善应当明确个人信息界定、信息主体权利、保护原则、法律责任等基本问题，并选择合适的立法模式。由于个人信息保护技术标准对个人信息立法保护进行了基本内容方面的弥补，可以发挥最低标准立法替代作用。应当完善已有的行业规制和网络领域保护立法，并尽快制定限制政府权力的专门立法。

（六）法律保留与基本权利保障

厦门大学陈鹏讲师作了题为"论立法对基本权利的多元效应"的发言。不同立法对基本权利发挥着不同效应：塑造特定基本权利的保护范围；作用于基本权利规定范围与保护范围的"中间地带"；具体化针对基本权利的给付义务；具体化针对基本权利的国家保护义务；根据宪法的明文委托制定细则；纯粹限制或干预基本权利。同时，按照对基本权利的不同效应区分立法的类型，有助于为比例原则、传统的法解释规则、立法不作为等合宪性判断话语寻找合理的栖身之所。

郑州大学高慧铭副教授作了题为"论基本权利滥用的认定标准——以《土地管理法》第37条为分析对象"的发言。现行《土地管理法》第37条对政府收回行为存在"民事行为论"与"行政行为论"两种理论，对闲置行为是否构成对基本权利的滥用以及需要何种要件缺乏共识。在比较日本、德国以及欧洲人权法院的判例确立的滥用标准基础上，我国基本权利滥用的构成要件应当包括：一是享有某项基本权利是滥用的前提和基础；二是明显背离基本权利的目的；三是行使基本权利者有主观恶意因素；四是造成了显而易见的损害。

四川大学邹奕讲师作了题为"论外国人的基本权利主体地位——对我国宪法的阐释"的发言。在我国立法上，存在不同法律对外国人的适用规则不一致以及给予外国人的待遇不尽相同的问题。宪法对于基本权利主体规定的封闭性以及宪法对外国人权利条款并没有明确的态度阻碍了外国人成为我国宪法上的基本权利主体。外国人作为我国宪法上的基本权利主体地位是可以被证成的，而要使现行宪法在实践中真正发挥保障外国人基本权利的功用，则需要法律解释和违宪审查的机制。

(七) 宪法实践与宪法学的发展

清华大学林来梵教授认为，中国宪法学研究面临的最大的真实问题是公共权力如何受到有效的约束和公民权利如何得到有效的保护。宪法得不到规范性的实施，源于有效的宪法监督制度缺乏。30年来，宪法学界构想、设计了诸多具体的宪法监督模式和方案，例如，关于监督主体，就有建立与全国人大平行、与全国人大常委会平行以及与专门委员会平行的宪法委员会承担违宪审查职能等方案。但是这些研究成果都没有产生实际效果。对于近年来法学界关于宪法监督的研究再成热点的现象，除发展宪法解释学外，还应该建立宪法政策学来推动宪法监督制度的发展。

中国青年政治学院马岭教授认为，中国宪法学研究在过去30年里，对诸多具体的宪法学问题缺乏足够的研究。首先，与政治学界相比，我国宪法学界对选举制度的研究较为薄弱；其次，在政党政治问题上，需要深入研究列宁的党国体制学说如何传入中国，以及在中国如何发生的；再次，关于财税法的研究，目前更多的是财税法学者在做，但这也是一个宪法问题；最后，关于央地关系的关注也较少，对中国固有的政治传统缺乏关注。青年学者应当在上述问题上开展深入研究，推动中国宪法学研究发展。

厦门大学刘连泰教授探讨了改革开放以来几代宪法学人的"外求与自足"。尽管宪法学界长期关注的一些基本问题仍然没有得到解决，至今还在研究，但是从宪法史来看，"拿宪法说事"是宪法实施的第一个阶段，也是不可逾越的阶段。改革开放以来，各代宪法学人在拓展学科生存空间即"外求"，推进宪法学科理论体系构建即"自足"方面作出了诸多努力。宪法学人要满怀信心，做好"自足"工作，拓展中国宪法学的研究范围，推进中国宪法学发展。

二十九　中国法学会宪法学研究会 2016 年年会综述[①]

2016 年 10 月 22 日至 23 日，由中国法学会宪法学研究会主办、河北大学政法学院承办的中国法学会宪法学研究会 2016 年年会在河北保定举行。本届年会的主题为"法律体系的合宪性控制"，共收到参会论文 150 余篇，来自全国高校、科研院所和实践部门的近 300 名代表出席会议。

中国法学会副会长张苏军首先代表中国法学会对大会的召开表示热烈祝贺，向辛勤工作的宪法学领域的专家学者致以感谢。张苏军副会长表示，中国法学会高度关注宪法学研究会的发展，宪法学研究会也不负众望，在丰富发展宪法理论、完善宪法法律制度、培养优秀青年人才、促进学术交流等方面取得了显著成绩。在全面落实依法治国基本方略，加快建设社会主义法治国家的背景下，广大宪法学者要努力为法治中国建设贡献智慧和力量。为此，张苏军副会长对研究会今后的工作和新一届领导班子提几点期望：第一，要把加强政治引领作为首要任务；第二，要把完善组织保障作为工作重点；第三，要把提升智库建设作为发展目标。最后希望宪法学研究会为全面推进依法治国发挥更加重要的作用。

全国人大常委会法工委原副主任阚珂对本次宪法学年会的召开表示热烈祝贺。他表示，在以往的工作中，宪法学研究会、宪法学者对全国人大常委会法工委以及他个人工作给予了非常大的帮助和支持，在这里表示感谢。翻看了本次年会的论文集，对一些题目比较感兴趣，感觉它们都很具有研究意义。他指出了三个方面：第一，全国人大常委会法工委的职责有立法工作的规划、组织、协调、指导和服务等，当然，还需要一套完善的立法工作程序，对此可以作深入研究；第二，全国人大修改了《立法法》，除了按照中央的决定和立法法的规定去认真贯彻执行外，有很多问题值得研究；第三，"凡属重大改革都要于法有据"，这是一个宪法问题，也是一个宪法学的问题。紧密围绕这些问题来研究，对国家的法治建设有重要作用。

河北大学党委书记郭健对本次年会的召开表示热烈祝贺，对各位学者表示

[①] 参见伊士国《法律体系的合宪性控制——中国宪法学研究会 2016 年年会综述》，《中国宪法年刊》（2016），法律出版社 2017 年版，第 245~255 页。

最诚挚的欢迎和问候。他简要介绍了河北大学的情况，表示河北大学将竭尽全力为年会提供全方位的支持与服务。最后，他预祝会议取得圆满成功。

为鼓励和支持中青年宪法学者的成长，为中国法治发展培养中坚力量，中国法学会宪法学研究会组织评选了"第九届中青年宪法学者优秀科研成果奖"。在开幕式上，中国法学会宪法学研究会副会长周叶中教授主持并宣读了"第九届中青年宪法学者优秀科研成果奖"表彰决定和获奖成果名单，现场举行了颁奖仪式。

中国法学会宪法学研究会会长韩大元教授作了第一届理事会工作报告，其在报告中表示，宪法学研究会的目标在于为依法治国、依宪治国提供理论基础，从学术角度维护国家利益，在具体工作中发挥研究会的学术性、建设性和专业性优势。研究会的工作着眼于宪法实践，维护学术共同体的尊严，用理论观照和反思现实，促进宪法学研究与宪法实施的互动和发展。会议期间，还召开了会员代表大会，选举产生了第二届理事会成员并组成了新一届理事会。

本次年会，共组织了两场全体会议，10位学者作了大会发言；组织了三个平行的分论坛，50余位学者作了主题发言或评议。此外，还举行了中国法学会宪法学研究会下属的宪法教学研究专业委员会、人民代表大会制度研究专业委员会和国防与军事制度专业委员会的三场年会。现以所涉问题为序，将年会全体会议和分论坛发言的主要观点，依主题综述如下。

（一）立法权的合宪性控制

中央党校李少文博士作了题为"地方立法权扩张的宪法控制——民主宪法如何发挥效力"的发言。李少文博士从宪法效力的基础出发，采取区分主义的分析方法，分析了地方立法权扩张过程中所受的宪法控制以及体现的宪法效力。他认为，首先，地方立法权是政治活动参与者与宪法之间展开的一种互动形态，其能够将国家的发展目标与地方治理相结合，以满足中央和地方的共同期待。其次，宪法对民主发展过程提供了一定的规则和程序。最后，宪法为地方立法权扩张的民主过程提供了动力。李少文博士最后提出，作为规则程序和动力机制的宪法与政治活动的参与者会产生互动，在这样一种互动过程中来体现宪法的效力，最终实现宪法控制。

河北大学伊士国副教授作了题为"论当代中国社会转型中法律制度变革

的合宪性控制"的发言。伊士国副教授首先提出，当代中国社会正经历着政治、经济、文化和社会的各种变局，而这种巨大的变迁必须有相应的法律制度变革予以保障和跟进。其次指出，当代中国社会转型中法律制度变革面临着合宪性控制的难题，而且其艰巨性、复杂性和长期性都是史无前例的。最后提出了针对当代中国社会转型中法律制度变革的合宪性控制的举措，主要包括：健全宪法解释机制；完善宪法修改制度，使宪法修改制度从政策性修改模式向制度化修宪模式转变；对地方立法进行相应的合宪性控制；完善备案审查制度；等等。

湖北警官学院刘茂林教授作了题为"论警察权的合宪性控制"的发言。首先，刘茂林教授引入"分权理念"来阐述警察权的产生、组成和特点。他指出现代国家的警察权是国家权力分化的产物。现代国家警察权的立法权、司法权、追诉权等权力就是从过去广义的警察权中分离出去而形成的，所以最本质的国家权力就是警察权。警察权区别于其他国家权力类型的根本特征在于警察权具有的"即时暴力性"。其次，刘教授认为在不同的宪法体制下，警察权对国家权力的配置是不一样的，因而它在现代化的权力体系中的位置也是不一样的。最后，围绕"权力配置"思想从警察权的性质、特点、对警察权合宪性控制的必要性和意义以及警察权合宪性控制的基本方法展开论述，表明警察权来源于宪法的权力分配体制，也必须服务于宪法设定的价值和规范。

重庆工商大学胡婧教授作了题为"宪法控制没收全部财产刑的法理依据"的发言。面对当前刑法学界对于没收全部财产刑持"主废除"和"主继续"不同态度的争论，胡婧教授尝试从宪法这一根本法中寻求对没收全部财产刑的理论给养。首先，其通过对古代、近现代的多国文献的研究得出，没收全部财产刑未必能达到立法者所希望的惩罚犯罪的目的且惩罚手段与目的之间似乎并没有必然联系的结论。其次，通过分析古代、近现代多国的历史沿革，主张以"演进的正当标准""适当的演进标准"对"酷刑"这一概念的内涵作扩大解释。最后，基于以上几点思考，对没收全部财产刑是否存在合宪性进行考量。

对外经济贸易大学郑海平教授作了题为"网络诽谤案件中'通知—移除'规则的合宪性解释——以言论自由的保护为视角"的发言。郑海平教授以我国《侵权责任法》第36条为基础对该条文进行了合宪性解释。首先，他以近期的两个案例为例阐释"通知—移除"规则在网络诽谤案件中的适用。其次,阐述了言论自由的内涵和价值,继而分析了"通知—移除"规则对言论自由的限制,并对该限制的合宪性进行了探讨。再次,他通过比较的方法指出,我们的制度精细化不足,在名誉权和言论自由之间并未实现一个平衡。虽然我国宪法也保障公民的言论自由,但这一权利并未得到很好的保障。最后,尝试对我国《侵权责任法》第36条进行了合宪性解释。

(二) 宪法与部门法的关系

苏州大学王健法学院上官丕亮教授作了题为"宪法与部门法的三种关系"的发言。他从民法学者提出的所谓"民法典编纂的'宪法依据'陷阱"等问题入手,对宪法与部门法的关系进行了梳理与回应。首先,宪法是部门法的立法依据。其从宪法条文的内在关系入手,认为宪法的基本原则中规定了"不抵触原则",那么部门法制定过程中,在贯彻宪法的原则和精神的同时,还应将不抵触原则作为其存在的基本要求。其次,宪法是部门法的审查依据。将宪法作为部门法的审查基础和依据,不仅能实现对部门法实施过程中的监督与审查,同时也有利于维护和保证社会主义法律体系的完整性和统一性。最后,宪法是部门法的解释依据。面对现实法律适用过程中对宪法原则与精神偏离的现象,他指出,应当将宪法作为部门法的解释依据,以实现法律适用的依宪解释。

深圳大学法学院叶海波教授作了题为"民法学的追问与宪法学的回答——民法典编纂的具体宪法根据"的发言。面对民法学者提出的"宪法究竟为民法提供了哪些依据"这个问题,叶海波教授认为这个问题本身就具有误导性,故而我们应首先明确民法制定的主体,才能更好地回答以上问题。我国宪法规定全国人大独享制定民事法律的权利,从这个角度出发,可以授权法院或通过全国人大解释宪法两种方式来指导民法典的编纂。同时,他对民法典编纂中的两个关键问题进行了分析。第一,其认为全国人大在立法权限方面并不存在没有宪法依据的情况;第二,其认为民法典编纂是一个选择过程,而宪法为民法典编纂提供了选择的标准,以此来保证法律体系的一致性。最后,面对以上问题,叶海波教授提出,在民法的起草过程中可以通过设立合宪性审查小组等程序性的方式来对民法的合宪性进行控制。

西南政法大学行政法学院张震副教授作了题为"民法典中环境权的构

造——以宪法、民法以及环境法的协同为视角"的发言。张震教授从比较法的视野出发，分析各国环境权在民法典中的演进过程，并将其归纳为三种具体类型。他认为，虽然民法早于宪法产生，但是二者在保护公民权利这一问题上具有共同点。宪法作为法律体系中的根本规范，为民法权利的保护提供了补充。同时，他分析了我国宪法中的环境保护条款，认为其中包含环境权保护的对象、手段和目标等方面。最后，张震教授认为，在我国民法典环境权保护的构建中，在顺应世界民法发展潮流的同时，应与我国民法体系相契合，发挥环境保护的功能。同时，也要注重宪法、民法、环境法中环境条款的系统实施，以更好地发挥各自的功能。

苏州大学王健法学院程雪阳副教授作了题为"民法典编纂与宪法依据陷阱"的发言。程雪阳副教授认为，"根据宪法，制定本法"分为两个层面。首先从理论层面来看，宪法作为一个基础性规范，其他的规范都服从这个规范，故而不应将我国法律体系分为两个相互独立的体系。其次从技术层面来看，以上条款仅能表明民法是根据宪法规定的组织和程序来制定的，其效力来源于法律的授权，并不能将民法内容的来源归于宪法。他提出可以通过建立分类处理标准的方式，规定哪些法律需要写入该条款，或不需要写入该条款，而仅在立法说明中单独进行合宪性说明。同时，他认为第二种方式已经在我国物权法起草过程中进行了实践。这样不仅能促进宪法解释的发展，同时能够更好地发挥法律的作用。

吉林大学法学院任喜荣教授从三个方面来分析如何看待宪法与民法的关系，如何在民法典编纂中树立一个更理性的宪法意识。第一个方面是，宪法相对于民法的基本价值。现代宪法既是私法自治受到一定限制的始作俑者，又是使私法自治实质内容和基本内核保持不变的捍卫者，二者在价值目标上是一致的。第二个方面是，宪法权利与民事权利在价值与内容上的互适与反哺。宪法权利的许多内涵会通过立法解释渗透到民事权利中；有些民事权利会因为具有重大的宪法价值而被叠加赋予宪法权利的属性；宪法权利的成长有时会反身去寻求民事权利的支持。第三个方面是，民法典编纂过程中宪法的中国问题意识。民法学者应多关注宪法问题，因为二者的方向和目标是一致的。

郑州大学法学院苗连营教授认为在今天的民法典草案中写上"根据宪法制定本法"已经不成问题，但问题的关键和核心就在于，如何真正从内心深处去对待"根据宪法制定本法"。首先，是宪法学对民法学的提醒，具体包括以下四点。第一，民法典编纂必须在宪法的框架内进行，从而确保民法典无论是在形式上还是实质上都能通过宪法之门。第二，要强调宪法和民法在法律体系内的划界与合作运作，强调二者各安其位、各得其所。第三，民法一方面要通过民法典编纂来展现民法理论和民法技术的精巧和成熟，另一方面又必须持一种开放的心态，即必须向立法的民主程序开放，向宪法的价值和秩序开放，向法律共同体开放。其次，民法典编纂能够反推宪法理论和宪法制度的发展成熟，因此提出了民法学对宪法学的追问，具体包括以下三点。第一，宪法到底能给民法学界提供什么样的依据，这是宪法学界必须给出的回答，否则"根据宪法制定本法"将永远是空洞之词。第二，针对相对落后的宪法，民法所应根据的到底是应然意义上还是实然意义上的宪法？第三，如何去控制民法的合宪性，即是否有完备的体系制度去落到实处。最后，苗连营教授还指出在以上问题还没有得到解决之前，宪法是难以赢得民法学界的尊重的。

中央财经大学法学院白斌教授认为，虽然从法秩序的事实上来讲民法出现于宪法之前，但一种事实并不能直接推导出应然。对于公私法的二元划分仅仅是一种认识手段，不能由此否定法的统一性，白斌教授认为，在发挥统一性重要作用的同时，宪法学者也不能认为宪法能解决所有问题。我们应首先准确理解宪法和部门法的关系以及怎么更好地将宪法具体化于部门法之中。其次也要准确把握宪法的统帅作用，更好地对部门法发挥积极的决定作用，避免部门法对宪法原则的违反。

中国人民公安大学沈国琴讲师作了题为"论宪法的根本法属性：以宪法与民法的关系为线索"的发言。首先，沈国琴老师对"民法宪法同位论""私法优位论"等观点进行了驳论，并指出所谓的民法的"自足性""自洽性""自成体系"等相关观点是一种盲目自信的表现。其次，宪法通过保障民法的自足性来彰显其根本法地位。再次，宪法对于民法的根本法地位并不是来自它母法的地位，其实应该用另一个词语来代替，叫"严母之法"。最后，对于在中国语境下的宪法属性问题，我们要做的是培育各种有利于宪法根本法地位实现的要素，而非把宪法从根本法宝座上赶下来。

清华大学法学院聂鑫教授作了题为"财产权宪法化与近代中国社会本位立法"的发言，从具体的财产权中讨论民法典和宪法以及国家立法之间的关系。聂鑫教授谈到西方欧美的财产权演进是从私有财产权神圣不可侵犯逐渐走向财产权负有义务。因为宪法上规定个人财产是可以被夺取的，尽管夺取方需提供相应对价，但这就意味着私有财产权不再受到绝对的保护，也就不再神圣，财产权当然负有义务。至于中国，他认为从汉朝的"耕作而无垠"到北魏的"均田制"，再到现在的土地制度无不体现着国家干预的传统。他从张之本和吴经熊的思想以及王世杰的《比较宪法》中总结出，其实近代的中国主流的宪法思想一直是主张对财产权予以制约的。具体来讲，从中国近代社会的国家立法来看，宪法财产权究竟是一种怎样的权利呢？有的学者说有两种趋势：其一是私人财产权所负的社会义务的宪法化；其二是宪法财产权条款由个人所负的社会义务发展至政府的社会改革义务。最后，聂鑫教授引用康奈尔大学一位学者的观点作为结尾。"当代很多人落入一个所谓的宪法财产权形式主义陷阱，认为没有宪法财产权的保障就没有自由的市场等。其实未必如此，我们必须意识到，在早期，公民的财产是不依赖于宪法保障的，而是依赖于民法保障的。后来在宪法规定社会权之后，反而是对人民财产权的一种限制。"据此，我们或许就可以接受今天财产权在体系上的一种安排以及公有财产和私人财产的不同待遇。

（三）宪法与法律的"立改废释"

云南大学法学院沈寿文教授作了题为"'分工型'立法体制与地方实验性立法的困境——以《云南省国家公园管理条例》为例"的发言。沈寿文教授以是否存在上位法为指标，将地方立法分为执行性立法和实验性立法两种类型。但目前除法律保留的事项外，地方和中央的职权范围具有高度的重叠性。在此基础上，在中央立法尚存空白的前提下，通过地方先行立法解决地方迫切的问题就成为目前的一种重要手段。这就导致了我国地方试点与"国家公园"地方实验性立法困境的产生。他指出，我国目前"条块分割"的行政体制与"分工型"立法体制的局限性，造成了低层级立法无权规制，需要依赖高层级的立法来设立的情况，从而造成了结构性和立法资源的浪费。他认为解决地方"实验性立法"困境需要考虑在此体制下修改宪法、组织法，同时赋予相应的权力。由"分工型"的立法体制转变为"分权型"立法体制。

西南政法大学梁洪霞教授作了题为"我国法院裁判文书能援引宪法吗？"的发言。梁洪霞教授认为法律体系的合宪性控制应分为立法、司法适用和违宪审查三个阶段。而对于法院能否援引宪法作为裁判依据，她作了重点论述。她认为宪法实际上赋予了司法机关援引宪法的空间，但是目前我们仍然停留在学术探讨的阶段，实务中法院仍然采取回避的态度。故而，梁洪霞教授提出了对如何援引宪法的预设。其首先解释，对于宪法的援引是"大援引"的概念，是贯穿于法院系统适用法律的始终，否则会将宪法地位架空。其次，在如何援引宪法的问题上，她认为首先应分为可以援引和必须援引两类。在必须援引之下，又可以分为引用宪法作为逻辑推理前提等三类。

深圳大学法学院邹平学教授作了题为"构建我国违宪审查制度的思考"的发言。邹平学教授认为，违宪审查作为宪法的重要手段并没有发挥其应有的作用，宪法监督缺乏实效。他认为原因主要是对宪法的作用缺乏全面认识，对违宪概念、对象主体等方面缺乏认识。同时，目前违宪审查的主体模糊不清，缺乏程序上的保障，可操作性差。故而，邹平学教授认为建立实效性的违宪审查制度具有紧迫性和必要性。如在我国行政诉讼法修改后，仍将审查对象限于规范性文件的附带性审查，无法起到追究和纠正违宪行为的作用。又如，我国立法法修改后立法权主体数量成倍增加，导致在未对备案审查制度作出重大修改的前提下，更加凸显了实效性违宪审查制度的紧迫性。所以，他认为建立实效性违宪审查制度刻不容缓。

厦门大学法学院朱福惠教授作了题为"论宪法审查与宪法解释的关联性——国家机关提请权框架下的展开"的发言。朱福惠教授认为在民法典的制定过程中，宪法学者应该转换思路，以加强与民法学者的互动与沟通。对于宪法解释的问题，他认为首先要明确解释主体，在全国人大常委会解释宪法的前提下，可以赋予法院对于宪法的解释权。当法律法规合宪时，其只需进行合宪性解释；当需要宣告法律法规违宪时，则须提请全国人大常委会进行解释。其次宪法解释和宪法审查是可以分离的。在中国的具体环境下，全国人大常委会只是抽象地具有宪法的解释与审查权。但对如何提请审查并没有作具体规定，故而可以作一些突破性的尝试。最后我们要将宪法解释中的合宪性解释和违宪性解释相区分。在进行违宪性解释时应尊重民间习惯等问题，不能一概而论。

厦门大学法学院陈鹏副教授作了题为"宪法解释的'部门间相对效力'及其模型化阐释"的发言。陈鹏副教授从宪法解释的效力入手，将其与宪法条文和普通法律进行对比，借此提出"部门间相对效力"这一认知模式。他从比较法视野入手，将这种认知模式归纳为违宪审查至上、立法至上和部门主义三种模型。同时，他又将三种模型分为六种具体形态，如将前两者进行比较又有强弱两种形态的区分,将后者分为静态和动态部门主义两种具体形态。在此理论框架之下,他提出在中国宪法解释效力建构模式的选择上,应当关注宪法解释结果的确定性、标准的可操作性和实效性以及足以维护宪法最高规范属性等方面。最后,陈鹏副教授指出,在当前全国人大实施违宪审查的基础上,应采取弱违宪审查模式,并且可以适当探索法院违宪审查模式。

西北政法大学常安教授作了题为"规范、结构与历史:现行宪法宗教条款解读"的发言。常安教授把我国《宪法》第36条置于宪法文本的整体规范内容、逻辑结构中以及现行宪法宗教条款的历史背景中加以理解。首先,他为我们分析了我国《宪法》第36条的规范蕴含。其次,指出宗教信仰自由作为一项基本权利,为使其在宪法和法律规定的轨道上更好地行使,也需要将其放在我国现行宪法文本的整体结构中去理解。最后,他浓墨重彩地利用历史解释的宪法解释方法,回溯历史,从新中国宗教工作的历史脉络中理解我国现行宪法的宗教条款。通过对从鸦片战争至新中国成立以来西方天主教、基督教大规模传入中国的大量历史史料和原件的研究分析,进一步地为我们印证了我国现行宪法宗教条款中对于宗教与政治、教育相分离,宗教活动必须合法、独立自主办教等内容规定的立宪远见和智慧。

中南大学法学院周刚志教授的发言围绕"事实描述和宪法解释"展开,认为合宪性控制首先需要解决宪法相关概念问题。他在谈到"相关历史叙述会构成宪法规范形成的背景"时指出,在民族问题上,中国宪法对其所作的表述源自苏联的民族理论。在谈到"事实认定可能会构成宪法规范内容"时他指出,我们把族群确定为民族,又在宪法上确定了民族政策的内容,所以相关历史叙述就变成了宪法规范内容的组成部分。同时周刚志教授还认为"生活事实构成宪法规范事实的效力",即宪法解释不仅要从文义即制宪者原意出发,还要考虑宪法规范实施的效果是什么。最后周刚志教授强调,如果要建立相对自主的中国宪法学体系,就不能固步自封,单纯引入域外宪法释义学的内容,或单纯固守中国宪法文本的文义。如果我们对宪法条款不根据社会内容作全方位的深入分析,就会失去对相关问题的话语权。

(四)"重点领域立法"的宪法基础

中央民族大学郑毅副教授作了题为"论设区的市地方性法规制定权的宪法基础及其边界——以《宪法》第100条和《立法法》第72条为核心"的发

言。郑毅副教授指出，在《立法法》修改的大背景下，立法主体急剧扩张，从而造成了对现有宪法体系的冲击。他认为，目前对于设区的市立法权问题，主要存在间接立法权和直接立法权两种立场。在目前我国《宪法》第 100 条没有赋予解释空间的情况下，通过修宪方法能够彻底解决问题，但可以通过解释方法对二者之间的矛盾进行缓和，最后他认为我们需要注意我国《立法法》对地方立法权的控制问题。其中包含对于控制模式的选择、控制模式的局限性以及对控制模式的技术优化等方面。

深圳大学法学院赵伟博士作了题为"论粤港澳中的区域合作立法问题及其反思"的发言。赵伟博士认为现在粤港澳区域合作中存在的立法问题主要包括以下三个方面：第一，粤港澳区域签订的行政协议的法律地位尚处于不明确的状态；第二，粤港澳区域合作行政协议的内容、缔约主体包括一些程序僭越了现行宪法以及法律的规定；第三，地方权力机关主要是指地方人大及其常委会，在行政协议缔结过程中其丧失了主导地位。所以，为了完善粤港澳区域合作行政协议制度，应引入法治的理念，包括良法之治、程序之治、理性之治，这样才能够为粤港澳区域合作行政协议提供一定法律上正当性的依据。

（五）基本权利、基本义务与协商民主

首都师范大学郑贤君教授作了题为"论基本义务的宪法位阶"的发言。郑贤君教授首先批判了"基本义务是宪法中多余的部分"和"基本义务仅仅是法律义务"的观点，认为现代宪法不是纯粹的自由主义的产物，而是自由主义和共和主义的混合物，主张履行基本义务也是对自己的保护，是对国家的一种奉献。比如，爱祖国，这是一种美德，而且是一种政治品质和公共品质。她同时指出，基本义务体现为爱国主义的理论前提就是公民的双重身份，即公共身份和私人身份、公共人格和私人人格、在政治上的公民和法律上的人民。其次，她认为宪法义务是三位一体的，其既是义务又是国家权力，还是基本权利，从而引出的第一个观点是基本义务和基本权利同源，第二个观点是我们既是自己的主人又通过限制自身来保护自己，第三个观点是义务是基本权利的界限。最后，她认为基本权利和基本义务不仅是对个人的限制，还是为了保护自己。

中国人民大学法学院陈国飞博士作了题为"网络言论自由立法的合宪性控制"的发言。网络言论自由立法，在外在形式或是在内容方面、程序方面，都要接受合宪性的控制。他首先对网络言论自由立法合宪性控制中，网络言论

自由的价值及其立法特点的基础理论进行了介绍。其次在现有的中国特色网络言论自由立法体系下，对我国在网络言论自由立法方面仍存在的问题进行了概括总结，体现在六个方面。最后从立法外在形式的合宪性控制、立法内容的合宪性控制、立法程序的合宪性控制三个方面对我国网络言论自由立法的合宪性控制进行了总结分析。

（六）具体法治中的土地问题

杭州师范大学刘练军教授作了题为"宪法城市土地条款研究"的发言。他从我国《宪法》第10条第1款出发来谈城市土地国家所有问题。他认为，城市土地为国家所有是一个原则规范而不是一个规则规范。他系统地提出了城市土地国家所有的制度性保障：第一，要求立法者给城市土地问题建立完备的法律制度；第二，制度性保障说的基本手段是政府对城市土地的规划管制；第三，制度性保障说的核心内容是保护国民的城市土地权益；第四，保障国民城市土地权益的司法救济。

辽宁师范大学韩秀义教授作了题为"诠释'国家所有'宪法意涵的二元视角"的发言。他认为，若要对"国家所有"的意涵作出宪法解释学意义上的诠释，最重要的是细致解读和提炼中国宪法的制度特质。从"国体""政体""宪法权利"这三个核心概念出发，可认为"二元性"是中国宪法制度的显著特点。一是以执政党为核心的系统；二是以人大为核心的系统。最后，他在综合性的视角下对"城市的土地属于国家所有"的宪法意涵进行了"新"解释。

华南理工大学洪丹娜讲师作了题为"宪法视阈中住宅建设用地使用权自动续期的解释路径"的发言。她指出，目前的法律制度将住宅建设用地使用权的续期置于模棱两可的范围，从宪法规范寻求到一个尽可能明确的解释路径尤其重要。她从财产权、住房权和平等权三个视角基于生产资料和生活资料的区分，寻求可能的解释路径。首先，从财产权的视角来分析，住宅建设用地使用权期间届满时，默认为权利人继续使用，无须任何程序即可续期。其次，从住房权的视角来分析，为满足生活所需的住宅建设用地使用权的续期费用应该显著低于非生活必需的土地使用权的续期费用。最后，从平等权的视角来分析，对于出让期限低于法定最高年限的住宅建设用地使用权的续期应该首先续期到法定的最高期限。与此同时，出于对法律制度信赖利益的保护，法律变动所引起的不利后果不应完全由个人承担，在续期费用的缴纳上应该给予一定程度的倾斜。

三十　中国法学会宪法学研究会 2017 年年会综述①

2017 年 8 月 26 日至 27 日，由中国法学会宪法学研究会主办，吉林大学法学院、吉林大学理论法学研究中心、"2011 计划"司法文明协同创新中心承办，北京大成（长春）律师事务所、东北师范大学法学院、长春理工大学法学院协办的中国法学会宪法学研究会 2017 年年会在吉林省长春市隆重开幕。本届年会主题为"宪法与人民代表大会制度的发展"，共收到参会论文 125 篇，来自全国各地的 200 多位专家和学者参会。

8 月 26 日上午，年会举行开幕式。吉林大学校长李元元院士，吉林省人大常委会法制工作委员会主任鲁晓斌同志，中国法学会宪法学研究会会长韩大元教授，最高人民检察院党组成员、副检察长、中国法学会副会长徐显明教授等领导先后致辞。开幕式由吉林大学法学院院长蔡立东教授主持。

蔡立东教授首先代表吉林大学法学院热烈欢迎中国法学会宪法学研究会 2017 年年会的与会代表。蔡立东教授特别指出中国法学会宪法学年会 30 多年的成就及其重要的地位，并向各位嘉宾简单介绍了吉林大学法学院概况和宪法学学科的发展历程与基本情况。

李元元院士代表学校向各位领导和专家学者的到来表示诚挚欢迎，向会议的召开表示热烈祝贺，向与会代表长期以来对吉林大学的关心、支持和帮助表示衷心感谢。李元元院士向各位嘉宾介绍了学校概况和本校法学学科的基本情况。李元元院士指出，坚持人民代表大会制度、通过完善人民代表大会制度加强宪法实施、维护宪法尊严，是我们必须面对的重大理论和实践问题，需要中国的法学学者，尤其是宪法学者潜心研究、群策群力。

鲁晓斌同志首先对大会召开表示祝贺，对各位专家学者的到来表示热烈的欢迎和诚挚的问候。鲁晓斌同志指出，生活的日新月异对理论界提出了挑战，深入研究宪法与人民代表大会制度的发展，探讨如何在坚持和完善人民代表大

---

① 参见任喜荣、邢斌文《宪法与人民代表大会制度发展——中国法学会宪法学研究会 2017 年年会综述》，《中国宪法年刊》（2017 年），法律出版社 2018 年版，第 207~218 页。

会制度的基础上推进依法治国、依宪治国，尤为重要。

韩大元教授代表中国法学会宪法学研究会对各位代表参加本次年会表示欢迎，对会议承办和协办各方表示感谢。韩大元教授提出，2017年是"八二宪法"颁布实施35周年，同时也是习近平总书记"12·4"讲话5周年，要践行"八二宪法"精神，持续推动加强宪法实施。韩大元教授对于宪法学未来的发展提出展望，希望未来宪法学者能够积极地推动宪法学的发展，形成中国的宪法学理论。结合本次会议主题，韩大元教授提出，会议选题的意义在于落实中央精神中有关的宪法内容，推进宪法学的发展，平衡学科体系，建立新的概念、新的理论，为未来宪法学发展提供中国方案。

徐显明教授代表中国法学会向与会代表表示感谢。徐显明教授首先论述了对习近平法治思想的认识，并详细梳理了习近平总书记相关重要讲话的内容。徐显明教授提出希望宪法学的研究能够继续关注宪法的实施，希望宪法学者能够关注中国的司法体制改革，也包括关注监察体制改革。徐显明教授指出，宪法学者应关注宪法学的基础理论和基本问题。

开幕式后，中国政法大学法学院廉希圣教授、中国人民大学法学院胡锦光教授、吉林大学法学院任喜荣教授、武汉大学法学院秦前红教授、厦门大学法学院王建学副教授在大会全体会议上依次进行主题发言。全体会议由韩大元教授主持。全体会议结束后，中国法学会宪法学研究会理事会召开会议，对上一年研究会工作进行了总结，并对下一年研究会工作进行了部署和规划。

8月26日下午与8月27日上午，组织了两个平行的分论坛，50余位学者围绕年会主题作了报告和评议。

8月27日上午分论坛结束后，大会举行了全体会议，由常务副会长、中国社会科学院法学研究所莫纪宏研究员主持。中国社会科学院法学研究所陈云生研究员、清华大学法学院林来梵教授、中央民族大学法学院郑毅副教授、厦门大学法学院陈鹏副教授进行总结发言。

8月27日中午，大会举行闭幕式。闭幕式由莫纪宏研究员主持。华东政法大学法律学院童之伟教授作会议总结。童之伟教授对本次会议作出高度评价，认为本次年会是一次高水平的会议。随后进行了优秀年会论文颁奖仪式，由副会长、中国人民大学法学院胡锦光教授代表研究会对优秀论文评选过程和标准进行了说明，并宣布了10篇年会优秀论文名单。秘书长、中国人民大学法学院张翔教授代表秘书处对会务进行说明，对中国法学会宪法学研究会下半年的工作计划进行说明。副秘书长、中央财经大学法学院于文豪副教授对《中国宪法年刊》的出版情况进行了说明，副秘书长、中国社会科学院国际法研究所刘小妹副研究员就学会对外交流和党建工作进行了说明，副秘书长、武汉大学法学院黄明涛副教授对本次年会分论坛发言的遴选情况进行了说明，副会长、中国人民公安大学法学院齐小力教授就年会考勤情况进行了通报和说明。最后，下届年会承办单位代表东南大学法学院龚向和教授进行了发言。

8月27日下午，中国法学会宪法学研究会国防与军事法律制度研究专业委员会2017年年会、中国法学会宪法学研究会宪法学教学专业委员会"法治人才培养与宪法学教学研究"学术研讨会、外国宪法与比较宪法研究学术圆桌论坛分别举行，与会学者围绕相关主题进行了发言。

除了上述会议之外，8月26日晚，"吴家麟先生与新中国宪法学的奠基"座谈会举行。座谈会由韩大元教授主持。来自全国各高校的40余名学者参加了本次座谈会，共同缅怀吴家麟先生，追忆先生的高尚情怀和先生对中华人民共和国宪法学发展作出的卓越贡献。

本届年会的主题为"宪法与人民代表大会制度的发展"，具体研讨题目包括人民代表大会制度规范的宪法解释、监察体制改革的宪法基础、宪法与选举制度改革、全面深化改革与宪法修改、议会制度的未来走向等。根据发言顺序和发言涉及的具体问题，年会全体会议和分论坛发言的主要观点如下。

（一）人民代表大会制度规范的宪法解释

中国政法大学法学院廉希圣教授回忆了"八二宪法"修改时关于人民代表大会制度改革的相关内容。廉希圣教授回忆，人民代表大会制度是"八二宪法"修改时最难啃的骨头，当时的方针是要坚持和完善人民代表大会制度。"八二宪法"之前，人民代表大会制度并没有充分发挥优势。当时的缺陷是人民代表大会代表数量众多、部分代表素质不高、"文化大革命"期间长期没有召开会议、全国人大常委会的职权亟须调整。修宪过程中对相关问题都有所讨论。随着人民代表大会制度的完善，"八二宪法"修改时对其他国家制度也进行了改革。包括恢复了国家主席的设置，增加了中央军委领导全国武装力量的规定，增加了审计署和国务委员的规定，明确规定了总理负责制，规定了某些重要领导岗位的任职期限，这是中国民主制度的重大进步。

中国人民大学法学院胡锦光教授作了题为"国家治理体系现代化背景下

的宪法和人民代表大会制度发展"的发言。胡锦光教授提出以党的十八大为分水岭将中国的改革分为两个阶段。前者是要解决党的十一届三中全会的基本判断,即中国社会的基本矛盾是落后的生产力和人民群众日益增长的物质需求之间的矛盾。这个问题在中国已经基本解决。后者是要解决当下中国的基本矛盾,即公权力滥用与日益增长的公民权利意识之间的矛盾。当下中国需要追问发展目的,面临利益多元化、公民权利意识和政治诉求增强、社会主义核心价值观的缺失、社会公平的理念没有充分实现、中国贫富差距随改革开放拉大、社会创新能力不足、民众的权利意识越来越强但界限不清晰等问题。宪法和人民代表大会制度的发展有两个原则:第一,穷尽现有的制度资源才能改革;第二,要用法治思维和宪法思维讨论改革发展。胡锦光教授提出了六项措施,即强调国家尊重和保障人权的理念、必须加强公开的宪法监督、解决防止公权力滥用问题、保障公权力依法有效运行、强调社会主体公民个人在国家治理过程中的作用、按照宪法思维强化国家治理体系建设。

厦门大学法学院王建学副教授作了题为"论地方政府事权的法理基础与宪法结构"的发言。王建学副教授提出,我国通行的单一制理论历来采取一种关于地方事权的三段论,它在理论渊源上存在体系性断层,在实践发展上则僵化滞后。王建学副教授主张对《宪法》第3条第4款进行重新解释,确立地方主动性和积极性原则,第三章则为地方事权提供具体保障,因此其地方事权与规范固有权说相契合。宪法中的地方政府事权在类型上包括地方自主事权与中央委托事权,在推进各级政府事权规范化和法律化的过程中须甄别两类事权,围绕地方自主事权应塑造地方自主法律制度,使地方人大和政府共同兴办地方事业并向地方人民负责,对于中央委托事权应以国务院为中心实现委托的扁平化和规范化。王建学副教授提出,重新解释《宪法》第3条第4款的理由包括:第一,联通当下世界地方自治发展的大势所趋,地方自治已经成为单一制的重要现象;第二,延续清末立宪改革以来的地方自治改革的脉络,重新重视固有权说的意义;第三,为中央与地方改革中的弊病提供思路。

山东大学法学院姜峰教授作了题为"宪法的结构性特征"的发言。姜峰教授分三个部分来探讨这个问题。第一部分主要是阐明"宪法的首要功能是结构性的而非实体性的"观点。第二部分是支持自己的观点的证据,分别从历史角度、现实角度和基本权利功能的角度来论证自己的观点。第三部分是他的观点的价值所在——解决了三个问题,一是违宪审查制度存在的意义,二是如何理解宪法中的基本权利，三是如何理解宪法与法律之间的关系。

东南大学法学院陈道英副教授作了题为"什么是言论"的发言。她认为，对宪法中的言论自由条款进行解释，首先需要完成的任务是解释什么是言论。陈道英副教授对学界现存的象征性言论、美国宪法第一条修正案扩张主义下言论的认定、互联网时代言论新形式三个方面进行阐释和评价，提出认定言论首先看重交流性，其次能否促进言论自由。最后回到我国宪法，得出以下观点：一是对于《宪法》第 40 条、第 41 条、第 47 条所明确规定的通信自由，批评和建议以及申诉、控告、检举的权利，进行科学研究、文学创作和其他文化活动的自由等权利，应当优先以上述具体条款进行保护，而不宜认定为言论；二是言论不限于语言，语言也不一定就构成言论。

杭州师范大学法学院刘练军教授作了题为"围绕人权——人民主权理论的演变"的发言。刘练军教授从人权关怀的视角对支持和反对人民主权的两派观点，对人民主权的由来、对人民主权的异议、人民主权的公意之辩、人民主权的程序化诠释予以梳理和简要评析，以透视人民主权的观念。通过实体化的制宪权和宪法，权威性的人民主权和人权之间获得了沟通管道，两者因此而统一起来。如今重要的是深入探讨我国人民主权的制宪传统，并在已有的研究基础上进一步深化人民主权与人权之间的关系研究，重估人权入宪对于人民主权的制宪传统的价值和意义。人权与人民主权是两面一体的，在关注人民主权这个"面子"的同时，理应更加热诚地关注人权这个"里子"。

复旦大学法学院涂云新讲师作了题为"立法体制与法治建构——以立法权的功能设计为核心的探讨"的发言。涂云新讲师分三个部分对该主题进行了阐述：第一部分是立法权结构功能主义的问题导向；第二部分是立法功能主义视角下立法权的功能配置和宪法依托；第三部分是人民代表大会制度立法权的配置问题。他认为，在理论上和实务上重新反思立法权的功能体系是在中国现有的政治和宪法框架下继续推进民主政治发展的关键。

天津理工大学法政学院杨凡讲师作了题为"何以及如何社会主义之'八二宪法'中的上层建筑——1982 修宪草案（报告）析读"的发言。杨凡讲师以《关于中华人民共和国宪法修改草案的报告》为蓝本，审慎选择与该报告所涉内容有较高关联度的其他史料，对"八二宪法"中的社会主义政体的道义正当性、社会主义民主的宪法结构、社会主义精神文明建设的宪法义理予以细致的解读，并在"何以社会主义"及"如何社会主义"的两个问题中，追寻"何为社会主义"的国法伦理。

曲阜师范大学法学院马洪伦副教授作了题为"论立法解释制度的功能变迁"的发言。马洪伦副教授指出，本议题的初始思路来源于对立法解释面对的两个问题的考虑：一是立法解释的正当性难题；二是一些立法解释实践存在解决旧问题的同时会引发新问题的现象，即立法解释的实践价值难题。对立法解释的功能应予以肯定，并需要从立法解释的功能论证立法解释的正当性。统一法律适用是立法解释制度当前的主要功能，存在受制于法律适用过程中各方的认识冲突、消解司法解释合法性审查制度、再解释之必要等问题。对此，立法解释制度的合法性审查功能转向为立法解释制度确立新的正当性依据，可能激活合法性审查制度，进而推动宪法实施。但是，我们应当注意将其与合法性审查、司法解释、法律询问答复等相关制度相配合。

中央民族大学法学院郑毅副教授从中国宏观背景和个人微观背景两个角度总结了研究中央与地方关系的背景。郑毅副教授将我国中央与地方研究过程中的法治形象，总结为十二字：介入较晚、成果渐多、问题突出。郑毅副教授强调要认真对待规范，注重文本的重要性；关注原则性的条款，发掘宪法资源和其他学科已有资源；紧跟政策走势。

厦门大学法学院陈鹏副教授作了题为"合宪性审查中的立法事实认定"的发言。陈鹏副教授提出，作为代议机关的人民代表大会及其常委会制定的法律及地方性法规虽然有民意的支撑，但此类立法的合宪性取决于其是否有相关的社会经济方面的事实基础。因而，对立法事实加以认定，便成为针对立法实施合宪性审查的重要环节。立法事实包括与立法目的有关的事实、与立法手段和立法目的之关联性相关的事实，以及作为法益衡量之前提的事实。在由司法机关对立法的合宪性实施审查的国家，法院在认定立法事实时通常采取自制的立场。我国虽未采取由法院实施合宪性审查的体制，但考虑到审查的程序、立法机关予以回应的时限以及审查的目的，作为审查主体的人民代表大会及其常委会亦应在认定立法事实方面保持一定程度的自制。立法实施合宪性审查时的自制技术包括将审查基准与不确定性原则相结合，以及程序性审查优先。

清华大学法学院林来梵教授在总结发言时指出，人民代表大会制度的根本政治制度的性质决定了其在所有问题中的核心地位。年会中对这些问题的讨论并不是很多。这一现象与宪法学十几年来研究的总体趋向有关，宪法学对于基本权利的研究、对宪法实施和监督制度的研究较多，对国家机构和国家制度的研究略显薄弱。林来梵教授认为，人民代表大会制度的发展可能正在开启并且已经开始悄悄地发生变化。人民代表大会制度的发展有赖于政治体制改革，有些制度改革正在悄然进行但是并没有外在表现出来。人民代表大会制度的发展不依赖于改革，而是依赖实际的政治变动。人民代表大会制度的关系重大，在关注明确的宪法发展动向的同时，要抓住宪法中人民代表大会制度的改革和发展机遇。

（二）监察体制改革的宪法基础

武汉大学法学院秦前红教授作了题为"监察制度改革的几个问题"的发言。秦前红教授分析了监察制度改革的五个主要问题。第一，监察委员会的名称和监察委员会的属性问题。"国家监察委员会"的名称没有"人民"，如何解决，应当慎重研究。第二，监察制度改革是否需要修宪。监察制度改革涉及宪法权力架构变动，仅通过宪法文义解释的方法是不能完成的。因此有些学者认为监察制度改革不需要修宪的观点是不恰当的。当下全国人大常委会而非全国人大授权试点改革方式的合宪性也应当慎重评估。第三，监察制度改革中的人权保障问题。监察制度改革试图实现监察范围的全覆盖，涉及范围很广。如果不能实现监察制度改革与刑事诉讼法的衔接，将会对公民人权保障产生重大影响。第四，国家机关的关系问题。一是监察委员会与人大的关系问题，将人大纳入监察范围是否会动摇人民代表大会制度，应当深思。二是监察委员会与司法机关的关系问题，监察制度改革可能将司法体制改革熔断。第五，国家监察法的立法技术问题。国家监察立法包括监察制度的组织法、程序法、管理法、行为法等模块，这些内容全部靠制定一部监察法解决，难度比较大。

中国社会科学院大学法学院马岭教授作了题为"政体变迁与宪法修改：监察委员会入宪讨论"的发言。马岭教授从政体变化与宪法修改入手，提出政体的变化是基本板块（如立法、司法、行政、国家元首）和非基本板块（立法、司法、行政、国家元首以外的板块）的变化，两者又可以分为板块的增减和板块大小的调整两类的观点，并认为监察委员会的设立属于非基本板块的变化。马岭教授认为，设立监察委员会属于政体变化，需要修宪，修宪的程序要进行全民讨论，同时监察委员会的设置要汲取历次修宪的经验教训；时间上不可操之过急；在相关讨论中要允许有不同的声音；有关制度的理论探讨要尽量深入。马岭教授预测，2018年3月召开全国人民代表大会时可能要进行修宪，但在国家政体中设立监察委员会的条件还不够成熟，建议继续试点，暂缓修宪；如果非修不可，则宜小修不宜大修，即在形式上以修正案的形式，在内容上仅增设监察委员会，不涉及宪法其他内容的变动。

浙江大学光华法学院郑磊副教授作了题为"国家监察体制改革中的宪法修改三题"的发言。郑磊副教授首先梳理了基础性问题视角的国家监察体制改革问题束，认为国家监察体制改革，不仅是直接触及国家机构现代化领域的一项重大改革，而且是执政党治理秩序国家化的又一次尝试。国家监察体制改革既需要考虑宪法修改时机，也需要明确这项宪法修改的核心议题。宪法修改不能仅仅停留于改革成功之后"确认式"合宪性增援的功能定位，而应实现"赋予式"合宪性增援功能的回归，当相关改革无法通过宪法解释途径获得宪法依据时，通过宪法修改事前获得宪法依据在必要性和时机上就不可回避。国家监察体制修宪的核心议题是如何通过国家监察制度改革进一步加强和完善人民代表大会制度，以及如何实现对监察委员会自身的监督制衡。就前者而言，国家监察体制改革应全面体现民主集中制原则，处理好人大监督与其他国家机关相互监督之间的关系。就后者而言，应注意在国家监察体制改革过程中构建对监察委员会监督制约的机制。

华南理工大学法学院夏正林教授作了题为"论国家监察和法律监督的合理定位"的发言。夏正林教授指出，这一选题的目的是探索究竟什么是好的国家监察体制。目前学者对该问题的研究角度主要有二：第一，宪法要不要修改的问题，要是修要怎么修；第二，研究哪些权力应该配置给监察委员会。一个国家监察体系是一个建构权力的体系，也是控权的体系，我国目前的模式主要是监督控权模式，现代国家控权体系应该是监督控权模式与分权制衡为基本形态多元并存的控权模式。我国监督控权模式虽然效率比较高，但是存在"谁来监督监督者"的问题和"控制权力本身以及控制权力人本身不分"的问题，而对这两个问题的解决，前者可以通过真正落实民主与法治，赋予社会知情权、新闻舆论监督权、公民个人监督权的方式解决，后者则要将"察人"和"督事"分开，用不同的规则进行规制。

中国政法大学人权研究院王理万讲师作了题为"监察体制改革中的公民权利调适"的发言。王理万讲师指出，监察体制改革并非单向度的权力重组与强化，而是系统性的宪法变迁，涉及公民权利的配套与调适问题。原有监察体制的发展呈现封闭化趋势，即由开放性的"人民监察通讯员制度"演变为半封闭的"特邀监察员制度",公民监督和参与的制度化程度降低。中国香港特区和新加坡的廉政体制下专门机构反腐模式具有严格的适用条件,我国监察体制改革过程中在借鉴有关经验时应当注重甄别。应当注意甄别封闭性的适用条件,在大国反腐中首先致力于选举制和责任制建设,充分运用执政党的反腐动员,完善与监督制度相配套的公民权利体系,实现专门监察机关与群众监督相结合、监察权力集中化与公民权利落实相同步的开放监察体制。由此,在监察体制改革中需要建立和完善监察信息公开制度、舆论监督制度,鼓励社会团体和组织参与反腐,并对监察委员会实行内部和外部的严密监督;进一步落实公民的知情权、参与权、表达权和监督权,实现公民对于监察体制的制度化参与;遵循人权保障原则,尤其是保障被调查人的合法权利。

中南财经政法大学法学院王广辉教授作了题为"论监察制度重构的宪法基础"的发言。王广辉教授认为,如今正在一些地方进行的监察制度重构试点,如同我们在改革开放以来进行的重大改革一样,面临着宪法基础何在的问题。王广辉教授首先对改革与宪法的关系进行分析,认为宪法的生命力不是建立在形式上的稳定,而应当考证宪法确立的原则和制度是否符合社会关系的实际,不能将改革与遵守宪法相对立起来,不应动辄作出违宪的判断。其次从宪法遵循的原理及规定的重要制度方面入手,寻找监察制度改革同宪法权威的实现之间最佳结合的答案。最后对监察制度方面宪法修改所涉及的具体问题进行阐述,内容包括监察机构名称的确定、组织体系以及权力范围。

西南政法大学行政法学院李鼎楚副教授作了题为"国家监察委员会的组织与运行:基于社会主义中国治理逻辑的展开"的发言。李鼎楚副教授从理性预设、认识论、方法论三个角度论证社会主义中国"先进性保障论"反腐败治理逻辑,并进一步拓展到其背后作为基础的"党权主导"式政治逻辑和试点型中国改革逻辑,从而论证组织监察体制改革的合宪性与试点型改革的合理性,进而为监察体制改革最关键的两大方面"组织"和"运行"提供指导性解决意见。基于以上探讨,中国监察体制改革对西方腐败定式进行两方面的突破:一是在"党权主导"的集中组织式反腐改革上突破西方"分权制衡"式的反腐模式;二是在"专责整合式"反腐运行模式上突破西方以司法为主的"唯法治主义"的反腐形态。

北京师范大学法学院郭殊副教授作了题为"国家监察体制改革背景下我国弹劾制度建构初探"的发言。郭殊副教授认为在我国监察体制改革背景下,构建弹劾制度具有必要性和可行性。郭殊副教授首先提出两个问题：一是监察委员会的职能同检察院相关职能之间的关系如何；二是面对人大罢免程序缺乏启动机制的情形，监察委员会的职能能否对人大进行监督。结合我国国情，可以借鉴外国宪法中弹劾制度和实践经验，对我国弹劾制度的基本原则、启动主体、弹劾对象、审议主体、弹劾事由、弹劾程序以及弹劾后果等方面提出构想。

中国社会科学院法学研究所陈云生研究员在总结发言时对监察体制改革提出四点看法。第一，宪法学界对监察权设立和监察委员会机构的一些观点未看到问题的本质所在，技术上的问题没有必要在理论层面发挥。第二，目前的宪法学界理论储备明显不足，理论框架要深入发展。我们应深入研究考虑先修宪后立法后建制的后果，未到"宪法时刻"修宪要慎重。第三，运用宪法兜底条款和宪法的现有条款要有理论研究。第四，设什么、怎么设监察机构不重要，关键是国家的权能配置是否科学合理，设立的机构职能是否到位。

（三）宪法与选举制度改革

辽宁师范大学法学院韩秀义教授作了题为"中国民主操作与运行的二元想象"的发言。韩秀义教授认为，需要以二元的视角，对民主的内涵作出价值性与工具性的理解；需要以内涵的角度理解民主，从价值与工具的视角，对民主制度类型作出党内民主与社会民主、共在生存式民主与共在发展式民主、基本权利保障的民主与非基本权利行使的民主的二元区分；需要对民主选举技术作出"选择"（selection）和"选举"（election）的二元运用。尽管两种"选举"存在重大差别，但如果更务实地考虑当代中国民主的切实展开，二者未必不能兼容，现行的中国宪法制度也蕴含着融合的可能性。民主制度真正得以操作与运行需要两种技术配合使用，在获得传统资源支持的同时，包含现代的普遍性元素。

广东财经大学法学院戴激涛副教授作了题为"人大代表，离你我有多远"的发言。戴激涛副教授指出，在宪法研究和教学中经常要回答宪法如何在具体生活中发挥作用的问题，因此对公民的宪法意识进行调研具有现实意义。通过分析428份"大学生眼中的人大代表"问卷，对《宪法》第27条"人大代表应保持同人民的密切联系"的实施情况进行实证研究。戴激涛副教授发现，在实践中，人民代表大会制度确实发挥了实际的民主功能，各级各地人大都制定了相关文件保证《宪法》第 27 条的实施，但人大代表深入群众的情况还不够理想。在当前人大代表联系群众的文本规范和制度保障都较完备的基础上，要促进人大代表和群众的交流，可引入商谈民主并将之建制化，通过建立规范化的商谈机制为人大代表与群众之间的联系提供制度化的对话平台与商谈场所，以更好地保障人民群众的各项权益。

大连海事大学法学院王世涛教授作了题为"论人大选举制度之革新——从辽宁贿选案切入"的发言。王世涛教授从湖南衡阳以及辽宁贿选案入手追问贿选发生的原因和贿选的发生与人民代表大会制度的关系。王世涛教授认为，贿选的发生暴露出人民代表大会制度的结构性出现了问题，主要包括：人大代表公私身份混同、人大代表选举经费财政统一支付的困窘、人大代表选举程序的缺陷、人大选举机构监督职能缺失、人大选举法律责任制度的偏狭。王世涛教授接着对贿选的概念进行剖析，认为其与"逼选"和"假选"不同，要准确对其内涵进行界定。对人大选举制度进行变革的方式包括：构建组织一体职能分殊的选举机构，形成代表候选人公平竞争的机制，健全秘密投票和公开计票制度，确定在竞选机制上的选举经费规范管理制度，完善人大选举的责任追究制度。

上海师范大学法学院石文龙教授作了题为"我国防范贿选的监督制度建设研究"的发言。石文龙教授梳理我国法律中对选举监督制度的规定后指出，我国现有选举监督制度存在若干问题，包括对贿选的定义需要完善、选举监督注重事后监督但事前的防范不足、无独立的监督机构、检察院作为国家的法律监督机关对选举诉讼缺乏应有的制度性规定。石文龙教授认为，现行法律对贿选界定的模糊性，弱化了对贿选的有效监督，应当在法律上对贿选行为进行明确规定。石文龙教授建议，可以在人大体系中设立独立的选举监督委员会，同时加大对选举费用的监控力度，并综合运用执政党监督、公民监督和检察院监督等多种手段完善我国的贿选防范制度，推进国家民主法治建设。

南京师范大学法学院屠振宇教授作了题为"平等视角下的全国人大代表名额分配规则研究"的发言。屠振宇教授认为代表名额规则关乎选举权的实现，其性质上属于法律问题，从选举权实现的角度来看代表名额的适当分配体现着选举平等原则。屠振宇教授通过梳理代表名额分配规则在 1953 年选举法、1979 年选举法以及 2010 年选举法中的变化，揭示了人大代表名额分配规则的真实样态。屠振宇教授认为 2010 年选举法将全国人大代表名额划分为三类：

根据人口数计算确定的名额、相同地区基本名额和其他地区应选名额,为满足实质平等提供了框架,但其在具体实施过程中执行新规却沿用过去的分配办法和步骤,使修法之后的首次全国人大代表名额方案并不理想。屠振宇教授提出,要重新建立一套适合新的分配规则的具体分配办法来完善这一规则。

(四) 全面深化改革与宪法修改

吉林大学法学院任喜荣教授作了题为"国家机构改革的宪法界限"的发言。任喜荣教授指出,以国家监察体制改革、司法体制改革为代表的国家机构改革目前正在全面推进,我国国家机构的组织构造和权力配置也在经历深度调整,有些改革举措已经波及宪法上的国家权力基本架构。在此背景下,国家机构如何"依宪改革",宪法文本如何通过解释和修改积极回应国家制度变革的现实需求已经成为宪法研究必须直面的重大理论问题和实践问题。我国宪法文本对各种国家机构改革的规范强度有所不同,可分为四种情况:改革方案与宪法规定明显不一致,改革方案的合宪性须经由宪法解释作出权威判断,改革方案不违背宪法的原则性规定,改革方案属于宪法未作明文规定的调整事项。当前国家机构改革对宪法的回应策略有三种,即改革方案避免与宪法相关规定发生抵触,改革的突破性内容隐含修宪意图,改革的特色内容超出宪法框架但暂时回避宪法调整。国家机构改革应当遵循"形式合宪"的法治基准,坚持审慎的制度变革理念,坚持国家权力配置结构的协调统一,确保国家机构改革的合宪性。

吉林大学法学院李海平教授作了题为"论政党内部法治"的发言。李海平教授首先从政党与法治的一般关系着手,他认为,政党和法治之间相互依存,无法治则无政党,无政党亦无法治,但二者又相互冲突。接着他对政党内部法治的正当性进行追问,阐述了政党内部法治化的正当化理由和正当化隐忧,为政党内部法治化的制度设计提供了理论基础。最后李海平教授认为,政党内部法治不可避免地附带消极后果,根本原因在于政党内部法治和自治两种不同价值的冲突,为平衡这两种价值的冲突,李海平教授提出"政党内部最低限度法治"的基本原则,并论述该原则的具体制度构成。在此基础上,李海平教授认为,需要由法治政党建设来引领中国的法治建设。

上海交通大学凯原法学院范进学教授作了题为"全面深化改革下的宪法修改问题"的发言。范进学教授指出,由于全面深化改革所涉及的改革领域具有全面性与深刻性,已经突破了宪法解释所能容纳的范围与技术要求,必须通过宪法修改的方式加以完善。宪法修改具体可能包括：《宪法》序言的修改，农村土地制度改革引发的《宪法》第 8 条的修改，公有制与非公有制财产同等保护引发的《宪法》第 11 条、第 12 条的修改，司法管理体制改革引发的宪法 5 个条款的修改，设立国家监察委员会引发的《宪法》6 个条款的修改及章节的增加，我国宪法具体实施专门机构的改造引发的《宪法》第 70 条的修改。如今宪法全面修改的时机已经成熟，急需对我国现行宪法进行全面修改，但需要在立宪观念上明确什么可以入宪，什么不可以入宪，力求按照宪法的本质与功能进行修改，保证宪法的长期稳定。

与会学者在探讨我国监察体制改革时，也多次涉及修宪问题，不再赘述。

（五）议会制度的未来走向

深圳大学基本法研究中心邹平学教授作了题为"论人大重大事项决定权的规范内涵及制度完善"的发言。邹平学教授认为对人民代表大会制度不仅要进行规范性研究，也要对其从政治行为、政治心理、社会心理等角度进行研究。邹平学教授指出，人大代表人数众多带来了以下问题：第一，开会时间很短；第二，人大代表不可能是专职代表，影响人大事权行使；第三，人大代表的规模大，对其控制很难；第四，个体上的人大代表人微言轻。为了解决这个问题，宪法制度安排设立了一个规模较小的人大常委会，其在行使权力便利、高效的同时，使人大的功能得以落实。但双重制组织结构理论有时候相互冲突，部分情况下人大常委会作出的决定是人大所不愿意的，如何解决需要进一步思考。

四川大学法学院博士研究生孔德王作了题为"论委员长会议的权力扩张——以全国人大常委会监督权的行使为视角"的发言。孔德王指出，通过设立委员长会议处理全国人大常委会重要日常工作，其目的在于弥补全国人大常委会每两个月才开一次会议难以处理日常工作的缺陷，从而加强全国人大常委会的作用。委员长会议并非权力机构，设立的初衷就是为全国人大常委会更好地行使权力服务。但是，在全国人大常委会行使监督权的过程中，全国人大常委会委员长会议的权力出现了扩张。全国人大常委会委员长会议不仅独立制定全国人大常委会监督工作计划，而且在全国人大常委会行使监督权的整个过程中都存在重要影响。全国人大常委会委员长会议的权力扩张，增强了全国人大常委会监督工作的计划性，有利于加强党对全国人大常委会监督工作的领导，但也存在一定的消极影响。消解全国人大常委会委员长会议权力扩张的消极影响，应当转换制度设计思路，从延长全国人大常委会会期入手，提升全国人大常委会的工作能力。

黑龙江大学法学院尤晓红副教授作了题为"俄罗斯议会地位演变之考察——基于权力制衡的视角"的发言。尤晓红副教授从历史维度剖析了苏联解体后，俄罗斯三个不同时期（府会之争时期、叶利钦时期和普京时期）议会与总统的关系，指出：在府会之争时期，议会能够对抗总统；在叶利钦时期，议会尚能挑战总统的权威；在普京时期，议会已无制约总统的可能。尤晓红副教授认为，俄罗斯议会地位的变迁表明在俄罗斯宪法实施过程中，权力分立和制衡还未在现实中展现出来。尤晓红副教授指出，议会没有办法制衡总统的原因在于：总统通过掌控大党来收复国家杜马以及通过修法控制联邦委员会的方式来收复议会，以使通过议会制约总统失去可能性。尤晓红副教授指出，本研究的意义是揭示俄罗斯距离法治和民主存在的差距，之后的研究应该探究其原因。

上海财经大学法学院王宇欢讲师作了题为"有限授权与有效监督——试论英国特别委员会的监督权及其对我国的借鉴意义"的发言。王宇欢讲师指出，英国下议院特别委员会，任务在于监督政府。它虽然权力有限，却能通过影响议会的辩论、政党的意愿、媒体的关注、利益群体的参与，迫使政府在特定问题上采取积极行动。在我国，专门委员会对政府的监督效果不佳，其原因多被归结为法律授权的不足。然而，英国的成功经验，为我国提供了另一种改革思路，即尊重现有的权力框架，塑造广泛的政治影响，形成柔性的预警系统，进而取得有效的监督效果。

在年会闭幕式上，华东政法大学法律学院童之伟教授对年会所有发言进行了总结。童之伟教授对本次会议作出高度评价，认为这是一次高水平的会议。

三十一　中国法学会宪法学研究会 2018 年年会综述[①]

2018 年 9 月 15 日至 16 日，由中国法学会宪法学研究会、东南大学法学院主办的中国法学会宪法学研究会 2018 年年会在南京举行。本届年会恰逢改革

[①] 参见刘振华、陈道英《改革开放 40 年与推进合宪性审查——中国法学会宪法学研究会 2018 年年会综述》，《中国宪法年刊》（2018），法律出版社 2019 年版，第 223~235 页。

开放 40 周年，同时又是 2018 年在中共中央领导下进行的重要修宪后的宪法学界的第一次大型学术会议，意义深远，影响重大。本届年会主题为"改革开放 40 年与推进合宪性审查"，得到了各地宪法学者的积极响应，共收到参会论文 150 余篇，来自全国各地近 300 名代表出席研讨。

9 月 15 日上午，年会举行开幕式和全体会议。东南大学校长张广军院士，中国法学会党组成员、副会长、学术委员会主任张文显教授，江苏省法学会会长林祥国教授，中国法学会宪法学研究会会长、中国人民大学法学院韩大元教授分别致辞。开幕式由东南大学校党委常委、副校长周佑勇教授主持。

张广军院士代表全校师生向长期以来关心、支持和帮助学校发展的各位领导、各位专家学者和各界友人，表达了真挚的欢迎与浓厚的谢意，向在法学前沿引领发展、竭诚奉献、攻坚克难的各位老师致以崇高敬意。张广军院士介绍了学校概况，并着重介绍了东南大学法学院近些年创新发展的办学特色。张广军院士指出，东南大学作为 2018 年宪法修改后首个宪法学研究会年会的承办方深感使命艰巨，希望法学人能用法治润泽制度，早日实现良法善治。

张文显教授代表中国法学会王乐泉会长对宪法学研究会 2016 年换届以来的工作表示肯定，并对中国宪法学的未来表达了殷切的希望和良好的祝愿。张文显教授指出，2016 年换届以来，宪法学研究会始终坚持党的思想理论的引领，举办大量的学术活动，鼓励原创宪法研究，关心宪法新人，积极开展学术交流，提高宪法学研究的国际化水平。张文显教授认为，宪法学研究会应以推进合宪性审查为契机，推动宪法实施，维护宪法权威，完善和健全中国特色社会主义法律体系；本次会议对落实依法治国、依宪治国和依宪执政同样具有重大意义。

林祥国同志代表江苏省法学会对年会的举办表示热烈祝贺，向长期以来关心支持江苏法学研究事业的各位领导和专家学者表示感谢。林祥国会长简单介绍了江苏法治建设所取得的成就，江苏把法治建设纳入经济社会发展总体规划，形成了具有江苏特色的区域法治建设创新思路和工作格局。同时，感谢本次年会为江苏省法治建设走在全国前列提供的理论支撑和智力支持。

韩大元教授感谢各位领导对此次年会的指导以及东南大学法学院与志愿者同学的安排和服务。韩大元教授认为，改革开放 40 年到今天，广大宪法工作者和学者为改革开放顺利进行提供了坚实的智力支持，可以概括为三个方面：重建维护宪法秩序；建构宪法价值体系；为改革开放提供制度保障。这推动了宪法的实施，维护了国家法治统一，通过宪法凝聚社会共识，建立宪法基本范畴，推动了宪治中国进程，在方法论上建立了开放的方法论体系。在国际舞台上，我们积极将中国宪法的实践向国际社会宣传介绍，特别是让我们骄傲的"一国两制"的理论体系化和世界化，这是中国学者思想性、原创性的理论成果。此外，韩大元教授指出，我们需要认真对待新时代宪法学的命题，进一步提升我们的解释能力；中国的宪法学是在中国土地上成长的学科，在未来的研究中我们要重视人民的需求、人民的权利，为中国的宪法学学科发展作出努力。

年会期间共组织了两场全体会议，老中青共 9 位学者作了大会发言。另外，会议组织了三个平行的分论坛，50 余位学者作了主题发言或评议。特别值得指出的是，本届年会专门组织了"宪法与刑法的对话"分论坛，邀请了德国波恩大学的金德霍伊泽尔教授，以及中国的张明楷教授、刘艳红教授、劳东燕教授、梁根林教授等 10 余位刑法学者参会，并作了主题发言或评议，在宪法学与刑法学之间进行了热烈的学科对话与交流，取得了良好的效果。此外，还举行了本研究会国防与军事法律制度研究专业委员会、人民代表大会制度研究专业委员会、外国宪法与比较宪法专业委员会的三场年会。以所涉问题为序，年会全体会议与分论坛发言的主要观点如下。

（一）改革开放 40 年与宪法学的发展

中国政法大学法学院廉希圣教授以"宪法与改革"为主题，就我国"八二宪法"制定的历史背景、时代潮流进行了阐释。廉希圣教授基于自己参与"八二宪法"制定过程的实际经历，详细阐述了"八二宪法"所体现的精神以及现实的合理性，并认为"八二宪法"全面体现了"改革开放"和"实事求是"这两个重要的指导精神。廉教授分别就宪法制定过程中的两个基本主题"政治议题"和"经济议题"进行了详细阐述。在政治体制改革中，重点阐述了国务院组成、国家主席的设立以及中央军委制度的建立等问题。在经济体制改革方面，廉教授阐述了"八二宪法"中确定的私营经济、个体经济，为市场经济的繁荣发展提供了重要制度支撑等问题。

中国社会科学院大学法学院马岭教授阐述的第一个问题是 20 世纪 80 年代的违宪审查与今天的合宪性审查之间的区别。违宪审查主要包括对法律文件的审查，体现了其法律功能，对国家领导人的违宪行为的审查，体现了其政治功能。通过对历史文献的回顾，发现 80 年代的违宪审查重点主要是审查国家领导人的行为是不是合宪。但通过违宪审查的方式并不能解决这个问题，对于如何解决这个问题，我们还在探索中。第二个问题是合宪性审查与合法性审查之间的区别。马教授认为，这次全国人大成立宪法和法律委员会对于进行合宪性审查意义重大，但合宪性审查的空间不是很大。首先是基本法律能否进行合宪性审查，基本法律的审查主体只能是全国人大，但由全国人大来审查自己制定的法律在逻辑上存在问题；另外，立法机关对自己制定的法律的立废改是立法体制的问题而不是合宪性审查的问题，违宪审查有着特定的环境与体制，它不能和立法体制完全吻合，也不是立法的一个环节，否则将大大降低它的作用。

深圳大学邹平学教授作了题为"四十年（1978~2018）基本法研究的回顾与前瞻"的发言。邹平学教授首先解答了为什么把基本法研究起始点定在1978年。对此，邹教授提出理据。首先，"香港基本法"概念产生于1985年，基本法与1982年宪法存在内在联系；1978年改革开放是制度变迁的逻辑起点，改革开放是决定当代中国命运的关键一招。其次，40年来基本法研究成果体现在五方面：成果来源所涉学科多元，显示基本法研究领域日益扩展；"问题域"丰富，覆盖全面；理论问题探讨持续深化，规范性渐趋浓厚，问题意识和实践导向越来越强；专题研究、精细研究日益凸显，分化与综合研究齐头并进；研究方法不断更新，实证研究凸显，跨学科研究、经验研究增多。再次，基本法研究面临问题：对"一国两制"实践和基本法实施的规律性研究缺乏，高水平成果不多；内地和海外共识成果不多，无法支撑形成一门综合的基本法哲学。最后，未来基本法研究应围绕贯彻落实党的十九大报告涉港澳论述的精神，恪守严格按照宪法和基本法办事的立场，完善与基本法实施相关的制度，提升学科建设水平。

山东大学法学院李忠夏教授作了题为"改革开放40年与宪法变迁"的发言。李教授首先梳理并肯定了学界对宪法变迁的研究成果；其次探讨了宪法变迁的轨迹，指出宪法变迁的概念在德国占据重要地位，诸多学者对此进行了持续而精深的研究，取得了辉煌的成就；接着，李教授结合国内研究成果，指出当下我们将宪法变迁的研究作为宪法解释的后果，但立足国内背景，应将其作为宪法解释的前提，着眼于从历史维度理解宪法变迁。李教授立足历史补充了宪法的两个变迁。第一个是"五四宪法"的变迁，目前学界认为"八二宪法"是对"五四宪法"的承继，实际上"八二宪法"不仅从原则上继受了"五四宪法"的精神，还对其有所发展。《共同纲领》和"五四宪法"以社会主义改造为方向，完全服务于政治目标，国家利益、社会利益、个人利益三者高度统一。第二个变迁是"八二宪法"通过之后，宪法的内在变迁。正如廉教授所讲，"八二宪法"承认个体经济的地位，将个体利益与国家利益、社会利益相分离；而对个体利益的保护，并非止步于个体经济，还包括私营经济。

（二）宪法与刑法的对话

本届年会全体会议特别邀请清华大学法学院张明楷教授作了"宪法与刑法的解释循环"的主题演讲。张教授指出，宪法与其他部门法的本体都是解释学。解释的循环是自上而下和自下而上的解释，即从宪法解释刑法，从刑法解释宪法。第一个问题是刑法解释的宪法依据。宪法是上位法、根本法，刑法的解释必须遵循宪法。具体而言，如果刑法的某个原则有了宪法依据，只要宪法没有例外，刑法就不能提出例外；可以援引宪法解决法益冲突，根据宪法原理找到法益冲突的解决原理；当刑法解释含义不明或者含义多重的时候，可以参考宪法。第二个问题是把刑法原则解释为宪法原则。具体而言，罪刑法定主义肯定是宪法原则，其思想基础是尊重人权和民主主义，《宪法》第 37 条直接可以解释为罪刑法定的依据；法益保护主义，对于宪法条文不保护的法益，刑法就不应保护；责任主义，德日在保护人的尊严中讲责任主义，我国《宪法》第 38 条讲人的尊严不受侵犯；总之，刑法和宪法的解释在技巧上还有很多空间。

在"刑法的合宪性边界"单元，德国波恩大学金德霍伊泽尔教授作了题为"罪刑法定原则的宪法意义"的发言。金德霍伊泽尔教授对罪刑法定原则在德国刑法中的内涵、产生背景及发展历程作了概述。金德霍伊泽尔教授指出，纳粹德国时期并未规定罪刑法定，法官可以类推适用刑法。目前，德国的罪刑法定原则直接源于德国基本法，内涵包括禁止习惯法、禁止溯及既往、禁止类推和刑罚规范的明确性，但禁止溯及既往存在不适用于程序性等例外。而禁止类推要求法官不得通过对罪刑条款的解释，类推填补文字不能涵盖的条文。他指出，罪刑法定原则的起源和发展与宪法并无关联，其渊源可以追溯到费尔巴哈时代，而刑法的功能在于向理性人发出预警。二者发生关联深受李斯特关于"刑法是犯罪人的大宪章"主张的影响。第二次世界大战以后，罪刑法定原则最终上升为宪法原则。教授认为，对刑法的解释绝不可超越宪法，在刑罚方面不能给法官过多空间，应由宪法设定边界。

四川大学法学院魏东教授作了题为"根据宪法的刑法原理阐释——宪法刑法观"的发言。魏东教授指出,"根据宪法"的刑法解释即对刑法进行解释适用,应当以"根据宪法"制定的刑法规范文本为解释对象,以宪法规定和宪法原理为法理根据审查论证刑法解释结论的合理性。"根据宪法"的刑法解释应当遵循以下标准。第一,应当反对司法上犯罪化,坚守罪刑法定原则。第二,应当兼顾好"根据宪法"与根据刑事政策的关系。根据刑事政策解释刑法,实质上是以《刑法》第1条为依据,应当将"根据宪法"列为刑法解释方法体系化命题中的论理解释方法(第二位阶),将根据刑事政策解释方法列为刑法解释方法体系化命题中的论理解释方法(第三位阶)。第三,应当兼顾好"根据宪法"与根据刑法教义学的关系。

中国人民大学法学院张翔教授作了题为"刑法体系的合宪性调控"的发言。张翔教授以刑事政策与刑法体系的关系为切入点,提出以宪法关联的法益概念与比例原则跨越李斯特鸿沟。张教授指出,国家刑罚权的控制不仅是刑法问题也是宪法问题,但在实践中两者的沟通效果不尽如人意,导致在保障人权的目标上难以形成合力。张教授阐述将刑法学的重要理论置于宪法教义学的观察下,寻找刑法学和宪法学的沟通渠道。其以刑法学界的理论热点"刑法体系与刑事政策"的关系为切入点,认为两者分离即跨越李斯特鸿沟具有宪法意义,为刑法与宪法的贯通提供了可能性。张教授还指出,刑法学者眼中的刑事政策具有"超实证法"的形象,但其不赞同此种观点,认为刑事政策的实质内容是宪法,取向宪法化的刑事政策具有重要意义。而且,这还涉及"部门法的宪法化",第二次世界大战后意大利的宪法化模式具有典范意义,为宪法在刑法体系和刑事政策之间、在刑法的规范性和正当性之间架构了桥梁,完成了刑法体系合乎正义目标的价值再造。而国内沟通刑事政策与刑法体系化的途径之一即刑法法益宪法化,在宪法教义学助力下贯通李斯特鸿沟。

中国政法大学陈征教授作了题为"论宪法不足之禁止原则对刑法的约束"的发言。陈征教授认为,宪法上的基本权利除了防御权功能,还具备给付义务、保护义务等功能。防御权功能的目的在于防止国家为实现某一目标而过度限制公民的基本权利,对其审查应适用比例原则。而保护义务的目的则是防止国家对公民的基本权利保护不足,对其审查应适用不足之禁止原则。不足之禁止原则涉及立法者对公民基本权利保护的最低限度,应适用期待可能性原则。在宪法的期待可能性审查时应采取平均人标准说,依据审查内容性质的不同来区分不足之禁止原则的审查强度。总之，将不足之禁止原则作为宪法对部门法的最低保护要求，对保护请求主体期待可能性的审查是基本权利教义学的正确选择。

中国人民大学法学院陈璇副教授作了题为"法益与刑法的合宪性控制"的发言。陈璇副教授首先提出了关于批判立法的法益概念研究所面临的三个亟待解决的问题：在整个刑法正当性检验的机制框架中，法益概念究竟居于何种地位，应当如何合理界定其功能范围；怎样才能使法益概念真正具备指导和约束刑事立法的权威与能力；怎样才能为批判立法的法益概念发展出一套用以检验具体罪刑规范合宪性的实践方法。陈璇副教授认为批判立法的法益概念，为宪法的目的正当性原则在刑事立法领域的具体展开提供了连结点。

在"刑法解释的合宪性"单元，清华大学法学院劳东燕教授作了题为"体系性思考与刑法解释的边界"的发言。劳东燕教授首先提出刑法解释规则性方面是规制国家权、刑罚权，回应性方面是解决国家安全性问题。劳教授基于刑法解释自主性的要求对功能主义进行边界控制提出以下思路。在教义学方式上，无论是宪法教义学还是刑法教义学领域，其核心特征是体系性思考，体系性思考对刑法解释尤其是控制解释的惯性具有关联性。在此前提下，体系性思考在法理学上的"融贯性"体现在逻辑、体系和理论层面。其核心观点还是以宪法为基础秩序，进而阐述出功能主义的刑法解释论的外部控制——合宪性解释。在实质性层面可以分成两个维度：强化基本权利的制约；依靠比例原则制约。

上海政法学院刑事司法学院彭文华教授作了题为"比例原则视野下的刑法解释理念"的发言。彭教授认为，宪法中的许多基本观念、理念或内容对刑法等法律具有指导作用。以"昆山龙哥案"为例，于某明的行为是否属于正当防卫存在诸多争议，而宪法中的比例原则对该案具有一定的指导作用。比例原则可以从三个方面进行展开，即从国权解释走向民权解释、从制裁解释走向自治解释以及从形式解释走向综合解释。比例原则不仅要求必要性，同时还要求适当性和有效性。在该案中，当事人的行为具有必要性、适当性和有效性，构成正当防卫。

中国人民大学法学院时延安教授作了题为"死刑废除的宪法视角"的发言。时教授首先对宪法与刑法的对话表达了自己的看法，认为两者不能盲目融合，需要理性思考：第一，从刑法角度考虑宪法，可以考虑哪些宪法素材？哪些问题需要讨论？第二，从权利角度思考，所有的刑法问题都与宪法有关系，容易导致问题虚化；第三，对话涉及法律体系内概念、术语、理论的差异，需要甄别区分；第四，在刑法中引进宪法理论时，需要考虑引入的必要性；第五，研究路径选择问题，对同一问题的研究可能殊途同归，也可能南辕北辙。

对外经济贸易大学郑海平讲师作了题为"刑法诽谤罪条款对网络言论的限制及其合宪性调控——以2014~2017年间的103份裁判文书为基础的分析"的发言。郑老师通过梳理近年来关于网络诽谤案件的103份裁判文书，得出下面四大共通属性：绝大部分刑事诽谤案件都是自诉案件；大部分刑事诽谤案件中的受害人（通常也是自诉案件中的自诉人）是公职人员；在绝大多数案件中，涉嫌诽谤的言论都与公共利益有关；在大部分刑事诽谤案件中，法院都认定被告有罪。在此基础上，郑老师指出《刑法》第246条的司法适用，的确对公民的言论自由造成了一定限制。当然，这并不必然意味着该规定违宪。

东南大学法学院陈道英副教授作了题为"被遗忘的与被误解的——明显且即刻的危险原则的真相与启示"的发言。陈教授认为，对被煽动性言论刑法规制的合宪性控制是宪法言论自由条款的解释适用中一个颇为棘手的问题。霍姆斯存在的最大问题就在于未能认识到言论自由在价值上的特殊性，而始终以犯罪未遂来理解煽动性言论。明显且即刻的危险原则在言论自由保护上最重要的意义并非在于由霍姆斯提出和发展的对言论可能引起的危险在时机和程度上极具精确性的强调，而是在于布兰戴斯以及汉德阐述的两点：必须从言论内容上严格区分煽动性与非煽动性；言论不同于行为，因其对民主的构成性价值，原则上不受政府的限制。言论入罪并非与言论自由的要求相悖，然而，刑法不应将言论与行为同等对待。基于言论自由对民主所具有的构成性价值，法院在刑事案件中除严格遵循罪刑法定原则外，还应引入宪法视角，从社会危害性出发以合宪性解释对判断言论的刑事可罚性的刑法视角进行控制。

在"刑法体系的合宪性"单元，北京大学法学院梁根林教授作了题为"罪刑法定、阶层体系与个案正义"的发言。梁教授指出党的十八届四中全会勾勒出"科学立法、严格执法、公正司法、全民守法"的中国特色社会主义法治体系蓝图，构建了中国法治建设的三重内涵：不仅是规则之治，而且是良法之治，更是良法善治即根据良法实现个案正义。梁教授认为，目前人民群众对法治需求供不应求的根源在于罪刑法定原则的缺陷，其认为该原则面临四个挑战：第一，严重滞后于法治中国建设的需求，只体现了规则之治；第二，严重滞后于世界范围内罪刑法定原则的发展;第三,在刑事司法实践中面临司法能动性与司法教条主义的双重威胁;第四,刑法理论发展与转型带来的冲击。应对上述困境,一方面需要重申罪刑法定原则;另一方面要重塑罪刑法定原则的内涵。我国《刑法》第 3 条的字面意思是法无明文规定不为罪,法有明文规定则定罪。

北京师范大学法学院郭殊副教授作了题为"国家刑法干预经济的宪法控制"的发言。郭殊副教授立足实证主义视角分析近期热点案件,如"张文中案""鸿茅药酒案"等,指出民事经济领域与公权力干预之间的三个紧张关系。第一,经济活动相关违法行为存在"刑法过度化"的现象。第二,刑法上的兜底条款为滥用刑事手段干预经济纠纷提供了可能。以非法经营罪为例,其兜底条款存在空白,过度扩张适用可能违反罪刑法定原则。第三,部分经济民事领域犯罪的立法和法律适用与时代脱节。现行刑法诞生于国家初步确立社会主义市场经济政策时期,难免存在一定的计划经济色彩,直接导致部分罪名无法适应新时代的经济形势和社会现实。对于上述问题,郭殊副教授认为,在经济案件中,需要更多地运用行政监管、民事诉讼等方式解决而非刑事手段。

南京师范大学法学院姜涛教授作了题为"'交通肇事后逃逸加重处罚'的合宪性思考"的发言。姜涛教授认为,交通肇事罪的定罪和量刑具有三个基本阶梯,均与"逃逸"相关。第一阶梯,逃逸属于交通肇事罪的成立要件,即将行为人的肇事结果和逃逸行为结合,作为犯罪成立的要件;第二阶梯,逃逸属于交通肇事后的加重处罚情形,指行为人在交通肇事后逃逸,但与被害人死亡结果之间并不具有直接因果关系;第三阶梯,因逃逸致人死亡属于交通肇事罪的加重处罚要件,指行为人成立交通肇事罪之后再逃逸,且逃逸行为与被害人死亡之间存在因果关系。

(三) 合宪性审查的基础理论

中南财经政法大学法学院王广辉教授作了题为"推进合宪性审查的相关问题研究"的发言。王广辉教授提出以下六点。第一,对宪法属性的正确认识、保障人权、社会大众的"权利本位"意识等,为推进合宪性审查制度的有效运行奠定了良好基础。第二,推进合宪性审查必须受到执政党的重视。第三,合宪性审查建立在宪法最高法律效力的基础上,宪法构成法律法规立法的依据,宪法审查应该包括针对法律法规的合宪性审查。第四,如何来进行审查？从现有的法律规定来看，我国合宪性审查的提起有主动和被动两种形式。目前，法律赋予宪法审查建议权的不合理差别对待致使上述二者存在差别。第五，无论是国家机关还是公民个人提出的合宪性审查建议，必须建立相应的法律程序，以确保审查开展的有效性。第六，作为治党依据的党法、党规不能违背国家的宪法和法律，应将党内法规纳入合宪性审查的范围。

中南大学法学院蒋清华讲师作了题为"支持型监督：中国人大监督的特色与调适——以全国人大常委会备案审查为中心"的发言。蒋老师认为，思考"为什么全国人大常委会还没有撤销过一项法规"这一问题，应当先思考立法法为什么对宪法规定的人大撤销权增加了一道前置程序？此即在制度上为什么是"先礼后兵"，然后在实施上为什么是"有礼无兵"。这两个现象是密切关联的，其直接原因是我国人大监督秉持"支持型监督"的理念，即常说的"监督也是一种支持"。为什么有这样的监督理念？因为中国传统的"和为贵"文化以及当今宪法的核心是党领导下的人民代表大会制度。最后，蒋老师对人大行使好撤销权提出三个建议：第一，转变观念，权力协调是建立在权力监督制约之上的，党的领导也包括党要支持人大依法监督；第二，进一步细化督促纠正的程序性规则；第三，充分利用信息公开来补强监督的刚性。

西南政法大学行政法学院博士后胡荣作了题为"立法过程中的合宪性确认"的发言。胡荣博士后指出，宪法在我国法律体系中居于最高地位，其效力具有优位性，立法权、司法权、行政权都要受其拘束。立法权受拘束的主要表现为制定的法律要符合宪法。从目前的制度安排看，现有的合宪性控制机制主要有备案审查、法律清理等。但是，实践中真正发挥合宪性控制功能的其实是立法中对法律草案的审议。胡荣博士后认为，对加强立法中法律草案审议的合宪性控制进行研究意义重大，并试图在吸收已有的合宪性控制的实践经验和发挥原有制度功能基础上，将法律的合宪性控制关口前移，尝试构建起立法过程中的合宪性确认机制。

南京大学法学院赵娟教授作了题为"法院审查'补强'备案审查论"的发言。赵娟教授以浙江杭州居民"潘某斌案"为切入点引出备案审查的不足，并考虑建立以法院审查"补强"备案审查机制为我国合宪性审查制度完善过程中的阶段性措施。赵娟教授围绕如何构建"补强"备案审查机制提出以下几点：第一，构建"补强"备案审查机制的整体思路是先明确法院审查与备案审查的职责分工，在权力分配上实行"双审"配置，同时建立有效的"回路"控制机制，防止审查权力与功能的脱节，甚至背离；第二，在实体层面上宜确立法院审查的范围，明确在不同层次法律规范的合宪性审查上的分工；第三，在程序层面上宜确立法院审查与备案审查之间的衔接技术，采用一般、特殊、补充三种程序规则实现二者之间的合作。

北京航空航天大学法学院王锴教授作了题为"论合宪性审查、合法性审查、合理性审查的区别与联系"的发言。王锴教授指出，宪法和法律委员会的建立为推进合宪性审查工作提供了组织保障，并将问题从"应当设立何种合宪性审查机构"引向"如何开展合宪性审查工作"。我国立法中针对规范性文件的审查存在合宪性审查、合法性审查、合理性审查（适当性审查）这三种模式。在实践中，三者界限的模糊影响了合宪性审查功能的全面发挥。合宪性审查与合法性审查、合理性审查存在审查对象、主体、内容、结果四个方面的不同，其中最主要区别体现在审查内容上。一方面，合宪性审查是对下位的初级规则是否违反次级规则（判断初级规则效力基础）进行审查；而合法性审查则是审查下位的初级规则是否符合上位的初级规则。另一方面，合宪性审查是审查下位法是否违反宪法中规定的"什么是有效的立法"的标准；合法性审查则主要是审查下位法是否抵触了上位法的立法目的。合理性审查与二者的区别在于，合理性审查是在上位法的框架内对下位法的立法裁量权的行使是否符合理性进行审查。

吉林大学法学院任喜荣教授作了题为"合宪审查的破题与激活"的发言。任喜荣教授指出我国宪法监督制度经历了30多年的理论探讨，宪法和法律委员会的产生表明我国最终选择了对现行制度变革最小的调整方案。在我国组织机构的基本架构上，宪法和法律委员会的设立有为中国未来的违宪审查（或者合宪性审查）提供破题的功效。这种破题的功效主要体现在以下两方面。第一，在组织机构上，宪法和法律委员会的设立使国家合宪性审查权分散的现状得以集中；第二，随着宪法和法律委员会的出现，合宪性审查程序规则的制定得到完善。至于如何激活合宪性审查制度，任喜荣教授认为，最核心的要素在于从宪法解释入手，通过宪法解释激活合宪性审查，使之成为合宪性审查的核心动力机制。

（四）全国人大宪法和法律委员会

首都师范大学政法学院郑贤君教授作了题为"全国人大宪法和法律委员

会的双重审查属性"的发言。郑教授指出，全国人民代表大会常务委员会《关于全国人民代表大会宪法和法律委员会职责问题的决定》以决定方式将法律委员会的职责转移至宪法和法律委员会，明确了宪法和法律委员会在统一审议法律草案外的五种职责：推动宪法实施、开展宪法解释、推进合宪性审查、加强宪法监督、配合宪法宣传。郑教授还对两种意义上的合宪性审查进行了肯定：一为立法过程中审议法律草案；二为宪法监督意义上的合宪性审查。郑教授认为宪法和法律委员会既承担事前的立法审查，亦承担事后的宪法监督，即宪法和法律委员会一身二任，既是全国人大的专门委员会，负责审查法律草案，亦为推进合宪性审查的宪法监督机构，负责审查法律之下的规范性文件。最后，郑教授指出，作为立法审查的合宪性审查与宪法监督意义上的合宪性审查存在区别。

上海交通大学凯原法学院范进学教授作了题为"论全国人大宪法和法律委员会的功能与使命"的发言。范教授围绕五个动词对全国人大宪法和法律委员会的五大功能以及使命进行了梳理。第一，推动宪法实施。宪法将"宪法和法律委员会"确立为协助全国人大及其常委会负责监督宪法实施的专职机构，通过监督宪法实施活动和对宪法实施中存在的问题进行调研，提出相应对策或方案，有效推动宪法实施。第二，开展宪法解释。宪法和法律委员会的确立，使全国人大常委会"解释宪法"的职权有了负责实施的平台机制，对宪法解释活动的开展提供了制度保障。第三，推进合宪性审查。要落实党的十九大提出的"推进合宪性审查工作，维护宪法权威"的要求，必须设立推动合宪性审查工作的专门机构，宪法和法律委员会的成立注定其要担负起推动合宪性审查工作的历史使命。第四，加强宪法监督。第五，配合宪法的宣传。宪法和法律委员会通过宪法解释、合宪性审查、宪法监督等方面的工作，可以更好地配合司法部等国家机关进行宪法宣传。

河南大学法学院陈胜强副教授作了题为"英国议会监察专员制度的合宪性基础探析"的发言。陈胜强副教授围绕英国议会监察专员制度的合宪性基础，指出有关英国议会监察专员制度的关联概念与问题：①不良行政，不良行政是英国议会监察专员行使职权的行为要件，议会监察专员原则上可以对不良行政进行监督；②行政正义，英国议会监察专员的角色从被动性的"个案救济""消极控制"转向事后救济和事前防控并重，议会监察专员制度被越来越多的学者从更宽泛的行政正义体制角度进行思考；③议会专委会；④仿行模式，尽管现代监察专员制度的原型是瑞典的议会监察专员制度，但目前英国采用的是丹麦模式。最后，陈胜强副教授指出，围绕议会监察专员机构或制度，英国学界通过自创或吸收、借鉴域外宪法学理论试图给出一个具有广泛说服力的论证框架，并形成了三大典型理论，即经典的分权理论、修正的分权理论、独立价值说。

浙江大学光华法学院博士研究生林淡秋作了题为"开启守护宪法的新模式：法国合宪性先决机制"的发言。林博士生指出法国现行合宪性审查制度始于1958年设立的宪法委员会，2008年以前的合宪性审查是直接、事前、抽象集中的审查，旨在于法律生效前剔除违宪条款，但其提请主体、审查对象有限，也不能对法律生效后违宪侵权现象提供救济。事后审查是必要的，鉴于欧盟因素，2008年法国新增合宪性先决机制（Question Prioritariede Constitutionnalite，QPC机制），由诉讼当事人提请、两大法院体系过滤、宪法委员会最终审理裁判，这是一种例外、事后、半抽象半集中的审查。具体来说，合宪性先决问题的过滤有两重过滤。第一重过滤：两大法院体系的基层法院在受理QPC审查申请后，将根据QPC组织法规定的三个条件（相关性、新颖性、重大性）进行形式审查，决定是否转交至上级法院。第二重过滤：两大法院体系的最高法院、最高行政法院或最高司法法院受理基层法院转交来的QPC申请，或最高行政法院直接受理QPC提请后，在规定的3个月期限内审查并裁决是否移交宪法委员会，如果二者没有遵守3个月期限，则该QPC提请将自动、全部移交至宪法委员会。

江西财经大学法学院刘国教授作了题为"宪法和法律委员会宪法解释程序机制的构建"的发言。刘国教授认为，宪法和法律委员会承担宪法解释的职责，其解释宪法的程序机制既要与我国政治和法律文化传统相适应，又应吸收域外释宪机制完善的国家和地区的有益经验。考察域外相关制度，结合我国的政治和法律文化传统以及宪法文本，得出宪法和法律委员会抽象宪法解释的范围应包括：①法律、行政法规、地方性法规、自治条例、单行条例、行政规章、地方政府规章、国家机关联合发布的规范性文件等是否与宪法相抵触的事项；②各国家机关行使职权是否符合宪法规定的事项；③中央国家机关相互之间、中央国家机关与地方国家机关之间、地方国家机关相互之间行使宪法规定的职权时，发生权限争议的事项。

（五）改革中的宪法

中国政法大学李树忠教授作了题为"改革中的宪法——宪法与改革开放

40年"的发言。李树忠教授指出,改革与宪法的关系是中国目前面临的重大课题。首先,"八二宪法"是改革的产物,它标志着中国宪法从"革命宪法"到"改革宪法"的转型。尽管"八二宪法"继承和发展了"五四宪法"的基本原则,但二者有本质区别。其次,从发生学来看,先有1978年开启的改革,然后才有"八二宪法"。"八二宪法"随着改革的深入不断作出调整。一方面,要解决已有改革的合宪性问题,当原有规范无法适应改革开放的需要、束缚经济体制的发展和运行时,需要从宪法上清除相应障碍;另一方面,通过宪法确认改革理念和任务,引领未来改革方向。最后,改革是一场深刻的革命,必须坚持正确的方向,沿着正确的道路前进。

东南大学法学院龚向和教授作了题为"社会权与经济发展:改革开放40年中国发展奇迹的双轮驱动"的发言。龚向和教授指出,中国改革开放以来建设中国特色社会主义的伟大实践,为如何实现社会权与经济发展的齐头并进、解决福利国家的危机这一世界性难题提供了中国智慧和中国方案。如何在经济发展的同时促进人权保障,西方和中国对社会权与经济发展关系理论认识与实践的差别会导致截然不同的现实结果。公民的社会权是现代福利国家的基本人权,福利国家是西方主要资本主义国家的典型形态。根据经济基础与上层建筑关系原理和对立统一规律,社会权与经济发展不仅彼此依存、相互促进,而且还相互制约,通过人类的努力,采用以下途径,使二者关系走向和谐共进,达到边际效率最大化:①社会权与经济发展和谐共进定位;②社会权保障指标制度化;③社会权主动引领经济发展。

西北师范大学法学院王宏英教授作了题为"40年宪法概念史与中国宪法学体系化"的发言。王宏英教授借鉴英国宪法学之父戴雪的方法论,研究中国宪法学的体系化,以宪法的概念为切入点,引出宪法—宪法学范围—宪法学体系化的逻辑,指出寻求中国宪法学体系化必须回到宪法概念这一原点。王教授指出目前宪法学界对宪法概念的认知还存在以下缺陷:第一,近10年来宪法概念问题研究停滞;第二,对宪法概念解释存在西方中心主义嫌疑;第三,对宪法概念解释存在文本主义偏向。通过回顾宪法概念解释时常用的"根本法""实质宪法""基础规范"三个知识工具,王教授认为广义宪法观更符合世界宪法学潮流。

北京航空航天大学泮伟江副教授作了题为"宪法的社会学启蒙"的发言。泮教授指出政治宪法学与规范宪法学争论的焦点是宪法的政治性与法律性的关系问题。政治宪法学强调宪法学的政治优先性，规范宪法学则注重宪法的法律优先性。系统论宪法学揭示现代宪法是政治系统与法律系统的结构耦合，宪法同时具有政治性与法律性的双重属性。宪法的政治性与法律性之间是对等关系，而非优先关系。政治系统与法律系统是功能分化的现代社会中的功能子系统，在现代社会中分别执行化约全社会的剩余复杂性与稳定规范性预期的功能，也各自按照有权/无权、合法/非法的二值代码运作，具有各自的运作封闭性与认知开放性。

四川大学法学院孔德王博士作了题为"宪法修正案运用中的技术问题"的发言。孔博士认为，我国通过宪法修正案来修改宪法是基于修正案在保持宪法文本稳定方面的价值。但我国宪法修正案修改说明式的表述方式、调整宪法条文序号的方式和公布宪法修正文本的做法，在某种程度上抵消了宪法修正案的正面功效。此外，修改宪法的文本结构能否以修正案的方式进行也不无疑问。鉴于宪法修正案运用过程中出现的种种技术难题，修宪机关未来可以考虑放弃宪法修正案这一修宪方式，直接修改宪法原文并公布新的宪法文本。

（六）基本权利的理论问题

中国社会科学院大学法学院柳建龙副教授作了题为"论基本权利的竞合"的发言。柳建龙副教授从比较法的视角，以德国为鉴，介绍了基本权利竞合的概念、分类及相关重要理论，并为中国解决未来可能出现的基本权利竞合问题提供了预案。通说认为，"基本权利竞合"是指就同一主体而言，宪法上有两条或两条以上的基本权利规范同时适用于同一生活事实，出现基本权利的限制和保障相容、排斥或适用优先性问题。柳建龙副教授认为，真正（纯正）竞合和不真正（非纯正）竞合的分类最具理论和实践价值，并进一步提出两种基本权利竞合存在的问题及其解决方法，简要概括了分类的依据和相关的重要理论。此外，柳建龙副教授提出，在我国缺乏基本权利审查实务的情形下，以宪法释义学作为解决我国基本权利竞合问题的预案，并提出具体建议：一是厘清基本权利的保障范围；二是形成和完善基本权利价值体系；三是个案的实践协调。

厦门大学法学院王建学教授作了题为"法国环境保护宪法化及其启示——以环境公益与环境人权的关系为主线"的发言。王建学教授主要提出以下四点。第一，法国《环境宪章》形成的历史过程。法国《环境宪章》在希拉克总统的推进下起草，并于2005年正式入宪。第二，法国《环境宪章》中的生态人道主义与环境人权。法国《环境宪章》的根本理念是生态人道主义，《环境宪章》的序言主要宣告了生态平衡、可持续发展、生物多样性等具有普适性的当代环保理念。正文主要宣告了个人的环境权利和义务，并涉及国家的环保职责。第三，法国《环境宪章》的效力与实施。法国《环境宪章》作为司法审查的依据，作为相关立法的基础以及通过一系列政策性实施证明其具有充分的宪法上的效力。第四，法国环境保护宪法化对我国的借鉴与启示：①环境权是宪法环保条款的核心价值；②宪法中的环保理念应当切合实际；③宪法环保条款的实施应当多样化。

杭州行政学院蔡金荣副教授作了题为"'国家监察全面覆盖'的规范结构与内涵疏释"的发言。蔡教授指出，《监察法》确立了监察全面覆盖的立法目的，并设计了一个三层的规范结构，从监察客体、监察对象和监察事项等几个方面共同圈定了监察全面覆盖的实际范围。在监察客体的把握上，社会公权力应当在一定条件下视为监察客体；立法权和司法权由于各自的特殊属性不宜纳入监察客体范围。在监察对象的认定上，强调判断的标准要看是否行使公权力，而不是是否具有公职身份，故使用"公职人员和有关人员"的表述。在监察事项的确定上，应当将其确立为职务违法、职务犯罪和道德操守。

华东政法大学刘亮博士作了题为"检察机关职权调整的宪法审视"的发言。刘博士指出，党的十八届四中全会以来，检察机关发生或面临一系列职权调整。检察机关的宪法定位由其宪法地位和功能定位构成，《宪法》第3条第3款和第131条是检察机关宪法地位的主要依据，第129条是其功能定位依据。法律监督宜理解为检察机关的义务，而非专属职权。"法律监督机关"在整体上指专事维护法制统一和法律秩序稳定的国家机关，检察机关是目前唯一的法律监督机关。

在年会闭幕式上，莫纪宏常务副会长受韩大元会长委托，将常务理事会和理事会审议通过的宪法学研究会的工作进行报告。第一，完成大百科全书法学卷宪法学部分。第二，完成中国宪法文本多语种的外译工作。第三，涉及区域性、国际性的重要会议需要代表参与：①第九届海峡两岸公法学论坛；②第十四届中日公法学论坛；③第四届中英宪法学论坛；④第三届中法宪法学论坛；⑤第五届中日宪法学论坛；⑥第五届亚洲宪法学论坛。

周佑勇副校长致闭幕词。周副校长代表学校、学院发言，主要有三点。第一，祝贺会议圆满闭幕。会议开得很成功，无论是会议现场还是推文展现的学术盛宴，都能让与会者感受到宪法学界不一样的学术氛围和情怀。第二，特别感谢宪法学界同仁把本次会议放在东南大学召开，并感谢大家的支持与参与；没有大家的支持与信任，会议无法取得如此大的成功。第三，希望宪法学界同仁一如既往地支持东南大学的法科建设。最后，预祝宪法学事业的发展越来越红火，也希望宪法学事业蒸蒸日上，为我国的法治建设作出更大贡献。

张翔教授受韩大元会长委托致谢。张教授首先感谢宪法学研究会的理事和代表，感谢他们积极撰写论文，并参与讨论。然后感谢到会的刑法学者，分论坛的成功离不开他们的努力。最后感谢东南大学法学院团队：感谢周佑勇副校长、刘艳红院长，感谢陈道英、张雪莲等各位老师，感谢周维栋、李蕊等各位同学，这次大会组织严谨、效率极高。东南大学在工作能力和学术水平方面都非常突出，这次会议组织得十分完美，这次会议的成功召开离不开会务组的辛勤付出。张翔教授代表秘书处和宪法学研究会对东南大学法学院团队表示诚挚的感谢。

三十二　中国法学会宪法学研究会 2019 年年会综述[①]

2019 年 12 月 7 日至 8 日，由中国法学会宪法学研究会主办，华南理工大学法学院、广东省律师协会、华南理工大学党内法规和备案审查制度研究中心承办的中国法学会宪法学研究会 2019 年年会在广州召开。在新中国成立 70 周年的重要节点，党的十九届四中全会作出了《中共中央关于坚持和完善中国特色社会主义制度、推进国家治理体系和治理能力现代化若干重大问题的决定》，本届年会以"新中国七十年：宪法与国家治理"为主题，可谓恰逢其时、意义深远。各地专家学者踊跃投稿，会务组共收到 150 多篇论文。全国各地 200 多位专家、学者出席会议。

2019 年 12 月 7 日上午 9 时，年会开幕式和全体会议在华南理工大学学术大讲堂举行。大会开幕式由华南理工大学法学院院长蒋悟真主持。华南理工大学副校长李正、广东省律师协会副会长叶乃锋、中国法学会宪法学研究会会长

[①] 参见洪丹娜《新中国宪法七十年：宪法与国家治理——中国法学会宪法学研究会 2019 年年会综述》，《中国宪法年刊》（2019—2020），法律出版社 2022 年版，第 357~368 页。

韩大元等先后致辞。中国法学会党组成员、副会长王其江代表中国法学会发表重要讲话。韩大元会长在致辞中指出，我国宪法对国家的建设和发展起到了重要作用，可以概括为：通过宪法赢得人民拥护，巩固党的领导，实现国家发展、民族复兴。对于当前在国家治理方面遇到的问题，从宪法角度，一方面要加强宪法治理体系和治理能力建设，另一方面要加强宪法的全面有效实施。我们应当充分尊重自己的宪法，通过宪法的全面完整实施，迈向宪法治理的新阶段。王其江副会长高度肯定了过去一年中国法学会宪法学研究会所取得的丰硕成果，并对研究会工作提出了三点希望：一是要坚持党的领导，坚持正确的政治方向；二是要深入学习领会贯彻习近平总书记关于宪法的系列重要论述，坚持发展中国特色社会主义宪法理论；三是紧紧围绕党和国家中心工作，进一步发挥中国法学会宪法学研究会的"国家队"智库作用，为推进我国宪法事业发展作出新的贡献。在全体会议上，华南理工大学法学院吴家清教授主持了大会的主题报告。武汉大学副校长周叶中教授、清华大学法学院王振民教授、北京航空航天大学法学院王锴教授、中国社会科学院法学研究所翟国强研究员、华南师范大学法学院薛刚凌教授先后作了主题演讲。

2019年12月7日下午和8日上午，年会第一分论坛和第二分论坛平行举办，共有56位专家担任主持人、发言人和评议人。每个分论坛包括三个单元研讨，主要围绕党的领导与依宪执政、国家建构的宪法基础、国家权力的宪法规范、宪法实施与合宪性审查、"一国两制"与大湾区建设和其他宪法学问题展开研讨。

2019年12月8日上午10时30分，举行年会全体会议和闭幕式。全体会议安排了主题为"保障宪法全面实施的体制机制"的专家对谈，北京大学法学院王磊教授、武汉大学法学院秦前红教授作为导引人，中国社会科学院大学法学院马岭教授、华东政法大学法律学院朱应平教授、中国政法大学法学院陈征教授、东南大学法学院陈道英副教授、中国社会科学院法学研究所助理研究员朱学磊等专家先后发言。闭幕式上，武汉大学法学院副教授伍华军和四川大学法学院副教授邹奕分别就两个分论坛的研讨进行总结。中国法学会宪法学研究会秘书长、学术委员会秘书长张翔宣读宪法学研究会2019年年会优秀论文奖和第十届中青年宪法学者优秀科研成果奖的获奖名单，张庆福教授、文正邦教授为获奖者颁奖。华南理工大学法学院副院长夏正林作闭幕致辞，对中国法学会宪法学研究会给予承办本届年会的机会深表感谢，高度赞扬年会会务组工作人员的辛勤付出，衷心感谢与会专家学者关注和支持华南理工大学法学院的建设与发展。最后，张翔秘书长就学会的相关工作作了说明，并对会务组的出色工作予以感谢和肯定。年会圆满落幕。

年会全体会议与分论坛研讨的主要观点如下。

(一) 年会主题报告：国家治理的公法使命

在主题报告环节，4位宪法学者主要着力探讨国家治理中宪法的地位及关键制度，并指出需要进一步研究的重大宪法问题以及强调关注中国宪法实施的本土化问题。特邀演讲嘉宾则阐述了国家治理现代化与行政法的改革转型，而行政法的改革转型也需寻求宪法资源的支撑。实现国家治理体系和治理能力现代化，宪法与行政法理应承担重要的历史使命。

武汉大学副校长周叶中教授作了题为"'中国之治'根源于'宪法之治'"的主题演讲。宪法是治国理政的总章程，是治国安邦的总依据，是国家治理体系的总统领。周叶中教授从三个方面进行了阐释：第一，"中国之治"本质上是"制度之治"；第二，宪法是"制度之治"的总依据；第三，宪法全面实施是新时代有力推动"中国之治"的关键环节。

清华大学法学院王振民教授作了题为"澳门回归二十年与'一国两制'"的主题演讲。王振民教授结合自身的任职经历，梳理了澳门特别行政区回归20年来在宪法和基本法的实施、法治体系的完善、政权建设、人权保障、社会治安环境等各方面所取得的丰硕成果，并分析了香港特别行政区回归以来的成就与问题，指出"一国两制"实施中的宪法问题。一是妥适处理宪法与基本法的关系；二是强化国家安全法治建设的课题研究；三是注重特别行政区的国民教育问题研究。

北京航空航天大学法学院王锴教授作了题为"合宪性审查与国家治理体系和治理能力现代化"的主题演讲。王锴教授结合党的十九届四中全会关于国家治理体系构成的阐述，认为合宪性审查制度是作为根本政治制度的人民代表大会制度的重要组成部分。根据党的十九届四中全会提出的国家治理体系和治理能力现代化的总体要求，王锴教授从系统治理、依法治理、综合治理、源头治理和提高制度执行力等不同角度提出了合宪性审查制度的优化路径，并指出宪法解释程序、违宪判断的政治化、合宪性审查标准等需进一步研究的问题。

中国社会科学院法学研究所翟国强研究员作了题为"从《共同纲领》到'五四宪法'"的主题演讲，提出要回到新中国宪法发展轨迹中去研究中国宪法实施的本土化问题。回顾《共同纲领》的形成到"五四宪法"的制定历程，他总结了四点体会：一是从《共同纲领》到"五四宪法"的历程，是新中国成立到建制的历程；二是从70年历史发展来看，新中国宪法史与西方不同，是先有国家才有宪法；三是通过这个历程回顾，可以更深入地理解国家制度的变与不变，宪法实际上是定型化、成熟完善的制度的一种积累和体现；四是新中国70年的历史是一个连贯的历史，不能将其作为"断代史"，必须关注中国宪法真正的实践。

大会特别邀请中国法学会行政法学研究会副会长、华南师范大学法学院薛刚凌教授作了题为"国家治理现代化与行政法的改革转型"的主旨演讲。薛刚凌教授就国家治理模式和政府的职能定位、行政法对国家治理模式的促进保障和局限、面向中国治理实践的行政法改革创新、行政法改革创新面临的问题四个方面进行了深入阐释。

（二）第一分论坛：合宪性审查、基本权利保障与国外宪法学理论镜鉴

第一分论坛三个单元研讨虽在侧重点上略有不同，但总体上均围绕宪法学中的经典领域展开。合宪性审查是国家治理体系和治理能力不可忽略的一环，如何在中国语境中构建和完善合宪性审查制度需要回到国家权力配置的基本法理中去澄清宪治与政治的基本关系，去明晰宪法规范权力运转的有效"射程"与有效方式，还需要在具有中国特色的法律制度中去洞察中国宪法实践，并以此来检讨、反思和发展合宪性审查制度。基本权利保障作为宪法规范的核心内容，其研究依旧是值得鼓励的，通过对一项项具体的基本权利的条分缕析与探讨，基本权利理论也将不断丰富，基本权利的现实保障也越来越接近宪法学人的期待。与此同时，国外宪法学理论研究也不应受到忽视。

1. 第一单元：合宪性审查

第一单元由四川大学法学院周伟教授、南京审计大学法学院程乃胜教授主持，研讨主要聚焦中国语境下的合宪性审查问题。

山东大学法学院李忠夏教授作了题为"合宪性审查制度的中国特色与功能展开"的报告。该报告认为，合宪性审查既是一项法律安排也是一项政治安排，既具有法律方面的功能又具有政治方面的功能，它是国家权力结构中的

一环，需置于民主集中制的国家权力运行结构中才能发挥作用。这就需要探讨民主集中制、议行关系、合宪性审查这三者之间的关系。合宪性审查制度应以维系议行关系的平衡为功能定向，围绕效率与约束的双重目标，在政治层面和法律层面发挥双重功能。

吉林大学法学院李海平教授作了题为"论合宪性解释的功能"的报告。该报告认为，合宪性解释的功能是由规范功能、裁判功能和组织功能构成的功能体系。合宪性解释的规范功能体现为法律规范的合宪性控制和效力维护，二者蕴含于同一过程之中，是在宪法秩序框架下通过"依法就宪"和"以宪就法"的反复循环而实现的宪法和法律的协调一致。合宪性解释的裁判功能体现为对裁判结果的间接控制，遵循从规范控制到结果控制的一般逻辑。合宪性解释的组织功能体现为合宪性解释过程中蕴含的合宪性审查。

厦门大学法学院刘连泰教授作了题为"中国合宪性审查的宪法文本实现"的报告。该报告认为，宪法文本的结构和逻辑决定了合宪性审查的制度逻辑。中国宪法文本包含消极规范和积极规范，具有行动纲领的性质。国家和公民都是宪法关系的主体，消极规范蕴含"遵守"义务，积极规范蕴含"执行"义务。中国共产党领导是中国特色社会主义最本质的特征，中国共产党享有概括的合宪性审查权，该权力应由中共中央行使，可以由中央全面依法治国委员会承担具体工作。中共中央在技术上一般不直接作出合宪性判断，可以指导、建议相关机构作出判断。

吉林大学法学院邢斌文讲师作了题为"什么是'违宪'——基于全国人大及其常委会工作实践的考察"的报告。该报告认为，中国在推进合宪性审查工作的过程中要重视"违宪"这一概念。全国人大及其常委会在工作实践中一直公开承认违宪现象的存在，将违宪现象分为国家机关及公职人员具体行为违宪、规范性文件违宪、政治与意识形态层面违宪三类。在全国人大及其常委会的实践中，"违宪"作为一种评价结果，其公开适用的范围是存在界限的。我国的合宪性审查对于"违宪"概念的依赖度很低，但在实践中，"违宪"这一概念的存在对于预防公权力违宪、提高公权力行为和立法的合宪性水平、应对重大政治危机都具有重要价值。

武汉大学法学院达璐博士后作了题为"'两层次审查法'的构建——正确处理合宪性审查与备案审查的关系"的报告。该报告认为，备案审查是保障宪法法律实施、维护国家法制统一的宪法性制度。两者都是我国宪法监督中的重要机制。在理论层面存在两种处理合宪性审查和备案审查关系的观点。可将其总结为"寓于合宪性审查中的备案审查"和"寓于备案审查中的合宪性审查"。应进行"两层次审查法",区分事前审查和事后审查,在条件成熟的情况下,可以纳入对法律的审查。转变"鸭子凫水"般的审查方式,审查决定的公开化程度应该进一步提升。

大连海事大学法学院王世涛教授、四川大学法学院谢维雁教授、西南政法大学行政法学院谭清值讲师作了中肯的点评,指出党的领导与合宪性审查权的行使的关系问题还需要进一步澄清,同时对合宪性解释是否可以视为裁判依据提出疑问。

2. 第二单元:基本权利的保护与限制

第二单元由湖北警官学院院长、中南财经政法大学刘茂林教授,中国人民公安大学齐小力教授主持,主要探讨基本权利的保护与限制问题,包括人格权、生育保险权、表达自由权以及与基本权利保障息息相关的比例原则。

浙江大学光华法学院余军教授作了题为"宪法上人格概念的三个层次"的报告。该报告认为,"价值中立的"、宽泛意义上的"人格"概念可以区分为人格核心领域、内在自由与外在自由三个层面,宪法上个人权利与自由的全面保障即以此为依托而展开。人格核心领域在宪法上的表述是人的自我决定权,内在自由强调保护人的精神领域,外在自由强调行为自由和表达自由。在此框架中,可以观察到分别以"人性尊严""个人自由"为人权基础原理的德国基本法、美国联邦宪法在权利保障方面所呈现的结构性分殊与共同点。两者的共同性可归为"自由主义"的基本信条,分殊实际上可以视为人权理论中关于自由主义的两种不同的诠释进路,显示了两种不同的解决自由与社群关系的路径。

东南大学法学院龚向和教授作了题为"地方立法能限制计划外生育公民的生育保险权吗?——从地方立法的备案审查制出发"的报告。该报告认为,生育保险待遇在地方立法中普遍遭受限制,随着地方立法主体扩容而面临越发严重的风险。然而,生育保险待遇是公民宪法上生育保险的基本权利,通过法律的具体化形成了完整的权利内容规范构成。生育保险权属于我国宪法规定的社会保障基本权利,生育保险权的规范构成包括生育假、生育医疗费用和生育津贴。针对普遍存在的限制生育保险权的地方立法,应该充分发挥现有的备案审查制度的功能和潜力,由对地方立法享有备案审查权的国家机关,依照合宪性审查的四个基准进行合宪性审查。现有部分地方立法至少在立法权限基准、抵触基准和合理性基准三个方面难以通过合宪性审查，应予以改变或撤销。

新疆财经大学法学院沈子华副教授作了题为"'极端化'、'极端主义'与表达自由的宪法界限——以《去极端化条例》为依据"的报告。该报告认为，表达自由可以分为政治表达和非政治表达。《去极端化条例》界定了"极端化"和"极端主义"的概念，它不是纯粹的"精神自由"，它属于混合型的表达，既包括具有世界观意义上的"宗教表达"形式，又有危及国家利益的政治表达，还包括危害社会利益、集体利益和他人利益的非政治表达，是一种混合型的"伪宗教"表达形态，不适用宗教信仰自由原则。表达自由具有相对性，限制表达自由基于事实判断和价值判断的区分原理，从事前预防侧重监督和证明义务、事后追惩侧重客观化原则两个方面，以完善《去极端化条例》对"极端化"事实行为的认定。

中央财经大学法学院刘权副教授作了题为"比例原则的全球化及中国宪法规范基础"的报告。该报告认为，比例原则的思想源流可追溯至古老的分配正义思想。从18世纪末的德国警察法原则，迅速发展成为21世纪许多国家的宪法原则，比例原则的适用已基本遍布全球。在全球化进程中，比例原则的内涵不断发展丰富，不同国家的合比例性分析方法并不完全相同。比例原则的适用范围不断扩大，逐渐从传统公法领域扩展到私法领域。比例原则的审查强度不断类型化，宽松审查、中度审查与严格审查三分法更常见。为了更好地推进合宪性审查以提高人权保障水平，需尽早确立比例原则在我国的宪法地位。比例原则是确立权力和权利限度的重要准则，通过解释我国宪法文本中的"国家尊重和保障人权"条款和"权利的限度"条款，可以推导出比例原则在我国属于宪法原则，从而有助于比例原则在我国得以更好地本土化适用。

辽宁大学法学院王秀哲教授、中央民族大学法学院郑毅副教授、中国社会科学院大学法学院柳建龙副教授进行了精彩评议，并提出了商榷的观点：生育保险权能否构成基本权利还需要进一步论证；作为社会权的生育保险权是否存在限制的问题；对"行为"视为"表达自由"的观点表示存在商榷的余地。

3. 第三单元：国际视野中的宪法

第三单元由清华大学法学院林来梵教授、青岛大学法学院董和平教授主持，主要基于国外宪法学理论和案例展开问题研讨，发言人主要从微观、中观、宏观来考察有关制度设计的细节、分析和评判具体历史事例和理论的得失、梳理宪法学理论的思想脉络。

南京大学法学院赵娟教授作了题为"罚金条款、吸收适用与合宪性审查技术的边界——美国'Timbs 案'的问题及其展开"的报告。该报告阐述了美国 2019 年 2 月"Timbs 案"的基本案情，指出案件的争诉点在于吸收后的禁止过重罚金条款是否适用于州民事没收诉讼，认为该案是对美国宪法司法适用之吸收原理的局部挑战，需要重新思考"吸收"的问题。就吸收媒介或路径而言，以第十四修正案特权或豁免权条款进行吸收还是用正当程序条款进行吸收值得探讨，前者需要克服宪法规范层面的障碍和先例约束的惯例，后者的缺陷在于罚金条款自身的程序色彩并不明显，更符合实体权利的特征。吸收原理被挑战的实质，不仅在于吸收的方式、内容以及途径、范围，更在于联邦最高法院通过吸收实现宪法修正案司法效力整合行为本身的合宪性，直接关涉合宪性审查技术的价值空间和边界。这是一个有争议的话题，从未有定论，亦从未因此而失去意义。

华东师范大学法学院姜峰教授作了题为"费城制宪会议的议事规则"的报告。该报告认为，议事规则在法治国家的作用很大，而且不可替代。费城制宪会议的议事规则主要规范五个问题：动议与附议、发言、表决、礼节、保密。但议事规则不是万能的，还需要遵循必要的议事伦理，包括五个方面：尊重对手并善于妥协、区分道德与理智、重"理由"轻"动机"、尊重"伪善的教化力量"、认真对待规则。良好的议事规则并不是完成立宪选择的完备条件，但它能把人们从混乱无序的争吵中解放出来，通过平等、理性、有序的讨论达成共识。议事规则和议事伦理一直没有在我国公共生活中得到充分尊重，希望以全国人大议事规则、常委会议事规则的修改为契机，让它得到应有关注。

河南农业大学文法学院柴华讲师作了题为"如何维护宪法的最高法律效力？——基于对魏玛宪法的反思"的报告。该报告认为，通过制宪权意志、实定宪法和宪法法可以观察成文宪法的最高法律效力。制宪权意志是成文宪法的基础，实定宪法是用以贯彻制宪权意志的宪法原则，而宪法法则是更具体的规范。徒法不足以自行，考虑到政治统一体的政治意志可能会偏离制宪权意志及其实定宪法，成文宪法应当采取必要措施。实施法律以及对法律进行合宪性审查，有利于引导对政治统一体的认同、遵守和自觉维护成文宪法，而有限的宪法改革则确保成文宪法的与时俱进，但此时要防范意图破坏宪法的行为。任何政治意志的表达均应当被置于合宪性审查与宪法改革的限度以内。魏玛宪法在制定时就存在瑕疵，之后也没有限定纳粹主义的政治表达，最终造成了它的失败。

中南财经政法大学法学院付婧讲师作了题为"从司法宪治主义到立法者的法理学——一个对传统宪法审查理论的反思"的报告。该报告认为，建立在"法律"和"政治"二分基础之上的传统法律/司法宪治主义的宪法实施模式逐渐遭遇英美法律世界反对司法审查的批判，宪法学者多强调"宪法（释义）学理纪律的强化"，以各种原则、理念、学说、技术来限制和回应司法权力的扩张。但具有包容和化解一般性法律分歧、论辩和法律权威之间紧张功能的立法活动在很大程度上是一个先于司法审查的问题，只有多数立法模式的成功运转才能减少后续宪法审查面临的反民主诘难。同时，宪法审查也不仅仅是宪法对立法的审查，也意味着对议会民主政治的纠偏。因此，需要建立一种与宪法审查制度相呼应的民主立法理论，从而打破"立法黑匣子"问题，重新恢复立法尊严。

浙江大学法学院副教授郑磊、中央财经大学法学院副教授白斌、吉林大学法学院教授任喜荣作了精彩评议。

（三）第二分论坛：宪法与国家权力的构建、规范行使

第二分论坛三个单元的研讨分别聚焦党的领导与依宪执政、监察制度、"一国两制"的理论与实践的具体问题。在关乎国家权力的构建与行使的具体问题的呈现与解决路径的探讨中，宪法展现了在国家治理过程中应担负的重要角色。

1. 第一单元：党的领导与依宪执政

第一单元由中南财经政法大学王广辉教授和广东财经大学法学院杜承铭教授主持，主要围绕"党的领导与依宪执政"展开主题研讨。

云南大学法学院刘国乾副教授作了题为"论统筹设置背景下党的机构依宪执政"的报告。该报告认为，统筹设置背景下，党的机构形成国家权力，会引发如何处理党的"领导—执政"关系，如何解释《宪法》第3条"民主集中制"的问题。以国家机构的名义对外行为的做法，仅在形式上满足国家权力分工要求的"功能与制度合法性"，以及解决"事务与内容"合法性的问题。宪法上"党的领导"是党的机构执政的合宪性根据，同时也构成统筹设置的范围限定。中国共产党作为中国各族人民的集体性政治代表，以其广泛的

代表性、党内选举式民主与民主协商政治，共同确保其民主正当性。党对国家机构的领导，体现为对国家治权的"管理"和"支持"，党的领导所具有的民主正当性，可确保统筹设置后的机构的民主正当性得以维系。统筹设置党的机构应在实质法治方面进一步补强。

中南大学法学院蒋清华讲师作了题为"现行宪法中党的领导之教义学阐释"的报告。该报告认为，党的领导写入宪法正文，迫切需要一种更加完善的领导权宪法教义学。通过重读制宪起草者的论述，并分析宪法序言中"将"字的两种内涵可知，1982年宪法序言并非只是"叙述"党的领导，更是表达了一种规范意志。2018年修宪在正文明示党的领导，强调了其作为我国宪法基本原则的地位，是党长期执政的总依据。党的领导权具有宪法效力，党自身、民主党派、其他政治力量、武装力量、国家政权机关等都负有不得破坏党的领导的宪法义务。

中国劳动关系学院法学院杨敬之讲师作了题为"论党的立法建议权"的报告。该报告认为，我国宪法确认且规定了党的领导。党的领导的核心内容是党的领导权。在领导立法时，党的领导权有三个不同的运行层面。立法建议权作为党对立法的领导权的一部分，是连接党与人大关系的一个重要桥梁，具有对外属性。党的立法建议权的行权方式有主动提出立法建议和以批复、批示请示报告的形式提出。从权力运行角度分析党的立法建议权，旨在建议通过制定党内规范性文件，细化党的立法建议权的行权方式和程序，以更好地实现党对立法的领导。

武汉大学法学院博士研究生刘怡达作了题为"法律中的'党的领导'条款及其合宪性调控"的报告。该报告认为，在法律中载明"党的领导"既可使执政党的领导行为有更具体的依据，亦能促使领导活动在法治框架内开展。对于是否应将"党的领导"明确写入法律，立法者的认识经历了从"因已入宪故不必入法"到"法律条文该写就写"的转变。在既往的立法实践中，法律中的"党的领导"主要有四种表现形态，即表明党领导某项工作或特定对象，规定党的机构承担某项法律职责，将拥护党的领导作为法律义务或任职条件，以及依据"宪法的基本原则"来体现"党的领导"。法律中的"党的领导"乃宪法中"党的领导"的具体化，这就需要立法者在"党的领导"入法方式的运用上，应以宪法中"党的领导"之规范意涵为依据进行合宪性调控，确保法律中的"党的领导"条款符合宪法的原则和精神。

中共中央党校政法部李少文副教授作了题为"创制性安排的规范性与宪法发展"的报告。该报告认为,"党的领导"入宪并不等于将党的组织国家机构化,应根据宪法原理来解释宪法文本,回到宪法文本研究"党的领导"。

2. 第二单元：监察权的优化路径

第二单元由中南财经政法大学法学院胡弘弘教授和厦门大学法学院朱福惠教授主持,主要探讨监察机关与其他负有监督权能机构之间的衔接问题,以及监察建议的定性问题。

上海交通大学法学院郭延军教授作了题为"两种体制改革竞合下法官惩戒制度的协调统一"的报告。该报告认为,监察机关设立后要不要取消原有的法官惩戒制度,这是一个尚待明确的问题。判断要不要用监察制度全面取代原有法官惩戒制度的标准,是新的制度性安排能否在审判监督和审判独立之间实现平衡。若以监察制度全面取代原有的法官惩戒制度,可能会再次造成审判监督与审判独立之间的不平衡或加深其程度。两种体制改革竞合下法官惩戒制度的协调统一可采用以监察机关为主,法院、法官惩戒委员会适度分担监督权能的综合监督机制。

福州大学法学院沈跃东教授作了题为"论监察派驻机构与法院监察部门的衔接"的报告。该报告认为,法院监察部门基于独特的组织功能定位而在监察体制改革中未被转隶。在监察委员会向人民法院派驻监察机构的背景下,监察派驻机构与法院监察部门如何实现有效衔接,存在理论探讨的空间。从监察派驻机构与法院监察部门相互配合、相互制约的规范关系出发,在办公形式上宜采用合署办公的模式,并且更侧重程序衔接。当法院公职人员的惩戒与监察处分、刑事处罚存在竞合时,采用并罚原则较择一重处更能体现维护特别司法秩序的目的,且并不违反"一事不再罚"的法理内涵。

中国地质大学法学系宦吉娥副教授作了题为"自然资源督察部门与监察机关的衔接机制研究"的报告。该报告认为,自然资源督察部门是内置于行政系统的监督机构,注重政令通畅和行政效能;监察机关是外置于行政系统的监督机构,目的在于深入反腐,监督公职人员。两个新设立的机构具有各自使命,但在自然资源领域也存在监督视域重叠和需要衔接之处。从顶层设计、知识能力和增进效能的角度看,实现两机构的顺畅衔接,有利于自然资源领域政令畅通、廉洁和效能的实现。然而,在实践中会出现移送标准和时机不明确、移送方向和层级不明确、监察派出机构功能定位不准及证据固定困难等衔接难题。可以从深入理论研究、完善立法和衔接的顶层设计等方面着手推进两机构的衔接。

武汉大学法学院博士研究生石泽华作了题为"监察建议的功能、性质及宪法控制"的报告。该报告认为，监察建议的制度功能在于实现监察处置权与惩戒自主权的衔接，现实功能是通过预防和惩治职务犯罪进而落实权能、构建权威，法治愿景是以柔性反腐实现标本兼治。应当采取"职权说"并在法定职权层面定义监察建议，由此明确其两大根本特征是，在特定条件下会触发否定性法律后果以及能够直接产生法律效果。监察建议的基本定位是立足监察职能、结合执法办案、遵循职权法定，其与行政监察建议没有本质上的承继关系。监察建议的宪法控制：一要界定适用范围；二要明确类型除外；三要严格程序控制；四要保障救济机制，明确被监察单位的异议机制以及监察对象的救济渠道。

深圳大学法学院叶海波教授、中南财经政法大学法学院杨小敏副教授、华中科技大学法学院秦小建教授分别进行了细致点评，并指出新一轮监察体制改革有三个重要议题值得关注：一是监察机关和其他机关的关系；二是监察权如何与其他国家权力相衔接；三是监察体制改革如何贯通监督体系、形成监督体系的合力。

3. 第三单元："一国两制"的理论和实践

第三单元由中国政法大学李树忠教授、深圳大学法学院邹平学教授主持，围绕"一国两制"的理论和实践问题展开研讨。

大连海事大学法学院杨晓楠教授作了题为"中央在特别行政区发出行政指令权：理论基础与制度建构"的报告。该报告对中央发出行政指令权的立法史进行了梳理，并对"执行中央人民政府就本法规定的有关事务发出的指令"条款进行了解释学分析。该报告认为，问题研究的背景在于对全面管治权的正确理解，对基本法规定的中央权力进行系统性分析。中央行政指令权条款规定的发出主体通过解释学分析应该是国务院代表的中央人民政府，指令的发出应采取公开、规范化的程序，以满足国家治理现代化、法治化的需要。中央人民政府发出的行政指令应限于中央权力以及中央与特别行政区关系的事项，在行使权力时应从中央管治权的整体进行考量，还需考虑这一权力行使与特别行政区政治环境。

三峡大学法学与公共管理学院潘爱国副教授作了题为"论全国人大常委

会对香港法院基本法解释的合宪性控制"的报告。该报告梳理了全国人大常委会在基本法中的主权者定位，对全国人大常委会对基本法享有最高的和最终的解释权以及全国人大常委会的解释原则进行了论述。该报告阐述了香港特别行政区法院基于特别行政区地方性法院的解释这一问题，剖析了全国人大常委会对基本法解释的合宪性控制。该报告认为，香港特别行政区法院解释基本法的视角是"一国两制"原则中的"两制"。出于路径依赖的原因，香港特别行政区法院在解释"自治范围外"条款时，也很有可能将资本主义视角带入"自治范围外"条款的解释中。如何在保障香港特别行政区法院司法终审权和全国人大常委会谨慎释法的前提下又做到对香港特别行政区法院基本法解释的合宪性控制的全面性和有效性，需要在理论和实践两个层面不断进行深入研究。

中山大学法学院孙莹副教授作了题为"香港特别行政区立法会议事规则的修改及其影响"的报告。该报告认为，香港特别行政区立法会在2017年年底修改了其议事规则，这是香港特别行政区法律政治发展的新动态，影响深远。该报告对此次香港特别行政区立法会议事规则修改进行了系统分析。通过界定立法会议事规则的历史渊源，剖析议事规则修改的背景和原因，梳理议事规则修改的主要内容，该报告指出本次议事规则的修改有利于立法会议事效率的提高和行政主导制的落实。此外，基本法的实施和立法会的良好运行，除议事规则的完善外，还需共识政治的配套建设。

澳门大学法学院博士研究生王荣国作了题为"港澳基本法问题的宪法教义学展开"的报告。该报告认为，国家治理的现代化，包含国家治理的法治化，自然也包含国家对香港特别行政区、澳门特别行政区治理的法治化。这一法治化要求运用法治思维去分析和处理特别行政区治理过程中的各类问题，特别是以宪法教义学的视角来规范处理难解的基本法问题。基本法的宪法属性为基本法问题的宪法教义学探讨提供了逻辑上的前提条件。在现行宪法与基本法等所构成的中国宪法的规范框架内，通过对特别行政区的宪法适用问题、"第23条立法"问题以及中央指令问题进行示例性的规范分析，说明宪法教义学的研究路径对我国新时代实施基本法与特别行政区治理在知识供给上发挥不可替代的作用。

复旦大学法学院刘志刚教授、宁波大学法学院董茂云教授、广东财经大学法学院邓世豹教授分别进行了到位的点评，并提出了有待进一步研究的问题：

中央在特别行政区发出行政指令权具体的程序设计究竟是通过立法还是人大常委会对基本法的解释来完成的；全国人大常委会对基本法的解释权到底是一种独立的权力还是司法解释权的一部分；对于内地的协商民主模式来说，对抗式民主的议事规则也有可参考之处，但需要注意尺度和时间推进问题。

（四）专家对谈：保障宪法全面实施的体制机制

导引人北京大学法学院王磊教授、武汉大学法学院秦前红教授对研讨主题"保障宪法全面实施的体制机制"进行必要的引入，随后，5位发言人分别发表了各自的观点。

中国社会科学院大学法学院马岭教授就《共同纲领》到"五四宪法"的有关学术问题分享了自己的观点。她认为，《共同纲领》并没有形成人民代表大会制度，因此，1949~1954年的国家政体形式问题需要思考，她提出了"以党统政制"的描述解释框架，并认为在此期间是不成文宪法。

华东政法大学法律学院朱应平教授归纳总结了澳门特别行政区立法司审查地区立法是否符合《澳门特别行政区基本法》的经验，包括立法目的的审查、运用《澳门特别行政区基本法》中的国家权力配置的条文、运用平等原则、运用《澳门特别行政区基本法》政策条文、引用宪法学者的观点对法案进行审查。

中国政法大学法学院陈征教授重点阐述了对全国人大及其常委会立法的合宪性审查，认为基于全国人大及其常委会的性质与职能，在对立法进行审查时应当格外尊重立法机关。在审查时应当从以下几方面考虑：一是程序问题，如设置合宪性审查的筛选程序等；二是实体问题，如合宪性审查的范围、强度、内容等；三是合宪性审查结果的效力问题，如审查后被认定违宪的立法的效力如何；等等。

东南大学法学院陈道英副教授对合宪性审查中的立法事实进行了阐释。在引介和比较日美立法事实学说的基础上，对立法事实的界定、性质和功能，立法事实在我国合宪性审查中的必要性、来源、方法以及限度等方面进行了探讨。她指出，立法事实本质上属于法律问题，对于判定法律合宪性的涵摄模型来说，起到的作用是构建弥补大前提与小前提之间落差的额外前提，完成完整的涵摄模型；对于解决案件争议本身起到的作用则是帮助形成导出判决结论的涵摄模型的大前提。

中国社会科学院法学研究所助理研究员朱学磊围绕"法规范合宪性审查的体系化"发表观点。他认为，我国在立法领域事实上存在三种层次的合宪性审查：合宪性判断、合宪性确认与合宪性宣告。它们在审查主体、规范基础、行为性质和法律效力等方面存在差异，共同构成了体系化的法规范合宪性审查机制。充分发挥三个层次的审查功效，将有利于降低制度变革成本，强化宪法对立法活动的调控，提高审查效率。

三十三　中国法学会宪法学研究会2020年年会综述[①]

2020年10月24日至25日，由中国法学会宪法学研究会主办、华中科技大学法学院承办的中国法学会宪法学研究会2020年年会在武汉举行。本届年会主题为"宪法与国家制度建设"，受到各地宪法学者的积极响应，共收到参会论文76篇，全国各地100余位代表出席研讨。由于正逢疫情防控期间，本次会议采用线上、线下相结合的形式，其中，开幕式与主题发言环节通过网络平台同步直播，线上观看人数达2万余人次。

2020年10月24日上午，年会举行开幕式与全体会议。华中科技大学党委常委、副校长梁茜，湖北省高级人民法院党组书记、院长游劝荣，湖北省委政法委副书记、湖北省法学会党组书记、常务副会长刘太平，湖北省人大常委会秘书长王亚平，中国法学会宪法学研究会会长、中国人民大学法学院韩大元教授，中国法学会党组成员、学术委员会主任张文显教授分别致辞。

开幕式由华中科技大学法学院院长汪习根教授主持。汪习根教授向以各种方式出席、关心本次会议的专家学者表示问候。汪习根教授认为，在防控新冠疫情取得重大成果的关键时刻，本次会议围绕"宪法与国家制度建设"这一主题展开讨论，对我国当前、今后一段时间确保国家制度建设之路平稳运行具有重要意义。

梁茜同志感谢专家学者对武汉和华中科技大学的关怀，介绍了华中科技大学的基本概况，并指出会议能够成功召开在根本上得益于大家始终同舟共济、众志成城、守望相助，团结在以习近平同志为核心的党中央周围。在国内统筹

[①] 参见周瑞文、刘姗姗、谢睿欣《宪法与国家制度建设——中国法学会宪法学研究会2020年年会综述》，《中国宪法年刊》（2019—2020），法律出版社2022年版，第369~378页。

常态化疫情防控与经济社会发展的关键时刻,期待本次年会为国家制度建设贡献更多的宪法智慧。

游劝荣同志代表省高级人民法院欢迎与会专家学者。游劝荣院长谈道,虽然我国国家制度的显著优势在此次疫情防控的过程中得以充分彰显,但也须深入学习习近平总书记关于加快补齐治理体系的短板和弱项的重要论述精神。这场"大考"的考卷首先交给了宪法学界,这场研讨会可谓正当其时、正当其地、正当其题。目前,司法体制改革正深入推进,距离实现人民所期待、习近平总书记所希望的把每一个司法个案都办成让人民心中感受到公平正义的案件的目标还有一定的距离,殷切期望宪法学界专家学者对司法工作建言献策。

刘太平同志代表湖北省法学会对以实际行动关心武汉这座英雄城市的所有人致以诚挚敬意和衷心感谢。刘太平书记指出,2020 年对武汉和全国来讲都极不平凡,斗争艰苦卓绝、挑战前所未有。在此大背景下,华中科技大学法学院承办此次年会,以习近平总书记在全国抗击新冠肺炎疫情表彰大会上的重要讲话等为指导,探讨宪法与国家制度建设这一宏大命题,既充分体现了我们的自信与底气,同时也提醒我们要深刻认识自身肩负的责任与使命。

王亚平同志代表省人大常委会对会议的召开表示祝贺。王亚平秘书长谈道,地方人大及其常委会在新的历史条件下须充分认识其肩负的使命,即加强自身建设,这对坚持人民主体地位、充分发挥地方国家权力机关作用、健全基层国家政权体制、夯实国家治理体系和治理能力现代化的基础具有重要意义。在国内统筹推进疫情防控与经济社会发展、国际应对"百年未有之大变局"的关键时刻,此次会议将理论与实践结合研究讨论,对新形势下坚持全面依法治国,推动国家治理体系和治理能力现代化,保障我国经济社会发展"化危为机",开创新局面,具有重要意义。

韩大元教授表示,面对自由与秩序、自由与生命、基本权利限制与比例原则以及国家保护义务等问题,宪法学者以其学术使命和专业精神,为国家依法防疫提供了学术支持。湖北省宪法学者以自身实际行动履行了宪法学者的社会责任,以不同方式参与防疫实践,向中央有关部门献计献策,成效斐然。韩大元教授指出,既要学习武汉人民所塑造的伟大精神,也要思考防疫过程中以及疫情结束后出现的大量宪法问题。宪法发展的历史表明,在充满风险与不确定性的背景下,宪法要发挥其凝聚社会共识的作用。世界正面临"百年未有之大变局",疫情深刻地改变了国际政治、经济、社会和文化秩序,加剧了人类生活的不确定性。面对这一新挑战，宪法学者应对过去100年人类文明发展的经验进行客观而理性的判断；立足中国，放眼世界，对未来100年的人类文明以及中国发展进行前瞻性学术研究，积极履行宪法学者的责任与使命。结合年会主题，韩大元教授表示，应认真学习习近平总书记关于宪法与国家制度的重要论述，认真研究宪法与国家制度发展中的新问题，回应实践，构建具有解释力的话语体系、学术体系与理论体系，为完善国家治理提供智力支持。

张文显教授代表中国法学会对年会的召开表示热烈祝贺，对宪法学研究会和宪法学者的工作和努力表示充分肯定。张文显教授重点探讨了两个主题：一是习近平总书记的制度理论和制度思维；二是国家制度与宪法法律制度的关系。张文显教授认为，习近平总书记在坚持和完善中国特色社会主义制度，推进国家治理体系和治理能力现代化的伟大实践中创立了新时代中国特色社会主义制度体系，集中体现为五个核心命题：中国特色社会主义制度是人类制度文明史上的伟大创造；中国共产党的领导是中国特色社会主义制度的最大优势；坚持和完善支撑中国特色社会主义制度的根本制度、基本制度、重要制度；坚持和完善中国特色社会主义制度，推进国家治理现代化；在法治轨道上推进国家治理体系和治理能力现代化。国家制度与宪法法律制度是内容与形式、实体与载体的关系，国家制度作为宪法法律制度的实体内容，其产生与发展需要以宪法法律制度为依托。所有国家制度或在其建立之前需要宪法法律上的依据以获得其合法性与正当性，或在其较成熟之后通过宪法法律加以确认和巩固。国家制度与宪法法律制度、中国特色社会主义制度体系与中国特色社会主义法律体系是一体两面，因而要坚持从我国国情出发，继续加强制度创新。

本届年会主题为"宪法与国家制度建设"，具体议题包括宪法与疫情防控、紧急状态规制，宪法与数据安全保障、个人信息保护，宪法与国家安全，国家制度的宪法基础，百年未有之大变局中的宪法课题，等等。根据发言所涉主题，年会全体会议以及分论坛发言的主要观点如下。

（一）宪法与疫情防控、紧急状态规制

厦门大学法学院刘连泰教授作了题为"疫情防治中的征用问题"的发言。刘连泰教授从"大理市卫生健康委员会征用口罩案"切入，引用立法例详细阐述了征用与征收的关系、征用的权力半径、征用的程序和征收与征用的补偿等。围绕上述问题，刘连泰教授认为，在现有征收和征用的知识体系中需补足

征用与征收的转化关系；征用程序可为简化版的征收程序，即保留后者基本程序内容；征收补偿财产权消灭的损失，征用补偿权利限制的损失，转化而来的征收则补偿前述两种损失。

中央民族大学法学院郑毅副教授作了题为"地方主义、跨区域事务与地方立法改革——以抗击新冠肺炎过程中的央地关系为视角"的发言。郑毅副教授认为，重大传染病防疫作为跨区域事务的中央事权属性，理由有三：首先，根据公共产品层次理论，重大传染病防疫事务属于中央事权；其次，根据《宪法》第3条第4款、第89条第7项和第107条等规定，跨区域传染病防治事务属于"中央的统一领导"内容；最后，在改革层面，近年来以2016年国务院《关于推进中央与地方财政事权和支出责任划分改革的指导意见》和2018年国务院办公厅《关于印发医疗卫生领域中央与地方财政事权和支出责任划分改革方案的通知》等为代表的央地财政事权与支出责任划分方案明确将全国性重大传染病防治作为中央事权。此外，通过对比防疫实践与实践效果也可看出，将公共健康事项作为中央事权的国家的防疫效果更好。回归中国防疫实践，可以看到各省份及人民解放军对武汉的支援，助推了我国防疫工作的胜利。我们的胜利也正是得益于将国内防疫工作联动、跨区域防治作为一种中央职权来进行统筹。

中南大学法学院周刚志教授作了题为"论公共风险的法律规制及其宪法控制"的发言。周刚志教授谈道，此次新冠疫情让我们感受到风险防控宁可早一分也不晚一秒，宁可严格也不松懈。公共风险概念中的法理与常规法理有所不同，包括事先预防为主、权力法定例外、权利合理限制三个主要原则。对于公共风险的法律规制，目前有一些引借，如民法中的保险制度、刑法中的以危险方法危害公共安全罪、行政法中的突发事件应对法。从宪法层面讲，以下原理值得关注：第一，公共风险规制中的权力扩张；第二，公共风险规制中的权利限制；第三，公共风险规制中的宪法调适。当下，无论是高新技术的发展还是全球化的急剧扩张，都使人类社会整体面临极大风险，这种风险因社会联系不断加强而有巨大的不确定性和威慑力。因此，宪法和宪法规范的适用应该更审慎地对待风险状态下的法律规制以及法律规制的宪法控制问题。

华东政法大学政治学与公共管理学院刘亮讲师作了题为"应急管理措施设定权配置的困境与出路——基于39份地方人大常委会决定的分析"的发言。刘亮讲师关注到，在《中央全面依法治国委员会关于依法防控新型冠状病毒感染肺炎疫情、切实保障人民群众生命健康安全的意见》发布之后，短短一周时间里便有 39 个地方人大常委会作出对新冠疫情进行防控的决定。梳理 39 份决定后发现，应急管理措施设定权的主体范围存在明显争议，疫情防控中应急管理措施设定权配置以及不当行使带来的法制资源供给不足问题明显。重新配置不等于简单赋权，应做到合法性和科学性的平衡。从合法性角度讲，合宪是首要标准，其次要符合立法法相关规定，此外还应与强制性领域的基本法律即行政强制法的精神和原则相契合。从科学性角度讲，应急管理措施设定权不宜由全国人大常委会单独行使，应当同时发挥中央和地方二者的积极性，赋予地方国家机关一定的权限。考虑到突发事件的不确定性，应允许临时设定权的存在并将其赋予地方国家权力机关。总体而言，合法性是前提，科学性是补充，具体配置应急管理措施设定权应追求二者的统一。

（二）宪法与数据安全保障、个人信息保护

中南财经政法大学法学院王广辉教授作了题为"个人信息权的基本权利属性及其宪法化研究"的发言。王广辉教授认为，个人信息权在信息时代至关重要。宪法规定的基本权利体系是开放的，是特定历史阶段基本权利的列举而非穷尽。无论是通过宪法修改，还是对概括性条款的解释，把新产生的权利类型纳入该体系中才能更好地保障公民的基本权利。王广辉教授谈道，国家公权力的不当运用会对个人信息权造成一定程度的侵犯。仅用人格尊严来维护这一权利，无法涵盖其中蕴含的财产利益，财产利益亦无法涵盖个人信息权中的人格尊严。因此，在宪法中应把个人信息权作为基本权利予以规定，从而化解现实生活中的诸多冲突问题。

北京航空航天大学法学院翟志勇副教授作了题为"数据安全法的体系定位"的发言。翟志勇副教授指出，在数据安全法的体系定位中，其应为数据安全领域的最高法律，上位法为宪法。数据安全法的内容远超过网络安全法中数据安全的规定，前者颁布实施之后，后者应作相应调整，使网络安全和数据安全规范相互独立、自成体系。此外，数据安全法应独立于个人信息保护法，原因有二：一是二者法理基础不同，个人信息保护是以"同意"为基础的个人控制模式，而个人数据安全是以"风险"为基础的社会控制模式；二是数据安全不仅涉及个人数据安全，还涉及自然资源等重要数据的安全。

东南大学法学院陈道英副教授作了题为"驯服信息时代的利维坦——以

网络平台治理的公法分析为视角"的发言。陈道英副教授谈道，国家在互联网领域基本通过 ISP（网络服务提供者）进行网络治理，这实现了对 ISP 的法律赋权；ISP 天然享有的技术优势也会对其赋权，其中最根本的是资本赋权。陈道英副教授认为，不宜将被多种赋权的 ISP 当作普通的私主体来看待，但当下缺乏有效的规制方法，从宪法学角度出发，网络领域要解决的问题为如何应对这一情况，如何看待新的利维坦。

中国政法大学比较法学研究院谢立斌教授作了题为"个人信息的宪法财产权保护"的发言。谢立斌教授以个人信息与宪法财产权是否有关为切入点，分析了个人信息中的经济利益价值，进而认为如何分配这些经济利益是一个宪法问题，在此基础上讨论了从宪法角度出发，分配个人信息中的经济利益应考虑的因素：一是追求社会公正；二是按劳分配原则；三是平等原则；四是应促进经济发展。

（三）宪法与国家安全

深圳大学法学院邹平学教授作了题为"'一国两制'的法理基础"的发言。邹平学教授提出，"一国两制"制度体系是政策、法律和制度的有机组合，要全面准确把握"一国两制"制度体系的科学内涵，认识它在国家治理体系中的重要地位和作用，就有必要探讨其法理基础。其法理基础可从宪法、两部基本法和立法法角度认识。两部基本法和立法法构成了"一国两制"的宪制法律规范，那宪法是否构成"一国两制"的根本法基础？答案是肯定的。但《宪法》全文并无"一国两制"的字眼，如何解释这一现象，便涉及深入理解《宪法》第 31 条的制宪意图、法理意蕴和特殊法理地位的问题。

复旦大学法学院刘志刚教授作了题为"香港特别行政区的宪制基础"的发言。刘志刚教授谈道，2020 年 5 月 28 日，全国人大作出了《关于建立健全香港特别行政区维护国家安全的法律制度和执行机制的决定》。2020 年 6 月 30 日，全国人大常委会审议通过了《香港特别行政区维护国家安全法》，当天下午全国人大常委会作出决定，把该法列入《香港特别行政区基本法》，一系列举措引发社会各界热议。因此，刘志刚教授从香港特别行政区的宪制基础是什么，《香港特别行政区基本法》第 23 条性质如何理解，如何认识全国人大 2020 年 5 月 28 日作出的决定三方面作了逻辑线索式的梳理。

香港城市大学法律学院朱国斌教授作了题为"宪法与国家安全：以香港

为例"的发言。朱国斌教授认为，中央如此迅速地为香港特别行政区立法，既是情理之中又是意料之外。《香港特别行政区维护国家安全法》的通过及施行无疑给香港特别行政区带来政治、法律、社会、理论、实践等诸多层面的影响，且这种影响在实践中将会是制度性的、长期而深远的。朱国斌教授重点论述了两个问题：第一，就维护国家安全法对香港特别行政区法律制度的影响来说，它将如何在宪法、刑法、刑事诉讼程序和司法制度等多层面产生影响；第二，在立法与司法实践中如何整合维护国家安全法与本地法律并使之产生协同效应。

天津大学法学院熊文钊教授作了题为"总体国家安全观的宪法基础"的发言。熊文钊教授谈道，国家安全首先是国家没有外部危险与侵害的客观状态，其次是国家没有内部混乱与疾患的客观状态。只有两方面统一，才是国家安全的特有属性。在此基础上，熊文钊教授阐述了总体国家安全观的内涵，基于宪法文本解读了国家安全法律义务，并对第十三届全国人大常委会第二十二次会议通过的《生物安全法》作了简要评析。

（四）国家制度的宪法基础

中国人民大学法学院胡锦光教授作了题为"关于全国人大组织法及议事规则修改的若干建议"的发言。胡锦光教授围绕宪法和法律委员会条款、委员长会议职权条款、撤职条款和提前召开与临时召集会议条款展开论述。胡锦光教授认为，修正案中关于宪法和法律委员会职责部分的规定存在具体化空间；关于委员长会议扩权的内容应认真研究其是否符合委员长会议的组织性质和地位；在宪法未规定撤职的情况下，全国人大组织法能否增设新的针对领导干部的处理制度值得斟酌，且全国人大组织法与议事规则关于撤职制度的规定也不一致；此次全国人大组织法中全国人大会议可以提前的规定与现行宪法取消提前召开会议的考量不一致，关于召开临时会议提议主体的规定也不甚明确。

中南财经政法大学法学院胡弘弘教授作了题为"宪法发展与地方人大职权行使的创新"的发言。胡弘弘教授指出，宪法的不断发展推动了地方人大职权行使的创新，突出体现在立法权、监督权、重大事项讨论决定权与人事任免权方面。同时，地方人大不断探索职权行使的创新，四种职权交叉行使、联动发挥制度作用；指导协调机制在实践中得以巩固，开辟解读和研读的新形式；不断探索公众参与的实效，增强了人大职权行使的民主性。胡弘弘教授也提出了地方人大在行使职权的过程中将如何提高立法效率、发挥代表履职积极性等一些困惑。

吉林大学法学院任喜荣教授作了题为"论最高国家权力机关的宪法说理"的发言。任喜荣教授将宪法含义的主动阐明与规范社会生活需要之间的矛盾界定为中国宪法实施中的独特内在矛盾。为解决这一矛盾，任教授指出，其研究的基本理论立场是最高国家权力机关有必要在权力行使的全过程加强宪法说理，通过加强宪法说理构建起中国特色的宪法内涵阐释机制。宪法说理有利于反复确认"适格"的宪法内涵输出中心，激发"活的宪法"的内生动力，为其他主体进行释法说理提供依据。宪法说理类型多样，说理结构也有所不同。宪法说理的规范化可为其他社会主体运用宪法提供概念体系、分析逻辑、论证方法，从而全面提高宪法在国家治理中的根本法效能。

中山大学法学院孙莹副教授作了题为"全国人大组织法和议事规则的制度空间——兼评一法一规则的修改完善"的发言。孙莹副教授指出，对全国人大组织法和议事规则的立法修法，首先需明确二者的制度空间。所谓制度空间，是指一法一规则作为法规范所规制的对象范围和边界，及其立法修法应遵循的规律和逻辑。关于是否制定法律来规定议会的组织职权和议事程序，目前世界范围内有三种立法模式，我国属于专门法的立法模式。基于前述探讨，孙莹副教授讨论了如下内容：第一，一法一规则修正草案对人大原理的遵循；第二，修正草案与宪法法律的衔接；第三，修正草案对人大运作的回应；第四，人大组织制度的双重逻辑与均衡发展。

广东财经大学法学院戴激涛教授作了题为"作为宪法制度的特定问题调查：理论逻辑与实践运作"的发言。早在新中国成立后的第一部宪法1954年宪法中就规定了特定问题调查制度，现行《宪法》第71条也对全国人大及其常委会组织特定问题调查委员会进行了相应规定，但迄今为止，全国人大及其常委会从未组织过特定问题调查，《宪法》第71条因此也一直处于"休眠状态"。对于这一重要宪法制度在国家层面为何从未被启动，戴激涛教授从特定问题调查的宪法逻辑、宪法文本中的特定问题调查、我国特定问题调查的制度运作三个层面作了思考。戴激涛教授也谈道，特定问题调查作为我国宪法明确规定的重要制度，相信其在未来定会充分发挥监督价值。

南京师范大学法学院屠振宇教授作了题为"论街道人大工作机构的职能

定位"的发言。屠振宇教授认为，街道设立人大工作机构，是近年来人大工作机制的重要创新。该机构的合法性在 2015 年地方组织法中曾得到确认，但在实践中关于其职能定位的争论并未因此停止。从《地方组织法》第 53 条第 3 款的规定来看，街道人大工作机构在组织形式上被称为"机构"而非"机关"，并不妨碍其成为独立的法律主体；其法定职责虽以"交办"的内部视角予以界定，但仍包含对外行使职责的意涵；在权限范围上，街道人大工作机构作为协助常委会处理职能性事务的工作机构，不宜协助处理审议工作报告等大会职权范围内的职能性事务。

北京航空航天大学法学院王锴教授作了题为"论宪法上的制度保障"的发言。王锴教授指出，党的十九届四中全会通过的《中共中央关于坚持和完善中国特色社会主义制度、推进国家治理体系和治理能力现代化若干重大问题的决定》中特别强调了制度的重要性，专门提到了制度保障概念。制度保障最早出自德国魏玛宪法，"制度"一词在我国《宪法》文本上出现了 24 次，那么究竟何为制度、制度与权利有何区别、制度保障的类型、制度保障的内涵、制度保障与权利保障有何区别，王锴教授对此一一作了解答。

山东大学法学院（威海分校）门中敬教授作了题为"我国合宪性审查的法理困境及其排除"的发言。门中敬教授认为，不同的违宪（合宪性）审查模式背后往往隐藏法理问题，我国的合宪性审查制度目前已基本建立，但其背后的法理问题尤其是法理困境问题应引起足够的重视，对该问题的分析和讨论有助于我们更清晰地认识它并找到排除的路径与方法。关于合宪性审查的正当性，一般认为有三个法理基础：第一，民主合法性只是国家组织法的基础，不是权力行使的正当性依据；第二，立法本质上是政治决断，而非"是非对错"的正确判断；第三，立法过程表明其政治妥协的成分可能要比法理正确更高。合宪性审查虽具有法理上的正当性，但也并非无懈可击，仍存在自我审查悖论、过度政治化倾向和基础规范统一性难题等法理困境需进一步化解。

（五）百年未有之大变局中的宪法课题

中南财经政法大学法学院刘茂林教授的发言题目是"后疫情时代的宪法课题"。刘茂林教授指出，宪法有多种表达形式，包括文本上的宪法，存在于生活中一般被表达为惯例、判例的现实宪法，以及由存在于思想中的要求、评价等构成的观念宪法。疫情防控期间，武汉紧急防控措施是介于正常和非正常的宪法秩序之间的一种过渡性的宪法状态，若处理得当会回归正常状态；处理欠妥便会进入对权利克减更多、比例原则可能失效的紧急状态。当下仅有突发事件应对法关注这种过渡性宪法状态，建议制定一部紧急状态法以满足释明该状态的立法诉求。

武汉大学法学院秦前红教授作了题为"民法典实施中的宪法问题"的发言。秦前红教授指出，在德国民法典、法国民法典中均可找到民事权利的逻辑原点，但我国民法典并未阐明民事权利从何而来，基于我国的法治语境，应当明确释明民事权利从宪法来。现行民法典也未明确界定何为民事权利的主体、其范围如何。一些学者认为民法典的人格权编建立在一般人格权基础之上，该观点值得斟酌。在民法典实施过程中，需要运用宪法原则、宪法价值进行价值填充并构建韩大元教授提到的宪法共识问题，因为其中涉及很多宪法原则的条款，这些条款需从宪法层面出发进行价值理解。与此同时，秦前红教授就中国特色社会主义法治体系的内容、法律效力的位阶问题发表了看法。秦前红教授也提道，民法典中有100多个条款表述为"任何个人、任何组织不得……"，此类条款的设计将义务和责任扩展到了社会中的每一个组织、机关和个人，其能否成为请求权、行政诉讼或者行政案件处理抑或法院的裁判依据，是值得细细考量的问题。

郑州大学法学院苗连营教授作了题为"宪法全面实施的意义探析与模式建构"的发言。苗连营教授指出，新时代的宪法全面实施蕴含丰富的制度内涵和鲜明的时代价值；"健全保证宪法全面实施的体制机制"不仅强调宪法实施布局的全面性，而且凸显了宪法实施的制度思维，强调要通过制度建设来确保宪法的实施。从逻辑结构看，宪法全面实施包括实施内容、范围、领域、主体、方式的全面性等。从实施形态看，宪法实施有保障性实施、执行性实施、监督性实施等多种类型，呈现多方主体、多种方式、多条路径有机结合、协调推进的显著特征，是一种多元复合型的宪法实施模式。只有充分尊重并利用既有的宪法秩序和制度资源，编织起相互衔接、同频共振、保证宪法全面实施的制度之网，才能促进宪法实施的长足发展并把宪法实施提到新水平。

上海交通大学凯原法学院范进学教授作了题为"落实宪法解释程序机制论"的发言。范进学教授总结并分析了四种宪法解释模式——立法型宪法解释、抽象型宪法解释、附随型宪法解释与独立型宪法解释。指出抽象型与附随型宪法解释是中国特色的宪法解释程序机制，鉴于抽象型宪法解释已开启了我国宪法解释之门，当下亟须启动的是附随型宪法解释程序机制。该机制可在全国人大常委会备案审查中或根据公民、组织提出的审查建议对与宪法的规定和精神相抵触的规范性文件进行审查时，对相应宪法条款的内容作出解释，从而以此启动附随型宪法解释程序机制，以便落实我国的宪法解释程序机制。

山东大学法学院王德志教授作了题为"中国梦与中国宪法"的发言。王德志教授谈道，中国梦是习近平总书记在党的十八大以后提出的重要指导思想和重要执政理念，是习近平新时代中国特色社会主义思想的重要组成部分。近年来，对中国梦的研究涉及哲学、政治学、社会学等多层面，但宪法学方面对其研究较少。王德志教授从中国宪法的历史、宪法文本、宪法运行、宪法的未来发展四个角度对中国梦作了阐释分析。

天津大学法学院王建学教授作了题为"监察机关立法权纵向配置研究"的发言。王建学教授谈道，自监察法颁布以来，国家监察委员会与中央纪委已联合印发30多项规定，2019年10月全国人大常委会作出《关于国家监察委员会制定监察法规的决定》。在全国人大常委会作出授权时即产生一个问题：全国人大常委会授权国家监察委员会制定监察法规，地方监察委员会能否制定相应规则？基于对该问题的思考，王建学教授重点分析了监察机关立法权纵向配置的理论分歧、各级监察机关行使立法权的实践发展及应如何看待这类现象三个问题。

中央财经大学法学院于文豪副教授作了题为"贫困治理的宪法视野"的发言。于文豪副教授基于基层扶贫工作经验，围绕对贫困治理的理解谈了三个问题。一是贫困治理与人的发展问题。国家对人的发展提供客观条件与平等机会，人的发展不仅是个体发展也包括社会发展，还应引入区域发展的维度。二是贫困治理实践中的纵向权力运行问题。地方和一些中央单位参与贫困治理，形成了东西部扶贫协作与中央单位定点扶贫两类帮扶关系，中央与地方间的关系值得考虑。贫困治理更需要采取任务周期性的治理方式，宪法需对此作出回应。三是贫困治理与基层治理能力问题。基层治理的重点应当是加强自运行能力与合法性能力，除实质正当外，民主的实现也应注重适当的过程。

中国政法大学法学院焦洪昌教授致闭幕词。焦洪昌教授首先祝贺会议圆满闭幕，接着谈到了作为宪法学人多年来参加宪法学年会的感受：第一次参加宪法学年会是 1985 年，距今已有 35 年，其间学会领导名称、开会时间、开会形式、宪法学会结构组织、开会效率和专业性等都有许多发展和变化。35 年弹指一挥间，第一次开会时讨论的宪法制度内容至今仍在被讨论，时光转换，这些制度如今更加具体、完善，程序性、专业性、实效性都有所增强。制度已发展了几十年，但距理想状态仍有很大的发展空间。关于宪法学今后如何发展，焦洪昌教授提出，要重点关注制度创新和学术增量，未来如何应对新时代变化亦是宪法学面临的新课题。焦洪昌教授还谈道，在国家重大改革关键期，面对宪法的重大问题时，很多同仁敢于发言、善于发言，把宪法学界的智慧转化成国家治理成果值得敬佩。韩大元会长带领宪法学会同仁把学会的治理提升到新高度，让大家看到在国家重大问题面前宪法学没有缺位、没有失声。感谢诸位同仁对宪法学会所作的贡献，希望新一届宪法学会有国际眼光、本土情怀、学术精神，在宪法学面对严肃问题时同样保持好奇心和想象力。

华中科技大学法学院秦小建教授对各位参会学者表示了衷心的感谢：中国法学会宪法学研究会用实际行动对武汉的支持令人倍感鼓舞；以各种形式参会的专家学者，来到"英雄的城市"积极交流研究成果，为中国法治事业发展贡献智慧令人感动；武汉各大高校宪法学同仁的团结、对华中科技大学法学院的支持，是本次年会成功召开的重要助力。

三十四　中国法学会宪法学研究会 2021 年年会综述①

2021 年 10 月 23 日至 24 日，中国法学会宪法学研究会 2021 年年会暨会员大会在广东深圳成功举行。本次年会主题为"中国共产党与中国特色社会主义宪法道路"，200 多位专家分三个分论坛进行了热烈深入的讨论。

第一分论坛第一单元讨论"习近平关于依宪治国、依宪执政的重要论述"，由郑州大学法学院苗连营教授、青岛大学法学院董和平教授主持。中南大学法学院蒋清华副教授作"习近平法治思想之宪法理论研究"的报告，西南大学法学院赵谦教授作"共识凝聚：依宪执政条款的政治事项论"的报告，

---

① 《中国法学会宪法学研究会 2021 年年会暨会员大会在深圳举行》，《民主与法制周刊》2021 年 11 月 3 日，参见 https://mp.weixin.qq.com/s/b_RFXNVIGZz26LlXXPUPcA?。

辽宁师范大学法学院韩秀义教授作"社会主义经济内涵的规范解释"的报告，云南大学法学院刘国乾副教授作"我国宪法中'中国共产党的领导'的内涵的规范解释"的报告。福州大学法学院沈跃东教授、吉林大学法学院沈寿文教授、中国人民大学法学院王旭教授评议。

第一分论坛第二单元讨论"宪法实施与'十四五'规划的落实"，由中国人民大学法学院胡锦光教授主持。吉林大学法学院李海平教授作"区域协调发展的国家保障义务"的报告，西南政法大学行政法学院张震教授作"根据宪法制定本法的入法标准与规范表述"的报告，西南政法大学行政法学院谭清值博士作"政府价值治理合法性：面向宪法的证成与实现"的报告。苏州大学王健法学院上官丕亮教授、厦门大学法学院陈鹏副教授、中国政法大学法学院秦奥蕾教授评议。

第一分论坛第三单元讨论"新科技发展的宪法回应"，由四川大学法学院周伟教授、厦门大学法学院刘连泰教授主持。广东财经大学法学院邓世豹教授作"变动社会中的立法理论"的报告，东南大学法学院龚向和教授作"宪法时刻：数字人权的宪法保障"的报告，广州大学人权研究院刘志强教授作"论数字人权不构成第四代人权"的报告，湖南师范大学法学院周泽中博士作"人工智能技术的宪法学反思"的报告。山东大学法学院王德志教授、中国政法大学法学院王蔚副教授、中央财经大学法学院赵真副教授评议。

第二分论坛第一单元讨论"中国特色合宪性审查制度（一）"，由武汉大学法学院周叶中教授、深圳大学法学院邹平学教授主持。西南财经大学法学院刘国教授作"中国特色合宪性审查的法理基础"的报告，西南政法大学行政法学院梁洪霞副教授作"合宪性审查的溯及力及中国应对"的报告，中国社会科学院法学研究所朱学磊助理研究员作"中国合宪性审查制度的发生学解释"的报告。中国人民大学法学院李忠夏教授、中国社会科学院法学研究所翟国强研究员、华中科技大学法学院秦小建教授评议。

第二分论坛第二单元讨论"中国特色合宪性审查制度（二）"，由中南财经政法大学刘茂林教授主持。上海交通大学凯原法学院范进学教授作"论合宪性审查中的宪法阐释与宪法解释"的报告，东南大学法学院陈道英副教授作"我国合宪性审查中事前审查机制之构建"的报告，吉林大学法学院邢斌文老师作"我国法律草案说明中的宪法判断机制研究"的报告。南京大学法学院赵娟教授、湖南师范大学法学院吕宁副教授评议。

第二分论坛第三单元讨论"人民代表大会制度的组织和程序",由华南理工大学法学院吴家清教授主持。吉林大学法学院任喜荣教授作"人大预算监督权力边界的宪法解释"的报告,中国社会科学院大学法学院柳建龙副教授作"人大主席团产生办法的合宪性分析"的报告,北京理工大学法学院陈明辉助理教授作"新中国国家机构体系的生成:1927~1954"的报告。上海交通大学凯原法学院林彦教授、东南大学法学院刘练军教授、中山大学法学院孙莹副教授评议。

第三分论坛第一单元讨论"宪法与法治中国建设规划",由中国社会科学院法学研究所莫纪宏研究员、北京大学法学院王磊教授主持。中南财经政法大学法学院王广辉教授作"建设完备法律体系应以实施宪法为根基"的报告,华南理工大学法学院夏正林教授作"从民法典的制定与实施论我国统一的法律体系的完善"的报告,浙江大学法学院余军教授作"宪法整合视阈下的法治一体建设"的报告,中央民族大学法学院徐爽副教授作"变通立法的'变'与'通'——基于我国74件民族自治地方变通立法文件的实证分析"的报告。华东政法大学法学院朱应平教授、四川大学法学院谢维雁教授、武汉大学法学院伍华军副教授评议。

第三分论坛第二单元讨论"宪法与国家安全法律制度",由中国政法大学法学院李树忠教授、清华大学法学院林来梵教授主持。天津大学法学院教授王建学教授作"论对驻港国安公署人员的监察监督"的报告,武汉大学法学院黄明涛教授作"香港特区国安委如何行使职权并向本地负责"的报告,湖北大学法学院刘祎副教授作"总体国家安全观视阈下三地国安法之比较"的报告,南昌大学法学院程迈教授作"美国宪法中总统的国家安全权力"的报告。复旦大学法学院刘志刚教授、中南民族大学法学院潘红祥教授、中南大学法学院周刚志教授评议。

第三分论坛第三单元讨论"完善'一国两制'制度体系与大湾区建设",由广东工业大学法学院杜承铭教授、广东外语外贸大学法学院杨桦教授主持。广东财经大学法学院戴激涛副教授作"'一国两制'下的澳门协商治理"的报告,暨南大学法学院李响副教授作"爱国者治理与'一国两制'制度体系内民主的优化和发展"的报告,深圳大学法学院孙成助理教授作"港澳法院适用宪法的空间:是否、何时与如何"的报告。中国政法大学法学院姚国建教授、南开大学法学院李蕊佚副教授、三峡大学法学院潘爱国副教授评议。

三十五　中国法学会宪法学研究会 2022 年年会综述[①]

2022 年 11 月 26 日至 27 日，由中国法学会宪法学研究会主办，中国社会科学院大学法学院、盈科律师事务所承办的中国法学会宪法学研究会 2022 年年会以线上形式召开。本次年会主题是"八二宪法四十年：成就、经验与展望"。来自全国各高校、研究机构以及实务部门的宪法研究者和工作者、青年学生近 300 人在线与会。大会开幕式和闭幕式分别安排了大会发言，同时组织了七场单元主题讨论。

26 日上午 9 时，开幕式举行。中国法学会副会长、中国法学会宪法学研究会会长郑淑娜，中国社会科学院大学副校长王新清，盈科律师事务所全球董事会主任、鲁东大学盈科法学院院长梅向荣出席开幕式并致辞。司法部普法与依法治理局局长王晓光、中国法学会研究部副主任阮莹出席开幕式。中国社会科学院法学研究所所长、中国社会科学院大学法学院院长、中国法学会宪法学研究会常务副会长莫纪宏教授主持开幕式。

莫纪宏教授首先介绍了出席开幕式和致辞的嘉宾，向与会领导、专家和嘉宾表示热烈的欢迎和衷心的感谢。他指出，今年年会主题是"八二宪法四十年：成就、经验与展望"，回顾我国现行宪法诞生以来的 40 年风雨历程，经历了五次修正，宪法作为根本法规定的根本制度更加完善，规定的根本任务也更加明确，我国法治建设不断健康有序地向前发展。宪法学理论与实践方面的成就离不开今天在线上和没有参加会议的全国宪法学界同仁的努力和支持。今天是非常重要的时刻，值得中国宪法学界的精英汇聚共同探讨"八二宪法"过去 40 年取得的成就，展望未来发展。随后由嘉宾致辞。

郑淑娜会长首先代表中国法学会和中国法学会宪法学研究会对各位领导、各位专家学者以线上方式参加今年的年会表示热烈欢迎。郑会长指出本次年会意义非凡。首先，今年是现行宪法公布施行 40 周年。总结宪法 40 年的成就和基本经验，展望未来发展，为我们提供了一个观察历史、审视当代、思考未来的重要视角，有实践和理论意义。同时，这次年会的召开正值党的二十大胜利

[①] 《中国法学会宪法学研究会 2022 年年会简报》，中国社会科学网，2022 年 12 月 6 日，参见 https://www.cssn.cn/fx/fx_zx/202212/t20221206_5569028.shtml。

闭幕，在这一时代背景下，贯彻落实党的二十大精神，宪法学研究将站在一个更新、更高的起点上迎接新挑战，开创新格局，为党和国家事业的新发展继续贡献学术力量。此外，按照疫情防控政策要求，年会第一次采取了全部线上的方式召开，这对开好这次年会是一个挑战，但相信在大家的努力下，一定能够克服困难，取得丰硕成果。郑会长提出几点意见供参会专家参考。第一，要深入学习贯彻党的二十大精神，特别是对宪法实施的总要求。第二，要全面总结现行宪法实施40年来的成功经验，深入阐释依法治国、依宪治国的内涵。第三，要立足时代之需、人民之需，努力构建中国宪法学自主的知识体系。第四，要加强中青年宪法学人才培养和支持力度，促进人才辈出传承发展。

王新清副校长首先代表中国社会科学院大学对中国法学会宪法学研究会2022年年会的顺利召开表示热烈祝贺，对中国法学会宪法学研究会选择中国社会科学院大学法学院作为今年年会的承办方表示衷心感谢，对各位专家学者参加今天的盛会表示热烈欢迎。王新清副校长向各位专家学者对学校法学教育、法治人才培养给予的支持表示诚挚的感谢。他指出，中国社会科学院大学的最大特点是科教融合，我们成立了13个科教融合学院，每一个学院都依托中国社会科学院某个或某几个研究所组建。学校聘请相关研究所的所长兼任大学学院的院长，聘请学部委员、二级教授为特聘教授，聘任部分研究人员为岗位教师，与学校的专职教师、研究生导师一起，组成"四位一体"的专任教师队伍。法学院在莫纪宏院长的带领下，充分发挥法学研究所、国际法研究所等院所的科研优势、人才优势，大力推进学科建设，按照一流学科、一流学院建设标准，积极开展教学、科研、人才培养、管理等各项工作，各方面取得了优良成绩。

梅向荣主任表示，非常荣幸受邀作为开幕式嘉宾致辞，表示只要条件允许，随时为中国宪法学人和宪法学研究事业做实事，为宪法学的研究作出贡献。梅主任介绍了盈科律师事务所的情况，期待未来能继续与中国法学会宪法学研究会合作，为人民群众提供优质的法律服务。梅向荣主任还介绍了盈科"全球一小时法律服务圈"。他表示，在涉外法律服务中要把责任扛在肩上，努力奋斗。他希望在宪法精神的指引下，把法律服务的工作做好，并感谢宪法学界的各位老师、各位专家学者对盈科律师事务所工作给予充分的关心和支持，预祝会议取得圆满成功。

（一）年会主题发言

26 日上午 9 时 50 分，年会举行全体会议。武汉大学副校长周叶中教授主持大会发言。

中国人民大学法学院胡锦光教授以"宪法监督四十年：不断完善的体制机制"为题发言。胡锦光教授详细阐释了宪法监督体制机制的讨论与发展情况。一是现行宪法草案阶段关于宪法监督体制机制的讨论及最后的定案。二是现行宪法颁行以后关于宪法监督体制机制的讨论。三是我国宪法监督体制机制的发展。四是现行宪法监督体制机制。胡教授表示，我们国家宪法监督体制机制未来需要进一步完善，包括宪法监督双主体之间的分工、宪法监督权主体与协助机构之间的分工、宪法和法律委员会与其他专门委员会之间的分工、法院适用宪法的界限等问题并不明晰，尚待进一步讨论。

清华大学法学院林来梵教授以"'八二宪法'的精神"为题发言。林来梵教授首先提出"宪法精神"在用语的意涵上具有多歧性，但从规范宪法学的角度来看，应可理解为贯穿于宪法规范体系或其主要结构之中的核心价值取向，一般寄寓于实定宪法上的数个概括性条款之中，构成宪法的基本原则。我国"八二宪法"的精神主要就体现在其所揭橥的社会主义、民主主义和法治主义这三大基本原则之上。把握"八二宪法"的精神，需将这三大基本原则的规范分析作为学术要务。如今，如何在宪法精神的基本构造中"安顿"国家主义的叠影，并妥切调处其与三大基本原则之间的关系，是我国立宪主义的又一个重大课题。

中国政法大学法学院李树忠教授以"宪法与改革：四十年回顾"为题发言。李树忠教授首先阐明了宪法与改革之间的关系。"八二宪法"的时代特征，最重要的是它是一部改革宪法，提供了最权威的文本，其发展史凝聚了改革开放的历史，政治现实与宪法规范的关系、改革与宪法之间的紧张关系，左右了我国宪法的变迁。李树忠教授指出了宪法的四种面向：一是作为改革产物的宪法，二是确认改革成果的宪法，三是引领改革方向的宪法，四是迈向规范改革进程的宪法。

吉林大学法学院任喜荣教授以"变革时代的国家根本法：纪念现行宪法公布施行四十年"为题发言。任喜荣教授指出，现行宪法是改革开放的产物。社会的发展变革推动了现行宪法的五次修改，确保了宪法与社会的协调性，保证了宪法的规范效力，发挥了为改革发展保驾护航的时代任务，是中国特色社会主义进入新时代的根本法律依据。现行宪法要始终紧随时代脉搏而发展变化，为中国式现代化发展提供重要的制度保障。任教授指出，宪法学研究越精细化，越要保持历史的和制度的分析视野。宪法学自主知识体系的三个衡量维度：现代国家建设实践的理论提炼的实践之维、宪法理论的本土演化的历史之维、面向世界和未来的宪法文明。中国宪法实施实践需要进行理论总结，应当加强宪法说理、阐明宪法的含义。

厦门大学法学院刘连泰教授以"理解中国宪法的活原旨主义"为题发言。刘连泰教授从原初意图、原初含义、原初方法三个概念入手，原初意图是从工作法如何到审查法的问题，原初含义用以讨论人民民主专政如何兼容法治的问题，原初方法则是民主集中制和宪法解释中的建构面向。原旨主义是应用活的宪法的概念提出来的概念，先有了活的宪法这个概念，然后才有原旨主义的概念，同时他引出"活原旨主义"作为解释工具，活原旨主义包括原初方法原旨主义、原初意图原旨主义、原初含义原旨主义，活的原旨主义用以区分两个概念：宪法解释和宪法阐释。中国社会急剧的变革，需要我们在阐释中建构当代人的宪法，活原旨主义立场对于解释中国宪法依然是有意义的。

南开大学法学院屠振宇教授以"全过程人民民主与'八二宪法'"为题发言。屠振宇教授指出，"八二宪法"以法律的形式规定我国国体、政体和根本政治制度、基本政治制度及公民权利，既是全过程人民民主逐渐形成和确立的重要标志，也为选举权的法律化转型提供了依据和契机。他从四个方面解读全过程人民民主与"八二宪法"的关系：一是"八二宪法"上的选举权摆脱了区分敌我的政治逻辑，成为一项法律权利；二是选举权不仅是选举人大代表的权利，而且体现在人民管理国家事务、管理经济和文化事业、管理社会事务的各种民主实践当中；三是选举权不仅仅局限在选举权的程序当中，还包括监督和罢免的权利；四是从选举权的视角推进全过程人民民主，首先是要全面实施宪法，发展全过程人民民主离不开宪法的制度维系和权利保障。

（二）第一单元：习近平法治思想与宪法

武汉大学法学院秦前红教授主持报告环节，北京大学法学院王磊教授主持评议环节。

华东政法大学法律学院朱应平教授以"四十年前修宪征求意见的上海实

践"为题发言。他通过对 1980 年 12 月以及 1982 年 7~8 月份上海市向宪法修改委员会提出的修宪建议的梳理，认为通过上海各界的修宪建议可以获得以下几点经验启发：集中体现党的领导、人民当家作主和宪法之间的内在联系；体现以人民为中心、全过程人民民主的完整性和实践性；体现党中央集中统一领导和地方积极性发挥的有机结合；正确处理宪法和法律法规之间的关系；为宪法的有效实施及其监督提供很好的经验。

吉林大学法学院李海平教授以"宪法全面实施背景下的宪法司法适用"为题发言。他从概念论、解释论及功能论的视角反思了当前宪法司法适用否定说的缺憾。首先，通过概念论视角，应当区分宪法的直接适用与间接适用、合宪性审查意义上的宪法适用和非合宪性审查意义上的宪法适用；其次，通过解释论视角，应当综合《宪法》序言第 13 自然段、第 62 条、第 67 条、第 131 条的规定，认为法院享有从属于全国人大及其常委会的有限度的宪法解释权与适用权；最后，从功能论视角来看，宪法可以作为裁判文书说理部分中援引的实质裁判依据。据此，应当进行有限度的司法适用。

天津大学法学院王建学教授以"论中华民族共同体的语言基础：对现行宪法语言条款的再阐释"为题发言。他运用比较的方法，系统梳理了法国大革命以来法国将通用语言作为国家建构和创制共和的基本要素的历程。他指出，我国现行宪法基于中华民族多元一体格局采取"通用语言+地方语言"的双重结构。国家一方面必须推行通用语言，从而夯实中华民族共同体建设的语言基础，另一方面也应尊重各民族的语言自由。通用语言与地方语言的和谐共存要求在宪法审查中把握好审查基准。在不断推进中华民族共同体建设的过程中，充分阐释宪法语言条款，从而形成具有中国特色的语言宪法体系。

中国地质大学（武汉）公共管理学院宦吉娥副教授以"'八二宪法'对秩序与安全的守卫：以第 28 条为中心"为题发言。她首先对我国《宪法》第 28 条的历史作了系统的梳理，认为从《共同纲领》到"八二宪法"再到后来的历次修宪，《宪法》第 28 条的规范意涵不断增强，并同基本权利保护联结起来。其次，从结构视角来看，《宪法》第 28 条属于社会管理制度；从功能视角来看，"依法治国"与"国家尊重和保障人权"为该条的解释提供了新的价值关联。最后，她对"国家""社会秩序""镇压""制裁""惩办和改造犯罪分子"等词语作了释义。

在评议发言环节，北京航空航天大学法学院王锴教授认为，四位老师的报告紧扣主题，朱老师的报告反映了全过程人民民主，李老师的报告反映了加强宪法的全面实施，王老师的报告反映了铸牢中华民族共同体意识，宦老师的报告反映了国家治理体系和治理能力现代化。他认为，朱老师展示了"八二宪法"修改的历史，体现了全过程人民民主的内涵，并且宪法修改委员会对每一条修宪建议的采纳与否都给予了反馈，这种做法值得我们今天借鉴发扬。李老师的报告秉持一贯坚持的宪法司法适用的学术立场。在我国法院从事合宪性审查可能会造成合宪性审查的分散化，并且在我国宪法中缺少使宪法可以直接作为民法、刑法法源的规范，而在民法、刑法的法律适用中运用宪法来证立裁判的大前提与小前提并非直接的裁判依据。对于王老师的报告，首先方言与民族语言不能简单等同；其次在全国人大常委会的备案审查结论中，只要求教育领域使用普通话，没有上升到在公共场合只能说普通话；最后《宪法》第4条"各民族"是否包括中华民族也值得思考。对于宦老师的报告，《宪法》第28条是刑法的基础，是打通宪法与刑法之间关系的桥梁，值得更多宪法学者与刑法学者研究。

深圳大学法学院叶海波教授认为，朱老师的报告集中反映了以下两个问题：一是如何处理好代表的规模、效率、代表性与民主之间的关系；二是如何处理好人民代表大会与人大常委会之间的关系。这对我们理解全过程人民民主很有启发，启示我们一定要重视公开征求意见的优良传统。对于李老师的报告，在讨论宪法的有限适用时需要直面权力失范与基本权利被侵害的问题，比如法律规范创制的不作为与乱作为、基层实践在事实上创造规范等，这就要求必须立足于人民代表大会制度来进行分工式的宪法适用于审查机制的建构。对于王老师的报告，在共同语言的建构过程中，既要消解语言差异带来的差异，又要保护国家与民族文化的多样性。并且，中国作为一个大国，在对通用语言的审查过程中是否存在区域之间强度的差别也是值得讨论的。最后，如何在考虑通用语言问题的同时关注"一国两制"的宪法地位，需要去作理论打通。对于宦老师的报告，在现有研究的基础上还应当关注刑法第一章用语的变化是否带来该章节下具体罪名的变化。同时，2020年《全国人民代表大会关于建立健全香港特别行政区维护国家安全的法律制度和执行机制的决定》中所列举的宪法依据并没有宦老师所提到的《宪法》第28条，这也需要学理探讨。

华东师范大学法学院田雷教授认为，朱老师的报告展示了一种新的挖掘利用史料的研究方法，值得大家学习。同时建议要区分关于1980年修宪建议与

1982 年宪法修改草案的不同讨论。关于李老师的文章，"八二宪法"中"依照法律规定"及相关说法大约占了条文总数的三分之一，是非常有特色的。我国宪法的一个特征就是"在纲不在目，在要不在繁"，很多更具体的规定都是交给全国人大进行立法的，这体现了我国宪法实施中"民主与信任"之间的关系。对于王老师的文章，文本、历史、体系、比较的方法运用得恰如其分，但有两个问题：首先从史料上来说对语言问题的论述并不多，其次关于"八二宪法"与《民族区域自治法》之间的关系值得讨论。关于宦老师的报告，认为报告有很好的体系、历史贯通的视野，在连续性中讨论宪法的流变。宪法和法律不是二元对抗的，要想真正理解立宪者的宪法观，还需要思考当年立宪者是如何理解宪法和法律之间的关系的。

（三）第二单元：现行宪法 40 周年的成就与经验

中国政法大学法学院焦洪昌教授主持报告环节，青岛大学法学院董和平教授主持评议环节。

中共中央党校（国家行政学院）政法教研部王勇教授以"'八二宪法'：经验与启示"为题发言。他认为，"八二宪法"是我国历史上实施时间最长、最稳定的一部宪法，其中有许多值得总结的经验与启示。一是遵循正确的政治方向，坚持党的领导。我国法治建设的基本经验就是坚持党的领导、人民当家作主和依法治国的有机统一。二是坚持依宪治国，维护宪法权威。正确处理国体、政体、公民与国家权力之间的关系，维护法律文化的统一性、国家机关之间的关系以及国家总体与部分之间的关系等问题。三是坚持民主立宪，积极实施宪法。在宪法修改过程中贯彻民主程序，并积极通过立法使宪法内容具体化。四是坚持与时俱进，积极发展宪法。"八二宪法"通过五次宪法修正记载和巩固了改革开放的成果。最后，强调培育全民的宪法法律意识，培育制度认同感。

吉林大学法学院沈寿文教授以"论'中华民族共同体'的宪制内涵"为题发言。他认为，首先，中华民族概念的法治化是对中国境内 56 个民族归属的社会集合体的一个客观描述。中华民族共同体的法治化则是对中国境内所有公民作为一个政治有机体的规范建构。其次，由于中文中"民族"一词在宪法法律上存在广狭两个含义，所以"中国是民族国家"中的"民族"跟"中国是统一多民族国家"中的"民族"并不矛盾。再次，"中华民族共同体"在宪制意义上就是中国的"民族国家",其中"民族"指的是包含中国法定的56个民族的中华民族,"国家"指的是中华人民共和国。最后,中华民族共同体的法治化对我们来说意味着国家治理结构从传统的"国家—族群集团—个体"的模式,转向了现代宪制国家的"国家—公民"的模式。

中国人民公安大学法学院杨蓉副教授以"从《共同纲领》到'五四宪法':建国后宪法序言变迁中的'中国'"为题发言。她认为,第一,《共同纲领》序言中"中国"这个语词仅有一次是以国家的称谓出现的,其他大部分情况是作为"人民"的定语出现的,通过这种"中国"与"人民"的连接确认,对新中国与旧中国的界限作出了界定。第二,《共同纲领》序言中对新中国革命意义的确认使得《共同纲领》起到了临时宪法的作用,确定了新中国的国体、政体以及其他基本制度。第三,从《共同纲领》到"五四宪法",也体现了"新政协"与"旧政协"的连续性。第四,政治中国的内涵主要通过人民的主导性、群体性以及中华民族式的民族国家来体现。

四川大学法学院邹奕副教授以"生成与更替:中国宪法原意的时间定位"为题发言。他认为,宪法原意应当从其生成时间加以探求,宪法原意的生成时间应始于执政党的特定中央组织公布最初的制宪修宪决定,终于全国人大通过宪法文本,并且制宪修宪前后的历史对宪法原意必有牵涉,但宪法原意解释应当区分制宪时、修宪时以及之后的历史,后者对宪法原意有所牵涉,但本身并不承载宪法原意。另外,宪法原意的全面更替与局部更替分别由全面修宪和局部修宪予以实现。在宪法原意的全面更替之中,制宪时以及希望修宪时的宪法原意有可能在一定程度上得以回溯。就1982年全面修宪之后的局部修宪而言,宪法修正案不仅是限定其范围的标准,也是推进其内容的依据。

西北政法大学人权研究中心赵小静讲师以"追寻共同富裕:农村集体产权的宪法规范分析"为题发言。她认为,通过对农村集体产权的宪法规范分析,认为宪法在其中的主要功能有三:一是坚持社会主义公有制,这也是"五四宪法"以来我国经济制度的最根本要义;二是作为原则性的共同富裕,这要求农村集体产权的运作不能仅仅局限于社会主义公有制所强调的所有权静态的部分,还要根据《宪法》第14条、第15条以及第17条,促进集体所有制、经济制度以及分配制度在农村经济发展中的最优呈现;三是作为约束性条件的村民自治制度,农村集体产权的运作需要依循村民自治,这是社会主义国家的根本要义,也是根本制度的一个环节。

在评议环节，深圳大学法学院邹平学教授认为，王老师对"八二宪法"的总结概括性强且简明扼要，对"八二宪法"的重点、主要内容制度和实践成就进行了非常全面、准确且富有创意的总结。其中提到的问题以及实践成就，既有广度，又有深度，还不乏高度。沈老师报告中有几方面要点值得关注，即其将中华民族共同体法治化的意义提炼得十分清晰，特别是提出了把传统的国家族群集团、个体模式的三段式治理结构跨越为一个国家公民模式的观点。中华民族共同体是一个上位概念，具有统筹性，沈老师所提出的国家公民的观点对于国家治理、维护国家统一、主权安全、发展利益具有特别意义。从序言变迁中的中国以及中国人民是一个历史制度主义的阐发，杨老师的论述特别有深度，目前这种研究方法有一定先例但还未成为主流，对于宪法学的研究更多的还是从规范以及解释学的意义出发。对于邹老师报告中所提及的"宪法原意判断的基准不是时间点，而是时间段"这一观点，表示十分赞同，认为这一观点为学者观察宪法原意、探寻文本意思提供了更加丰富、全面的视角。对于赵老师的报告，认为运用经济宪法学的研究方法，既牵涉对社会主义基本经济制度的研究，又与民权以及基层自治有关，视角发散，很有意义。

湖南师范大学法学院周刚志教授认为，王老师的文章对于"八二宪法"的经验进行了深刻的总结，邹老师对于宪法援引的区间问题进行了深入探讨，但也提出建议，即探讨宪法原意需要对原旨主义的解释方法是否具有优先地位进行探讨。对于赵老师的报告，对其独特的论证视角给予肯定，并提出两点建议。第一，农村集体所有制建立的最初目的，不是苏联社会主义模式的那种国家所有制，也不是共同富裕，而是促进工业化；第二，改革开放以后，集体所有制转化为农村联产承包责任制，这种形式保留了集体所有制原有的基础，这种背景下的共同富裕能否持续还需要继续思考。沈老师的报告探讨了新宪法文本中民族的多重内涵，认为中华民族共同体的法治化意味着国家治理结构从国家族群集团个体的传统模式转向了宪制国家中国家与公民的现代模式，这是一个很有价值的研究视角。杨老师对《共同纲领》和几部宪法序言当中"中国"的内涵及其变迁作了考证，提出宪法序言当中对于"中国"的描述十分重视从历史视角全方位说明其内涵，对此观点表示赞同，但也提出异议，宪法序言上的"中国"包括三层内涵，即作为民族共同体的中国、疆域意义上的中国以及作为政府的中国。

中国人民大学法学院李忠夏教授认为，王老师对"八二宪法"的启示和经验进行了很好的总结，但如果可以从动态角度出发，与西方宪法、"五四宪法"、《共同纲领》等相比较而谈，可能更有助于深入理解"八二宪法"的精神。中华民族共同体的宪制内涵是非常重要的问题，因为涉及我国根本性的民族多元一统的问题。沈老师对民族的规范内涵有双重的界定，即一为国家内涵的面向，二为民族多样性的面向，而对于这两个面向所对应的规范性的发掘以及整合性的体现，可能更有助于对民族共同体内涵的把握。对于杨老师的报告，对"新中国"应该更多地从历史的维度进行把握，例如《共同纲领》与"五四宪法"中"新中国"的内涵不尽相同，从历史变迁的维度看待"新中国"会更加具体、丰满。邹老师的报告，对宪法原意的探讨在方法论意义上十分重要，但是在讨论之前要首先在方法论上进行定位，即原旨主义在我国的宪法方法论体系中所占据的位置是怎样的。赵老师在报告中通过一个具体的制度落实共同富裕的理念，还处于理论层面。农村的集体所有制历经变迁，对集体产权应该从三个维度进行界定，即公共财产维度、集体财产权维度以及集体所有制中的农村自有财产的维度。

（四）第三单元：人民代表大会制度的实践与创新

广东工业大学杜承铭教授主持报告环节，首都师范大学政法学院郑贤君教授主持评议环节。

中国社会科学院国际法研究所刘小妹研究员以"人民代表大会制度代表理论及其运用"为题发言。她依次从选题背景、基本框架、主要观点以及结论四方面展开论述。她认为，对于人大代表身份的正当性和有效性，可以从实质代表与形式代表、整体回应与一一回应两个范畴进行思考。在实质代表和形式代表范畴，主要在于看代表和被代表者之间是形式上的授权还是实质上的利益要求。在整体回应和一一回应范畴，我国与西方的思维方式存在差别，西方采取"分"的思维方式，还会进行二选一的选择，而我国则是"合"的思维方式，把整体回应和一一回应结合起来。为更好地融合和实现民主，实现人民的意志和利益，应将形式代表与实质代表相结合，但这其中也有一些很棘手的问题需要处理。

吉林大学邢斌文副教授以"论全国人大及其常委会立法过程中的合宪性确认"为题发言。他从概念审视出发，首先明晰"合宪性确认"一词的概念，即有权机关对相关公权力行为的合宪性作出肯定性评价，认可有关公权力行为的合宪性，包括单纯合宪、警告性判决与合宪性解释等种类。其次，对合宪性确认的常态化实践进行介绍，包括法律通过后另行通过决定、全国人大常委会工作报告、立法后评估、法工委备案审查工作报告和其他国家机关的合宪性确认几种类型，并对立法过程中的合宪性确认展开介绍。最后，提出应当对"如何将其规范化和制度化"进行追问，对此则需要对立法过程中合宪性确认何时及如何出场进行探讨。

四川师范大学法学院孔德王讲师以"全国人大常委会先行审议全国人大法律案制度探究"为题发言。他首先回到修宪现场，指出我国全国人大的静态组织结构为"一院双层"结构。目前的既有认识认为全国人大常委会有超越全国人大的嫌疑，对此可以从事前填补基本法律相关宪法漏洞和事后激活合宪性审查两个角度维护全国人大的最高立法机关地位，并指出全国人大常委会在人大立法中具有建设性作用。随后，对先行审议的规范设定和实际运作流程进行阐述，认为先行审议的运作包括提出法案、列入议程、审议程序、审议之后以及作出说明几个环节，具有提高全国人大立法质量、加快全国人大立法速度、扩大全国人大代表立法参与以及增强全国人大立法公开性的功能。但同时要注意对先行审议制度的完善，以补齐其合法性短板。

西南政法大学行政法学院谭清值副教授以"人大监督权运作的最佳模式"为题发言。他依次从问题缘起、核心命题与思路、重点内容阐述以及结语四个部分展开论述。人大监督权运作模式的最佳标准包含三重内容，即价值的正当性、规范的合法性以及功能的适当性。其后，提出四个问题并一一进行回应：一是人大监督权运作的价值正当性是什么；二是为什么是、如何在人大监督中发展全过程人民民主；三是人大如何更好地依照法定权限和程序开展监督工作；四是人大如何实现监督功能发挥的适当性。最后总结表示，人大监督权运作的最佳模式是一个可以无限接近但又无法最终抵达的理想型目标。

在评议环节，中国政法大学比较法学研究院谢立斌教授指出，刘老师谈及形式代表和实质代表，其论述十分深入。从实质代表的视角来看，关键在于代表有没有实现被代表者的利益，只有实现才是真正意义上的代表。而对于这一方面，我们在实践中也需要多一点思考。邢老师的研究特点在于关注实践，之后进行归纳，对如何完善该实践提出自己的观点。在合宪性确认方面，我们应当思考，如果让该制度得以完善，会对中国的宪法实施、制度建设提供怎样的帮助。此外，不无疑问的是，由立法者在立法的时候自己去确认自己立的法是合宪的，意义究竟有多大。关于孔老师的报告，认为该报告立足实践，发现了一些现实中的做法，具有启发意义。但对于先行审议的性质应当如何界定，仍有待商榷。谭老师对人大实务进行深入研究，并在此基础上对人大监督权运作的最佳模式进行探讨，很有见地。但对于人大监督权运作都有哪些模式、哪一种模式是最佳的，则未有提及。同时，评判人大监督权运作模式的最佳标准仍应进一步进行论证。

东南大学法学院刘练军教授表示，关于刘老师的文章，他想到"三个代表"重要思想，其中最重要的是代表最广大人民的根本利益，因此在讨论我国的人大代表理论的时候，要把"三个代表"重要思想纳入一个研究的范围，不能完全回避它。对于邢老师的报告，他提出疑问，即合宪性确认的过程是否真实存在。一般认为会存在一个假定，即所有的立法者不会制定违宪的法律，或者说所有的立法者不会认为其制定的法律是违宪的。对于合宪性确认这一命题是不是真实命题还有待考量。即使假定其是真实命题，也需要进一步思考全国人大的合宪性确认和全国人大常委会的合宪性确认之间在程序、权限上存在何种差别。孔老师在报告中可能忽略了一个问题，即全国人大常委会的先行审议的机制产生的根本原因在哪里。对此他认为，是在于全国人大的会期过短，并指出应该改变这种现状。关于谭老师的报告，刘练军教授指出，"最佳"应该是动态的，是一个高度主观性的概念，"最佳模式"也是一个高度主观性的概念。谭老师的选题非常有价值，但可能并不存在最佳的问题。最佳模式的最大问题在于如何强化人大的宪法地位，由现行的最高权威纸面上的或者说文本中的法转化为现实中的法，这才是问题的关键。

中国社会科学院大学法学院柳建龙副教授指出，刘老师的报告对于正当性、合法性、有效性概念的界定并非泾渭分明，有必要作进一步厘清。其次，在二元结构之下，形式代表和实质代表的矛盾并没有得到解决，最终会导致以实质代表取代形式代表，而形式代表的缺失就会导致一个问题，即实质代表能否得到保障。邢老师的报告梳理细腻，但仍存在问题。首先，报告所使用的合宪性确认的概念，在某种程度上存在多义性，这使得其概念界定不够严密，可能会导致误解。其次，文中将领导人讲话都视为合宪性确认，一定程度上减损了合宪性确认的意义，也遮蔽了很多问题。最后，报告认为"可以行使宪法规定的职权"之类的表述宣示了有关权力的合宪性，与"根据宪法，制定本法"的抽象性宣示不同，可能也需要作进一步的解释。孔老师的报告，一方面，对于"增强效能"应当就全国人大本身进行纵向比较。另一方面，有必要关注一下比较法上的资料，进行横向比较。如果考察各国的情况可以发现，由于社会的复杂性和快速的发展，即便是专职代表也难以胜任立法工作，为此在越来越多的国家，立法草案通常是由行政机关主导的，立法机关主要提供合法性和民主性的基础。就谭老师的报告，一方面，图表中的"不足—适当—越界"调整为"适当—不足—越界"或许更容易理解，不足和越界性质上可能更接近。另一方面，报告第六部分，从现在的写法来看，更像开始一篇新的文章，将其融入文章其他部分或者作适当的调整可能会好一点。

（五）第四单元：备审审查制度的新发展

湖北警官学院刘茂林教授主持报告环节，中国政法大学法学院李树忠教授主持评议环节。

南京大学法学院赵娟教授以"宪法解释、合宪性审查与备案审查：辨析和反思"为题发言。她解释了三种制度之间的关系及专门立法选择的问题。首先，我国宪法确立的是立法机关的宪法解释和宪法审查模式，且两种宪法权力的"组合行使"是常态，但并不完全排除宪法解释权力单独抽象行使的可能性。其次，合宪性审查与备案审查属宪定制度与法定制度，形式上相似、实质上不同、层次上各异，与合宪性审查坚持他律的刚性控制相反，备案审查强调柔性的协商约束。再次，备案审查过程对于宪法的解释不是宪法权力行使意义上的宪法解释，其解释宪法的原因在于审查的问题涉宪。最后，认为就专门立法而言，三种制度都有待完善、加强，其中合宪性审查立法更为重要、紧迫。

浙江大学光华法学院郑磊教授以"备案审查与法治体系的复调变迁"为题发言。他通过梳理现行宪法40年的实施情况，认为备案审查制度在接续发展的法治图景中，经历了一脉相承的四个发展阶段：植根于1982年宪法、建制在新世纪、激活在新时代、提质在新征程。他提出，法治体系和备案审查对位耦合，形成复调篇章：法治体系建设发展到哪一步，决定了备案审查被激活到哪一步，也提供了备案审查可以推进到哪一步的契机和空间；双向奔赴的是，备案审查加强到哪一步，也夯实并促进着法治体系继续深化到哪一步。

武汉大学法学院黄明涛教授以"全国人大常委会备案审查决定的先例约束力"为题发言。首先，他从出租车司机户籍限制等系列案例出发，引入

"备案审查决定的先例约束力"概念；其次，他认为我国法律体系中并没有一种名为"备案审查决定"的文件，从而初步探索备案审查决定的内容结构；随后，他简要概括确立审查决定先例约束力的理据，然后从多个方面对遵循先例的规则予以展开，并在此基础上提出构建备案审查先例制度的具体方案；最后，对如何在具体的工作方法上去推进，给出两点建议，一是加强发布机制，二是加强梳理论证的力度。

湖北民族大学法学院冉艳辉副教授以"备案审查中的地方立法与上位法'相抵触'"为题发言。她认为当前备案审查机关主要运用"规范+立法目的"标准评判地方立法是否与上位法"相抵触"，但在具体案件中存在说理不充分、思考路径不明晰的问题，以致很难从审查结论中提炼出具有一致性的适用规则，从而为立法和备案审查工作提供指导。通过对"地方立法与上位法相抵触"的三类代表性案例分析，指出备案审查中"规范+立法目的"的局限性。针对实践中出现的争议，她认为实质上是上位法或地方立法法权配置不明晰，在判定相互之间是否抵触时存在困难，或是在法权配置方案明晰的情形下，备案审查机关对所涉立法重新作出了解释。

在评议环节，华南理工大学法学院夏正林教授认为，赵老师的报告帮助辨析了几个重要概念。从制度构建上，应当先有合宪性审查，才有备案审查，这一理解很有启发意义。关于郑老师的报告，其为我们描述了备案审查制度从无到有、从潜在的到显形的，再到新时代备案审查大有作为的一个很好的图景。但是，备案审查是否具有专业的力量、能否承担这样的工作是令人怀疑的，因此备案审查的可行性、可操作性值得探讨。关于黄老师的报告，认为先例约束制度是一个很好的命题，但是抽象审查要和具体的审查结合起来，如果二者能结合起来，备案审查制度、合宪性审查制度就会有更好的前景。关于冉老师的报告，认为其提供了很多的素材，并且进行了归纳。

西南政法大学行政法学院梁洪霞副教授认为，四篇报告均与备案审查相关，且四篇报告内的资料和观点可以互证、互补。赵老师的报告对学界的通说进行了挑战。首先，备案审查是一个法定制度，而不是一个限定制度，与学界将其作为一项宪法性制度不同，突破了现有的共识。尽管赵老师从宪法文本分析及备案审查制度的运行中给出了自己的论据，但仍应认为备案审查是一项宪法性制度。第一，"八二宪法"中规定有备案，但是否包括审查有待商榷；第二，1979年以后审查有实际的政治运作，因而形成了对法条的实际的解释问题。其次，现在研究的备案审查是不是合宪性审查、合法性审查仍存在质疑。最后，关于宪法解释，无论称谓上是宪法解析，还是宪法理解，在实质上都没有否认其可以对宪法条文进行阐释。关于郑老师的报告，完全同意其关于分阶段的阐释。关于黄老师的报告，认为其报告内容切口小但容量大，其强调备案审查的先例约束力，有一种强制性，但备案审查制度的强制性的约束力的理论基础仍有待商榷。关于冉老师的报告，认为其具有启发意义，同时提出：要将"相抵触"与备案审查的标准相对接；关于法权学说引入"权力"的概念与公民权利和义务是否增加和减损相结合，该思路值得借鉴，同时希望提供一个全面系统的分析框架。

郑州大学法学院王圭宇副教授认为，赵老师的报告重点在于辨析与反思，其中有很多创新性的探讨，观点具有启发性。但能否说备案审查是一项法律制度，而非宪法制度，这里有待进一步讨论。关于郑老师的报告，认为"复调"一词用得很贴切，报告很具启发性。法治体系不同于法律体系，这一点要注意辨析。关于黄老师的报告，认为其兼具理论意义和实践意义。但先例约束力是何种约束力、约束力的程度有多大，还有很多的探讨空间。关于冉老师的论文，认为其提到的是实践中非常重大的问题，非常赞同。但是立法目的也是变动的，在个案中也是一个值得考量的问题，仍然有值得探讨的空间。

（六）第五单元：宪法与部门法

武汉大学法学院江国华教授主持报告环节，郑州大学法学院苗连营教授主持评议环节。

苏州大学王健法学院上官丕亮教授以"部门宪法：宪法全面实施的新路径"为题发言。他认为，部门宪法在促进宪法的全面实施方面可有作为。宪法的全面实施是在实施宪法某个条款时，与宪法相关条款结合起来整体把握其内涵的准确实施，这正是部门宪法的优点和任务所在，因此从部门宪法的角度出发有助于发掘和准确把握宪法的内涵，推动宪法在社会各领域发挥作用。立法、执法、监察、司法以及合宪性审查等各个环节都大有作为空间。具体做法主要分三个方面：其一，科学划分部门宪法；其二，运用部门宪法思维时，重点关注宪法中的基本权利；其三，重点关注宪法对部门法发挥的作用，包括立法依据、审查依据、解释依据。

东南大学法学院龚向和教授以"教育法法典化进程中的终身学习权保障

研究"为题发言。他指出，受教育权一直以来是被大家所熟知和认可的权利概念，后扩展为学习权，终身学习权是学习权基础上的发展，也是现代学习型社会的重要概念。因此，教育法法典化进程应以终身学习权为权利基础，反过来教育法法典化也为终身学习权的保障发挥了重要的规范价值。教育法法典化必须经过两个阶段：其一，重要领域的教育单行法理应先行，终身教育法对终身学习权具有直接保障作用，学前教育法、学校法、考试法则分阶段间接保障终身学习权；其二，采取"总则+分则"的模式编纂独立的教育法典，积极回应终身学习权的保障问题。

中国社会科学院法学研究所刘志鑫助理研究员以"从法律保留到法律先定"为题发言。他认为，法律保留原则自德国诞生，经日本中转进入中国已近百年，但其汉语翻译与德文原意有明显落差。中国公法学界普遍将"保留"理解为"专属"，将"法律保留"理解为"立法权专属"，但法律保留不同于纵向立法权专属，亦不限缩于横向立法权专属。奥托·迈耶最初创造这一学理概念就是为了确立"先法律后行政"的规范关系，超越了宪法文本，使这一原则发展出深刻广泛的规范意义，且这一概念很早就以"有法可依"的表述形式进入影响中国的关键讲话中，因此，主张用"法律先定"取代"法律保留"。

北京理工大学法学院陈明辉助理教授以"我国国家机构组织法的体系优化"为题发言。他认为，过去40年我国组织法的立法体例、原则、内容带有强大的立法惯性，导致组织法与相关法律之间存在简单重复、立法冲突等问题，因此有必要研究组织法的体系优化。组织法的立法模式有综合法模式、专门法模式、基本法+单行法模式三种。在其40年的变化过程中，我国组织法的立法模式已经发生了变化，最为典型的是《全国人民代表大会组织法》。他认为，在组织法2.0时代，应注重立法体系化，首先要明确立法模式，其次在各种组织法之间进行合理分工，最后完善组织法和相关法的内部结构和具体内容。

在评议环节，山东大学法学院王德志教授认为，上官老师的报告为宪法的全面实施提出了模块化的建议和部门宪法的优化路径，值得肯定。另外，宪法实施还要注重抓主要矛盾，矛盾在不同阶段有不同的体现，应当抓住每一阶段宪法实施过程中的主要问题。对龚老师提出的终身学习权以及教育法法典化应循序渐进等观点，表示赞同，特别认可考试法制定的必要性和迫切性，这涉及公民的就业权和公共资源的公平分配等问题。在教育法法典化过程中，学习权在不同阶段的性质、功能和内容值得关注和研究。关于刘老师的报告，法律保留和法律先定两个概念之间存在差异，但在我们国家一些领域存在立法滞后的问题，导致无法可依，这一情况应引起关注。关于陈老师的报告，认为立法模式划分的研究和建构思路对国家机构组织法的体系化具有启发性意义。

中国人民大学法学院王旭教授认为，上官老师的报告具有很好的问题意识，通过部门宪法的概念为全面贯彻实施宪法的现实命题提出了一种理论路径，这一概念的切入从内容上实现了宪法实施的"全面性"，具有创新性。但是，部门宪法到底是以宪法文本的规范为集合按照不同治国理政的领域进行界分，还是以治国理政的不同领域为依据统合以宪法为根基的法律以及其他的相关规范，这两种理解部门宪法的不同路径值得进一步讨论。龚老师提出的终身学习权概念，对整个基本权利体系具有再造意义。终身学习权与受教育权不同，传统的受教育权更多是从社会学意义上提出的，突显出国家给付和国家塑造的义务。而终身学习权以人格的自由发展为前提，带有更多自由权的本意，建构了以教育为内容、以自由权和社会权为双轨的体系，具有规范建构的价值意义。对龚老师提出的建议表示赞同，在目前教育法制度供给总量不足的背景下，确需走渐进式、由分到合的法典化道路。刘老师的报告是非常娴熟的国别学研究，清晰深刻地还原了"法律保留"概念在德国的生成史、变迁史及其理论细节。但这一概念和中国的语境存在差异，《立法法》第 8 条还是要从国家专属权的意义上加以理解。陈老师的报告认为，组织法有广义和狭义之分，狭义的组织法只涉及职能、组织体系、领导体制和架构等，但广义的组织法包括组织法和责任法，这与立法技术和立法成本有关。因此，研究组织法的结构优化应当首先处理广义和狭义之分，如果是广义的组织法，关键是组织行为和责任的合理界分问题。

西南政法大学行政法学院张震教授认可上官老师"部门宪法是宪法全面实施的一条新路径"的观点。同时也提出，基本权利作为宪法的部门法实施的重要内容毋庸置疑，但能否将其作为宪法的部门法实施的重心，有待商榷。关于龚老师的报告，表示非常赞成其中关于教育法典编纂意义的论证，权利是法律体系得以建构的核心要素，同时也是法典编纂基石的观点，以及先总则后分则的法典编纂思路。对于受教育权是否有必要走向学习权的问题，希望得到龚老师的进一步回应。关于刘老师的报告，表示这一高水平作品以及"法律先定取代法律保留"的观点将在公法学界引起很大的冲击,希望刘老师能够从法律先定的面向对我国目前治国理政的一些重要论述进行阐释。关于陈老师的报告,对于广义和狭义的组织法定位问题,表示赞成狭义组织法的概念和专门法的立法模式。

(七) 第六单元:宪法实施前沿问题

中南财经政法大学法学院胡弘弘教授主持报告环节,中国社会科学院法学研究所翟国强研究员主持评议环节。

中山大学粤港澳发展研究院曹旭东教授以"论中央监督权的规范内涵"为题发言。他首先具体阐释了中央监督权应该是明确的、具体的,需要一个具体的法律规范来承载,随后指出在确定这样一个监督权具体的权利时应遵循实定法的原则,包括两个层面,一个是基本法,一个是附件三的法律。接下来,他对三个主体监督权的内涵进行了三方面的阐释。最后他提出,在特别行政区应尽早完成国家安全立法这样的背景下,中央可以要求特别行政区行政长官发起有关的立法程序,但是无权直接命令立法会通过立法。

辽宁师范大学法学院王祯军教授以"紧急状态的启动条件与规范设计研究"为题发言。他首先介绍了文章写作的三方面动因,随后从"紧急事件"的内涵出发认为,在国内法和国际法的层面,紧急事件的定义都比较宽泛,呈现出多样性,源于并进一步凸显了紧急事件的不确定性。随后通过归纳,他具体阐释了相关理论和实践问题,指出我国《突发事件应对法》对紧急状态的界定是特别重大的紧急状态,在应对模式上来讲,目前有宪法紧急状态的模式和法律的模式这两种模式。最后,他认为加强紧急状态启动条件的规范设计非常必要,并提出了自己的看法,为完善我国的紧急状态启动条件制度提供了一种学术上的思考路径。

中共中央党校(国家行政学院)政法教研部李少文副教授以"全国人大常委会实施宪法的建造方式:以授权制定浦东新区法规为例"为题发言。他以全国人大授权上海市人大及其常委会制定浦东新区法规的事件为例,提出该行为类型以及如何找到依据等问题,认为"地方立法的变通机制"这一概念有道理但也有不足,进而提出将以全国人大的视角转换到全国人大常委会的角度上来论述这一观点,指出我国宪法实施主要是依靠国家机关,这就意味着所有的国家机关都有反作用于宪法的强烈意图,全国人大常委会也不例外,因此以这一视角或可更好地理解授权制定浦东新区法规的这一行为。由此，他引入宪法建造（construction）的理论。此外还区分了宪法解释与宪法建造的理论，宪法建造也是要受限制的，要通过具体的案例来分析而且还要经历一个发展过程。因为涉及国家机关运用宪法扩充自身权利的范围，所以需要受到一定的限制和控制，但我国没有终极性的司法审查机制所以控制可能问题会比较大，所以理论仍需进一步建构和完善。

中国社会科学院法学研究所朱学磊助理研究员以"合宪性咨询制度的必要性辨析：基于比较法的考察"为题发言。他从合宪性审查与合宪性咨询的区别与联系出发，指出二者在制度演进逻辑、定位以及内容上存在差异。针对二者的关联，则提出合宪性咨询是合宪性审查的必要环节，其制度运转遵循独特的内在逻辑，而后者为前者创造条件并提供保障。在制度优劣方面，他认为合宪性咨询制度具有预防违宪、提高权利主体行为正当性、提出替代性解决方案、确保宪法完整准确实施的积极功能；但也存在解纷能力有限、与司法中立性存在张力、易对其他机关履职产生负面影响以及与权力分立逻辑存在张力的局限性。最后，基于我国存在广泛的合宪性咨询需求、民主集中制提供的正当性基础作用、全过程审查模式对合宪性咨询功能缺陷的克服作用、人大主导的宪法实施体制对应对身份竞合导致的信任难题的助力作用四个方面，提出合宪性咨询在我国大有可为，有必要推动相关实践迈向制度化、规范化轨道。

在评议环节，上海交通大学凯原法学院林彦教授认为，上述四位学者的报告都非常切中当前我们在宪法实施乃至国家法治建设当中的紧迫问题。对于李老师的报告，认为"建造"这个词在我国宪法及宪法学框架下如何理解还有待进一步研究。在以往类似实践中，有人将《立法法》第67条最后一项或第89条的最后一项作为授权的合宪性支撑，这种方式是否足以消除质疑或忧虑还有待思考，而把授权决定理解成全国人大常委会实施宪法的一种方式这个问题背后的规范性或合宪性有待进一步思考。关于朱老师的报告，首先提出疑问，即是不是所有的询问答复都具有咨询的性质。询问答复尽管在名称上是一种非常接近于咨询的制度，但是在实践中的功能似乎更加多元，建议在结合宪法咨询制度对询问答复进行研究时，可以考虑进一步结合以上提到的情况进行更加精微的类型化分析。

西南大学法学院赵谦教授指出，上述四篇报告从范围上看，两篇从央地配置展开，两篇从权力行使的边界和控制手段展开，兼顾宏观与微观的视野，具体而言，四篇报告中，从规范构造视角出发的有两篇，从功能价值评判、规范内涵出发的各一篇，基本涵盖了宪法学的框架和主体样态。关于曹老师的文章，其认为"一国两制"的实施与未来发展具有高度相关性，而后提出了三个方面的问题：一是中央对特别行政区的监督界定为补充监督略显笼统，二元视角可能难以清楚解释中央监督权的建构基础；二是对监督权内涵的梳理有待进一步聚焦，在明确采取狭义监督权观念的基础上专门探讨具体监督权范围的必要性还有待商榷；三是单纯的规范完善能否实现监督机制的完善存疑，建议进一步拓展至具体监督权的构造。对于王老师的报告，提出三方面疑问：其一，在紧急状态条款中专门增加权利克减以紧急情形严格需要为限启动要件的规定，在内容上似乎没有改变紧急状态启动标准的主观性与相对性困境；其二，特定场合下国家对于主观条件的干预本是紧急状态的应有之义，在紧急状态启动条件中凸显公民权利的保障构想可能造成这种非常手段干预的延宕；其三，基于紧急状态内涵不确定性的现实前提，建议通过外部设置启动条件方式来实现平衡。针对李老师的报告，认为在当下存在法律空白或者模糊的背景下，其极富创设性的立法探讨提供了一种经典立法的破解思路。同时也提出几点建议：首先充实必要的范畴范式间的关联阐释和叠加限定阐释；其次就授权立法而言，全国人大常委会的职权特性可能应该得到凸显；此外希望进一步阐明宪法建造或者宪法构造的合宪性评判的指向。针对朱老师的报告，认为合宪性咨询是否可以真正内嵌于事前的合宪性审查，域内外理论制度存在极大差异；同时，建议在探究合宪性咨询和合宪性审查的补充审查同时，注意切换本身学理或者制度性的回馈；此外，也表达了对宪法和法律委员会对合宪性咨询背书可能消解合宪性审查制度的担忧。

南昌大学法学院程迈教授认为，曹老师的报告将监督权作为政治概念来对待，区分了特别行政区自我监督与中央外部监督之间的关系，即基础性与补充性、抽象性与具体性以及硬监督与软监督。程教授集中于最后一组关系，对监督权的政治意义与法律意义提出疑问，认为在法律层面"软"与"硬"的界定可能十分困难。对于王老师的报告，一方面，宪法实施要依赖于宪法的政治环境，即便没有法律，决策者在作出决定的过程中也会受到一定的政治压力，这也揭示了宪法实施过程中的一个重要问题，即政治制约是否比单纯的法律规定更重要；另一方面，宪法及治安管理处罚法等只提到了紧急状态，未提及突发事件，用突发事件的理论来解释或者佐证紧急状态，可能存在解释力不足的情况。关于李老师的报告，全国人大和全国人大常委会之间不宜混同，只要是没有明确授权，全国人大，至少全国人大常委会就不能进行"创造"，更不能进行"建造"，这部分权力可能本身就不希望国家介入。关于朱老师的报告，我国立法过程中存在广泛的宪法咨询需要，对于全国人大咨询后的中立性问题，全国人大拥有宪法解释权，甚至宪法审查权，对于合宪性咨询本身不构成太大的问题。但要注意事先咨询与事先审查的本质区别，建立形式化的咨询制度可能不利于灵活的现实情况。

（八）第七单元：数字时代的宪法学

中国人民公安大学法学院齐小力教授主持报告环节，中南财经政法大学法学院王广辉教授主持评议环节。

中南财经政法大学法学院杨小敏教授以"中国智慧法院构建的宪法边界"为题发言。她首先从党的二十大报告内容、实践的角度以及宪法学研究的不足三个方面阐述了选题缘由，随后指出文章的写作基本借鉴了基本权利限制的分析框架，并为我国智慧法院构建的宪法边界归纳提炼出三个要件：形式要件、实质要件和权衡要件。在形式要件层面，智慧法院的构建必须由宪法通过授权特定的主体来规定设立，具体包括法律保留原则、宪法保留原则和法律明确原则三个层次。在实质要件层面，我国智慧法院构建的核心理由是司法为民，核心价值取向是以人民为中心的思想，因此智慧法院在理论、实践、程序、实体方面都要符合换言之接近正义的精神，极大地促进社会公平，实现司法为民的价值目标。在权衡要件层面，在庞大的宪法体制背景下构建智慧法院会涉及众多的主体权益的衡量、多元价值序列的权衡，需要运用比例原则衡量，建立理性的智慧法院。

广西大学法学院管华教授以"智能时代的教育立法前瞻"为题发言。他首先交代了文章的写作基于物联网时代下人工智能快速发展以及目前相关文献的研究不充分的背景，由此引入了人工智能给教育立法带来的一系列机遇和挑战，随后主要阐释了人工智能视域下教育法律关系的嬗变，主要从人工智能无法成为教育法律关系的主体和人工智能使教育法律关系衍生出新内容等方面举例说明，进一步指出教育法典编撰时机相对成熟，教育法律体系初步形成，但教育目的、法律责任、救济方式、消除法律之间的冲突等共性问题亟待共同解决，并给出了四个具体措施和若干例子说明，最后指出人工智能的应用是一把双刃剑，教育数据的产业化怎么进行，提供数据的老师和学生是否有权从中分享利益，仍待进一步研究。

中国政法大学法学院王蔚副教授以"数字规则体系中宪法的'规范性'"为题发言。她首先观察到在网络时代法律不再是规范我们公民行为唯一的规范，要与社会治理、产业政策、技术发展所形成的其他规范互相竞争，进一步引出金字塔倒掉后是否重塑以及如何重塑的问题。随后指出法律秩序和数字秩序的根本区别，并举例说明了宪法规范"有效性"的缺失：第一，规范性遭遇解构，网络平台开始出现国家功能，改变了宪法当中既有的横向纵向配置；第二，传统立法、行政、司法等横向权力配置当中存在问题；第三，基本权利可能遇到问题。随后分析了危机产生的原因为数字规则内在机理的触犯、网络中立以及网络的互操作性，在路径解决层面，提出"新瓶装旧酒"，把宪法的基本原理和价值与现有的技术治理相融合，我国现在在数字时代有多元社会价值的触碰，强国家和强社会并存，不再是权利的单向道，宪法学研究方法论也要相应改变。最后她认为，宪法学将迎来一场新的革命，但是我们不用恐慌，可以用宪法既有的基础理论去面对它，迎接它。

中央民族大学法学院邵六益助理教授以"数据法学人民性的政法解读：以数据权属为切入"为题发言。他指出，数据财产权的权属与使用挂钩。以往研究在讨论数字的权属问题时人民是缺位的，探讨如何保障个人数据权利时基本从隐私权切入，但隐私权对个人数据财产性权利的保障有限。有观点从公法层面上探讨保护个人信息的权利。然而公法难以对具体个人提供有针对性的保障。之所以存在保护不足，就在于引入公法视角时没有跳出公私对峙的传统框架，亟待引入合众为一的具有公共人格、私人身份微妙巧妙转化的人民视角。提出应从三个层次论证数据的人民属性：第一是人民与企业之间的平等对抗，第二是人民与国家的互动，第三是塑造此时作为普通公民而彼时作为人民的一分子。只有在这样一种政治塑造当中才能看到人民，而不是单个的用户。

在评议环节，上海交通大学凯原法学院范进学教授认为，本主题以数字时代的宪法学为中心，试图解决数字化时代下的传统法学尤其是宪法学，包括传统法学当中所面临的严峻挑战和所处的困境，如何适应数字化时代或者数据新时代，更好地保障公民的基本权利，这是总出发点。四篇文章均涉及和提出了诸多新的概念或者术语，是否应有一个大致统一的共识性概念？比如统一为信息时代或者信息化时代？此外不太赞成数字化时代和信息化时代一定加一个

"化"字。关于王老师的报告，认为数字时代形成了新的宪法秩序，是不是完全有可能制定一部适应数字化时代的宪法？通过数字化的治理实现宪法的价值才是最终的目的，是不是也可以通过宪法解释实现宪法的功能？这是需要认真思考的问题。关于管老师认为人工智能不能成为法律关系的主体，要区别法律主体和法律关系主体之间的差异，这两个是完全不同的概念。任何法律主体都是建构的，因此人工智能是可以赋予主体的。关于杨老师的报告，认为形式要件是必要的，实质要件和权衡要件是值得考虑的，实质要件任何时候司法为民都可能成为司法服务的最终目的，司法为民能不能成为智慧法院构建的宪法边界？这个值得怀疑。还有权衡要件成为宪法构建的边界感觉有点勉强。关于邵老师的报告，认为其观点具有非常重要的意义。从个人数据权利转移到数据的人民性，是非常新颖也是非常重要的，但是人民是抽象的政治概念，如何去界定这一概念还需进一步思考。

中山大学法学院杨晓楠教授认为，杨老师的报告想把比例原则这套架构放到智慧法院建设里面是一个非常好的想法，希望能看到在权衡要件里面的比例原则，对于是否有必要以纯粹法律保留的形式真正制定一部智慧法院组织法，则持保留意见。关于管老师的报告，她更感兴趣的是《宪法》第 46 条里面提到的受教育的权利和义务，究竟以什么形式享有义务教育；人工智能网络是不是会影响到孩子真正受教育的权利；我们有没有更好的教育学方法讨论受教育权在权利的本质上应该是什么样的。关于王老师的报告，两种秩序所谓的互相抵抗以及互相交互是不可避免的，更想知道在平台的困境、立法行政司法与基本权利的困境之外给我们带来的益处是什么。希望王老师能把每个权利的内容进一步展开。关于邵老师的报告，仅仅强调人民属性而缺乏制度规范体系，可能更加容易引起理论和实践中的问题。

东南大学法学院陈道英副教授指出，杨老师对智慧法院的理解引发困惑，对于智慧法院建设的宪法边界讨论仅放到互联网法院这一个类型中不太充分。另外形式要件中把人的主体性至上称为宪法保留原则是否妥当？关于管老师的报告，接受信息教育权利的核心概念应进一步明确，其次教育信息选择权这个名字比较容易让人误解，智慧教育给学习者提供的个性化的教育在现实层面的推广和实施也会有问题。关于王老师的报告，其具体内容可以不断充实和丰富，另外，报告中存在提到的技术规范指向不明确、宪法对人工智能的调试的内容不清楚、长期无效的宪法规范的实例缺乏介绍、国家的平台化难以理解等问题。关于邵老师的报告，希望能将问题更明确化和具体化，建议可以对不同的数据分类别来考虑。

（九）闭幕式发言

27日下午举行闭幕式。会议特邀中国人民大学法学院韩大元教授、山东大学（威海）法学院朱福惠教授、四川大学法学院周伟教授、北京大学法学院张翔教授发言。中央财经大学法学院于文豪教授主持闭幕式。

中国人民大学法学院韩大元教授以"中国宪法学的奠基与传承"为题发言。韩大元教授高度认同宪法学对中国社会发展的作用与贡献，同时指出，在当今百年未有之大变局下，人类怎样在保持尊严与自由的背景下获得发展，需要宪法学发挥基础性、战略性和前瞻性的重要作用。要在传承宪法学传统的同时创新理论，为全人类的发展提供新的理论成果，使我们所分享的制度更具合理预期。他希望从中国的历史本体论出发寻找中国宪法学未来发展的学术传统、学术动力和发展基础，保持本土化与国际化之间的平衡，挖掘中国宪法思想，理顺宪法思想脉络，进而寻求中国宪法与世界宪法思想体系的互动与衔接。韩大元教授殷切期望新一代学者将目光更多转向我们的宪法历史，提炼挖掘宪法思想，保持思想史的持续力。最后，他从自身经历出发回顾了"八二宪法"40年的发展历程，表达了对宪法学界老前辈们的由衷敬意。韩大元教授特别强调，学术创新源自对国家的忠诚，源自对学术使命的内在认同，要学习前辈学者们忠于宪法事业、充满学术理想、发扬学术民主的崇高精神，珍惜老一辈宪法学家的贡献，共同推动中国宪法学自主知识体系的建立完善。

山东大学（威海）法学院朱福惠教授以"宪法实施四十年来的三个阶段及其生动力"为题发言。朱福惠教授首先指出，宪法实施具有全面实施、整体实施及监督实施三方面的特征。他介绍了"八二宪法"所蕴含的改革宪法、价值主线、完善社会主义民主法治建设的体制机制与保障公民基本权利四条价值主线，进而指出从经济体制改革到人权和法治，最后到合宪性审查，宪法实施经历了价值上体系化发展的三个阶段。最后，朱福惠教授总结了宪法实施具有人民支持、国家机关推动以及顺应国情等方面的内在动力，因而中国宪法得以拥有源源不断的实施动力。

四川大学法学院周伟教授以"'八二宪法'以来中国共产党全面领导宪法实施的过程"为题发言。周伟教授首先介绍了"八二宪法"以来中国共产党领导宪法实施的领导制度，以国家机构改革为切入点，介绍了 2018 年深化党和国家机构改革以来 28 个党中央决策议事协调机构领导宪法实施的情况，从制度上分析了宪法条款上的"中国共产党领导"，从条文上探究了中央决策议事协调机构在立法条款中的特点，进而给出对中央决策议事协调机构的宪法理解。周伟教授指出，在宪法机构上，宪法学还需要作进一步的理论阐释。

北京大学法学院张翔教授以"'宪法精神'的历史解读"为题发言。张翔教授在回顾国内外学者对宪法精神的基本观点的同时，指出宪法精神绝不是与宪法文本相对立的东西，不能被用来否定宪法文本的规范性、有效性。他从历史出发，认为"八二宪法"包含着浓郁的改革精神，进而提出应该通过历史考察来把握宪法精神，基于宪法文本所包含或者可能包含的宪法精神来理解和处理现实问题。他对宪法精神作出总结：其一，宪法精神作为法律概念需要规范性建构；其二，宪法精神的确定可能需要与文本外的因素求知；其三，宪法精神可能得之于历史的考察，可以得之于时代的精神。最后，张翔教授再次提到了韩大元教授强调的宪法学的奠基与传承问题，希望和呼吁大家传承前辈精神，为国家的繁荣昌盛做好学术支撑。

在综合评述环节，中国政法大学的陈征教授和苏州大学法学院的程雪阳教授分别对两天的讨论成果作评论发言。

陈征教授主要对第一天的会议作出述评。他认为，这次年会是一次非常成功的大会。在开幕式环节，郑淑娜会长的致辞给予宪法学研究者以很大的鼓舞，王新清副校长和梅向荣主任从各自视角探讨了宪法和宪法学对中国发展的特殊意义。大会发言环节，在周叶中教授的主持下，胡锦光教授、林来梵教授、李树忠教授、任喜荣教授、刘连泰教授、屠振宇教授依次进行发言，主持人周叶中教授对大会发言作了很好的点评和总结，周教授也对宪法学研究提出了很高的期待。在单元讨论环节，第一单元的主题是"习近平法治思想与宪法"，该单元由秦前红、王磊两位教授主持，四位报告人从"八二宪法"制定的历史、宪法适用以及具体宪法条款等方面分别分享了精妙的研究成果。第二单元的主题是"现行宪法 40 周年成就和经验"，由焦洪昌老师和董和平老师主持，这一单元一方面挖掘了当年立宪和 40 年司法实践当中形成的一些新概念，丰富了中国宪法学知识体系。第三单元的主题是"人民代表大会的实践和创新"，由杜承铭老师和郑贤君老师主持，这一单元实际上是理论和实践密切结合的单元，而且非常具有中国特色，四位报告人分别从人民代表大会制度的不同方面切入，极大地丰富了人民代表大会制度的研究视角，深化了研究深度。通过简要的综述和点评，陈征教授认为，第一天的报告有宏观的标题，还有一些微观的标题，对于宪法学研究理论以及推动宪法监督的实践都将起到积极作用。

程雪阳教授指出，此次大会议题丰富，讨论的问题非常重要，参会的宪法学者在两天的讨论中，全面系统地回顾了现行宪法实施40年来对国家和社会的重要意义。从两天的讨论结果来看，宪法学者们普遍认为且进一步确认1982年颁布的现行宪法不仅全面记载和反映了十一届三中全会以来党和国家治理体系和治理能力现代化过程中所形成的重大理论和制度变革，而且这部宪法通过不断发展、完善和落实，为维护国家法治统一、民主政治稳定、人权有效保障、经济快速发展以及社会和谐稳定发挥了极为重要的作用。同时，这部宪法在新的历史时期也面临很多新问题，需要我们使用新的研究方法，进一步发挥这部宪法作为根本法的功能。

他主要对第二天的会议作出述评。第四单元的议题非常集中，重点研讨"备案审查制度的新发展"。根据赵娟教授的梳理，备案审查制度的实践自2000年开始，但直到2017年的《各级人民代表大会常务委员会监督法》颁布，其作为完整的法律术语在法律中才得以确立。自2017年以来，全国人大常委会法工委每年向全国人大常委会报告备案审查工作情况，这一制度逐渐开始制度化、透明化、公开化。但这个制度在完善发展的过程中也凸显出一些问题，黄明涛教授、赵娟教授、郑磊教授以及冉艳辉副教授在这一领域进行了非常好的研究。关于第五单元的讨论，上官丕亮教授认为部门宪法是宪法实施的新路径，研究宪法中特定领域的规范集合，这一讨论非常有意义。刘志鑫老师的报告是特别好的基本概念研究，而且是国别学的研究，但考虑到中国现代化的发展进程，坚持法律先定还是法规规章可以先行，值得进一步思考和研究。陈明辉老师的报告涉及组织法、行为法、程序法在立法领域的分工问题，这一问题非常重要。关于第六单元和第七单元的讨论，他提到两方面的问题。一方面，杨小敏教授认为智慧法院是专门法院，并对智慧法院建设的合宪性进行研究；陈道英教授则认为智慧法院是普通法院工作方式改变的体现，属于数字化改造，如果认为智慧法院是专门法院，就涉及专门法院和普通法院的关系问题。近几年新类型法院越来越多，如何确保专门法院的建设既符合时代和社会发展的要求，又不至于导致司法管辖权的分割或者管辖混乱，这些问题值得进一步研究。另一方面，邵六益老师提到的数据人民性问题受到一些质疑，报告对人民性的阐释主要是拉平个人和企业、人民和资本之间的差距，但是具体如何落实到法律体系层面，尚需研究。在闭幕式特邀发言阶段，韩大元教授、朱福惠教授、周伟教授、张翔教授从不同角度强调历史对于现行宪法理解和适用的重要意义。其中，张翔教授提到对宪法精神的解读应当放在改革开放的背景下，改革开放也是基本原则。事实上，我们的历史除了改革开放史，还有新中国的建国史、民主共和的革命史、反殖民的历史、中国古代几千年的历史等，如何理解历史对于我们科学合理地认识现行宪法具有重要意义。

在闭幕致辞环节，首先由下一届年会申办单位代表发言。海南大学法学院院长王琦教授首先向年会的胜利举行表示祝贺，并申请由海南大学法学院承办宪法学研究会 2023 年年会。王琦教授简要介绍了海南大学法学院的学科排名、师资力量、科研团队与研究机构，着重介绍了宪法与行政法学教研室的基本情况。王琦教授表示，希望通过 2023 年年会的承办，进一步加强与各位专家的学习交流。最后，王琦教授诚挚感谢专家学者对于海南大学法学院的大力支持，真诚期待与大家在海南相聚。

常务副会长莫纪宏研究员致闭幕词。莫纪宏研究员感谢研究会秘书处过去一年的辛苦工作，同时对无法线下邀请与会人员莅临中国社会科学院大学法学院指导工作表示遗憾。在两天的时间、两场大会发言、七个单元研讨中，通过回顾现行宪法施行 40 年，总结经验、现状并展望未来，十分有意义。他指出，宪法学需要讲政治，坚持党的领导。在当前和今后一段时期，宪法学者要认真学习宣传贯彻党的二十大精神，认真阐述二十大报告关于全面依法治国的各项规定。最后，他代表中国法学会宪法学研究会，再次向为年会举办作出贡献的所有领导、专家、学者以及承办单位、研究会秘书处和会务组表示感谢。

至此，为期两天的中国法学会宪法学研究会 2022 年年会圆满结束。

三十六　中国法学会宪法学研究会 2023 年年会综述[①]

2023 年 10 月 21 日至 22 日，中国法学会宪法学研究会 2023 年年会在海南大学举行。本次年会以"健全保证宪法全面实施的制度体系"为主题，由中

---

① 参见《中国法学会宪法学研究会 2023 年年会顺利开幕》，海南大学法学院（纪检监察学院）网站，https://law.hainanu.edu.cn/info/1080/12807.htm。

国法学会宪法学研究会主办，海南大学法学院、海南自由贸易港法律创新团队和江苏亿诚（海口）律师事务所承办。会议收到论文170余篇，来自全国高校及研究机构和中国法学会、全国人大相关部门的专家学者和学生近300人参会。

中国法学会副会长、中国法学会宪法学研究会会长郑淑娜在讲话中指出，习近平总书记在纪念现行宪法公布施行40周年的署名文章中，对"健全保证宪法全面实施的制度体系"进行了深刻阐述，提出了明确要求。宪法学研究会2023年年会以"健全保证宪法全面实施的制度体系"为主题，展开广泛和深入的研讨，具有重要意义。宪法学者应当在这一主题下，服务国家发展战略，构筑胸怀祖国的学术视野，构建本土知识体系，修炼独立自主的学术品格，尊重学术发展规律，坚持学术上的交流互鉴，为更好发挥宪法在治国理政中的重要作用，推进宪法全面实施和国家治理现代化提供理论支撑。郑淑娜会长还受编写组委托，对《新时代中国宪法理论》教材的编写工作作了介绍。

郑淑娜会长指出，海南的发展与现行宪法的实施关系密切。1993年，中国法学会宪法学研究会在海南举办过学术年会，主题是"宪法与改革开放"。海南因改革开放而兴，现在已成为新一轮对外开放的排头兵，中国法学会宪法学研究会年会再次在海南举办，具有特殊意义。要以年会为契机，认真学习贯彻习近平总书记关于宪法实施的重要论述和讲话精神，进一步凝聚学术共识，在以中国式现代化全面推进中华民族伟大复兴的新征程上，不负时代所托，作出宪法学应有的贡献。

开幕式结束后，举行了年会全体会议。中国法学会宪法学研究会副会长、武汉大学法学院周叶中教授主持大会。武汉大学法学院秦前红教授、香港城市大学法律学院朱国斌教授、北京航空航天大学法学院王锴教授、天津大学法学院王建学教授等作了主题发言。

秦前红教授以"构建中国特色的纪检监察体系"为题发言。他指出，国家监察体制改革是我国一项重大的政治体制改革，而当前我国监察立法模式与监察体制改革存在一定程度的不匹配。未来监察机关可以按照行政法规、地方性法规的模式配置相应治理权，并妥善运用党政关系的视角研究立法法简要规定监察法规立法制度的原因。

朱国斌教授以"以'法治湾区'理念引领推进粤港澳大湾区法治建设"为题发言。他强调了粤港澳大湾区的重要地理和经济地位。大湾区建设目前面临的法律冲突与困境主要是由"一湾区、两制度、三法域"的局面造成的。为突破这一困境，他提出构建法治湾区必须从两个层次推进：第一层次是制定相关法律和法规的"硬"指标，加强大湾区法律的落实执行；第二层次是提升法治文化水准的基础性"软"指标，培养法治建设人才。同时大湾区建设应当借鉴其他域外湾区建设运作的法治经验，探索完善大湾区法治建设路径。

王锴教授以"立法具体化是宪法实施的方式吗？"为题发言。他首先提出当前我国宪法实施的五种方式——立法具体化、政治实施、直接实施、合宪性确认、宪法续造，并以此为基础阐明宪法实施方式之间的关系。在此基础上提出三个方面的观点：一是宪法的政治实施是与宪法的法律实施相对的；二是宪法的直接实施是与宪法的间接实施相对的；三是合宪性确认不是宪法实施的方式，而是任何宪法实施最终都要经历的一个步骤。最后，他认为立法对宪法的具体化是基于宪法中的立法委托而产生，不能把立法具体化理解为立法对宪法进行解释，否则可能混淆了具体化与解释的区别。

王建学教授以"宪法性法律的概念辨析与观念溯源"为题发言。他从宪法渊源出发，将法国宪法作为考察的范围和研究对象，从实践的层面提出"宪法性"法律的表述具有一定误导性，有必要在观念溯源的基础上予以辨析和反思。与我国不同，法国宪法性法律的概念与宪法并不存在本质区别，是分散在多个文本中的宪法，宪法性法律充当着成文宪法典的替补者。王建学教授强调三点启示，要分清楚宪法修正案、宪法修订法、宪法性法律的实质性内涵，坚持形式主义的宪法渊源观，只有宪法典（及其附属的修正案、修订法）才是渊源，要完善法律的分类机制，加强对法律特别是组织法的宪法审查。

在三个分论坛中，与会宪法学者围绕坚持和加强党对宪法工作的全面领导，对完善以宪法为核心的中国特色社会主义法律体系，宪法监督的规范化、程序化，提高合宪性审查、备案审查能力和质量，中国宪法学科体系、学术体系、话语体系，中国宪法理论在法治教育中的指导地位，依宪立法与重大领域、新兴领域、涉外领域立法，海南自由贸易港、浦东新区、粤港澳大湾区法治建设等议题，展开了集中研讨。共有百余位学者分别作了大会发言、分论坛报告和评议。与会学者在讨论中畅所欲言，会议讨论热烈，成果丰硕。

为深入学习贯彻落实党的二十大精神和习近平总书记纪念现行宪法公布施行 40 周年重要署名文章，切实学习贯彻习近平新时代中国特色社会主义思想，贯彻落实党的二十届三中全会决定精神，经中国法学会批准，中国法学会宪法学研究会 2024 年年会将于 2024 年 10 月 26 日至 27 日在浙江省杭州市举行，由中国法学会宪法学研究会、浙江工业大学法学院共同举办。年会主题是"新中国宪法七十年"。具体议题为：新中国宪法与人类法治文明、新中国宪法发展的历史经验、宪法与中国式现代化、人民代表大会制度的发展完善、人权入宪二十年与宪法全面实施、中国宪法学自主知识体系的建构。

第三编　法学"三大刊"以"宪法"为篇名刊文汇集

一　《中国社会科学》以"宪法"为篇名的学术论文目录及论文摘要

1.《论宪法实施的组织保障》

陈云生（中国社会科学院法学研究所）

摘要：加强宪法实施的组织保障是现代宪治发展的基本趋势，本文对这种趋势及世界各国实施宪法保障的组织形式作了较系统的介绍。作者指出，我国新宪法将全国人民代表大会及其常务委员会规定为我国监督宪法实施的机关是我国在宪法保障方面的一个重要发展，并对这一规定的根据进行了论证。作者指出，要加强全国人民代表大会常务委员会对宪法实施的监督，必须逐步建立和完善必要的违宪审查制度。

《中国社会科学》1984年第6期

2.《近年来我国宪法学重要理论问题讨论综述》

徐秀义　肖金泉（中国人民公安大学法律系　山东大学法学院）

摘要：在我国1982年宪法公布前后的几年里，法学界发表了许多著述探讨宪法中的理论问题，这对于丰富我国的宪法理论、促进我国社会主义宪治运动的发展起了积极的推动作用。本文拟将近年来法学界在这方面的讨论作一概述，希望对宪法学研究的深入有所裨益。

《中国社会科学》1985年第5期

3.《论宪法关系》

戚渊（中国人民大学法学院）

摘要：宪法是资产阶级革命的产物。尊重人的主体性和个体性，以人的权利为出发点和归宿，是近现代宪法的真谛。所谓宪法关系，应当是指宪法规范所调整的作为权利载体的宪法关系主体与作为权力载体的宪法关系客体之间的事实关系和价值关系。在宪法关系中处于主导、支配地位的主体（公民）应该同时享有内在自由和外在自由，实现自律和他律的统一，而宪法关系客体（国家）则应该具有利益性、法定性、被动性和相对独立性。宪法关系主客体之间存在着以实践—认识为基本形式、以对立统一为基本结构的相互作用关系。主体作用于客体的主要内容是"需要"和"效益"，客体作用于主体的主要内容是"规范"和"效应"。宪法关系主客体之间既互相依存、转化，又互相制约、否定。建立以"权利—权力"模型为主客体关系的宪法关系学说，有利于进一步揭示宪法的本质，有利于改变人们在计划经济体制下形成的"公民与国家的关系是身分关系"的旧观念，有利于突出作为市场主体的公民所应有的主体性地位。

《中国社会科学》1996 年第 2 期

4.《审视应然性——一种宪法逻辑学的视野》

莫纪宏（中国社会科学院法学研究所）

摘要：本文运用宪法逻辑学的方法，从本体论、认识论和价值论三个角度探讨了"应然性"的内涵，指出在价值论意义上的"应该"的逻辑形式表现为确定性和不确定性两个价值区域。作为确定性的"应该"表现为以认识论为基础而产生的"不得不"和"不应该"。"不得不"作为一种能力判断是被传统的法哲学所遗忘的范畴，它可以避免"假设"理论给应然性所造成的过度不确定性，因此，应当将"不得不"作为考察具有最低限度确定性的"应该"的逻辑准则。"不应该"是超越各种文化内涵之上的普遍主义准则。作者基于对应然性的逻辑分析，指出应然的宪法和宪法的应然性属于两个不同的价值范畴，并由此区分了"前宪法现象"与"宪法现象"在构建宪法价值体系中的不同功能，强调现代宪法的价值核心是一种"法治法"。

《中国社会科学》2001 年第 6 期

5.《日本宪法第九条及其走向》

管颖 李龙（浙江大学法学博士后流动站 浙江大学法学院）

摘要：1946 年制定的《日本国宪法》，应当对战后日本国家的和平主义发展方向起到根本的规范作用。但该宪法颁布后不久，国际秩序走向美苏对立，宪法第九条的非武装中立原则未能得到贯彻，宪法权威受到严重侵犯。冷战结束后，宪法第九条发生了严重危机。本文实证性地分析了日本政治对宪法原则的背离，并对宪法第九条的未来走向进行了探讨。

《中国社会科学》2002 年第 4 期

6.《宪法实施的新探索——齐玉苓案的几个宪法问题》

王磊（北京大学法学院）

说齐玉苓案是 2001 年的中国第一大案其实也并不为过。虽然该案没有非常重要的人物也没有多大的标的，但它却是中国法治建设的一个里程碑，因为它对中国宪法的一些传统观念提出了挑战，为宪法司法化开辟了一条道路，是宪法实施的一种新探索。对于这个案件，褒贬不一。但总的来说学界还是肯定的多。本文将该案涉及的有争议的宪法问题归纳为六个大的方面分别加以讨论。

《中国社会科学》2003 年第 2 期

7.《中国宪法改革的几个基本理论问题》

夏勇（中国社会科学院法学研究所）

摘要：中国宪法应当从"改革宪法"向"宪治宪法"转变，作者以此为基点，结合 20 年来的经验，讨论宪法改革面临的理论问题。首先，宪法之根本法则由以人本和自由为核心的价值法则、张扬人民主权的政治法则和体现程序理性的程序法则构成，蕴含道统、政统和法统，是宪法合法性、权威性和稳定性的终极来源和根基。其次，宪法作为法律应具有的效力有赖于违宪审查和宪法诉讼，但不是宪法的一切内容都要司法化；应区分宪律与宪德，并按法治的要求加以识别和转化。其三，界定违宪主体和违宪行为应以立法模式为主兼及治理模式，人民代表大会制度下的宪法监督要体现人民主权和程序理性的完好结合。最后，宪法是价值法则通过政治法则和程序法则在公共领域里的运用，以约束权力和保障权利为核心；宪法改革应围绕宪法核心问题，调整好国家权力与阶级结构的关系，国家权力内部的横向、纵向关系以及执政党与国家政权机关的关系；同时，转化使用走进权利时代过程中的积极要素，将人权概念引入宪法，并改进权利体系和权利救济。

《中国社会科学》2003 年第 2 期

8.《中国宪法实施的私法化之路》

蔡定剑（中国政法大学）

摘要：本文从中国的现实出发，对西方国家宪法私法化的理论和实践进行研究，得出宪法的实施是由两种解决纠纷机制组成：一是宪法中的国家权力纠纷和国家权力侵害纠纷，它通过违宪审查机制实施；二是宪法中公民基本权利受到国家权力以外的侵犯或两种公民宪法权利相冲突的私权纠纷，它通过宪法私法化的宪法诉讼方式实施。作者进一步分析了中国走违宪审查之路面临的困难，提出根据中国国情走宪法私法化的司法化之路的建议，并探讨了有关的理论难题。

《中国社会科学》2004 年第 2 期

9.《没有宪法的违宪审查——英国故事》

何海波（国家行政学院法学部）

摘要：通常认为，在议会主权之下，英国没有违宪审查。本文论证，如果把违宪审查看成抵消议会"恶法"的实施效果，那么英国实际上已经形成独特的违宪审查。它们包括普通法外衣下法院对议会立法的变相抵制，议会立法自身授权法院的审查，以及通过重新解释不成文宪法而获得宪法性的违宪审查。英国的经验对中国未来人民代表大会制度下建立违宪审查具有特别的启示。

《中国社会科学》2005 年第 2 期

10.《论协商民主在宪法体制与法治中国建设中的作用》

马一德（中南财经政法大学法学院）

摘要：法治中国建设需要在体制框架下系统推进。法治中国所依赖的体制框架，由社会主义民主制度所塑造。社会主义协商民主系统回应了社会主义的规定性、党的领导、新中国的民主传统和法治中国建设的本土资源等核心命题，是法治中国建设的重要资源。在以人民主权为逻辑起点的"执政党—政权—人民"的宪法体制中，协商民主发挥了功能耦合的作用。人民主权基于中国共产党领导的多党合作与政治协商而获得政治正当性，从而将执政党的意志升华为国家意志；协商民主构成国家决策的实质过程，由此可建构起"执政党—政协—人大"的内在逻辑链条；人民政协的民主监督则是政治协商的延续。由此，法治中国建设所依赖的体制框架得以清晰展现。

《中国社会科学》2014 年第 11 期

11.《中国社会变迁六十年的公民宪法意识》

韩大元　孟凡壮（中国人民大学法学院）

摘要：宪法意识是公民的宪法知识、观点、理念和思想的总称。公民宪法意识是推动宪法实施和民主政治、法治发展的精神动力，也是衡量国家法治化程度的标志之一。在社会变迁中，宪法意识构成宪法秩序内在的精神力量，它本身就是推动社会变迁，尤其是重塑社会规范性判断与价值基础的文化软实力。同时，稳定、成熟的宪法意识也是确保社会变迁良性运行的基础。法律的权威源自人民的内心拥护和真诚信仰。60年来，中国社会发展经历了曲折的过程，但1954年宪法和1982年宪法始终成为社会凝聚与和谐的载体与力量，这有赖于民众的宪法意识。完善宪法实施监督机制，关键在于以宪法意识为核心的法治思维能够真正在国家、政府与社会的层面成为不同群体与公民的基本价值共识。坚持宪法至上理念，以更加理性、务实而开放的心态探究宪法实施的路径和机制，才能为全面实施依法治国、推进法治中国建设提供坚实的宪法基础。

《中国社会科学》2014年第12期

12.《财产权宪法化与近代中国社会本位立法》

聂鑫（清华大学法学院）

摘要：财产权保障是私法的核心内容之一，"私有财产神圣不可侵犯"也被写入近代宪法。但随着20世纪以来法律社会化的潮流，私权不再"绝对"而受到公法的规制，财产权社会属性也为现代宪法所确认，其标志是1919年德国魏玛宪法的颁布。传统的民生思想与现代的社会本位理念相结合，使得近代中国宪法财产权的规定在内容及体系安排上，与其他宪法基本权利条款相较有所不同。在近代中国移植西方法律的过程中，保护财产权的民法典与限制财产权的社会本位立法同时引入中国。当代不少人拘泥于所谓宪法财产权的"形式主义陷阱"，将宪法财产权条款与市场经济、法治联系在一起，片面强调没有宪法的保障就没有财产安全也就没有自由、繁荣的市场。这是对财产权历史与现实的双重误解。

《中国社会科学》2016年第6期

13.《宪法框架下的协商民主及其法治化路径》

马一德（中南财经政法大学法学院）

摘要：中国国家治理的逻辑链条表现为：执政党—政协—人大—人民。执政党—政协，是以人民政协为载体的政治协商；执政党—政协—人大，是基于政治协商获得现实合法性的党的主张通过人民代表大会制度转为国家意志的过程；人大—人民，是双向的选举与依法治国；执政党—人民，是实质为社会协商的党的群众路线的展现。协商民主主要包含"执政党—政协"中的政治协商，以及"执政党—人民"中的社会协商，二者经由人民代表大会制度加以勾连。这在逻辑上决定了党的领导、协商民主与人大代议民主的内在关联，形塑了协商民主制度化的路径，即在民主决策过程中，塑造"政治协商—立法协商—社会协商"的制度循环，以此指引现实制度的发展。

《中国社会科学》2016 年第 9 期

14.《中国合宪性审查的宪法文本实现》

刘连泰（厦门大学法学院）

摘要：宪法文本的结构和逻辑决定了合宪性审查的制度逻辑。中国宪法文本包含消极规范和积极规范，具有行动纲领的性质。国家和公民都是宪法关系的主体，消极规范蕴含"遵守"义务，积极规范蕴含"执行"义务。全国人民代表大会及其常务委员会根据消极规范判断立法是否与宪法抵触，多元主体根据积极规范判断立法是否适当。中国共产党领导是中国特色社会主义最本质的特征，中国共产党享有概括的合宪性审查权，该权力应由中共中央行使，可以由中央全民依法治国委员会承担具体工作。中共中央在技术上一般不直接作出合宪性判断，可以指导、建议相关机构作出判断。国家不遵守消极规范或者"不适当"执行积极规范，将产生直接的宪法责任，公民不遵守消极规范的责任需要法律规定。

《中国社会科学》2019 年第 5 期

15.《经济权利保障的宪法逻辑》

翟国强（中国社会科学院法学研究所）

摘要：现行宪法实施以来，随着市场经济体制的建立与完善，经济权利在宪法上逐渐获得确认和保障。通过宪法的进一步实施，经济权利的保障模式和制度体系也趋于完善。从宪法发展的历史阶段来看，中国经济权利保障的历史课题和价值取向和域外法治国家有所不同，构建中国经济权利法治保障模式选择也有其自身的理论逻辑，因此应立足中国的法治国情构建符合中国实际的制度模式。在经济全球化的大背景下，构建经济权利保障模式的价值立场选择应当放在世界宪法发展的大历史、大格局中来认识把握。从比较宪法史的角度看，需要在近代宪法和现代宪法之间寻求其价值取向，在形式平等和实质平等之间进行平衡和抉择，逐步实现从政策保障到法律保障的过渡，最终在宪法层面统合各种保障机制，构建完整的经济权利法治保障体系。

《中国社会科学》2019 年第 12 期

16.《依宪立法原则与合宪性审查》

莫纪宏（中国社会科学院国际法研究所）

摘要：依宪立法作为立法工作的基本原则，是推动合宪性审查的逻辑前提和制度基础。依宪立法具有正当性基础，价值目标明确，作为立法工作的基本原则，目前制度上并未明确予以确认，但从依宪治国的价值要求和依法立法原则的制度构成审视，将依宪立法原则确立为立法工作的基本原则具有法理上的必要性和制度上的可行性。从依宪立法原则与合宪性审查的逻辑关系、依宪立法原则的价值要求、合宪性审查与合法性审查的制度界限三个维度可证明，在制度上确认和坚持依宪立法原则，有助于消除阻却合宪性审查的制度短板，为合宪性审查提供理论方案。从我国现行宪法所规定的立法制度审视，真正影响合宪性审查工作有效启动的是立法监督制度中存在的"强合法性审查"与"弱合宪性审查"之间的价值错位。要真正解决"弱合宪性审查"状况，最高立法监督机构需充分发挥宪法解释维护法制统一的功能，通过宪法解释和法律解释的方式来解决频繁修改法律所带来的各种问题，将依宪立法原则作为最高国家立法机构立法的基本准则，在尊重宪法权威基础上通过科学有效的合宪性审查，全面有效地推动宪法实施和监督。

《中国社会科学》2020 年第 11 期

17.《刑事司法领域的宪法判断与刑法制度文明》

周光权（清华大学法学院）

摘要：在我国，解释宪法、监督宪法实施的合宪性审查权由全国人大及其常委会行使，但这并不妨碍人民法院在司法过程中作出必要的宪法判断。近年来，最高人民法院在涉及枪支、非法放贷、野生动物刑事保护的多个司法解释中，还进行了合宪性调适，使刑事司法活动更加符合具有宪法位阶的罪刑法定原则、责任主义的要求，也与宪法上的比例原则、平等原则相契合，展示了最高人民法院推动宪法实施的担当。合宪性调适作为合宪性解释的特殊情形，是刑事领域宪法判断的新动向，属于中国式制度文明形成和发展过程中独特的宪法实践，是一个值得肯定的方向，指引了在刑法领域进行宪法判断的方向。未来，应当继续按照合宪性调适的逻辑开展刑事司法活动，在制定或修订司法解释时重视宪法权利规范对刑法解释产生的限制作用；个案裁判应当基于宪法解释刑法，在具有多种解释可能时优先选择与宪法精神最为贴近的方案，在被告人及其辩护人提出违宪疑虑时，司法人员应当尽量作出合宪的解释，使判决结论更加符合宪法精神，从而实现妥当的处罚，助推刑法制度文明。

《中国社会科学》2022 年第 8 期

18.《中国宪法社会权的体系解释》

刘晗（清华大学法学院）

摘要：中国宪法中规定的社会权条款不能孤立地进行理解，也不能简单地套用传统宪法学的积极权利或社会经济权利等概念进行解释。在立足于中国宪法的体系解释视角下，社会权具有民生保障、民主政治和国家建构的三重维度。在中国宪法的整体结构和规范意图中，社会权也不只是一种社会经济权利，而且是带有社会主义性质的基本权利。具体而言，社会权不仅是个人向政府索要经济福利的请求权，也是实现完整社会身份的基本公民权。社会权不仅仅具有社会经济性质，更具有一定程度上的政治性质。社会权的规范结构，特别是社会权的功能及义务指向，也需要基于此种性质进行建构。社会权的功能更多地体现为客观价值秩序功能，其具体的保护义务不仅指向合宪性审查机关和司法机关等具体国家机构，同时也指向整个国家治理体系，从而形成一种中国式的社会权制度保障模式。

《中国社会科学》2023 年第 3 期

19.《中国宪法上基本权利法律保留的生成与构造》

陈鹏（厦门大学法学院）

摘要：基本权利法律保留不是对行政权的限制，而是对立法权的指示和约束。从宪法功能的转型、宪法文本的形成与演进、宪法实施机制的发展来看，应当从规范的层面检视我国现行宪法中的基本权利法律保留。宪法文本确立了差异化法律保留的体系，包括简单法律保留、特别法律保留、无法律保留、内容形成保留以及财产权条款的特殊情形。制宪史表明，《宪法》第 51 条并不阻碍差异化法律保留的成立。《宪法》第 51 条设定的无法律保留的基本权利的限制事由可以被限缩解释，从而既能适用于附带简单法律保留及特别法律保留的基本权利，又能彰显差异化保留的规范意义。差异化法律保留亦可为解决基本权利冲突、区分立法的合宪性审查基准提供指引。

《中国社会科学》2023 年第 12 期

二 《法学研究》以"宪法"为篇名的学术论文目录及论文摘要

1.《论宪法的最高法律效力》

王叔文（中国社会科学院法学研究所）

摘要：宪法是国家的根本大法，具有最高的法律效力。初看起来，这似乎是一个不言自明的问题。其实不然。在我们国家，由于林彪、江青反革命集团长期破坏和践踏宪法，广大人民群众对宪法能否贯彻执行，理所当然地表现了莫大的关心。另外，也有一些人认为宪法可有可无，可遵守可不遵守；有极少数人甚至认为，违反宪法不算违法，不能依法予以制裁。因此，这一问题不仅是一个带根本性的宪法理论问题，而且有着重大的实际意义。五届人大三次会议根据党中央的建议，决定对现行宪法进行全面的修改，并把它作为当前社会主义民主制度化、法律化的一项最重要的工作。这一事实清楚地表明，宪法在我们国家生活中，具有何等重要的地位和作用。本文仅就如何保证充分发挥宪法的最高法律效力问题，着重从理论上作一些探讨。

《法学研究》1981 年第 1 期

2.《论宪法实施保障》

肖蔚云（北京大学法律系）

摘要：宪法实施的保障是宪法的重要内容，它是关系到宪法是否能够得到真正的贯彻实行、国家制度和社会制度是否能够得到巩固、人民的权利是否能够真正得到保障的重大问题。因此，最近公布的《中华人民共和国宪法修改草案》对宪法实施的保障作了明确的规定，比 1978 年宪法有了很大的发展，这些规定从三个方面给予宪法实施以有力的保障。宪法修改草案序言规定，本宪法"具有最高的法律效力"。这一规定明确了宪法高于其他一切法律，确定了宪法在法律中的地位和作用，草案通过以后，这将是对我国宪法实施的重要保障。宪法之所以具有最高法律效力，因为它所规定的是我国的国家制度和社会制度，是我们国家的根本问题，如宪法修改草案规定了坚持四项基本原则、实现社会主义现代化建设。

《法学研究》1982 年第 3 期

3.《关于修改宪法的几个问题》

张友渔（中国社会科学院法学研究所）

摘要：1982 年 4 月 26 日，第五届全国人民代表大会常务委员会第二十三次会议通过决议公布了宪法委员会提请议决公布的《中华人民共和国宪法修改草案》（简称《修改草案》），交付全国各族人民讨论。全国各级国家机关、军队、政党组织、人民团体以及学校、企业事业等组织和街道农村社队等基层组织，都将从 5 月到 8 月期间，进行讨论。我就修改宪法中，大家关注的几个问题发表一些个人看法，供讨论参考。

《法学研究》1982 年第 3 期

4.《社会主义民主和法制建设的新阶段——学习〈中华人民共和国宪法〉的体会》

王叔文　王德祥　张庆福（中国社会科学院法学研究所）

摘要：五届人大五次会议通过和公布了新宪法，这是我国政治生活中的一件大事。新宪法以四项基本原则为总的指导思想，规定了我们国家的根本制度和根本任务，是我国新的历史时期进行社会主义现代化建设的总章程。这部宪法顺乎民心，合乎国情，代表全国人民的根本利益，适应我国社会主义现代化建设的需要。新宪法的一个主要特点，就是在发展社会主义民主和社会主义法制方面，作了许多新的重要规定，大大推动了我国民主和法制的建设。正如党的十二大的报告中指出的："这部宪法的通过，将使我国社会主义民主的发展和法制建设进入一个新的阶段。"

《法学研究》1982 年第 6 期

5.《新时期的新宪法》

张友渔（中国社会科学院法学研究所）

摘要：我们的国家正在进入全面开创社会主义现代化建设新局面的新的历史时期，各条战线都取得了拨乱反正的重大胜利，实现了历史性的伟大转变。在这个新的历史时期，我们党召开了具有历史意义的第十二次全国代表大会。会议通过对历史经验的总结，提出了新时期的总任务，确立了一条具有中国特色、适应新时期需要的社会主义现代化建设的正确道路。与此相适应，在最近召开的第五届人民代表大会第五次会议上又制定了新的《中华人民共和国宪法》。这是继党的十二大以后，我国政治生活中的又一件大事。

《法学研究》1982 年第 6 期

6. 《新宪法对民主集中制原则的发展》

肖蔚云（北京大学法律系）

摘要：民主集中制是我国的政治制度，是实现广大人民当家作主的制度。新宪法在继承1954年宪法原则的基础上，总结了30多年来正反两个方面的经验，对我国的民主集中制原则又作了一些新的规定和发展：（1）规定国家机构实行民主集中制的原则；（2）对民主集中制原则作了进一步具体化的规定；（3）对实行民主集中制的程序作了更加完备的新规定；（4）规定国家行政机关内部实行首长负责制。

《法学研究》1983年第1期

7. 《新宪法是建设社会主义精神文明的强大武器》

许崇德（中国人民大学法律系）

摘要：新宪法序言规定，中国人民将"逐步实现工业、农业、国防和科学技术的现代化，把我国建设成为高度文明、高度民主的社会主义国家"。这个全面建设社会主义的伟大纲领中提出的"高度文明"，是高度的社会主义物质文明和高度的社会主义精神文明的统一。物质文明是精神文明的基础。没有物质文明，就不可能有精神文明。同时，精神文明又反过来对物质文明起着积极的作用：它既推动物质文明的发展，又保证着物质文明建设的发展方向。

《法学研究》1983年第1期

8. 《论宪法与精神文明》

王叔文（中国社会科学院法学研究所）

摘要：本文比较全面地论述了宪法与精神文明的关系问题。文章运用历史唯物主义的观点，论述了不同类型宪法与精神文明的关系和新宪法在我国建设社会主义精神文明中的作用。

《法学研究》1984年第2期

9. 《宪法与经济体制改革》

肖蔚云（北京大学法律系）

摘要：宪法通过和公布以后，普遍得到了赞扬，认为这是我国建国以来较好的一部宪法，这部宪法总结了我国30多年来，特别是"文化大革命"的经验教训，从我国的实际情况出发，规定了我国社会制度和国家制度的基本原则，包括经济体制改革的基本原则，指明了今后国家的根本任务是集中力量进行社会主义现代化建设，形成了自己的特色，也包括经济制度改革。

《法学研究》1986 年第 2 期

10.《论宪法的实施保障问题》

罗耀培（中国社会科学院法学研究所）

摘要：宪法的实施保障问题是一个具有重要理论和实践意义的问题，国内外学者向来议论较多。本文试图结合我国学术界当前讨论的情况，就宪法实施保障的涵义、研究的指导思想和进一步加强现行宪法的实施保障等问题，谈谈作者自己粗浅的学习体会，以为抛砖引玉的尝试。

《法学研究》1986 年第 2 期

11.《论宪法在建设中的作用——学习邓小平同志"一手抓建设，一手抓法制"思想的体会》

王叔文（中国社会科学院法学研究所）

摘要：邓小平同志关于"一手抓建设，一手抓法制"的思想，是对我国社会主义经济建设和法制建设经验的科学总结，也是对国际无产阶级专政历史经验的科学总结。这一思想，指明了建设和法制的辩证关系，法制在建设中的极端重要性，法制与建设必须同步发展，是对在社会主义条件下我国法制的作用和重要性的精辟论断。这一思想是对马克思主义法学创造性的发展，是建设具有中国特色的社会主义法制的战略方针，对于全面开创社会主义现代化建设的新局面，建设具有中国特色的社会主义，有着十分重要的指导意义。认真学习和运用这一光辉思想，深入研究各部门法在社会主义现代化建设中的作用，为建设具有中国特色的社会主义法制而努力，是摆在我国法学者面前的一项重要的光荣的任务。这里，着重谈谈宪法在建设中的作用。

《法学研究》1986 年第 4 期

12.《论宪法意识》

吴撷英（北京大学法律系）

摘要：宪法意识是建立在一定经济基础之上的一种社会意识形态，是构成政治法律意识的重要组成部分。它反映了社会上人们对于宪法的制定、内容、执行、保障、修改、存废等有关宪法重大问题的基本认识，对于宪法本身以及政治、经济等各个领域都有重大影响。因此，引起不少学者的重视，并把它作为政治学、宪法学所要研究的基本理论问题之一。为什么要强调对宪法意识问题的研究呢？第一，宪法意识是制定宪法的重要渊源之一。任何国家的宪法都是和一定的社会经济条件相联系着的，在一定的经济基础上产生，同时也反映了在斗争中胜利了的阶级的政治法律观点。

《法学研究》1986 年第 6 期

13.《宪法学基本范畴的再认识》

张光博（吉林大学法律系）

摘要：我国宪法学的基本范畴有的已经难以适应法制建设和宪法学发展的需要。因此，有必要从理论和实际的结合上，对既有的宪法学基本范畴进行再认识，给以科学的说明。这不仅可以推动马克思主义宪法学的发展，也是宪法学的学科建设和普及宪法知识，在社会上提高人们宪法观念的需要。为此，我想就宪法学一些常用的范畴谈一点个人意见，希望这是一块引玉之砖，能引起学术界的讨论。

《法学研究》1987 年第 3 期

14.《社会主义初级阶段与宪法——纪念现行宪法颁布五周年》

王叔文（中国社会科学院法学研究所）

摘要：现行宪法的制定和颁布，到现在已经 5 年了。5 年来实施宪法的实践充分表明，它是一部适应社会主义现代化建设需要的根本大法，是治国安邦的总章程，深受全国人民的拥护，在国家生活中发挥了十分重要的作用。当前，全党、全国人民正在积极学习和贯彻党的十三大文件。党的十三大通过的报告，是建设有中国特色的社会主义，指导全面改革和建设的纲领性文件。报告认真总结了党的十一届三中全会以来改革的成就和经验，系统地阐明社会主义初级阶段的理论，明确提出了党在社会主义初级阶段的基本路线。

《法学研究》1988 年第 1 期

15.《贯彻实施宪法 促进政治体制改革》

陈延庆　许安标（全国人大常委会）

摘要：1982 年修改颁布的我国现行宪法，是我国建国以来最好的一部宪法。它总结我国历史经验，特别是十年"文化大革命"的经验教训，以四项基本原则为指导，根据党的十一届三中全会以来的路线、方针、政策，确定了集中力量进行社会主义现代化建设，努力建设社会主义精神文明，发展社会主义民主，加强社会主义法制的基本精神，是新时期治国安邦的总章程。其中，在国家的政治体制方面，进一步完善了我国的政治制度和领导体制，丰富和发展了我国公民的基本权利和自由。认真贯彻实施宪法，对于促进政治体制改革,具有重要意义。

《法学研究》1988 年第 4 期

16.《体制改革与宪法监督》

陈云生（中国社会科学院法学研究所）

摘要：我国目前正在深化经济体制改革,并正在进行政治体制改革。正确认识体制改革与宪法实施的一般关系,加强宪法监督以促进体制改革的顺利进行,具有重要的现实意义。本文就此谈些初步意见。

《法学研究》1988 年第 5 期

17.《我国宪法监督制度探讨》

蔡定剑（全国人大常委会办公厅研究室）

摘要：宪法监督是指特定的国家机关,为保障宪法的实施,对国家的根本性活动,主要是立法性活动是否合宪进行审查,并对违反宪法的行为给予纠正和必要制裁的专门活动。宪法监督不同于宪法保障,宪法保障是指为保证宪法实施所采取的各种措施和制度。它除了由专门的宪法监督机关对宪法实施情况进行监督外,还包括其他国家机关、政党、社会团体和群众组织,以及公民对宪法实施的监督和保证。在内容上它不仅包括对国家立法活动的合宪性审查,还包括对执法、司法和国务活动的监督。

《法学研究》1989 年第 3 期

18.《公民权利义务复合的宪法规范》

赵正群（辽宁大学）

摘要：《中华人民共和国宪法》第 42 条：中华人民共和国公民有劳动的权利和义务。第 46 条：中华人民共和国公民有受教育的权利和义务。本文着重探讨现行《宪法》第 42 条和第 46 条关于权利和义务复合的宪法规范的特点。

《法学研究》1991 年第 2 期

19.《我国宪法的涉外作用》

孙笑侠（杭州大学法律系）

摘要：法律被运用到国际关系已有悠久的历史,今天它成为国际交往的不可或缺的桥梁。中国的发展离不开世界。同时我国领导人也多次强调在对外开放中要完备法制,发挥法律的作用。这一深邃的思路在今天已给国人以清晰的全局轮廓,也在我的头脑中勾画出这样一条线索。在对外开放中,我国国内法已显示出举足轻重的作用,而作为国内法体系中最终渊源的宪法,究竟该具有怎样的作用，又该怎样发挥其作用呢？本文试图以本国宪法为立足点，将这条思想线索作一次初步整理。

《法学研究》1991年第3期

20.《论我国人权的宪法保障》

王德祥（中国社会科学院法学研究所）

摘要：人权，通俗来说，是指人作为"人"应当享有的权利。宪法是国家的根本大法，是人民权利的保障书。一个国家的宪法对人权的保障程度，体现了这个国家实行民主政治的实际水平。我国是人民民主专政的社会主义国家，经过40多年的民主政治建设，已初步形成了以宪法为基础，以部门法为补充，与中国政治、经济、文化发展水平相适应的具有中国特色的人权保障制度。这一制度体现了我国社会主义制度的优越性。

《法学研究》1991年第4期

21.《比较宪法学研讨会综述》

莫纪宏（中国社会科学院法学研究所）

摘要：中国社会科学院法学研究所与法律文化研究所于1991年5月22日在北京联合召开了比较宪法学讨论会。来自首都几所法律院校和政法实际工作部门的宪法学专家、学者出席了研讨会。与会者就比较宪法学的意义、性质、研究对象和研究范围、研究方法以及如何建立具有中国特色的比较宪法学体系等问题进行了讨论。有的学者还介绍了国外比较宪法学研究的发展动向。下面将讨论中的主要观点综述如下。

《法学研究》1991年第4期

22.《全国比较宪法学研讨会综述》

莫纪宏　周汉华（中国社会科学院法学研究所）

摘要：继1991年5月在北京召开比较宪法学讨论会之后，中国社会科学院法学研究所与法律文化研究所于1991年8月26日至28日再次在北京联合召开了全国范围内的比较宪法学讨论会。来自全国各地法律院校、科研机构和政法实际工作部门的专家、学者50余人出席了研讨会。与会者就比较宪法学的一般理论问题和研究方法以及比较宪法学若干专题进行了较为深入的讨论。有的学者还介绍了国外比较宪法学研究的发展动向以及外国宪法制度的若干特点。下面将讨论中及与会者提交的论文中的主要观点综述如下。

《法学研究》1991年第6期

23.《关于宪法监督的几个有争议的问题》

程湘清（全国人大常委会办公厅研究室）

摘要：宪法是一个国家的总章程和根本大法。宪法实施的状况如何，通常是一个国家民主和法制建设是否健全和完备的重要标志之一，因此一切文明国家都十分重视对宪法实施的监督和保障。我国现行宪法颁布以来，宪法监督工作虽然取得一定进展，但总的看宪法监督仍然是人大监督工作中的弱项。要切实加强和改进这项工作，无论是理论上还是实践中都有许多问题值得研究和探讨。本文拟对理论界有争议的几个主要问题，谈一点自己的看法。

《法学研究》1992 年第 4 期

24.《宪法新论三则》

李龙（武汉大学法学院）

摘要：长期以来，我国宪法学处于落后状态，尽管 80 年代初曾因新宪法的颁布而兴盛一时，但由于种种原因而没有得到更大的发展。要改变宪法学的面貌，必须在基本理论上有新突破。笔者抛砖引玉，提出几个新命题，求教于法学界同仁。

《法学研究》1994 年第 3 期

25.《宪法学研究述评》

张少瑜（中国社会科学院法学研究所）

摘要：1994 年我国宪法学研究在过去的基础上又有了进一步的发展，在一些重要的理论问题上有突破性进展，也产生了激烈的争论。在四川成都召开了中国宪法学会年会，在北京召开了人民代表大会制度建立 40 周年纪念大会，在广东惠州和北京先后召开了关于立法问题的全国性和国际性学术讨论会，这些学术会议都取得了丰硕的成果。对外学术交流有所扩大，许多外国学者应邀来华介绍国外研究宪政、人权和立法等方面的观点，我国学者也多次出国参加国际性学术会议。更多的实际工作者，尤其是地方人大系统的同志积极参加宪法学研究，探讨如何完善人民代表大会制度问题，这使我国宪法学理论与实际联系更加紧密。

《法学研究》1995 年第 1 期

26.《中西宪法概念比较研究》

钱福臣（黑龙江大学法学院）

摘要：宪法概念是宪法学研究的基础性和起始性问题之一。对于研究宪法概念的意义国内许多学者已经充分认识到了，认为："无论在西方还是中国，对宪法概念的认识远远超出了宪法概念本身所具有的学术性，它反映一定的政治文化和治国的政治原理。"本文对中西宪法概念作一个全面和系统的比较，以分析出相关特点。

《法学研究》1998 年第 3 期

27.《宪法学基础理论研究的若干思考》

吕泰峰（郑州大学法学院）

摘要：改革开放以来，我国的宪法学已经取得了不小的成就，但与其他部门法学相比仍存在一些问题。今后，宪法学要想得到更快的发展，在客观上必须具备以下两个最基本的条件：第一，政治体制改革要继续深化；第二，宪法基本制度已经建立起来。

《法学研究》1998 年第 3 期

28.《规范宪法的条件和宪法规范的变动》

林来梵（香港城市大学中国法与比较法研究中心）

摘要：在大激荡的时代，总是给宪法学以及宪法学者们提出一连串严峻的、近乎是诘难性质的课题。自 70 年代末以降，风起云涌、波澜壮阔的改革开放的伟大实践，使向来一本正经的宪法学者们陷入一种困窘之中：实在的宪法规范总是被熟视无睹、忽略不计。本文通过规范宪法的分析方法来描述宪法规范的规范特性，从而提升宪法学理论研究的科学性。

《法学研究》1999 年第 2 期

29.《孙中山五权宪法思想研究新见》

王祖志（海南大学法学院）

摘要：中国民主革命的先驱者和近代民主法治建设的开拓者孙中山先生，不仅以他的光辉业绩垂范后世，而且以首创三民主义和五权宪法学说而成为著名的革命理论家。半个多世纪以来，探索五权宪法思想的论著很多，提出了许多有价值的见解，但也有些问题有再研究的必要。

《法学研究》1999 年第 4 期

30.《宪法为根本法之演进》

王广辉（中南政法学院法律系）

摘要：宪法所涉及的根本问题随着人类社会的发展和政治文明的进步在不断地发生着变化，呈现出内容日益全面、涉及领域日益广泛、同国家和社会生活实际中的根本问题日益接近和相符的发展趋势。具体讲表现为宪法所涉及的根本问题经历了一个由政治领域扩大到经济领域，然后又进一步扩大到文化领域的演进轨迹。

《法学研究》2000 年第 2 期

31.《论宪法的正当程序原则》

汪进元（武汉大学法学院）

摘要：正当程序作为宪法的一项基本原则，已得到世界各国的普遍认可。该项原则既包含程序性限制也包含实质性限制的因素。正当程序运行要求程序合法、主体平等、过程公开、决策自治和结果合理。正当程序原则具有法治建构、权力控制和人权保障等功能。

《法学研究》2001 年第 2 期

32.《经济宪法学基本问题》

赵世义（浙江大学法学院）

摘要：经济宪法学以财产权为基石范畴，把公民权利与国家权力的关系理解为个人财产权与国家财政权的冲突，并把这一冲突置于产权、人权与政权的相互作用中考察。财产权在公民权利体系中处于核心地位，权利保障首先要承认和保障个人的财产权。财政权是国家经济权力乃至一切权力的根本，实行宪治必须建立对财政权力的约束。

《法学研究》2001 年第 4 期

33.《宪法学理论体系的反思与重构》

周叶中　周佑勇（武汉大学法学院）

摘要：宪法学的基本矛盾是公民权利与国家权力的关系。其道德基础在于人权保障，社会基础在于国家与社会的二元化，逻辑起点在于人民主权。完整的宪法学理论体系应以解决这个基本矛盾为主线，包括宪法基础、公民权利、国家权力和宪治运行四个方面的内容。

《法学研究》2001 年第 4 期

34.《评法权宪法论之法理基础》

秦前红（武汉大学法学院）

摘要：法权宪法理论以利益财产分析为主要内容，论证了权力在法学理论中应有的地位，对权利、权力与利益、财产的关系提出了全新的假说，以此为基础形成了形式上进行法权分析，实质上作利益财产分析的法学基本范畴架构，是一项具有创新意义的科研成果。但法权理论的研究方法、范畴体系乃至法权概念本身的使用与提出都存在诸多不完善之处，需要改进。

《法学研究》2002 年第 1 期

35.《基本权利的宪法构成及其实证化》

郑贤君（首都师范大学）

摘要：宪法中的基本权利是特定价值观和信仰的宪法化，受制于社会现实发展。这些基本权利可以分为三类，即自我保存和肯定意义上的古典自然权利、自我表现意义上的公民政治权利及自我实现和发展意义上的社会经济权利。这样划分有利于理解宪法基本权利的不同属性及其思想与现实基础，理解其与国家权力的关系，以设置不同方式促进其实证化。

《法学研究》2002 年第 2 期

36.《现代宪法产生过程的特点》

许崇德（中国人民大学法学院）

摘要：1980 年 9 月 15 日，宪法修改委员会举行第一次全体会议，宣告中华人民共和国宪法修改委员会正式成立并决定设立秘书处。从那个时候开始一直到 1982 年 12 月 4 日第五届全国人大第五次会议通过现行宪法为止，历时共 26 又半个月。在这两年零两个半月的时间内工作十分紧张但又始终是有序的。根据我的粗浅体会这次现行宪法的制定过程反映了下列 6 个方面的显著特点。

《法学研究》2003 年第 1 期

37.《宪法"私法"适用的法理分析》

刘志刚（武汉大学法学院）

摘要：宪法权利原则上不能被当作"私法"适用，其原因是：避免不同性质的宪法权利在被"私"用时产生冲突；宪法权利的公法性质和"领域界定"功能决定了它不适合于私法适用。但是，社会的发展为宪法的"私法"适用提出了内在的要求，主要因素包括：国家职能的结构性转移和承担公共职能的私人团体的出现使私人团体有可能侵犯公民的宪法权利；立法不作为导致了宪法权利的虚置。在宪法权利的传统定位和现实社会的内在需求冲击下，各国相继出现了宪法"私法"适用的理论及辅助性机制，比较典型的是德国宪法的"第三者效力"理论和美国司法审查中的"国家行为理论"。中国应建构自己的宪法"私法"适用理论及运作机制。

《法学研究》2004 年第 2 期

38.《宪法是关于主权的真实规则》

翟小波（中国社会科学院研究生院）

摘要：语言要有意义，就必须或直接或间接地指示物理客体。思想和言说之谬误的根源在于：混淆实名词（即主项之名，包括物理名词和抽象名词）和物理世界之关系，冒称前者是后者。本着此种语言观，宪法学者的首要职责就是解释主权的真相。此种身份定位决定了宪法的概念：它是关于主权之构成和运作的真规则，包括道德无涉的宪法法律和惯例。在成文宪法作用仍待提升的国家，要解释主权的真规则，培育符合宪治精神的宪法，尤其要倚重宪法惯例。

《法学研究》2004 年第 6 期

39.《中国宪法司法化路径探索》

蔡定剑（中国政法大学）

摘要：宪法实施中的违宪审查机制与宪法诉讼方式是两种不同机制。在分析西方国家宪法实施的路径，以及中国实行宪法监督走违宪审查之路面临的困难后，根据违宪审查与宪法诉讼相别的理论，提出中国的宪法司法化方案，即违宪审查权仍由全国人大常委会行使，而由最高人民法院承担宪法诉讼的任务。

《法学研究》2005 年第 5 期

40.《从基本权利到宪法权利》

夏正林（华南理工大学）

摘要：从"是否基本"的角度来认识宪法上的权利不能满足宪法理论与实践的要求，甚至容易造成误解。相较于"基本权利"，"宪法权利"是更为规范的表述。宪法权利是表示个人与国家关系的概念。宪法权利体系基本包含两个方面：每个人都享有的各种构建和控制政府的权利与个人基于人之目的性对国家提出诉求的权利。前者表示在一个共同体中的个人与其他所有人的关系，后者表示个人与包括他在内的整个共同体的关系。

《法学研究》2007 年第 6 期

41.《基本权利与民事权利的区分及宪法对民法的影响》

于飞（中国政法大学）

摘要：宪法上的基本权利与民事权利在义务人、权利广度、权利保护强度和对义务人的道德要求方面有本质区别。基于这种区分，关于宪法私法效力的直接效力说固然在理论上有导致权利冲突和损伤私法自治的弊端，间接效力说一样有过度确认民事权利的缺陷，而且后者在理论上也有很多弱点，两说均不足采。在未立法化的民事利益的保护问题上，宪法不应当对民法有影响，宪法对民法的影响应当限于制约强者的方面，并可借助"国家行为"的理论结构来发展我国的法解释。

《法学研究》2008 年第 5 期

42.《刑法的困境与宪法的解答——规范宪法学视野中的许霆案》

白斌（浙江大学光华法学院）

摘要：在许霆案的讨论中，刑法教义学所面临的尴尬处境只有通过宪法教义学的介入才能够得以消解，即必须反思《刑法》第 264 条特殊加罚条款的合宪性问题。在现代社会，相较于其他行业的法人组织，金融机构对于国民经济与社会的稳定繁荣而言更为重要。由此，在刑法上给予金融机构"适当的"特别关照应当被允许。但是，无论从比例原则还是从体系解释的角度看，为盗窃金融机构数额特别巨大的行为所设定的刑罚，在只限于死刑和无期徒刑这一点上，从立法目的的角度上已经难以充分说明，即为了达到立法目的超过了必要的限度，因此不能被认为是基于合理依据的差别对待。争议条款违反了宪法平等权规范，应属无效。

《法学研究》2009 年第 4 期

43.《宪法权利的价值根基》

翟国强（中国社会科学院法学研究所）

摘要：如果说宪法是国家的根本法，处于法律体系的顶端，那么，宪法本身的正当性何在？宪法之上有没有法？对此追问的回答，最终可能不得不承认某种超实证规范的"根本规范"或"高级法"。其实，承认实证法律体系的道德关联性是现代法学摆脱严格实证主义影响后的一个重要特征，有学者称之为"自然法的复兴"。

《法学研究》2009 年第 4 期

44.《宪法权利规范的结构及其推理方式》

徐继强（上海师范大学法律系）

摘要：对宪法权利的理解、解释和落实必然遇到的一个核心问题是，宪法权利能否因其他宪法上的利益、公共政策以及与之相冲突的权利而受到限制。从规范法学的观点来看，宪法权利具有一种复杂的结构，既内含排他性层次，又内含权衡的层次。因此，宪法权利推理呈现一种衡量与不衡量结合的双阶结构。宪法权利之作为权利，是一种对公共权威作出某种行为时所依凭的理由的限制。对某些政府行为的理由，宪法权利能将其坚决排除出去，而对另一些政府行为的理由，包括为了公共利益，则需要和权利仔细加以权衡而作出取舍。这样的宪法权利规范及其推理体现的是一种理性的、民主的政治慎思机制。

《法学研究》2010 年第 4 期

45.《基本权利的规范领域和保护程度——对我国宪法第 35 条和第 41 条的规范比较》

杜强强（首都师范大学政法学院）

摘要：基本权利的规范领域和保护程度之间存在反比关系：规范领域愈宽，保护程度愈低；规范领域愈窄，保护程度愈高。我国《宪法》第 35 条规定的言论自由，其规范领域宽于《宪法》第 41 条规定的监督权，因此宪法对监督权的保护程度高于对言论自由的保护。基本权利对公权力裁量余地的限制，随着所涉及基本权利的不同而有所差异：公权力对言论自由的限制，需要提出充分的理由；对受保护程度更高的监督权的限制，需要提出更强有力的理由。宪法对监督权的高程度保护，体现了制宪者对民主监督的期盼和对民主建设的信心。

《法学研究》2011 年第 1 期

46.《中国宪法学方法论反思》

李忠夏（山东大学法学院）

摘要：政治宪法学过度强调不成文宪法、政策及利益的重要性，而规范宪法学存在对规范性一词的误解。宪法学作为理解的科学，既非纯粹的、逻辑严密的价值学，也非纯粹的实证主义科学或纯粹描述事实的社会学。宪法中的价值源自宪法规范与社会现实的结合。必须面向时代精神价值，通过具有整合性的宪法解释将宪法的规范含义与不断变化的现实结合起来，既保持变通性又不失安定性，这是中国宪法学面临的迫切任务之一。

《法学研究》2011 年第 2 期

47.《法院、检察院和公安机关的宪法关系》

韩大元　于文豪（中国人民大学法学院）

摘要：现行《宪法》第 135 条的规定涉及人民法院、人民检察院和公安机关之间的权限界定问题，其实际运作状况对三机关的职权和职能产生了重要影响。在1979年刑事诉讼法和1982年宪法颁布以前，三机关事实上形成了以公安机关为优先的分工、配合与制约关系，并共同接受政法主管部门的领导。在理解宪法规定的"分工负责，互相配合，互相制约"原则时应当强调，该原则是一个完整的逻辑和规范体系。"分工负责"体现的是它们的宪法地位，"互相配合"体现的是工作程序上的衔接关系，"互相制约"是三机关相互关系的核心价值要求。这一原则体现了两种服从关系：在价值理念上，效率服从于公平、配合服从于制约；在工作程序上，侦查服从于起诉、起诉服从于审判。现实中的三机关关系，应当根据宪法和立宪主义的价值理念合理调整。

《法学研究》2011年第3期

48.《中国宪法学的现状与展望》

林来梵（清华大学法学院）

摘要：中国宪法学，尤其中国式宪法解释学的发展，在当下基本上处于"哺乳期"的成长阶段。如果说改革开放30年来，随着法治初兴以及大规模快速立法时代的到来，整个法学学科俨然成了一种"显学"，那么其中的宪法学则属于这种"显学"之中的例外。

《法学研究》2011年第6期

49.《宪法判断的正当化功能》

翟国强（中国社会科学院法学研究所）

摘要：对特定国家行为的合宪性作出具有法律效力的宪法判断，有助于实现基本权利的保障和法律体系的统一。除此之外，对国家行为的正当化也是宪法判断所能实现的一个重要功能。宪法是法律体系的正当性基础，通过对法律规范作出合宪判断，可以直接强化其宪法上的正当性，而即便是违宪判断，通过法律技术的运用和处理，也可以实现对特定法律规范或国家行为的正当化功能。

《法学研究》2012年第1期

50.《中国宪法与宪法学的当代使命》

徐继强（上海师范大学法律系）

摘要：宪法学的研究不能不关注一个国家或社会的历史特点、现实状态和未来走向。讨论中国宪法学研究的转型，不能不采取一种历史主义的视角，思考中国当代宪法、宪法学在历史进程中的位置与当代历史使命。总体来说，中国近代历史是努力从积贫积弱走向振兴图强的过程。

《法学研究》2012 年第 4 期

51.《法学方法与我国宪法学研究的转型》

杜强强（首都师范大学法学院）

摘要：对违宪审查体制的介绍和探讨是 30 年来我国宪法学研究的一个重中之重。不过，违宪审查机制并不是宪法的唯一实施途径，更不能说没有了违宪审查就没有了宪法。就我国宪法来说，它的实施更多通过最高国家权力机关的立法，而非通过宪法监督的方式来实现。立法机关根据宪法制定法律，既是对宪法的具体化，也是对宪法条款的解释和实施。

《法学研究》2012 年第 4 期

52.《宪法规定的所有权需要制度性保障》

林来梵（清华大学法学院）

摘要：乌木案与风光案所引发的所有权问题，宪法学界尚没有公开回应的论文。我个人对这些有关理论问题长期以来也有一些思考，但一直没有彻底搞清楚，尤其是在中国的规范语境中一直没有搞清楚。本文回到问题本身来看，自然资源国家所有权这个概念最初应该是源自于一种政治决定，还不是一个单纯的法律概念。它涉及国家制度的构建，涉及政治哲学、公共哲学。

《法学研究》2013 年第 4 期

53.《资政院弹劾军机案的宪法学解读》

聂鑫（清华大学法学院）

摘要：资政院弹劾军机案是清末筹备立宪过程中的重大事件，本文试图以宪法学的视角对其进行新的解读。弹劾军机案是与立宪派请愿速开国会运动紧密相连的，由于国会不能速开，资政院自我定位为准国会，与军机大臣展开立法权之争与代议机关地位之争。在清廷模仿德日建立二元君主立宪制的前提下，弹劾军机案本身（包括弹劾主体与对象）在法律上是站不住脚的。但立宪派议员以宪法革命的姿态、用启蒙思想家的民权与代议思想作武器、以虚君共和的英国为典范，与军机处及其背后的皇权展开了多轮角力。弹劾军机案的遗产也并非全然是正面的，议员们对于现行制度缺乏基本的尊重，超越自身的法律地位与权限，把资政院想象成"无所不能"的英国国会，是为民初国会"毁法造法"之先河。

《法学研究》2013 年第 6 期

54.《宪法价值视域中的涉户犯罪——基于法教义学的体系化重构》

白斌（中央财经大学法学院）

摘要：宪法上的住宅自由所保障的并非被称为"住宅"的物理性建筑结构，而是人格的精神和身体存在于其中、私密且安宁的物理空间，使其免于公权力或他人的干扰，以利于公民私生活在其中能够无阻碍地自由展开。刑法规范和刑事判决理应承载并实践宪法的精神与价值，但主流刑法理论显然忽略了住宅在国法秩序中的独立价值。为全面评价"涉户犯罪"，首先应根据"住宅作为个人私生活得以自由展开之物理空间的和平与安宁价值是否受到显著损害"这一基准，将涉户犯罪区分为"单纯形式性的涉户犯罪"和"实质性的涉户犯罪"；进而根据相应基准，构建出"实质性的涉户犯罪"的四阶层结构；在此基础上，再对除入户盗窃与入户抢劫之外的其他入户犯罪加以体系性地区别处理。

《法学研究》2013年第6期

55.《中国宪法实施的双轨制》

翟国强（中国社会科学院法学研究所）

摘要：与许多西方国家的宪法实施模式不同，宪法审查并非中国宪法实施的主要方式。中国司法机关不能根据宪法直接审查立法的合宪性，而作为有权机关的全国人大常委会，也没有作出过宪法解释或宪法判断。这是中国宪法实施的真实状况，但不是中国宪法实施的全部。从比较法角度看，中国宪法更像一个政治纲领式的宣言，更多依靠政治化方式实施。伴随着法治化进程，中国的宪法实施逐渐由单一依靠政治化实施，过渡到政治化实施与法律化实施同步推进、相互影响的双轨制格局。宪法的政治化实施体现为执政党主导的政治动员模式，而宪法的法律化实施则是以积极性实施为主、消极性实施为辅的多元实施机制。在比较法的意义上，政治化实施和法律化实施的双轨制，可以为描述中国宪法实施提供一个理论框架。

《法学研究》2014年第3期

56.《中国宪法上国家所有的规范含义》

程雪阳（苏州大学王健法学院）

摘要：中国现行宪法中的"国家所有"一词，不仅是经济学上的一种所有制，也是法学上的一种所有权。在法律地位、权能构造和权利外观上，国家所有权在宪法上和民法上并不存在差异。但在功能上，基于《宪法》第9条第 1 款关于"国家所有,即全民所有"的规定,国家所有权确实有特殊性,它不能为国家或政府的"私利"存在,而必须"为公民自由和自主发展提供物质和组织保障"。《宪法》第 9 条第 1 款和第 10 条第 1、2 款,赋予国家获得特定自然资源所有权的资格。具体的自然资源是否属于国家所有,依赖于法律对宪法上述条款的具体化和立法形成,在法律没有完成这项工作之前,特定自然资源属于没有进入物权法/财产法秩序的社会共有物,不属于国家所有的财产。对于这种共有物,国家可以基于主权以及由主权衍生的行政管理权来设定开发和使用规则,但不能作为所有权人获得相关财产性收益。

《法学研究》2015 年第 4 期

57.《地方各级人民法院宪法地位的规范分析》

王建学(厦门大学法学院)

摘要:我国地方各级人民法院均由宪法规范直接创设并具有宪法机关地位,这在比较法中是个特例。作为宪法设定的"国家的审判机关",地方各级人民法院是非地方、非中央的法律性机关,它与最高人民法院一起构成了行使审判权的整体,而不像各级国家权力机关和各级国家行政机关那样在纵向上划分各自的事权。《宪法》第 3 条第 4 款规定的中央和地方国家机构职权划分的原则,即"在中央的统一领导下,充分发挥地方的主动性、积极性",主要是针对国家权力机关和行政机关的要求,并不适用于人民法院。审判权一体性是基本原则,而审判组织地方性只是具体制度,二者之间的冲突应当也只能通过限缩后者得到解决。

《法学研究》2015 年第 4 期

58.《多元一统的政治宪法结构——政治宪法学理论基础的反思与重建》

张龑(中国人民大学法学院)

摘要:有政治宪法学者以卢梭的政治体平衡公式作为理论基石,但其理论建构并未能充分涵盖国家治理的开放性和复杂性。同样以卢梭的政治体公式为基础,可以提炼出政党执政权和政府执政权两种模式,进而将市民社会纳为结构要素。然而,一旦纳入多元社会,政治体就有了分化与解构的趋势,若要做到多元一统,还需要全面思考政治体成员的主权地位和法律地位。对应公民的四种主权地位,在代议制度外,政治体还应在主权者和公民之间,建立其他可以直接沟通二者的制度。据此,多元一统、收放自如的政治宪法结构才是政治宪法学的基本任务和理论基础。

《法学研究》2015 年第 6 期

59. 《宪法教义学反思：一个社会系统理论的视角》

李忠夏（山东大学法学院）

摘要：在中国社会面临转型的时期，宪法教义学需回答如何回应社会转型的问题，以及如何在宪法教义学的体系内进行价值判断的问题。传统法教义学的目的在于通过概念建构和逻辑方法实现法学的科学性，凯尔森将之限定在法规范的认知体系上，而将价值判断视为法政治。随着时代的变迁，法教义学出现了知识上的转向，被凯尔森视为法政治的价值判断领域扩展成为法教义学的任务之一。在社会功能分化背景下，宪法也承载了双重功能：抵御政治、经济等系统的直接侵入，将系统外的价值引入法律系统并辐射至整个法律领域。由此，宪法教义学需要实现从确定性向可能性的转变，需要整合安定性与后果考量，通过引入宪法变迁理论，建立"宪法变迁—确定规范可能性的边界—作出宪法决定"的工作流程。

《法学研究》2015 年第 6 期

60. 《宪法上的尊严理论及其体系化》

王旭（中国人民大学法学院）

摘要：尊严是当代世界各国宪法文本及实践中的核心概念，然而在理论体系上，它也面临实证化程度不一、概念模糊和价值冲突等挑战。完成尊严理论自身的体系化是应对这些挑战的关键。尊严来自人反思、评价进而选择自己生活的基本属性，由此可以发掘尊严概念的最基本含义。尽管由于宪法实践及其环境的差异，各国将尊严实证化的程度不同，仍然可以"宪法保护尊严的方式"为标准将之提炼为尊严理论的形式体系，并从其核心意义出发建构一个融贯的内容体系。这样一个抽象的双重体系，需要通过宪法解释实现保障范围具体化与价值判断理性化两个核心目标。中国宪法上的尊严条款，在形式上体现为"内部统摄与外部相互构成的规范地位"，规范含义上则体现为一种对君子人格的追求与国家伦理的拟人化塑造。

《法学研究》2016 年第 1 期

61. 《八二宪法土地条款：一个原旨主义的解释》

彭錞（北京大学法学院）

摘要：在原旨主义视角下，挖掘"八二宪法"第 10 条土地条款的生成背景、内在逻辑和制度意涵，可以发现：出于改革开放以后便利国家建设取得土地、限制农地流失的迫切现实需要，该条款承继和巩固了 20 世纪 50 年代成形的城乡二元土地所有制结构和"农地非农化的国家征地原则",并试图以合理用地作为证成和规范该制度的价值尺度。三十多年的改革与修宪给宪法土地条款注入了市场、法治和人权,特别是非国有财产平等保护等规范意蕴,但现行制度的种种现实弊病也日益凸显。因此,需要重新思考该条款,清理其遗产。原旨主义立场回顾但不固执历史,要求我们超脱一时一地的具体土地制度安排,去把握宪法条文背后的实践理性、价值平衡等鲜活而深沉的宪法原理,指导并推动中国土地制度进一步改革。

《法学研究》2016 年第 3 期

62.《民法典编纂的宪法学透析》

林来梵(清华大学法学院)

摘要:构想中的民法典具有一定的政治性,其有关"根据宪法……,制定本法"的立法依据条款即隐含了一种"政治教义宪法学"式的幽思,并由于中国迄今未能对于宪法和民法的基础性价值原理究竟应当为何作出深入讨论和根本决定,其存在徒具象征意义,更优的替代性或补强性方案是设立合宪性解释基准条款。民法典也被寄予了发挥宪法性功能的雄心,但该功能只具有限定性的内容,可理解为一种"准宪法性"的社会建构功能,尽管其不应被刻意夸大,但毕竟有助于宪法国家统合功能的实现,并可奠立宪法秩序的基础。在民法典中写入公法性条款可理解为"民法的宪法化",后者从比较法的角度来看,实际上是宪法与民法之间在规范上对向互化、彼此交融的一种规范现象。

《法学研究》2016 年第 4 期

63.《法治国的宪法内涵——迈向功能分化社会的宪法观》

李忠夏(山东大学法学院)

摘要:自清末立宪开始,中国就始终追求"国家整合",试图将个体自由、社会秩序与国家富强整合到一起,在内忧外患之际取向"国家主义"。新中国成立之初延续了这一思路,试图通过社会改造实现个体、社会与国家的同质化。改革开放打破了铁板一块的社会同质性,促进了个体利益的分出,使经济系统逐渐独立于政治系统。法治国建设,则在于实现法律系统的分出,并通过以宪法为基础的法律系统的逐渐封闭化,进一步促进整个社会系统的功能分化。对宪法的认识,需从社会系统功能分化的角度加以反思,并由此推导出法治国原则所具有的形式和实质的双重属性及其各自所承担的功能,以此为基础可以讨论"八二宪法"所内含的实质价值基础。

《法学研究》2017 年第 2 期

64.《我国司法判决中的宪法援引及其功能——基于已公开判决文书的实证研究》

冯健鹏（华南理工大学法学院）

摘要：我国司法实践中存在着援引宪法规范作为判决依据的现象。从裁判文书网收录的判决文书来看，援引宪法规范的判决涵盖了民事、行政和刑事等类型，但以前两种为多，它们在时间、法院层级和区域上也不平衡。在功能上，有个别判决体现出合宪性解释的意味；部分判决展现出多样化的基本权利第三人效力样态，但在应用上存在盲目性；大多数判决中，和宪法同时作为判决依据的法律规范与相关宪法条文内容基本一致，这种情况下对宪法规范的援引意义很有限，不过少数判决仍能体现出法院对于宪法相关内容的理解。整体而言，我国司法判决中的宪法援引存在关注内容而不关注效力的特点，而这是法院避开各种可能的制度争议的结果。

《法学研究》2017 年第 3 期

65.《转型期国家认同困境与宪法学的回应》

陈明辉（中南财经政法大学法学院）

摘要：国家认同已成为一个全球性的问题，而转型期国家面临的认同困境更为严峻。造成转型期国家认同困境最直接的原因在于，支撑国家认同的原生性认同纽带在社会转型过程中逐渐消散，却没有及时有效地建构出替代性的政治认同纽带来重塑国家认同。解决认同问题的一个可行方案，是以宪法为认同纽带塑造国家认同，引导国家认同从历史、文化、民族等原生性认同向基于公民身份和公民权的宪法认同转变。实施这一方案的具体方法包括：通过理想塑造认同，即以宪法中确立的共同政治理想凝聚国家向心力；通过利益塑造认同，即通过人权保障强化国家的向心力；通过程序塑造认同，即完善并践行民主制度，以民主的政治吸纳和政治整合功能凝聚社会共识；通过象征塑造认同，即以宪法日和宪法宣誓制度的建立为契机，推动宪法成为国家象征，增进国家认同。

《法学研究》2018 年第 3 期

66.《苏俄宪法在中国的传播及其当代意义》

韩大元（中国人民大学法学院）

摘要：苏俄宪法最早中译本的译者是张君劢，发表时间是 1919 年 11 月 15

日。此后，有十余种著作收录苏俄宪法全文，援引苏俄宪法条文的文章更是不计其数。苏俄宪法最先在上海、北京、广州和闽南地区传播开来。中国共产党不仅积极传播苏俄宪法，而且认真实践苏维埃制度，并将苏俄宪法的基本制度和基本精神体现于1954年宪法。一百年前诞生的苏俄宪法虽然已经成为历史，但其精神永存，在世界宪法史上的地位和影响是不可抹杀的。苏俄宪法开创的社会主义宪法事业，将在中国特色社会主义的伟大实践中继续发扬光大。

《法学研究》2018年第5期

67.《中国现行宪法中的"党的领导"规范》

秦前红　刘怡达（武汉大学法学院）

摘要：2018年宪法修正案将"中国共产党领导是中国特色社会主义最本质的特征"写入宪法总纲，在弥合宪法规范与宪制实践之分野的基础上，进一步确认了中国共产党作为中国特色社会主义事业领导核心的地位。至此，现行宪法序言和宪法条文中的诸多"党的领导"规范，共同构成了我国宪法中的"党的领导"规范体系。理性认识现行宪法中的"党的领导"规范体系，需将其置于宪法变迁的历史中加以考察。"八二宪法"中的"党的领导"规范是对"五四宪法"的继承与发展。2018年的宪法修改，进一步巩固和加强了党的全面领导的政法逻辑，在宪制功能、立宪技术等多方面，同"七五宪法"和"七八宪法"有着重要区别。宪法学应当积极展开学理构建，针对宪法文本中相对完备的"党的领导"规范体系，构建相对系统的政党宪法学理论。

《法学研究》2019年第6期

68.《对中国系统论宪法学的反思》

陈运生（江西财经大学法学院）

摘要：系统论宪法学研究以社会功能分析作为逻辑起点，在研究立场上偏向于经验主义，在方法论上贯彻"从存在推导出当为"的基本论证模式。其认为社会生活的各种经验是宪法实践的规范基础，因而试图通过客观描述系统现象及系统现象得以形成的事实要素，对宪法实践作出妥适的解释与说明。然而，建立在全社会功能分化基础上的系统概念，并不能使特定的宪法实践脱离一般宪法准则。并且，由于对宪法实践的描述经常需要运用价值判断，存在与当为之间又无法进行逻辑推导，系统论宪法学的学术主张虽有一定的现实解释力，但在理论深层仍有反思空间。

《法学研究》2021年第2期

69.《宪法中的禁止保护不足原则——兼与比例原则对比论证》

陈征（中国政法大学法学院）

摘要：针对基本权利国家保护义务的履行，应适用禁止保护不足原则审查立法者采取的保护方案是否达到了宪法要求。禁止保护不足原则与比例原则在结构上不具备对称性，仿照比例原则建构禁止保护不足原则并不可行。无论是否存在基本权利冲突，禁止保护不足原则均只对立法者提出最低保护要求，只要立法者的不作为对被保护人而言具有期待可能性，立法者就不违反禁止保护不足原则。判断期待可能性应综合考量多项因素，并在现代科学和技术认知的基础上，以当前社会个体的通常接受度和容忍度为标准。当涉及基本权利冲突时，在比例原则与禁止保护不足原则的双向约束下，立法者仍然享有一定的决策空间。较之比例原则，禁止保护不足原则留给立法者的决策空间通常更大。

《法学研究》2021 年第 4 期

70.《中国宪法上基本权利限制的形式要件》

陈楚风（清华大学法学院）

摘要：中国宪法上有多项基本权利属于无保留的基本权利，即相应的基本权利条文中既无明确的法律保留附款，也无明确的宪法保留附款。针对此类基本权利的限制应当适用何种形式要件，学理层面存在适用法律保留、适用宪法保留、保留否弃三种理论观点。中国宪法未明文规定基本权利限制的形式要件，目的在于促进基本权利保障程度的最大化。保留否弃的观点背离了基本权利保障程度最大化的规范目的。宪法保留虽在理念上契合这一规范目的，但从比较法上看，其内涵在实践中往往发生蜕变，以致失去基本权利限制形式要件的意义，因而亦不可行。适用法律保留不仅有利于充分保障基本权利，也能得到民主与法治原则、功能适当理论以及《宪法》第 33 条第 4 款的支持。

《法学研究》2021 年第 5 期

71.《法律事实理论视角下的实质性宪法解释》

莫纪宏（中国社会科学院法学研究所）

摘要：对于我国当下是否已经存在具有法律拘束力的宪法解释行为或结果，宪法学界存在不同认识。部分学者认为我国已经产生了具有法律拘束力的实质性宪法解释文件，但实质性宪法解释的判断方法和标准尚无学术共识。宪法解释是否已经成为实体与程序相统一的、具有法律拘束力的宪法实施制度，仍需从法理上进行严谨和细致的分析。结合宪法解释制度的法律事实特征来看，我国现行《宪法》第 67 条确立的宪法解释制度，在宪法实施的实践中已经具备了构成完整法律事实意义上的宪法解释的实体性要件，并且通过具有法律拘束力的法律文件发挥着实质性宪法解释的制度功能，但其程序性要件还不完备。宪法解释制度今后完善的重点，应当是全面和系统地整合各种具有法律拘束力的宪法解释文件，通过统一、规范的宪法解释程序发布正式的宪法解释令，构建判断方法科学、认定标准清晰、结构体系严密的完整法律事实意义上的宪法解释制度。

《法学研究》2021 年第 6 期

72.《宪法功能转型的社会机理与中国模式》

李忠夏（中国人民大学法学院）

摘要：宪法的传统功能在于调整国家与个体两极的关系，市民社会内部的关系主要由私法处理。社会复杂性的提升导致市民社会内部出现冲突和分化，需要通过国家调控解决市民社会内部的问题，宪法的功能因之发生转型。中西宪法在现代复杂社会中面临相似的时代任务，即实现国家建构、社会秩序和个体自由的内在融合，妥善处理国家、社会、个体三者之间的立体关系。面对自由主义的社会危机和福利国家的发展瓶颈，新的国家治理模式在西方社会迟迟未能建立。中国则经历了从传统社会主义向中国特色社会主义的变迁，以社会主义、政治整合、社会本位的基本权利体系为依托，形成了独具特色的宪法秩序，不仅有效完成了国家建构、社会调控和个体保护的三重任务，也为世界宪法的发展贡献了中国方案。

《法学研究》2022 年第 2 期

73.《全国人大常委会宪法地位的历史变迁与体系展开》

钱坤（中国人民大学法学院）

摘要：全国人大常委会的宪法地位是在历史变迁中逐步形成的，其具体呈现为三重面相的叠加。作为最高国家权力机关的常设机关，全国人大常委会与全国人大不具有组织或职权一体性，二者之间的关联本质上是功能性关联。作为行使国家立法权的机关，全国人大常委会与全国人大并非同质替代，而是有所分工。全国人大常委会的立法若涉及重大价值决定，应当遵循全国人大的判断；在不涉及重大价值决定时，全国人大常委会可以充分自主地发挥其民主代议与协商的功能。作为宪法监督与解释机关，全国人大常委会除能基于民主集中制开展政治控制型监督，还可通过宪法解释进行规范控制型监督。全国人大常委会宪法地位的三重面相，由国家治理需要、政体结构特点及不同职权间的张力共同决定，应以此为框架，厘清全国人大常委会诸项职权的外部边界与内在界分。

《法学研究》2022年第3期

74.《论我国宪法上的议行复合结构》

杜强强（首都师范大学政法学院）

摘要：我国宪法上的议行复合结构因全国人大常委会的设立而出现，其功能在于调和国家权力的代表性与行动能力之间的张力。议行复合结构主要由两类议行关系构成：一类是全国人大与国务院的关系，一类是全国人大常委会与国务院的关系。在前一关系维度中，国务院从属于全国人大，这延续着议行合一的形式；在后一关系维度中，国务院不从属于常委会，这可谓对议行合一的超越。在议行复合结构中，全国人大作为民主正当性的源泉，分别向全国人大常委会和国务院传输民主正当性；更具行动能力的全国人大常委会与国务院则承担着日常性的立法、行政职能。我国宪法上议行复合结构的出现，丰富了民主集中制原则的理论内涵，为国务院的职权立法奠定了宪法基础。

《法学研究》2023年第4期

75.《中国式现代化的宪法逻辑》

韩大元（中国人民大学法学院）

摘要：现行宪法为推进中国式现代化提供了坚实的宪法依据、有机统一的宪法规范体系和宪法保障体系。从中华人民共和国成立初期"社会主义工业化""四个现代化"入宪，到改革开放后"社会主义现代化建设"入宪，再到形成以"社会主义现代化强国"为核心的宪法规范体系，现代化话语贯穿于我国宪法制定、修改与实施的历史进程。宪法序言中的历史叙事和对国家目标的表达，明确了中国式现代化的规范语境。宪法正文中的基本国策规范、基本权利规范、国家机构规范等，为保障中国式现代化的推进提供了规范基础。全面实施宪法，既是中国式现代化的应有之义，也是中国式现代化的有效保障。为更好发挥宪法对中国式现代化的规范和保障作用，应认真对待宪法文本，体系性地运用宪法解释学方法，深挖宪法基础范畴与概念，建构具有历史意识、面向现代化实践的中国宪法理论体系。

《法学研究》2023年第5期

76.《中国宪法体制中民主集中制的统合作用》

沈寿文（吉林大学法学院）

摘要：民主集中制蕴含着民主正当性和集中有效性双重价值目标。党的民主集中制与国家机构的民主集中制在价值诉求上有不同侧重。集中有效性价值是党的民主集中制的落脚点和归宿，党的民主集中制的运行能够补强国家机构运行的有效性。作为党的组织原则的民主集中制，塑造了镶嵌于国家机构之中的党组织，为党领导国家机构提供了组织基础。作为党的活动原则和领导机制的民主集中制，通过嵌入在国家机构之中的党组织，发挥着填补国家机关之间宪法关系空白、协调国家机关之间宪法关系、解决地方国家机关双重负责难题的重要作用。党的民主集中制和国家机构的民主集中制相互影响、相互作用，实现了依宪执政与依宪治国的衔接，塑造了中国宪法体制。

《法学研究》2023 年第 6 期

77.《宪法通信权双重保护论》

屠振宇（南开大学法学院）

摘要：现行宪法上的通信权条款呈现为一种双层构造，其设定的宪法保护并非一般法律保留和加重法律保留，而是一般宪法保护与特别宪法保护。通信自由和通信秘密在内容上相互交织、不可分割，二者作为一个整体，既是实现言论自由的重要手段，也体现了国家对于公民个人隐私权的尊重和保障。肯定性的一般宪法保护和禁止性的特别宪法保护在功能上各有侧重，为通信自由和通信秘密提供着梯度化的动态保护；禁止性的特别宪法保护，针对的是具有侵犯属性的通信权干预方式。宪法针对通信检查这种典型的干预方式设定了通信检查三要件，通信检查构成相对禁止事项。在针对其他通信权干预方式的合宪性审查中，通信检查三要件具有参考价值。对于较为严重的通信权干预方式，应设定不低于通信检查三要件之严格程度的限制条件；对于相对缓和的干预方式，则适用不低于"受法律的保护"之严格程度的较低强度宪法保护。

《法学研究》2024 年第 1 期

三 《中国法学》以"宪法"为篇名的学术论文目录及论文摘要

1.《进一步实施宪法，严格按照宪法办事——纪念新宪法颁布一周年》

彭真（全国人大常委会副委员长）

摘要：五届全国人大五次会议去年通过的现行宪法，是高度民主基础上高度集中的产物。它是我国 100 多年来的基本历史经验，特别是建国以来 30 多年社会主义革命和建设的经验的结晶，同时也吸收了国际的经验。它是中国共产党的正确主张和十亿人民的共同意志的统一，集中反映了最大多数人民的最大利益，完全适应我国社会主义现代化建设。

《中国法学》1984 年第 1 期

2.《进一步研究新宪法，实施新宪法》

张友渔（中国社会科学院法学研究所）

摘要：新宪法是以四项基本原则为指导思想，理论联系实际，从我国实际出发，既适应当前全面开创社会主义现代化建设新局面需要，又考虑到我国发展前景的一部具有中国特色的社会主义宪法。人们称之为建国以来的一部最好的宪法。自从颁布实施以后，一直得到中国各族人民和全世界被压迫民族、被剥削人民以及进步人士的拥护和称赞。

《中国法学》1984 年第 1 期

3.《实施新宪法，加强国家机构的建设——纪念新宪法颁布一周年》

许崇德（中国人民大学法学院）

摘要：国家的任务和职能主要由国家机构实现，我国的国家机构能否不断改善，关系着社会主义现代化建设的进程。因而，规定国家机构的原则及其组织、活动，乃是作为国家根本法的宪法的重要内容。五届全国人大五次会议去年通过的宪法，以马列主义毛泽东思想为指导，根据党的十二大的基本精神，在认真总结建国以来的历史经验的基础上，对于我国的国家机构作出深入和系统的分析。

《中国法学》1984 年第 1 期

4.《新宪法的伟大实践》

王叔文（中国社会科学院法学研究所）

摘要：我国新宪法的制定和公布，已经一年多了。新宪法实施一年多来的伟大实践，充分证明了新宪法是一部很好的社会主义宪法，深受全国人民的热烈拥护，得到了认真贯彻和切实遵守，在我国国家生活中发挥了巨大的作用。

《中国法学》1984 年第 2 期

5.《论宪法监督制度》

胡锦光（中国人民大学法学院）

摘要：在宪法中规定一套监督宪法实施的制度，这在当今世界上是极为普遍的做法。但各国所实行的宪法监督制度各有不同，概括起来，大致可以分为以下三种类型：（1）最高国家权力机关监督制；（2）司法机关监督制；（3）专门机构监督制。我国现行宪法规定实行最高国家权力机关监督制。

《中国法学》1985 年第 1 期

6.《宪法与经济立法》

肖蔚云（北京大学法律学系）

摘要：1982 年通过的中华人民共和国宪法是一部具有中国特色的社会主义宪法，它高度重视并规定了我国的经济立法，规定了我国经济立法的基本原则。而经济立法则是实施和维护宪法的重要手段，并且将进一步丰富宪法的内容。党的十二届三中全会的决定也充分说明了这一点。三中全会的决定坚持了宪法原则，特别是坚持并体现了宪法所规定的经济制度的原则。

《中国法学》1985 年第 1 期

7.《建立新的比较宪法学刍议》

何华辉（武汉大学法学院）

摘要：比较宪法学在我国是一门亟待恢复和重新建立的科学。本文拟就这门科学的产生、历史发展、现实状况和重新建立它的必要性，这门科学的理论指导和研究方法以及它所应该包含的基本内容谈点初步的看法和设想。

《中国法学》1985 年第 1 期

8.《比较宪法学的对象方法和体系》

张光博（吉林大学法学院）

摘要：在我国，建国前王世杰、钱端升写过一部《比较宪法》，从那以后，大陆上对比较宪法的认真研究可以说间断了四十年。建国之初，全面学习苏联法学，曾经简单地认为，宪法有两种不同的历史类型，据说根据数学公式，非同名数不能析比，所以对比较宪法，一直持否定态度。按照当时苏联的办法，曾经把世界各国宪法分类进行讲授和研究，即资产阶级国家法、苏联国家法和人民民主国家法及中国国家法。把宪法称为国家法，也是照抄苏联的。从各学科的内容来看，对于各国宪法的异同，虽然也不可避免地有所比较，但那是分类或者分国进行的，而且极不系统。充其量只能说是宪法分类学或者叫国别宪法学，因此，要加强比较宪法学的系统化研究。

《中国法学》1987 年第 3 期

9.《论宪法规范的特点》

吴杰（中国人民公安大学法律系）

摘要：研究宪法规范的特点，对深入了解什么是宪法和增强宪法观念，具有理论和实践意义。首先需要明确什么是法律规范和宪法规范。法律规范，就是由国家制定或认可，体现统治阶级意志，以国家强制力保证实施的行为规则。宪法是法律的一种，因此宪法规范也具有一般法律规范的共同特征。它们在阶级本质上相同，都是体现统治阶级的意志和利益；都是由国家按照一定程序制定或认可的，规定人们可以做什么、应该做什么或者不应该做什么的行为准则；并以国家权力为后盾，对全体社会成员都具有普遍的约束。

《中国法学》1987年第6期

10.《中华人民共和国宪法和党的基本路线——纪念宪法颁布五周年》

项淳一（全国人大法工委）

摘要：我国宪法自1982年制定以来，为我国进行社会主义经济建设，促进民主和法制建设，促进经济体制改革和政治体制改革提供了根本的法律保障。根据宪法有关条文，作者从三方面论证了我国宪法正确体现了党的基本路线所规定的以经济建设为中心，坚持四项基本原则坚持改革开放两个基本点，完全符合党的十三大通过的基本路线和发展方向，是一部具有中国特色的，适合于社会主义初级阶段的宪法。

《中国法学》1988年第1期

11.《一部具有现阶段中国特色的宪法——纪念新宪法颁布施行五周年》

张友渔（中国社会科学院法学研究所）

摘要：1982年宪法即现行宪法的颁布施行已经五周年了。在五年的实践中，证明这部宪法的确是一部建设有中国特色的社会主义的根本大法。它本身是一部具有现阶段中国特色的社会主义宪法，是一部好宪法。这部宪法是具有现阶段中国特色的社会主义宪法，"社会主义的"、不是非社会主义的。

《中国法学》1988年第2期

12.《论宪法的修改》

谭泉（北京市人大常委会）

摘要：七届全国人大一次会议通过了经中共中央建议、六届全国人大常委会第二十五次会议审议提出的中华人民共和国宪法修正案。修正案对《宪法》

第 11 条补充了关于私营经济的规定，对第 14 条关于土地的规定进行部分修改，允许土地使用权可以依法转让。这是适时的和必要的，对我国社会主义现代化建设具有重要意义。随着我国改革的深入、开放的扩大和商品经济进一步的发展，出现了许多的新情况和新问题。作为"集中表现了生活已经实现的东西"的宪法，应否反映变化的新形势和如何进行修改，一时成为人们特别是法学界关注和议论的主题。

《中国法学》1988 年第 3 期

13.《论中国的宪法诉讼制度》

吴撷英　李志勇　王瑞鹤（北京大学法学院）

摘要：20 世纪 80 年代，我国的法制建设进入了新的发展时期。以 1982 年宪法为核心的法律体系日臻完备，渐具规模。前不久，我国七届二次全国人大又通过了以依法行政和保护公民权利为目的的行政诉讼法。

《中国法学》1985 年第 5 期

14.《正本清源进一步发展宪法学》

傅献年（中国法学会）

摘要：建国 40 年来，特别是党的十一届三中全会以来，我国的宪法学研究取得了很大的成就，有中国特色的马克思主义宪法学正在形成和发展。我国广大宪法学者为我国宪法的制定和实施，为加强社会主义民主和法制的建设，进行了大量的工作，作出了应有的贡献。同时，我们也要清醒地看到，近几年来，资产阶级自由化思潮也波及宪法学领域，有极个别人在宪法学领域散布了一些资产阶级自由化的观点，并造成了思想上的混乱，这是我们不能忽视的。思想上的混乱，根本在于理论上的混乱。因此，当前我们宪法学者面临的紧迫任务，就是要根据十三届四中全会的精神，旗帜鲜明地坚持四项基本原则。

《中国法学》1990 年第 1 期

15.《论宪法实施的保障》

王叔文（中国法学会）

摘要：宪法作为国家的根本大法，肩负着新时期治国安邦的重任。多年来在保障宪法实施方面，虽已取得了显著的成绩，但也存在着一些薄弱环节，宪法监督便是其中之一。为了保障宪法的实施，作者认为，只有建立起一个专门的宪法监督机构，只有对违反宪法的一切行为进行追究，才有利于保证宪法真正成为一切组织和公民的根本活动准则，才有利于强化宪法的权威和作用，并对此提出了两种具体方案。

《中国法学》1992年第6期

16.《宪法与改革》

龚育之（中共中央宣传部）

摘要：社会主义建设新时期我国人民从事的事业，是一场新的革命。本文提出了一个发人思考、很有见地的观点：1954年宪法，是记载和保证中国的第一次革命的宪法；1982年宪法则是记载和保证中国的第二次革命的宪法。时代要求宪法有变和不变两个方面。宪法的修改必须保证改革的正确方向，推动改革的深入发展。

《中国法学》1993年第1期

17.《论宪法演变与宪法修改》

郭道晖（《中国法学》杂志社）

摘要：作者认为，"宪法修改"和"宪法演变"是两个具有特定涵义的概念。前者是指有修宪权的机关，依修宪程序对宪法原文所作的更改。"宪法演变"则是未经修宪程序，未作任何文字变动，只是基于社会实践与宪治运作的发展，突破了宪法的规定，导致宪法内容的变迁。作者阐述了导致宪法演变与修改的必要性与必然性的两种基本矛盾，并根据中华人民共和国宪法的历史发展，评述了宪法修改与宪法演变的各种形式，对我国现行宪法的演变与修改提出了自己的见解。

《中国法学》1993年第1期

18.《再论公民财产权的宪法保护》

龚祥瑞　姜明安（北京大学法律学系）

摘要：私有制社会产生以后，财产与人之间就有了一种隶属关系，人们把这种关系叫作"财产所有权"，把财产的拥有者叫作"所有人"或"财产主"。财产所有权使拥有者能自行决定其财产的使用、处理和转让。那么，"财产"是什么呢？各国的法律和法学者的答案有所不同。这些不同主要随一国的文化和价值观以及技术发展水平（不同的技术发展水平决定什么样的资源能作为"财产"供交换或生产之用）而定。

《中国法学》1993年第2期

19.《必须维护宪法的尊严——与郭道晖同志商榷》

孔庆明（烟台大学法律系）

摘要：在人们都关注我国实行"法治"的进程的时候，自然也就关心和注视执政党、国家权力机关、行政机关如何对待宪法，并且注意倾听法学家们如何评价有关宪法的作为。人们关心宪法的尊严，这是我国社会主义法制建设的巨大进步。人们把维护宪法的尊严看作实行法治的根本所在，从而也把中国的未来与此相联系。正是在这个时候，《中国法学》1993年第1期发表了郭道晖同志的《论宪法演变与宪法修改》的文章。这是在人们关注宪法尊严的氛围中，法学界的一次表态，值得重视。

《中国法学》1993年第4期

20.《论经济制度及其宪法表现》

康健（辽宁大学法律系）

摘要：经济制度是一种法关系，是国家意志的产物。它源于一定的社会物质生活，又反作用于它。经济制度是国家所确立和维护的处于一定历史发展阶段中的社会经济关系的基本结构。它表现为人们在特定社会环境中从事物质财富生产的组织模式及行为规范。纵观世界各国宪法在对本国经济制度的认定上都有此两个方面的内容：一是确认本国基本经济关系，它是统治阶级对既成经济关系暨行为模式的认可；二是确立国家经济管理体制、原则和权力，它是国家对现实经济关系的引导和保护。

《中国法学》1995年第2期

21.《论男女平等的宪法原则在"民事领域"内的直接效力》

喻敏（四川省新津县人民法院）

摘要：本文从实务中的具体案例出发，论述了男女平等的宪法原则在"民事领域"内有直接效力的主张。文中所述案例与中国台湾地区、日本的"单身条款"案虽有相似之处，但作者在分析民法上概括条款产生的社会背景及其功能的基础上指出，概括条款并不适用于此案，此案判决应直接以宪法为根据。作者进一步指出，法院将现存的身份关系作为"民事的关系"并使之接受宪法的规制，必将促进我国"从身份到契约"的社会进步。

《中国法学》1995年第6期

22.《宪法在社会转型中的地位与作用》

廖克林（贵州大学法律系）

摘要：作为国家根本大法的宪法在社会转型中有一个亟待重视和发掘的宪法职能理论问题，它在不同历史时期和特定的社会转型中，自然而必然地发挥了固有传统功能和社会转型中所兼具的"目的职能"与"实践职能"。宪法转型职能是一种明示与暗含在宪法原则中的某种精神，其特点是：职能的综合性、相关性、有序性、独立性、重合性、预见性。深入研究宪法在我国社会转型中的职能，对于促进和保障实现中国社会转型，有着重要意义。

《中国法学》1996 年第 3 期

23.《宪法学基本范畴简论》

李龙　周叶中（武汉大学法学院）

摘要：作者认为，探讨宪法学基本范畴是我国宪法学发展的必然趋势，也是推动宪法学基础理论研究的关键。就此文章提出了，宪法与宪治、主权与人权、国体与政体、基本权利与基本义务、国家权力与国家机构等五对基本范畴，并对这些范畴一一进行了具体的界说和分析。

《中国法学》1996 年第 6 期

24.《论宪法基本权利的直接效力》

周永坤（苏州大学法学院）

摘要：二次世界大战以来，宪法基本权利的直接效力已成为世界性的一项宪法惯例。宪法基本权利的直接效力是落实基本权利的必然产物，是维护人民主权、建设法治国家的客观需要。文章认为我国现在已基本具备了实现宪法基本权利直接效力的主客观条件，特别是法律条件。宪法基本权利的直接效力具有现行宪法和普通法律的充分依据。我国实现宪法基本权利的直接效力应走"先公后私、先易后难、逐步扩展"的道路。最后提出了实现这一战略目标的五项制度构想。

《中国法学》1997 年第 1 期

25.《当代中国宪法学的发展趋势》

韩大元（中国人民大学法学院）

摘要：文章认为，宪法学是一门价值性与实践性相结合的知识体系，在社会转型时期必然表现其时代特征。中国宪法学的发展需要以中国社会自身的条件与需求为基础，使之成为解释与解决中国社会宪法现象的学说。

文章根据中国宪法学历史发展的特点与目前的研究现状，将当代中国宪法学的发展趋势归纳为宪法学本土化、宪法学综合化、宪法学政策化与宪法学国际化。

《中国法学》1998 年第 1 期

26.《论宪法价值的本质、特征与形态》

吴家清（广东商学院）

摘要：宪法价值潜含着主体价值需要的宪法在与主体相互作用过程中对主体发生的效应。其特征在于，它是一种以根本性为重心的原则性与概括性相结合、以基本性为重心的高适应性与广泛性相结合、以集中性为重心的国家性与权威性相结合、以民主事实为基础的配补性与适用性相结合的法律价值。宪法价值形态按客体分为宪法规范价值与宪法实施价值，按主体分为指向国家的价值、指向社会的价值、指向公民的价值，按主体和客体在社会结构中所处的位置分为政治性价值、经济性价值、文化性价值，按主旨精神分为正义—利益型价值、秩序—自由型价值、法治—民主型价值，按理念取向分为求真性价值、达善性价值、臻美性价值。

《中国法学》1999 年第 2 期

27.《论国际人权公约与国内宪法的关系》

莫纪宏　宋雅芳（中国社会科学院法学研究所　郑州大学法学院）

摘要：本文着重强调了宪法在保护人权方面的作用。依作者之见，国际人权公约中的人权应当基于国际人权公约和国际法的特性受到国内宪法的保障，而不是在国内法上产生直接的法律效力。普遍的人权应当得到每一个国家的尊重，但是，由于不同的适用条件，每个国家保障人权获得具体实现的方式和方法，其程度不得导致侵犯国内宪法的权威。

《中国法学》1999 年第 3 期

28.《论"依法治国"的宪法效力——兼谈"依法治国"宪法规范的界定》

焦洪昌　唐彤（中国政法大学）

摘要：依法治国不是政治口号，是重要的宪法规范。依法治国的权力主体是人民，义务主体是政府。依法治国具有道德上的正当性和政治上的合理性。依法治国植根于社会的客观实际。依法治国有特定的对象、时间和空间效力。反对把依法治国庸俗化。

《中国法学》1999 年第 5 期

29.《我国宪法解释技术的发展——评全国人大常委会'99〈香港特别行政区基本法〉释法例》

郑贤君（首都师范大学政法系）

摘要：释法是全国人大常委会的一项重要权力，用以监督法律法规及地方性文件的合宪性。全国人大常委会对基本法的解释，在不改变终审法院的判决、不影响香港司法独立和终审权、维护香港法治延续的情况下，解决了两地释法的错位及冲突，避免了宪法危机的发生，发展了基本法和我国的宪法解释技术。该次释法在性质上属于宪法解释。文章通过对其解释方法及内容的分析，指出了全国人大常委会主动解释冲突的解决机制、立法解释体制和司法解释体制之间的衔接等问题，并探讨了解决两地释法差异和冲突的理论根据。

《中国法学》2000 年第 4 期

30.《论宪法规范与社会现实的冲突》

韩大元（中国人民大学法学院）

摘要：文章认为宪法规范与社会现实的冲突是宪法运行过程中存在的正常现象。由于宪法规范的高度概括性与原则性，在具体调整社会现实时必然与具有动态性的社会现实发生矛盾与冲突。宪法就是在规范与现实既相统一又相矛盾的过程中存在并不断得到完善。在急剧的社会变革过程中，宪法规范与社会现实的冲突与矛盾表现得更为集中与突出。建立一种合理的机制有效地预防与解决宪法运行中出现的规范与现实的冲突是建设法治国家的基本要求。本文以各国宪法实践的基本经验为基础探讨了宪法规范与社会现实发生冲突的原因、表现与解决机制等问题，并对如何有效地控制规范与现实冲突问题提出了对策。

《中国法学》2000 年第 5 期

31.《论宪法变迁》

秦前红（武汉大学法学院）

摘要：宪法变迁是宪法学研究的一个现代话语，也是解构宪法规范与社会现实关系时必须高度重视的一个问题。本文立足宪法与社会现实的相互关系，以宪法—社会的全方位思维，并运用比较、历史的方法，对宪法变迁的概念、宪法变迁的性质和宪法变迁的界域等问题进行了分析和研究。

《中国法学》2001 年第 2 期

32.《论宪法原则》

莫纪宏（中国社会科学院法学研究所）

摘要：本文从宪法逻辑学的角度出发来研究宪法原则，涉及宪法原则的三个法理特征，即宪法原则的正当性、确定性和有效性。作者认为，宪法原则是一个典型的价值问题，而非事实问题，因此，解释以价值形态存在的宪法原则首先要回答的问题应当是"宪法原则应该是什么"，而不是"宪法原则是什么"。作者主张，宪法原则应该是"决定'形式宪法'形式和内容的基本价值准则"，宪法原则的功能在于"反对特权现象"，宪法原则源于立宪主义的实践和对宪法功能与普通法律功能的区分。宪法制度必须以"反对特权"为目的来设计相应的手段性措施。这是宪法制度构造的逻辑起点。由此可以产生"目的性宪法原则"与"手段性宪法原则"两类互为因果的宪法原则体系。

《中国法学》2001 年第 4 期

33.《宪法解释案例实证问题研究》

周伟（四川大学法学院）

摘要：全国人大常委会法工委有关扩大宪法效力、公民选举权的行使、裁决立法冲突等宪法解释案例，尽管不是宪法规定的宪法解释，但其作用与正式的宪法解释并无实质性的差异，弥补了正式宪法解释缺位之不足而构成中国宪法解释的惯例。宪法上的宪法解释与现实中的宪法解释之间的距离，有助于认识和理解中国宪法之外的宪法解释机关对宪法进行解释的实际情况，以及宪法实施过程的特点。

《中国法学》2002 年第 2 期

34.《论宪法的人权保障功能》

李步云　邓成明（湖南大学法学院）

摘要：人权与宪法相伴相随、密不可分。宪法作为人权保障书，既是对已有人权的确认，也是对人权发展的保障。从宪法产生和发展的历史轨迹来看，无论是资产阶级宪法还是社会主义宪法，都是以确认和保障基本人权为中心而展开的，近现代人权事业的发展都会在宪法中得到体现和反映，而宪法的进步又推动着人权事业的发展。现代宪法主要通过确认人权原则和人权范围、规定国家权力的运行规则和确立违宪审查制度来实现对人权的保障功能。

《中国法学》2002 年第 3 期

35.《论裁判请求权——民事诉讼的宪法理念》

刘敏（南京师范大学法学院）

摘要：从国外情况来看，裁判请求权已经宪法化和国际化，并成为世界人权的一项国际标准，裁判请求权已经成为近现代民事司法的最高理念。我国宪法尚未确认裁判请求权这一公民的基本权利，我国的民事诉讼制度的设计和运作也未以裁判请求权保护作为最高理念。在实行"依法治国，建设社会主义法治国家"的今天，我国应当通过宪法明确确认公民的裁判请求权，并以此为理念完善和发展我国的民事诉讼制度。

《中国法学》2002 年第 6 期

36.《宪法究竟是什么》

刘茂林（中南财经政法大学法学院）

摘要：今年是现行宪法颁布实施 20 周年。20 年来现行宪法适应、见证了中国社会的改革开放，是一部与时俱进的宪法，为依法治国建设社会主义法治国家提供了有力的宪法依据，在保障公民基本权利等方面发挥了积极有效的作用。本文从考察现行宪法实施情况出发，通过总结宪法实践的经验来归纳宪法的基本特征和功能。

《中国法学》2002 年第 6 期

37.《公民基本权利宪法保护观解析》

朱福惠（厦门大学法学院）

摘要：今年是现行宪法颁布实施 20 周年。20 年来现行宪法适应、见证了中国社会的改革开放，是一部与时俱进的宪法，为依法治国建设社会主义法治国家提供了有力的宪法依据，在保障公民基本权利等方面发挥了积极有效的作用。本文从现行宪法所保障的公民基本权利入手，来探讨现行宪法在保护公民基本权利方面所起到的重要作用以及对推动宪法实施所发挥的重要制度功能。

《中国法学》2002 年第 6 期

38.《中国宪法解释体制反思》

苗连营（郑州大学法学院）

摘要：今年是现行宪法颁布实施 20 周年。20 年来现行宪法适应、见证了中国社会的改革开放，是一部与时俱进的宪法，为依法治国建设社会主义法治国家提供了有力的宪法依据，在保障公民基本权利等方面发挥了积极有效的作用。本文从现行宪法所规定的宪法解释体制出发，联系现行宪法实施中存在的问题，分析了宪法解释程序和机制缺失对宪法实施所产生的负面影响，提出要从加强宪法实施的角度来推动宪法解释体制的完善。

《中国法学》2002 年第 6 期

39.《关于现行宪法变革的模式选择和部分内容》

任进（国家行政学院法学部）

摘要：宪法作为国家根本法，必须保持相对稳定，但对通过宪法解释不能解决的问题，部分修改宪法是必要的，并应按修正案统一修改宪法原文。应通过修改现行宪法，对宪法指导思想和国家政权的群众基础等作新的表述；将"三个文明"协调发展和全面推进、尊重和保障人权、国家加强对私人合法财产的保护和国际条约的效力等内容写入宪法；要通过修宪为建立专门的宪法监督机构提供依据，并解决有的法律规定与宪法规定不一致的问题。

《中国法学》2003 年第 3 期

40.《再论孙中山"五权宪法"》

王云飞（大连海事大学法学院）

摘要：孙中山思想的精髓，即"依法治国，振兴中华"。而依法治国思想的核心是"五权宪法"。在"五权宪法"理论体系中，他提出了五权分立是"五权宪法"的主要表现形式、权能分开是"五权宪法"的基本理论、阶段发展是"五权宪法"的实施原则、三民主义是"五权宪法"的基本内核、爱国主义是"五权宪法"的指导思想等科学的法治思想理论。体现了中国民族资产阶级革命家，创造人类最先进的社会政治制度文明的改革创新精神。

《中国法学》2003 年第 5 期

41.《宪法实施的概念与宪法施行之道》

蔡定剑（中国政法大学法学院）

摘要：本文从全面、系统地分析、阐述宪法实施的几个基本概念出发，对宪法保障、宪法实施、宪法监督、宪法适用、违宪审查、宪法诉讼的概念作了比较明确的界定和区分。从而提出宪法私权诉讼这个独立的概念。作者认为过去我国宪法实施的制度没有建立起来，与理论上对宪法实施的片面理解有关。提出宪法私权诉讼概念有利于建立宪法诉讼制度，并对如何在中国建立宪法诉讼制度作了理论论证和设想。

《中国法学》2004 年第 1 期

42.《"国家尊重和保障人权"的宪法分析》

焦洪昌（中国政法大学法学院）

摘要：人权是公民基本权利的来源，公民基本权利是对人权的宪法化。人权保障条款的入宪要求公民基本权利体系保持开放性和包容性。尊重和保障人权的主体为各国家机关。人权保障条款对人权保障功能的实现有赖于建立完善的宪法体制，而其关键在于宪法理念的转变、解决国际人权公约在我国的实施机制以及建立有效的宪法监督制度。

《中国法学》2004 年第 3 期

43.《司法解释权能的复位与宪法的实施》

贺日开（武汉大学法学院）

摘要：作者认为，应然的司法解释不是一项独立的权力，而是司法权中不可或缺的一项权能。基于误解而形成的最高人民法院"司法解释权"缺乏宪法依据，它既侵蚀了下级法院的司法权，又对立法机关的立法权构成侵犯。只有让包含宪法解释的司法解释权能复位，回归到各级法院的司法权中，才能推动宪法的实施。

《中国法学》2004 年第 3 期

44.《宪法认同的文化分析》

汪进元（武汉大学法学院）

摘要：文化多元是现代世界的总体特征。多元文化背景下的宪法认同，既有理论上的差异，又有实践上的区别。英美式的古典自由主义主张宪法是经验理性的整合；法德式的古典自由主义崇尚宪法是建构理性的产物；新自由主义认为宪法认同的基础在于培养超越民族之上的共同政治文化（或重叠共识）；社群主义则认为历史传统和社会公共利益对宪法认同起着决定性作用。从实践层面上看，法德宪法经过长时期的试错，最终选择了行政集权民主型体制；日本、新加坡等国宪法，尽管从规范层面套用了英美宪政体制，但实质上表现为政党集权民主型体制。中国自古以来就是一个多元文化的国家，多元文化背景下的中国宪法应当奠基于"一多兼容"的文化型构，并逐渐完善在人民代表机关之下的权力制约型政府体制。

《中国法学》2005 年第 1 期

45.《论我国宪法中"公共利益"的界定》

胡锦光　王锴（中国人民大学法学院）

摘要：2004年我国的宪法修正案中增加了"公共利益"的概念和制度。但由于其主体和内容的不确定性，需要对其内涵和外延作出必要的界定。我国宪法上的"公共利益"主要体现在征收和征用补偿条款中，但由于普通立法中"公共利益"缺乏明确性及相应的制度配套，导致实践中征收集体所有土地和城市房屋拆迁中对"公共利益"把握的缺失和"稀释"，对此，应当通过违宪审查和宪法委托的制度，使普通立法中的"公共利益"具有合宪性和明确性。

《中国法学》2005年第1期

46.《从民法与宪法关系的视角谈我国民法典制订的基本理念和制度架构》

赵万一（西南政法大学）

摘要：市民社会与政治国家的分野是公、私法划分的理论基础，也是处理宪法和民法关系的主要依据。公、私法划分的实质在于它划定了一个政治国家不能插手的市民社会领域。宪法与民法的关系不是"母子"关系。民法不是宪法的实施细则。民法应当有自己的权利体系和确立原则。民法和宪法分别是调整私法领域和公法领域的基本法律制度。

《中国法学》2006年第1期

47.《从行政诉讼到宪法诉讼——中国法治建设的瓶颈之治》

胡肖华（湘潭大学法学院）

摘要：法治乃现代社会之理想治理模式，诉讼乃法治实现的必然选择。在现行诉讼体制中，行政诉讼作为一种"权利对权力说'不'的游戏"，标志着中国法治理念的本土生成。但由于其"先天缺陷"与"后天失调"所共同导致的运行不济，使得该机制在中国法治实践中未能彰显其应有价值。宪法诉讼作为域外法治实践的成功典范，因诸多因素在中国内地难以实证化，但其所蕴涵的民主、法治、人权与程序正义理念可为中国行政诉讼体制改革提供精神支撑。从行政诉讼到宪法诉讼，实现行政诉讼与宪法诉讼的内在契合与外在趋同，就是中国法治建设进程中的瓶颈之治。

《中国法学》2007年第1期

48.《人格尊严的宪法意义》

刘志刚（复旦大学法学院）

摘要：人格尊严是基本权利的价值核心。就其本质而言，它是国家的目的，不能被当作国家及社会作用的手段，人对其基本权利的正当行使有自治和自决的权利。就其性质而言，它不是一项具体的基本权利，它与其他基本权利的关系也不完全类同于平等权与其他基本权利之间的关系。就其功能而言，与其他大多数基本权利不同，人格尊严兼有消极和积极两个方面的功能，两者相比，前者居于主导的地位。

《中国法学》2007 年第 1 期

49. 《作为根本法的宪法：何谓根本》

郑贤君（首都师范大学政法学院）

摘要：根本法是盛行于 17 世纪英国的一个古老概念，表达了统治者须受制于外在权威这一理念，后在主权概念的冲击下衰落。18 世纪美国复兴这一观念，根本法成文化为宪法，它强调约束主权的根本法与约束个人行为的普通法律之间的区别，发展了法院实施宪法保障根本法地位的机制，完成了根本法的法律化。德国根本法是真实和实定的协定。根本法概念其后注入基本权保障元素。我国民国和新中国宪法学都继受了这一概念。新中国宪法学理论的根本法观念侧重于强调宪法与普通法律的区别、宪法作为普通法律的立法基础、宪法的优位地位，但基本权保障未得到应有重视，司法实施宪法保障根本法的机制亦不健全。鉴于宪法的政治性，须重新恢复根本法和普通法律的区别，完成当代司法审查和现代宪法维护社会基本价值的使命。

《中国法学》2007 年第 4 期

50. 《中国宪法学方法论的学术倾向与问题意识》

韩大元（中国人民大学法学院）

摘要：方法论的自觉与合理运用是宪法学发展的基础与标志。随着宪法实践的发展，学者们以更开放的学术视野努力建立具有专业性、综合性与多样性的方法论。本文分析了宪法学研究方法与宪法问题之间的相互关系，并在学术反思的基础上，展望了未来宪法学方法的发展走向。

《中国法学》2008 年第 1 期

51. 《论宪法实施的统一技术方案——以德国、美国为分析样本》

欧爱民（湘潭大学法学院）

摘要：宪法规范原则性强、技术含量高，宪法问题非传统法律分析法所能解决。当今宪法实施存在两大技术方案：德国公式与美国公式。虽然两大公式均具有一定的操作性、规范性，但也存在审查原则不完备、审查基准不周延、审查结果不确定等缺陷，因此有必要在整合德国公式与美国公式的基础上，创立一个全新的统一公式。该公式的基本内涵为：（1）针对自由权、社会权与平等权，建构一个解决宪法问题的二元技术路径，亦即自由权、社会权的保障路线图与平等权的保障路线图。（2）自由权、社会权的保障路线图为三步骤分析法：权利保障范围的厘清；基本权利侵害的确认；违宪阻却事由的分析。（3）平等权的保障路线图为两步骤分析法：差别待遇的厘清；差别待遇的合宪性检验。（4）在美国的三重审查基准、德国的三层级审查密度的基础上，创立一个更具有周延性的五重审查基准，亦即明显性审查基准、合理性审查基准、中度审查基准、严格审查基准及绝对审查基准。

《中国法学》2008 年第 3 期

52.《两种宪法案件：从合宪性解释看宪法对司法的可能影响》

张翔（中国人民大学法学院）

摘要：碍于宪法的基本架构，违宪审查意义上的"宪法司法化"在我国绝无可能。但法官作为受宪法约束的公权力主体，基于其宪法义务，有在具体案件中对法律进行合宪性解释的必要。合宪性解释并非宪法解释，而是法律解释的一种方法。而且，合宪性解释已经从最初的法律解释方法转化成法官的宪法义务。在部门法的研究中已经有在司法中进行合宪性解释的主张与尝试。合宪性解释可以在法律解释的体系解释、目的解释以及法外续造中应用。

《中国法学》2008 年第 3 期

53.《转型时期的福利权实现路径——源于宪法规范与实践的考察》

胡敏洁（南京大学法学院）

摘要：福利权作为我国宪法中确认并加以保障的重要权利之一，在转型期的中国如何获得更好的保障，不仅仅是应对制度困境的需要，同样也应成为公法学者的关注课题。从目前我国的宪法规范来看，相关内容已较为全面。但是，其实现仍面临着诸多难题。理想的路径是建立违宪审查制度以确保福利权的实现，而在该制度尚未建立之前，行政诉讼及福利行政过程中的相关保障也可以作为选择路径之一。

《中国法学》2008 年第 6 期

54.《宪法秩序作为中国宪法学范畴的证成及意义》

刘茂林（中南财经政法大学）

摘要：特有范畴的形成及其体系的构建，是中国宪法学走向成熟的必经之路,也是中国宪法学者的共同学术使命。马克思主义哲学的范畴理论对于中国宪法学范畴体系的构建具有重要的指导意义。中国宪法学范畴的形成及范畴体系的构建应当遵循下列原则与方法:逻辑和历史相统一的原则;从具体现象分析、归纳到抽象本质综合、演绎的辩证理性概括方法。宪法秩序这一概念的自身属性符合中国宪法学范畴的构建原则和方法,应当成为中国宪法学的范畴之一。宪法秩序作为中国宪法学的范畴,具有重大的理论价值和实践意义。

《中国法学》2009 年第 4 期

55.《论合宪性解释不是宪法的司法适用方式》

谢维雁(四川大学法学院)

摘要:由于被认为我国现行宪法体制阻碍了宪法在法院审理具体案件中的适用,有学者主张将合宪性解释作为我国宪法司法适用方式。这种主张存在严重的理论问题,因为合宪性解释只是一种法律解释方法,宪法在合宪性解释中仅仅是一种帮助确定法律规范含义的辅助工具,在合宪性解释中根本不涉及宪法适用。而且,将合宪性解释误作宪法的司法适用方式,必然给我们探寻正确的宪法司法适用路径带来消极影响。因此,合宪性解释不是宪法的司法适用方式,也难以担当宪法司法适用的大任。

《中国法学》2009 年第 6 期

56.《"民法——宪法"关系的演变与民法的转型——以欧洲近现代民法的发展轨迹为中心》

薛军(北京大学法学院)

摘要:民法与宪法的关系,在欧洲国家近现代法制发展的不同历史时期,呈现出不同的面貌。从民法最初的相对独立性,到后来受到宪法的深刻影响,再到最近的全球化背景之下的民事交易法的独立性的重新强化,这些发展,是欧洲社会政治经济结构发展和演变的结果,也与欧洲国家宪法体制的发展密切相关。在这样的过程中,欧洲国家民法的理念和制度,随着其所处的环境的变化,也处于不断的演变之中。

《中国法学》2010 年第 1 期

57.《劳动、政治承认与国家伦理——对我国〈宪法〉劳动权规范的一种阐释》

王旭(中国人民大学法学院)

摘要:西方理论阐述宪法上的劳动权属性,多采自由权与社会权两端。然而，理解我国现行宪法的劳动权性质及其内涵，则不能简单套用西方既有学说，需要从宪法文本的规范体系出发、运用宪法解释学的方法才能清楚获得。同时，要真切理解劳动权在我国宪法上的性质，还必须具有宪法的"历史意识"，仔细分析劳动权在不同阶段文本中的功能流变。现行宪法中的劳动权规范既是一种保障私权的权利规范，也是蕴含社会主义国家的国家伦理的重要承认规范。

《中国法学》2010 年第 3 期

58.《新中国宪法财产制度的历史回顾》

甘超英（北京大学法学院）

摘要：2004 年的宪法修改应是我国宪法发展史上的一个重大发展，发展重大性的一个理由就是，按照市场经济的要求，宪法修改完善了第 13 条的财产权制度，一般称为"私有财产权入宪"。本文对 60 年法治建设中宪法有关财产权规范，按其时间脉络进行一下梳理，简单回顾和分析不同时期宪法财产权规范的政治、经济、文化和法理等社会背景的演变。按新中国宪法发展的时代，分别对包括《共同纲领》在内的五部宪法文件的所有制和财产权规范进行了介绍和分析。最后对所有权和财产权的 60 年宪法发展作了一个总结，同时特别提到了"八二宪法"实施过程中的"良性违宪"讨论，强调了财产权认识的历史性问题。

《中国法学》2010 年第 4 期

59.《国家从事经济活动的宪法界限——以私营企业家的基本权利为视角》

陈征（北京师范大学法学院）

摘要：基本权利具有消极权限规范的功能。宪法中关于国家目标、国家权限等方面的规定通常不可优先于基本权利适用，而只能在基本权利体系的框架内发挥效力。基本权利条款蕴含着国家权力运作的最重要宪法界限。无论是国有独资企业和国有独资公司还是国有控股公司和国有参股公司在宪法上均具有公权力性质。由于这类企业在市场中的活动涉及了私营企业家的职业自由权和平等权，因此其创建及市场行为均须由立法机关授权并受公共利益和比例原则的约束。当适用比例原则审查国家从事经济活动的宪法正当性时，在不同国家和不同时期可能会得出不同结果。宪法中关于经济制度的规定应是对该国当前阶段各种相关利益平衡结果的确认。

《中国法学》2011 年第 1 期

60. 《中国宪法学的研究范式与向度》

江国华（武汉大学法学院）

摘要：宪法学的研究范式与向度关涉宪法研究的理论立场、逻辑进路与认知方法以及由此所决定的总体特质与演进趋向。在其理想模式下，中国宪法的研究范式大致可以概称为客体宪法学、宏观宪法学、静态宪法学以及形式宪法学等。但在宪治体制基本成型、宪法理论体系亦渐次成熟的条件下，其研究范式有向主体主义、微观主义、动态主义与实质主义演进的外在压力与内在向度。

《中国法学》2011 年第 1 期

61. 《宪法解释的规则综合模式与结果取向——以德国联邦宪法法院为中心的宪法解释方法考察》

刘飞（中国政法大学法学院）

摘要：应以何种方法来解释宪法，是中国宪法学面临的重要课题。通过对德国联邦宪法法院宪法解释方法的考察可知，解释主体综合运用各种解释规则所形成的规则综合模式构成了传统的解释与推论模式中所谓的解释方法，但实际上确定宪法解释结论的是注重解释结论实体正当性的结果取向，而规则综合模式起到的仅是论证解释结论的作用。宪法解释方法是一个融汇解释规则适用与结果取向于一体的过程模式，规则综合模式在个案中的具体确定需要以基于结果取向的解释结论为依托，而结果取向对于解释结论的决定作用也被限定在规则综合模式所容许的范围之内。中国宪法的现行立法解释模式具备实现解释结论实体正当性之制度基础，但应加强解释规则层面上的论证。

《中国法学》2011 年第 2 期

62. 《辛亥革命与宪法学知识谱系的转型》

韩大元（中国人民大学法学院）

摘要：在辛亥革命发生的历史背景以及后来的社会发展中，法学知识特别是宪法学知识以其特殊功能发挥着引导、诠释与促进的作用，成为评价辛亥革命的历史价值时不可或缺的因素。辛亥革命胜利之后，在频繁的立宪活动中，宪法学知识不断积累和发展，呈现出与革命之前不同的形态，并在长期的演变中体现着知识的延续性与中国学术传统。辛亥革命所开启的民主共和国意义上的宪法学知识传统与发展道路，对于今天的宪法学研究依然具有借鉴意义。

《中国法学》2011 年第 4 期

63.《宪法"人格尊严"条款的规范地位之辨》

郑贤君（首都师范大学政法学院）

摘要：规范地位是指某一条款在基本权利内部乃至宪法规范体系中的效力，取决于该条款在特定宪法秩序中的法律属性。尊严条款因其法理基础、宪法文本表述及宪法解释实践的差异在各国宪法上享有不同的地位，归纳起来可分为宪法原则、基础价值、规定功能的宪法概念。我国《宪法》第 38 条人格尊严的哲学基础不同于其他国家的人是目的、人格发展、交往理论，而是着重于个人的名誉与荣誉保护；宪法文本表述并非人的尊严、人性尊严，而是人格尊严，且该条既未规定在总纲中，亦未置于"公民的基本权利和义务"一章之首，即使与"国家尊重与保护人权"一款结合起来阅读，亦无法取得与其他国家宪法上的规范地位。人格尊严在我国宪法上属于独立条款，也是公民的一项基本权利，具有具体的法律内容，在宪法解释过程中可作为规范与特定宪法事实相涵摄，证明公民的人格尊严受到了侵犯。

《中国法学》2012 年第 2 期

64.《宪法修改的基本经验与中国宪法的发展》

董和平（西北政法大学）

摘要：1982 年宪法颁布以来的 30 年，是我国宪法修改频率最高、幅度和力度最大的历史时期。宪法修改是对改革开放成果和社会变迁的真实记录。30 年宪法修改的历程，呈现出务实性、人性化和国际化的特点，但也存在缺少宪法体制优化整体思路、经济机制修补具体化、政治机制完善空泛化、修改进程被动化的不足。未来我国的宪法修改和完善，要有整体修宪计划，提高修宪的前瞻性、主动性和现实指导性；要与宪法解释相结合，避免盲目修宪和仓促修宪。

《中国法学》2012 年第 4 期

65.《宪法实施状况的评价方法及其影响》

莫纪宏（中国社会科学院法学研究所）

摘要：本文从全面系统地分析目前国内外宪法学界对宪法实施的研究状况出发，指出当下宪法实施理论研究方面存在的问题主要在于没有准确地界定宪法实施概念的性质，以及没有对宪法实施建立起一套科学和合理的分析系统。作者认为，从理论来看，宪法实施是使静态宪法变成动态宪法，宪法实施概念所要解决的主要理论问题是"行动中的宪法"，但是宪法实施是一个集主观评价与客观实践于一体的复杂现象，必须在认真分析宪法实施对象的特征，并在此基础上作出分门别类研究，对实施可能性作出区别对待基础上，才能进行科学的分析；从实践来看，宪法实施概念具有很强的目的性，需要解决特定的宪法问题，因此，离开了具体目的性的指引，纯粹的抽象意义上的宪法实施，在实践中，不仅不利于树立宪法本身的权威形象，相反还会严重影响宪法作为根本法自身所具有的科学性和规范性。

《中国法学》2012 年第 4 期

66.《中国社会转型的法律基石：1982 年宪法的历史地位》

薛小建（中国政法大学）

摘要：世界各国宪法无不是为应对其面临的"麻烦问题"而制定与变迁，美国宪法最为典型，中国宪法亦是如此。回顾中国制宪历程，其面临着多重问题。"八二宪法"的历史地位和时代背景也需要从历史逻辑中进行探寻，即"八二宪法"承担着稳定国家秩序与推进社会转型改革的重任。从"八二宪法"的历史和文本中，可以看到宪法作为人民的基本共识，潜藏新中国宪法发展与变迁的历史逻辑，契合了中国社会变革和转型的现实，总结了历部宪法的历史经验，融入了先进的宪法理念。由此展望"八二宪法"之未来，其拥有足够容量，能够完成为中国社会进一步转型提供法律动力之历史使命。

《中国法学》2012 年第 4 期

67.《宪法实施与中国社会治理模式的转型》

韩大元（中国人民大学法学院）

摘要：30 年来，在中国社会的改革开放进程中，1982 年宪法成为国家与社会生活的重要内容，奠定了国家治理的正当性基础，确立了国家与社会的价值观与目标，推动了中国社会的发展与进步。1982 年宪法为中国社会发展作出的重要贡献之一是通过宪法治理初步形成了社会共识，凝聚了民心，维护了国家统一与社会稳定。未来的宪法发展应当以宪法理念为本，重视宪法运行机制，以宪法意识处理国家和社会事务，通过宪法的发展推动国家社会的发展，维护人类和平与人的价值。

《中国法学》2012 年第 4 期

68.《论我国学术自由的宪法基础》

王德志（山东大学法学院）

摘要：《宪法》第 47 条规定的科学研究自由，目前被学者们诠释为文化权利或者文化权利的组成部分，而文化权利这一范畴不仅被我国宪法学者指称《宪法》第 47 条规定的自由，还被人权法学者用来解读国际人权法中的有关权利，并且具有内涵模糊、外延不确定、宪法规定与国际人权法的规定不一致的特点，弱化了科学研究自由的独立价值和功能。笔者认为，我国宪法中规定的科学研究自由，在外国宪法中多规定为学术自由或学问自由，因此可以吸收和移植域外宪法学理论关于学术自由的诠释资源，来丰富我国科学研究自由的权利内涵。遵循宪法解释学的路径，运用基本权利的客观价值秩序理论，可以架起科学研究自由通往我国高等教育制度的桥梁，以科学研究自由为宪法基石构筑我国现代大学法制，从根本上破解我国高等教育"行政化"的顽疾。

《中国法学》2012 年第 5 期

69.《法治的核心是宪法和法律的实施》

徐汉明（中南财经政法大学法治发展与司法改革研究中心）

摘要：注重宪法和法律实施是当代法治基本内涵的普遍要求，是全面推进依法治国的时代要求，是法治建设战略转移的客观要求。我国宪法和法律的实施面临着立法粗放与执行不力的困扰、经济状况与社会转型的制约、体制不顺与机制不全的束缚、法治传统与法治精神的缺失。保障宪法和法律统一正确实施，应加强和改进宪法实施，保障和落实公民权利，坚持和完善党的领导，营造和改善法治环境。

《中国法学》2013 年第 1 期

70.《实质合宪论：中国宪法三十年演化路径的检视》

江国华（武汉大学法学院）

摘要：30 年来中国改革的合宪性争议，在哲学上即宪法的名实之辩，在法理上即形式合宪与实质合宪之争。与改革相向而行的"八二宪法"30 年来的演化历程实际上就是为回应试错性社会变革之压力，以"事后确认"为基本手段，而不断调适自身的过程。因此，其演化轨迹是一种回应型变迁路径，其正当性依据即实质合宪论。为实质合宪论所支持的回应型宪法更关注社会变革与立宪目的或价值的契合，具有现实主义的内在秉性。但随着国家改革由"摸着石头过河"向"顶层设计"转变，"熔补式"的回应型宪法变迁恐难因应创新改革之需要，对"八二宪法"作出全面修改或势在必行。

《中国法学》2013 年第 4 期

71. 《论自然资源国家所有权的宪法规制功能》

王旭（中国人民大学法学院）

摘要：对于自然资源，宪法上的"国家所有"不能简单认为是国家通过占有自然资源而直接获取其中的利益，而首先应理解为国家必须在充分发挥市场的决定作用基础上，通过使用负责任的规制手段，包括以建立国家所有权防止垄断为核心的措施，以确保社会成员持续性共享自然资源。规制模式的核心在于：既要维护市场的公平性，同时也戒备与民争利的攫取型资源财政之生成，强调作为一种规制国家的负责性、公共性。最终共同维护公有制的主体地位，实现我国"基于平等之自由"的政治道德与宪法精神。

《中国法学》2013 年第 6 期

72. 《论我国宪法劳动权的理论建构》

王德志（山东大学法学院）

摘要：目前，法学界对于劳动权的研究大多是从劳动法的角度展开的，从宪法角度所进行的劳动权研究大多也是在用我国《劳动法》第 3 条的内容解读我国《宪法》第 42 条劳动权的含义，陷入了"以劳动法解释宪法"的方法论误区。笔者认为，对于宪法劳动权的理论建构，应当立基于"以宪法解释宪法"的原则上，从宪法文本以及宪法变迁中探求宪法劳动权的内涵。自 1954 年宪法以来的几部宪法文本中，我国宪法劳动权的规范表述形式并没有明显的改变。但是，改革开放以来的宪法变迁，主要是所有制结构改革和社会主义市场经济体制的确立，却赋予宪法劳动权和劳动的概念以全新的含义，并使职业自由成为我国宪法劳动权存在和运行的主要形态。

《中国法学》2014 年第 3 期

73. 《论宪法财产权的保护范围》

谢立斌（中国政法大学中德法学院）

摘要：明确《宪法》第 13 条意义上的财产权具体包括哪些权利，具有重大意义。学界往往将私法财产权等同于宪法财产权，这一做法忽视了法律和宪法之间位阶不同。确定宪法财产权保护范围，只能通过宪法解释完成。本文从宪法保障财产权的目的出发，结合 2004 年宪法修改的背景，探讨哪些私法和公法权利属于宪法财产权的保护范围，并在此基础上，主张分为两个步骤，来判断一项权利是否构成宪法财产权。

《中国法学》2014 年第 4 期

74.《"五四宪法"草案初稿中国家主席制度的雏形》

秦前红（武汉大学法学院）

摘要："五四宪法"草案初稿是个被学界忽视的重要宪法文本，其对于观察和研究中国宪法制度的设计和变迁具有重要的参考价值。宪法草案初稿中的国家主席制度由于是毛泽东亲自设计的，因而更加具有特殊性。该草案初稿蕴含了我国的制宪者对于国家元首制度的最初思考和设计，对于进一步理解中国的国家主席制度有着重要的意义。

《中国法学》2014 年第 4 期

75.《"五四宪法"与国家机构体系的形成与创新》

朱福惠（厦门大学法学院）

摘要："五四宪法"充分借鉴苏联东欧社会主义国家宪法的规定，在总结历史经验的基础上，确立了符合中国国情并具有本国特色的国家机构体系。"五四宪法"确立的国家机构体系的特点有：以人民代表大会为国家权力机关，以国家机关职权的分工和制约为基本原则，以国家主席作为国家权力运行的中枢。"八二宪法"是在"五四宪法"的基础上制定的，完善了国家权力机关的组织与体系，在实践中进一步发展和创新我国的国家机构体系。

《中国法学》2014 年第 4 期

76.《现代与超越："五四宪法"的民主主义的自由观》

郑贤君（首都师范大学政法学院）

摘要：积极自由与消极自由的区分是辨别不同性质自由的基本理念。"五四宪法"基本权利体现了民主主义的积极自由思想，是对近代自由主义宪法对抗国家权力的消极自由的超越，具有鲜明的现代性。它是在试图克服个人主义与个人本位前提下，参考苏联东欧等人民民主国家宪法，结合本民族历史与现实的权利创制。人民主权消除了个人权利与国家权力的紧张，乐观唯理主义的法律实证主义反映了对国家权力的信任，通过建构法律秩序而非怀疑和抵制公权力保障个人自由。作为共同体成员资格的公民是主权的所有者，享有平等身份与地位，政治自由与社会权条款混合了两类形式的积极自由，最大化地体现了人民民主与社会主义两大宪法原则。

《中国法学》2014 年第 4 期

77.《"五四宪法"的历史地位与时代精神》

韩大元（中国人民大学法学院）

摘要："五四宪法"作为新中国第一部宪法，奠定了新中国基本政治和法律制度体系，为国家治理体系的建构发挥了重要作用。在60年的中国社会发展进程中，宪法以其特殊的功能维护政治共同体的价值共识，提供合理平衡国家、社会与公民之间关系的平台。同时，"五四宪法"所遭遇的历史命运为我们思考宪法与国家关系留下了深刻教训。回顾这段宪法历史，有助于我们认识宪法对国家治理所起到的价值引导、维护共识与保障自由的作用，进一步完善宪法保障机制与程序。

《中国法学》2014 年第 4 期

78.《两种"宪法解释"的概念分野与合宪性解释的可能性》

黄明涛（中国人民大学法学院）

摘要：在我国的宪法实施和宪法监督制度下，有两种意义上的宪法解释：第一种宪法解释表现为对行政法规等规范性文件作抽象式审查并作出撤销等处分决定的权力，这项权力为全国人大常委会所享有；第二种宪法解释固有地存在于任何认同宪法的规范性和最高性的司法过程中，本质上是一种法律方法和司法技艺。第二种意义上的宪法解释并未被我国宪法所禁止，也无损于全国人大常委会所享有的第一种意义上的宪法解释权。因此，合宪性解释的运用并不必要以否认司法过程中必然存在的宪法解释为前提。我们应当在这一基础之上展开有关合宪性解释的讨论。

《中国法学》2014 年第 6 期

79.《宪法的全球化：历史起源、当代潮流与理论反思》

刘晗（清华大学法学院）

摘要：全球化的进程已经推进到传统的国内宪法领域。近些年来，世界各国的宪法发展呈现出趋同的态势，各国司法审查的活动也开始相互借鉴和援引各自的法律资源和司法判决，各国高等法院法官之间的交流逐渐增多。宪法全球化肇始于二战之后世界范围内传统议会主权的衰落以及对于行政权扩张的反思，同时也受到了经济全球化的极大促进。宪法的全球化同时也在实践上受到了以美国为代表的宪法民族主义的抵制，在理论上带来了问题：司法审查的全球化使得各国高等法院逐渐脱离本国的民主过程和特殊的宪法文化，呈现出国际的反多数难题。

《中国法学》2015 年第 2 期

80. 《中国语境下的"宪法实施":一项概念史的考察》

翟国强(中国社会科学院法学研究所)

摘要:"宪法实施"是一个具有中国特色的宪法学基本范畴。从概念的源流与演变来看,民国时期的宪法学说和苏联国家法学说是两个重要的理论渊源。回顾近代以来的宪法学说史,"宪法实施"概念整体上体现了一种变法思维,即通过实施宪法来建立新的法律和政治秩序。受此观念影响,宪法实施也是一个具有高度政治性的概念,宪法实施更多的是依靠政治化的方式。即通过政治动员提高民众的宪法观念,进而实施宪法。这种"宪法实施"概念不仅可以追溯到民国时期的宪法理论,同时与社会主义新宪法秩序的建构也有暗合之处。

《中国法学》2016 年第 2 期

81. 《政府信息公开的宪法逻辑》

秦小建(中南财经政法大学)

摘要:现行政府信息公开制度赖以建构的"知情权——政府信息公开义务"逻辑,先验地接受了"知情权是人权"与"政府信息公开义务是知情权实现的手段"的预设,混淆了作为主权者的"人民"与作为政府治理相对方的"公民",因而也混淆了有关宪法体制组织和运行的"人民—人大—政府"之主权逻辑与"政府—公民"之治理逻辑,将政府信息公开制度从宪法体制中割裂开去。其后果是,既将依附于人大体制的宪法监督消解于无形,也由于与作为正当性来源的主权逻辑的断裂而陷入合法性危机。并且,它曲解了公众参与在宪法逻辑中的应有定位,使其脱离乃至僭越了政府治理的正常逻辑,不仅浪费了大量行政资源,还冲淡了基于直接利害关联的公民信息公开诉求。有鉴于此,政府信息公开应当回归宪法主权逻辑与治理逻辑的二元结构,对应进行制度化构造。

《中国法学》2016 年第 3 期

82. 《中国宪法的环境观及其规范表达》

张震(西南政法大学)

摘要:环境问题倒逼环境治理。面对环境保护及生态文明建设,应细致地剖析在宪法现象的逻辑结构中处于核心地位的宪法规范之环境条款本身,并围绕环境规范以及入宪等背景知识提炼出特定的宪法环境观,进而以环境观来诠释环境规范,最终实践于围绕环境规范与环境保护及治理制度的宪法关系。作为核心概念的宪法环境观表达了宪法对国家、人与环境关系的最基本、最核心的看法。既包括结构环境观，也包括规范环境观。在当下，环境治理的概念可以很好契合特定的"宪法环境现象的逻辑结构"。既包括宪法对环境治理的内部规制，也包括外部规制。但环境治理的法治化必须打破部门法的藩篱，构建以宪法为核心跨部门法协同的法律机制，并探索新的研究范式。从制度实施的角度看，环境治理需要理论支撑，除了治理理论、国家权力理论，环境权也是应有之义。

《中国法学》2018 年第 4 期

83.《宪法和法律委员会合宪性审查职责的展开》

于文豪（中央财经大学法学院）

摘要：2018 年宪法修改，"宪法和法律委员会"成为全国人大的专门委员会。在其各项职责中，"推进合宪性审查"具有关键意义。宪法和法律委员会协助全国人大及其常委会开展合宪性审查等工作，应当成为合宪性审查工作的主要推动者和实际承担者。为此，应当在统一审议法律草案、规范性文件备案审查、协助开展执法检查等监督工作以及选举、宪法解释等工作中，为其配置适当的合宪性审查职权。在行使职权的过程中，宪法和法律委员会需要处理好其与原法律委员会之间的职能关系，并处理好与全国人大及其常委会、其他专门委员会以及法制工作委员会等工作机构之间的关系，同时也要处理好与国务院、人民法院等其他国家机关之间的关系。宪法和法律委员会的合宪性审查职责需要在组织、权力、程序、责任等环节实现制度化和规范化。

《中国法学》2018 年第 5 期

84.《论宪法与国际法的互动》

王德志（山东大学法学院）

摘要：在全球化和区域一体化的进程中，宪法与国际法的相互作用和相互影响，成为法学发展的显著特征，出现了宪法概念从宪法学向国际法学的移植，宪法为国际法的发展提供了方法论的启发和灵感，形成了国际法宪法化的解释和建构思路，使宪法理念融入国际法制建构，为宪法学参与全球治理的法制建设打开了大门。国际法特别是国际人权法推动了宪法权利法案的制定和权利清单的完善，国际法及其判例成为国内宪法裁判的解释性资源，在宪法判决中得到援引和使用。在欧洲一体化进程中，还形成了基本权利保护的宪法与国际法双层架构，出现"合宪性审查"与"合公约性审查"并存与竞争的局面。

《中国法学》2019 年第 1 期

85.《系统论宪法学新思维的七个命题》

陆宇峰（华东政法大学科学研究院）

摘要：系统论宪法学复兴了宪法社会学传统，从社会整体视角出发破解了现代宪法的"源代码"，可能给当代的宪法学研究带来新思维。这种新思维致力于构造一个宏大的理论体系，其内在逻辑是：现代宪法独特的社会功能决定了它在时间、空间、事物三个维度的内涵和特征，使之得以处理现代社会固有的宪法问题；全面理解现代社会面对的宪法问题，才能准确把握现代宪治的实践历史和当下发展，合理预测现代宪治的未来走向；与此进程相应的宪治模式转换，反过来又取决于在不断变迁的社会环境之中有效执行现代宪法功能的客观需要。这一新思维可以初步概括为七个命题：现代宪法的社会功能是"维系功能分化"；现代宪法的"现代性"体现为"效力自赋"；现代宪法位于法律系统与政治等功能系统的"结构耦合"处；现代宪法的内容有其"社会规定性"；抵御体制性社会力量的权利才是"基本"权利，它涉及多重主体，具有双向效力；除了权力滥用的"政治宪法问题"，现代社会还面对社会媒介失控的"社会宪法问题"；为了处理日益复杂的社会宪法问题，现代宪治持续发生模式转换，正在迈向多元主义的未来。

《中国法学》2019 年第 1 期

86.《中国宪法上"社会主义市场经济"的规范结构》

韩大元（中国人民大学法学院）

摘要：实行社会主义市场经济体制是我国改革开放取得的重要成果，也是一场深刻的革命。在探索中国特色社会主义道路的伟大进程中，我们党不断总结经验，解放思想，提出并实践"市场经济与计划经济并不是社会主义与资本主义本质区别"的论断，结束了经济体制发展中长期存在的"姓资姓社"的争论。随着 1993 年"社会主义市场经济"入宪，社会主义市场经济的宪法基础更加明确，为完善社会主义基本经济制度提供了宪法依据。以社会主义市场经济入宪背景与过程的分析为基础，可以发现其规范结构与特点，以此为基础进一步完善社会主义市场经济体制。

《中国法学》2019 年第 2 期

87.《"社会主义公共财产"的宪法定位："合理利用"的规范内涵》

李忠夏（山东大学法学院）

摘要：实践中围绕"国家所有"和"集体所有"所产生的争议都指向了

《宪法》中的"社会主义公共财产"条款。这就需要探寻马克思理论中关于"公有财产"的定性,并嵌入新中国成立—改革开放的政治转型中,理解"公有制"在中国的独特实现路径以及"公共财产"的功能变迁,从而更深入地理解马克思理论在中国的创造性转化。新中国成立—改革开放的政治转型意味着对"社会主义"的理解变迁,意味着新中国成立以来中国社会发展逻辑和相关制度的发展演进,同时也意味着宪法的发展演进。只有在宪法变迁的基础上,在"社会主义初级阶段"的规范框架内,才能理解"八二宪法"中"社会主义公共财产"所经历的功能变迁以及今天语境中的功能定位:从"不可侵犯"向"合理利用"的转变。

《中国法学》2020 年第 1 期

88.《地方政府双重负责的宪法内涵》

于文豪（中央财经大学法学院）

摘要:《宪法》第110条规定,地方政府分别对本级人大和上一级国家行政机关负责并报告工作,地方各级政府都服从国务院。该规定是处理国家统一权威与有效治理这一重大问题的关键规则,但其内涵的模糊给理论和实践带来困惑。构造其内涵的核心目标是使自上而下的行政意志与自下而上的民主意志得到恰当平衡。地方政府双重负责是我国作为超大型国家的独特治理规则,它是一种既重视地方也强调中央的混合权力关系,旨在维护中央权威和统一领导的前提下,充分容许地方自主。地方政府双重负责不是同等或者同时负责,其内涵具有差异性:在两种"负责"方面,应当区分负责的主次顺序;在两种"报告工作"方面,应当区分报告的性质、内容和形式;"都服从国务院"的重点在于形成以责任一体为核心的行政一体。以该条款的规范内涵为依据,应当进一步实现上下级政府事权分配的法定化,充实地方人大的主体地位,避免上级政府工作部门直接领导下级政府,并建立行政统一领导的程序机制和外部化规则。

《中国法学》2021 年第 3 期

89.《中国"宪法实施"的话语体系与演变脉络》

苗连营（郑州大学法学院）

摘要:"宪法实施"作为各种原理、规则、制度、实践交织叠加的"概念群"与"问题域",几乎涵摄了认识和解释中国宪法问题的所有视域及议题。学术话语中的宪法实施在追求方法自觉和理论建构的过程中,也在积极回应着政治现实并不断凸显出深沉的政治情怀；政治话语中的宪法实施在主导真实世界的宪法实践的同时，也在认真吸纳着理论研究的有益成果并日益展现出深厚的法理意涵。只有从学术话语和政治话语的良性互动及其演变脉络中，才能深刻理解我国宪法实施的内在机理与运作逻辑，并凝练出真正属于中国的"宪法实施"话语体系。

《中国法学》2021 年第 3 期

90.《网络谣言的刑法治理：从宪法的视角》

姜涛（南京师范大学法学院）

摘要：网络谣言之刑法治理的难题是，如何区分言论自由与言论犯罪的合理界限。从言论自由的权利属性出发，应确立"网络言论不被轻易犯罪化"的宪法法理。未经证实未必虚假，谣言本质并非完全事实层面之客观实证的产物，而是包含着规范判断。因此，提倡与发展客观真实与主观真实二元论，强调主观真实对网络谣言的反向排除，有利于从事实层面合理划分网络谣言与言论自由的界限；而从刑法教义学上建构"实际恶意与网络谣言的主观不法性判断""危险理论与网络谣言的客观不法性判断""比例原则与网络谣言的需罚性判断"等基本教义，则有利于从规范层面明确刑法干预网络谣言的限度。

《中国法学》2021 年第 3 期

91.《公民遵守劳动纪律义务的宪法变迁与启示》

阎天（北京大学法学院）

摘要：遵守劳动纪律被现行宪法规定为公民的一项基本义务。该义务与宪法上的诸多制度和目标存在密切联系，其发展演进的动力是国家、企业与个人三者利益关系的变迁。遵守劳动纪律义务的原初含义主要是劳动者要接受国家教育以提高觉悟，从而同时实现巩固政治、发展经济和改善民生的目标。现行宪法颁布后，遵守劳动纪律义务淡化政治目标而突出经济目标，重点转向要求劳动者接受企业惩罚以加强服从，引发经济目标与民生目标之间的张力。21 世纪以来，国家一方面为劳动者的服从设定法律限制，另一方面以敬业价值为核心重塑纪律教育，促进了政治目标的复归和经济与民生目标的协调。遵守劳动纪律义务的演进过程表明，公民基本义务并不因为带有道德内容或介入私人关系而不宜入宪，针对其过度膨胀的风险也有应对之道。宪法要求公民遵守劳动纪律不仅正当而且可行。

《中国法学》2021 年第 4 期

92.《符合法律的宪法解释与宪法发展》

杜强强（首都师范大学政法学院）

摘要：符合法律的宪法解释是在宪法有复数解释时以法律为准据而选择宪法解释的方法，与合宪性解释的方向恰恰相反。在我国宪法实践上，全国人大常委会曾经将《宪法》第 40 条上的公安机关解释为涵盖国家安全机关，这是较为典型的符合法律的宪法解释。从理论上说，为化解违宪疑虑，也可以通过这种解释方法将《宪法》第 40 条上的通信解释为排除通讯记录，而将检察机关解释为涵盖监察机关在内。与合宪性解释不同的是，符合法律的宪法解释属于逆向的"以宪就法"，因此通过这种方法得出的结论须接受宪法上的再审查。这种解释方法既能维持宪法的最高性，恪守宪法与法律之间的界分，同时又能容纳宪法含义新的发展。

《中国法学》2022 年第 1 期

93.《法律监督机关的宪法内涵》

朱全宝（宁波大学法学院）

摘要：现行宪法关于"法律监督机关"（第 134 条）与"检察权"（第 136 条）之规定呈现出机关定位与权力定性的非对应性，此迥异于"一府一委两院"之其他国家机关，凸显了检察院的独特宪法地位，其蕴含的是法律监督机关的多重宪制功能。法律监督机关之宪法定位规约了检察权行使方式和检察制度的变革路径，检察权行使方式和检察制度的变革丰富了法律监督的内涵进而强化了法律监督机关的宪法定位。检察机关正是在这一良性互动中走上独具中国特色的实行法律监督之路。新时代法律监督机关应在其宪制功能与规范内涵指引下，全面维护国家法制统一，提升对行政权监督的质效，在法律监督新格局中切实捍卫社会的公平正义，进而推动中国特色社会主义检察制度行稳致远。

《中国法学》2022 年第 1 期

94.《中国比较宪法学的重新定位与方法论重构》

刘晗（清华大学法学院）

摘要：在强调法学本土化的背景下，比较宪法研究仍具有重要价值，但须进行重新定位和方法论迭代。研究定位方面，须适度改变以往的借鉴式研究，着重理解式研究，更新有关域外宪法的知识体系。方法论层面，应在功能主义路径上补足文化主义路径，将宪法制度放到不同文化语境中予以深描，不但求同，而且存异；在司法中心主义之上补足政体视角，关注宏观政制结构和决策机制；在专题研究中扩大国别案例范围，克服"留学国别主义"和"西方中心主义"倾向。由此，比较宪法学可以在深入比较中凸显中国宪法体系的独特性和普遍性，从而加强中国宪法学自主性建构，也可与国别和区域研究进行融合，增强比较研究在涉外法治斗争中的实务价值。

《中国法学》2022 年第 2 期

95.《全国人大常委会授权的宪法定位及合宪性展开》

秦小建（中南财经政法大学法学院）

摘要：全国人大常委会授权产生了职权转移的效果，引发职权主体、职能、程序和责任形式的变化，可谓一种隐蔽的宪制变动，因此要从权力配置视角来审视其影响。宪法把权力配置给特定国家机关，既有权力性质的要求，亦有功能适当的考虑。如若随意转移职权，就会破坏权力配置背后的对应关系。但为满足实践需要，宪法权力结构预留了权宜调整的空间，授权构成宪法进行权宜调整的规范机制。根据功能适当原则的指引，授权确定了最适合实现职能的机关，促进民主正当和有效治理在特定事务上的功能耦合。必要而负责任的授权，须考虑其与权力结构的契合，从"所授之权为自身之权""所授之权为可授之权""授权具有明确性""所授之权适合被授权机关行使""授权机关设置民主控制机制"等展开"阶层式"的合宪性分析。

《中国法学》2023 年第 1 期

96.《大变局下中国式民主的制度优势与宪法保障》

周佑勇［中央党校（国家行政学院）政治和法律教研部］

摘要：面对世界百年未有之大变局，中国共产党带领中国人民成功开辟了与西方民主相区别的中国式民主发展新道路，为人类文明历史性重建贡献了中国方案。中国式民主以人民当家作主为本质，以全过程人民民主为特征，创造了一种超越于西方自由主义民主的新型政治文明形态，彰显出与之对比鲜明的制度优势。宪法是国家的根本大法，是人民权利的保障书，是民主政治的根本制度安排。为使中国式民主进一步增强优势、稳定发展，必须坚持依宪治国，更好地夯实其宪法基础，为其提供根本的宪法保障，在法治轨道上有序推进全过程人民民主。

《中国法学》2023 年第 1 期

97.《论我国现行宪法的人民民主原则》

韩大元（中国人民大学法学院）

摘要：民主是全人类的共同价值，是中国共产党和中国人民的不懈追求。

我国现行宪法颁行 40 年来，以其丰富的民主内涵，为发展社会主义民主，落实"国家的一切权力属于人民"的宪法精神，提供了坚实的规范基础。通过宪法实施，我们不仅完善了以人民代表大会制度为载体的代议民主，同时构建了人民依照法律规定，通过各种途径和形式，管理国家事务、管理经济和文化事业、管理社会事务的直接民主形式，形成了包括民主选举、民主协商、民主决策、民主管理、民主监督在内的全过程人民民主形态。新时代以来，宪法积极回应人民对民主发展的新要求、新期待，坚持党的领导、人民当家作主、依法治国三者有机统一，践行全过程人民民主，不断扩大人民民主，健全民主制度，拓宽民主途径，丰富民主形式，使中国的民主发展更好体现人民意志，贴近人民的生活。在宪法轨道上推进全过程人民民主是我国宪法对世界民主多样性发展作出的独特贡献。

《中国法学》2023 年第 1 期

98.《主权原则在中国宪法中的展开》

王理万（中国政法大学人权研究院）

摘要：主权概念用于描述政治共同体的内部关系时，强调主权的最高性；用于调整政治共同体之间关系时，推崇主权的独立性。这种内外双重面向在近代发展为人民主权和国家主权，二者同源同质并统一于宪法。宪法既是保障人民主权的根本法，也是捍卫国家主权的最高法，联结起主权的双重面向。主权原则深嵌于中国宪法制定和实施的全过程。《共同纲领》涵盖领土、政治、经济和文化等多层面的主权内涵，使主权原则成为新中国的立国原则。"五四宪法"以过渡时期总任务为体，以人民主权和国家主权为两翼，使得主权原则在宪法文本中得到系统展开与有效落实。现行宪法丰富和发展了主权原则，拓宽了主权的内容和形式，廓清了人民和国家概念的内涵。主权原则指明了建设"强大的人民民主国家"的宪法目标，要求积极发展全过程人民民主，坚定不移贯彻总体国家安全观。

《中国法学》2023 年第 6 期

99.《我国海洋法权的宪法规范构建》

杨华（上海政法学院）

摘要：海洋法权涵盖国家海洋主权、海洋防卫权、海洋管理权、海洋资源开发利用权、海洋通道安全利用权等方面的权力（利）和利益。通过对海洋法权属性与宪法规范属性的一致性、宪法的功能及其规范海洋法权的法理逻辑、世界各国海洋法权宪法规范的事实逻辑，以及我国海洋法权宪法规范构建的现实逻辑的分析，可归纳出海洋法权宪法规范的基本逻辑和重点内容。海洋法权宪法规范对实施国家海洋强国战略、维护海洋权益、完善我国海洋法律体系具有重要作用，我国应在宪法中确立海洋法权，通过宪法序言和具体条款适度建构海洋法权规范，进而为推进国家海洋强国建设提供根本法保障。

《中国法学》2024 年第 1 期

100.《立法主体宪法说理义务的法律化》

任喜荣（吉林大学理论法学研究中心、法学院）

摘要：基于主权者意志的最高性和法治秩序统一性的要求，立法机关有义务阐明其立法的合宪性，从而同时在实质上和形式上发挥民意代表机关维护人民主权的功能。2023 年《立法法》修改后，以立法主体宪法说理义务的法律化作为制度发展的牵引性力量，将引领宪法实施制度的全面发展，包括对立法诸环节的"全过程"控制（即立法的事前、事中、事后控制），以及立法内容的内在控制（即立法说理结构由合理性到合宪性的"全领域"控制）。我国的合宪性审查实践正在通过对宪法监督的功能性职权分工、对具体审查的兼容、强民主程序的保障，回应对"代议机关监督模式"的质疑，其中所蕴含的理论规律无疑会为世界范围内的宪法监督模式理论提供新的理论资源，为构建中国宪法学自主知识体系提供学理支撑。

《中国法学》2024 年第 3 期

101.《合宪性审查中的宪法精神》

左亦鲁（北京大学法学院）

摘要：宪法精神已经成为我国法律上的一个正式概念和审查标准。对宪法精神有三种不同的理解，分别是尊重宪法的意识、宪法的宗旨以及与宪法规定、宪法原则并列的宪法精神，其中只有第三种理解属于合宪性审查中具体、规范的宪法精神。全国人大及其常委会目前主要是在"弘扬""符合""宪法规定、宪法原则"和"受人民监督"等表述和语境中使用宪法精神，此外还曾在一些具体个案中间接处理宪法精神，这都为最终确定宪法精神的内容提供了有益参考。在推进合宪性审查的实践中，适用宪法精神应注意平衡稳定性与开放性、确保体系性与序列性以及坚持唯一性与激励性。

《中国法学》2024 年第 3 期

第四编 2021~2023年CLSCI宪法学论文发表情况与统计分析

一 2021年CLSCI宪法学论文发表情况与统计分析[①]

2021年CLSCI共刊发论文1884篇（2020年是1938篇）。其中宪法学96篇（2020年是97篇）。除《中国社会科学》、《中国刑事法杂志》外，其他CLSCI均刊发了宪法学论文。鉴于发文单位众多，为便于阅读，今年我们将不再具体列明这96篇文章的名目，而是侧重于展示宪法学学科的单位科研实力布局，因此今年的统计主要展现发文量在4篇及以上的单位及其作者（详见下表），并在此基础上展开宪法学学科发展的分析与评论。

排名	单位名	篇数	目录
1	中国人民大学	9	《合宪性审查中"相抵触"标准之建构》，王旭，中国法学 《国务院的宪法地位》，王贵松，中外法学 《依宪治国的中国逻辑》，王旭，中外法学 《法治中国建设六人谈》，韩大元、周叶中、焦洪昌、朱福惠、王锴、刘怡达，法学评论 《论〈共同纲领〉中的民主原则》，钱坤，法学评论 《制宪的二元模式及其秩序同构》，王旭，环球法律评论

[①] 资料来源：中国法学创新网，http://www.fxcxw.org.cn/dyna/content.php?id=24387。

续表

排名	单位名	篇数	目录
1	中国人民大学	9	《论香港基本法序言中"繁荣和稳定"的规范内涵》，韩大元、陈佩彤，当代法学 《论〈香港国安法〉第2条"根本性条款"的规范内涵》，韩大元，法学论坛 《数字时代隐私权的宪法建构》，李忠夏，华东政法大学学报
2	中国社会科学院	8	《在法治轨道上有序推进"全过程人民民主"》，莫纪宏，中国法学 《法律事实理论视角下的实质性宪法解释》，莫纪宏，法学研究 《多维视野中的美国政教关系——宪法、政治和文化的分析》，钟瑞华，中外法学 《论基本权利冲突》，柳建龙，中外法学 《论习近平关于宪法的重要思想的基本理论特质》，莫纪宏，法学评论 《为什么人民代表大会是国家权力机关?》，刘志鑫，环球法律评论 《我国的合宪性审查制度及其文化审视》，马岭，法学杂志 《我国合宪性审查制度的双重功能》，翟国强，法学杂志
3	北京大学	7	《公民遵守劳动纪律义务的宪法变迁与启示》，阎天，中国法学 《假新闻：是什么？为什么？怎么办？》，左亦鲁，中外法学 《"共同富裕"作为宪法社会主义原则的规范内涵》，张翔，法律科学 《宪法概念、宪法效力与宪法渊源》，张翔，法学评论 《通信权的宪法释义与审查框架——兼与杜强强、王锴、秦小建教授商榷》，张翔，比较法研究 《从自由到平等：美国言论自由的现代转型》，左亦鲁，比较法研究 《个人信息保护法律体系的宪法基础》，王锡锌、彭錞，清华法学
3	华东政法大学	7	《中文法学中的"权利"概念——起源、传播和外延》，童之伟，中外法学 《全国人大及其常委会决议与决定的应然界分》，刘松山，法学 《"权"字向中文法学基础性范畴的跨越》，童之伟，法学 《论语言的国家塑造与宪法意义》，陈斌，法律科学 《野生动物立法公共卫生安全功能之完善》，孙煜华，法律科学 《大湾区单边进境查验的基本法风险及应对》，孙煜华，华东政法大学学报 《习近平法治思想与新时代宪法的实施》，王月明，东方法学
5	中国政法大学	6	《宪法中的禁止保护不足原则——兼与比例原则对比论证》，陈征，法学研究 《论婚姻保护的立宪目的——兼回应"离婚冷静期"争议》，秦奥蕾，法学评论 《党内法规与国家立法关系中的机构编制法定化》，秦奥蕾，法学论坛 《"法律限制国家如何可能"：莱昂·狄骥法学思想的理论脉络与方法变迁》，王蔚，政法论坛 《张之洞：一个法政改革者的行动逻辑》，王人博，法学评论 《基本权利之"基本"的内涵——以法国法为中心》，王蔚，比较法研究

续表

排名	单位名	篇数	目录
6	吉林大学	5	《基本权利的国家保护：从客观价值到主观权利》，李海平，法学研究 《论最高国家权力机关的宪法说理》，任喜荣，法学家 《论宪法解释的必要性、可能性和实用性——以人大预算监督权力界限的确定为例》，任喜荣，法商研究 《合宪性解释的功能》，李海平，法律科学 《民法典对宪法秩序建构的回应及其反思》，任喜荣，当代法学
7	四川大学	4	《人工智能歧视的法律治理》，李成，中国法学 《宪法权利何时约束私人行为——美国的州行为理论及其借鉴》，邹奕，法学家 《原旨主义在中国宪法解释中的基本价值探究》，邹奕，政治与法律 《紧急状态的宪法实施机制与完善路径》，李昊，法学论坛
7	武汉大学	4	《宪法至上：全面依法治国的基石》，秦前红，清华法学 《论〈香港国安法〉之中行政长官的主要权力》，黄明涛，法学论坛 《宪法发展：中国现行宪法变动方式的理论言说》，周叶中、张权，华东政法大学学报 《合宪性审查中"弱"事前审查的制度构建——基于法律文本的探讨》，达璐，华东政法大学学报

1. 年度高产作者

本领域高产学者的标准是发文量在 3 篇及以上。据此，本领域高产学者为：中国人民大学韩大元教授（3 篇），中国社会科学院莫纪宏研究员（3 篇），北京大学张翔教授（3 篇），中国人民大学王旭教授（3 篇），华东政法大学/湖北民族大学童之伟教授（3 篇），吉林大学任喜荣教授（3 篇）。

华东政法大学/湖北民族大学童之伟教授除上表两篇外，还以湖北民族大学为单位在《清华法学》发表了《中文法学之"权力"源流考论》。

2. 年度领域研究热点与趋势

以发表论文三篇及以上作为高产学者的标准，2021 年宪法学领域的六位高产学者总发文量 18 篇，占据了宪法学领域全年发文总量的 18.75%（18/96）。从高产作者的年龄结构进行分析，"50 后" 1 位，"60 后" 2 位，"70 后" 2 位，"80 后" 一位，老一辈宪法学人仍作为宪法学研究的领路人，中青年学者也逐渐成为研究的中坚力量。

2021 年宪法学领域 96 篇 CLSCI 论文来自全国 36 个不同的科研单位。从各科研单位的整体情况来看，以发文量 4 篇及以上作为高产单位的标准，中国人民大学法学院继去年来依然独占鳌头，本年度共发文9篇。中国社会科学院大学紧随其后，发文8篇。与2020年相比较，北京大学法学院、华东政法大学异军突起，发文数量各为7篇。中国政法大学和四川大学也进步明显，本年度分别发文6篇和4篇。吉林大学和武汉大学本年度继续保持宪法学传统研究基地的本色，各发文4篇。

2021年，中国人民大学法学院继2020年后继续摘得宪法学发文数量的桂冠，在宪法学领域形成了自己独特的研究优势。由韩大元教授、王旭教授引领的宪法学研究学术团队，凭借自身发文量的优势确保中国人民大学法学院可以持续保持宪法学研究的头把交椅。

2021年，中国社会科学院大学继续守住了宪法学研究传统重镇的地位，发文8篇，紧随人大法学院之后。莫纪宏教授作为高产学者以3篇发文量带动了中国社会科学院的整体研究。与2020年相比较，北京大学法学院、华东政法大学异军突起，发文数量各为7篇。以张翔教授为代表的北大法学院团队和以童之伟教授为代表的华政团队，依靠自身的研究实力提高了所在科研单位的研究水平。其他"五院四系"的高校如吉林大学法学院、武汉大学法学院继续保持本色，发文数量稳定。而中国政法大学则是在2021年有了明显进步，发文6篇。

2021年，在中国共产党成立一百周年之际，中国宪法学也迎来了新的发展。宪法与中国共产党百年历史息息相关、紧密相连。宪法学研究对于贯彻总书记"七一"重要讲话精神、深入学习贯彻习近平法治思想以及实现中华民族伟大复兴都具有重大意义。

2021年，在价值与规范、历史与现实、经验与逻辑的不同论域中，宪法学人继续坚持宪法学研究的"中国立场"，将"本土资源"和"域外视野"相结合，注重人民基本权利的保障，积极回应法律实践，紧跟时政潮流和科技发展，为全面依法治国、建设社会主义法治国家提供了智力支持。

在党和国家事业发展的新征程中，宪法在治国理政中的重要地位和作用，决定了宪法学研究必定大有可为。2021年中国宪法学研究继续在"坚持习近平新时代中国特色社会主义思想，认真贯彻习近平法治思想"的总方针下稳步前进，总体呈现出"以习近平法治思想为指引，重视基础理论研究，积极回应司法实践，关注中国社会现实，及时捕捉社会热点"的特点。2021年，中国宪法学人将研究视野主要聚焦在以下几个主题：宪法的基础理论研究,公民的基本权利与义务研究,合宪性审查与解释研究,国家机关与国家权力研究,港澳基本法研究,宪法对科技和疫情的回应以及部门宪法与比较宪法研究。

(1) 习近平法治思想

中国特色社会主义进入新时代,站在新的百年奋斗历史新起点上,以"习近平法治思想"为指导,全面推进依法治国、建设社会主义法治国家,宪法学人有义不容辞的责任。"坚持依宪治国、依宪执政"是习近平法治思想丰富内涵的重要组成部分,习近平总书记提出,"依法治国,首先是依宪治国;依法执政,关键是依宪执政","全面贯彻实施宪法,是建设社会主义法治国家的首要任务和基础性工作"。

习近平法治思想与宪法在精神实质上是统一的、一致的,本年度宪法学人对于"习近平法治思想"又有了进一步的阐释与发展。莫纪宏教授在《法治轨道上有序推进"全过程人民民主"》一文中提出"全过程人民民主"保证了人民代表大会制度所形成的国家权力运行机制始终处于人民民主治理的框架中,从而有效地实现宪法所规定的"中华人民共和国一切权力属于人民"的人民主权和人民民主原则。此外,莫纪宏教授也针对习近平关于宪法的重要思想的基本理论特质进行了描述。江必新教授探讨了习近平法治思想对宪法理论和实践的发展创新;苗连营教授进一步阐释了习近平法治思想中的宪法观;秦前红教授从"依法治国"的角度论证了"宪法至上"的观点;王月明教授则分析了习近平法治思想与新时代宪法的实施关系。宪法学人对于习近平法治思想的深入学习研究和宣传阐释,积极构建起了中国特色社会主义宪法理论和话语体系。

(2) 宪法学基础理论

宪法学研究的重点领域在于宪法的基本概念和基础理论,本年度宪法学的基础理论研究在前人的铺垫下继续寻求突破,形成了不少突出成果。如王旭教授的《制宪的二元模式及其秩序同构》、张翔教授的《宪法概念、宪法效力与宪法渊源》、秦小建教授的《中国宪法体制的规范结构》等。

宪法的成长本身就是一部历史,历史研究方法仍为宪法学人所热衷。苗连营教授从历史出发针对中国"宪法实施"的话语体系与演变脉络进行了研究,阐释了我国宪法实施的内在机理与运作逻辑,凝练出属于中国的"宪法实施"话语体系。于文豪教授从微观视角关注地方政府双重负责的宪法内涵,针对地方政府面对本级人大与上级政府的不同意志的处理问题，从宪法角度提出了解决之道。陈运生教授从研究方法出发，对中国系统论宪法学进行了反思。陈征教授着眼于宪法的基本原则，在与比例原则对比论证的基础上，阐释了宪法中的禁止保护不足原则。

宪法文本和宪法语境中特定术语的规范内涵等问题获得持续关注，如王旭教授从依宪治国的中国逻辑出发，将"人民共和国宪法观"重新进行了解构和建构。此外还包括郑毅的《论宪法上的"中央的统一领导"》、张翔的《"共同富裕"作为宪法社会主义原则的规范内涵》、钱坤的《论共同纲领中的民主原则》等文。

在研究范式上，概念史研究成为亮点。童之伟教授的三篇文章《中文法学中的"权利"概念——起源、传播和外延》《"权"字向中文法学基础性范畴的跨越》《中文法学之"权力"源流考论》均与此相关。

（3）基本权利与基本义务

公民的基本权利和义务一直以来是宪法学研究的核心问题，本年度宪法学界尤其关注对基本权利的保障和限制研究，进一步将其精细化、体系化，其中既包括传统的基本权利义务问题，也涉及对通信、算法等新兴技术的反馈。李海平教授基于"客观价值论国家保护义务"研究范式的局限性，从客观价值到主观权利阐释了基本权利的国家保护；阎天从历史发展的视角讨论了公民遵守劳动纪律义务的宪法变迁与启示；陈楚风针对中国宪法上基本权利限制的形式要件问题，提出了适用法律保留的解决方法；王锴教授探讨了基本权利冲突及其解决思路，认为可依顺序通过程序设计、实践调和、权利位阶和比例原则以及过度禁止审查和不足禁止审查的方法来解决权利冲突问题；王世涛教授则讨论了纳税基本义务的宪定价值及其规范方式的相关问题。

面对科技发展对于基本权利的冲击，宪法学者也提出了自己的见解。王锡锌教授和彭錞认为从宪法基本权利的维度分析，应当以《宪法》第38条人格尊严条款内蕴的个人信息受保护权来作为个人信息保护法律体系建构的基础；李忠夏教授认为应将个人信息保护立足于宪法文本，建立在隐私利益的基础之上，并通过解释学上的建构，发展出层级化的隐私保护体系；余成峰副教授则认为信息隐私权的保护应从个人本位转向社会本位，从控制范式转向信任范式，从独占维度转向沟通维度，从二元对峙转向一体多元，从权利视角转向权力视角，从概念独断转向语用商谈。此外，这一主题涉及的论文还包括张翔教授的《通信权的宪法释义与审查框架——兼与杜强强、王锴、秦小建教授商榷》、龚向和教授的《人的"数字属性"及其法律保障》、吴玄副研究员的《数据主权视野下个人信息跨境规则的建构》等文章。

(4) 合宪性审查与解释

合宪性审查与解释是健全宪法监督机制的核心,也是宪法学对于法律实践的直接回应,本年度合宪性审查与解释继续成为研究热点。王旭教授提出了合宪性审查中"相抵触"标准的建构,认为在坚持层级结构理论确立的宪法优先地位前提下,应将"事物的本质"作为合宪性审查判断的内容标准,在宪法规范具体化和个别化两个场景中分别展开法教义学体系建构,最终提炼出这种判断标准运用的一般思维框架。杜强强教授探讨了法律违宪的类型区分与合宪性解释的功能分配问题,将违宪分为法律的字面违宪和适用违宪,认为字面违宪应交由合宪性审查机关处理,适用违宪应交由法院处理。程雪阳教授从我国现行宪法所建立的"专门人民法院"制度为跨行政区划法院改革提供了一个合宪性制度通道。门中敬教授认为我国合宪性审查存在诸如"自我审查悖论""低度法理化倾向""基础规范的统一性难题"等法理困境。为化解上述法理困境,应确立相对独立审查的原则,建立合理区分政治行为与法律行为的过滤机制,以及设置正当程序控制和协调机制。李少文副教授则从工作型合宪性审查的角度,将其运行程序概括为"一个目标、两个入口、三个主体、四个动因、五个机制"。

此外,《法学杂志》在 2021 年第 5 期特设专栏,探讨合宪性审查制度专题,刊载了马岭教授的《我国的合宪性审查制度及其文化审视》、翟国强教授的我国合宪性审查制度的双重功能以及张震教授的《环境法体系合宪性审查的原理与机制》三篇文章。

(5) 国家机关与国家权力

注重本土实践,紧跟时政潮流是宪法学研究的重要任务。随着推进国家治理体系和治理能力的现代化,以及党和国家机构改革的深入展开,宪法学界聚焦国家机关与国家权力配置的研究不断增多,本年度该领域依然成果丰富。从内容上看,主要涉及人民代表大会制度的组织与程序、国务院与各级政府地位与权力、国家权力的行使三大领域。其中,与人大有关的研究包括任喜荣教授的《论最高国家权力机关的宪法说理》《论宪法解释的必要性、可能性和实用性——以人大预算监督权力界限的确定为例》、刘松山教授的《全国人大及其常委会决议与决定的应然界分》、李少文副教授的《全国人大常委会在宪法实施中的创制行为及其界限——以"辽宁贿选案"为例》、刘鑫的《为什么人民代表大会是国家权力机关?》以及谭清值的《全国人大兜底职权的论证方法》。涉及国务院与地方政府的研究有门中敬教授的《我国政府架构下的权力配置模式及其定型化》、王贵松教授的《国务院的宪法地位》。与国家权力的运用有关的研究包括徐爽副教授的《变通立法的"变"与"通"——基于74件民族自治地方变通立法文件的实证分析》和周维栋与汪进元教授的《监察建议的双重功能及其宪法边界》。

(6) "一国两制"与大湾区法律建设

中国宪法学研究离不开对地区法治的关注，其需要回应民众对宪法生活的新期待。完善"一国两制"制度体系与大湾区建设是全球化时代中国国家治理理论和治理实践的伟大创新，港澳基本法是维护港澳地区和谐稳定、实现"一国两制"方针的重要法律保障，也是宪法学研究的重要实践。本年度学界对港澳基本法及相关体系的研究继续发力，主要围绕粤港澳大湾区的法律建设、港澳基本法与其他法律的关系等主题展开。如董皞教授和张强的《推进粤港澳大湾区建设的法律制度供给》、孙煜华副研究员的《大湾区单边进境查验的基本法风险及应对》、曹旭东副教授的《论〈港区国安法〉与香港原有法律体系的关系——解析〈香港基本法〉第11条和〈港区国安法〉第62条》等。《法学论坛》则在2021年第4期特别策划了专题——香港国安法（港区国安法）研究。

在研究范式上，突出特点是注重规范研究和文本研究。不少宪法学人聚焦特定条款的规范内涵和文本含义，对其展开深入分析。如韩大元教授的《论〈香港国安法〉第2条"根本性条款"的规范内涵》、韩大元与陈佩彤的《论香港基本法序言中"繁荣和稳定"的规范内涵》、刘志刚教授的《〈香港特别行政区维护国家安全法〉的法理逻辑及其展开》以及郑磊副教授的《特区宪制基础的"共同构成"法理——以〈港区国安法〉制定为例》等。

(7) 宪法对科技和疫情的回应

捕捉社会热点，关注科技发展是宪法学研究从文本走向实践的重要路径，社会现实问题和科学技术的发展同样深刻影响着宪法学的研究。该研究主题主要分为人工智能对个人权利和国家安全的影响、"新冠"疫情下的宪法回应两大类。如李成副教授分析了人工智能在我国的大规模部署带来的歧视数字化的法律风险，认为治理人工智能的歧视需要实现反歧视法律数字化转型，以算法解释化解信息单向透明趋势，以算法审核抑制代码歧视风险，以非歧视准则规范人工智能开发、利用行为，以及借助数字平权行动，推动社会权力结构变迁，消除滋长歧视的结构性不平等。此类文章还包括刘练军教授的《人工智能法律主体论的法理反思》、杨蓉副教授的《从信息安全、数据安全到算法安全——总体国家安全观视角下的网络法律治理》。针对疫情对法律制度造成的冲击，宪法学人同样给予了回应。如刘小冰教授的《紧急状态下公民权利克减的逻辑证成》、孙煜华副研究员的《野生动物立法公共卫生安全功能之完善》、李昊副教授的《紧急状态的宪法实施机制与完善路径》。

（8）宪法与部门法的对话

伴随法学研究的逐渐深入，宪法与部门法之间的对话与交流成为宪法学发展的重要趋势。在宪法中研究部门法，在部门法中讨论宪法，仍是本年度学界热点。与2020年相比，本年度部门宪法学研究不再集中于民法学领域，各领域均有建树，且关注部门法本身对于宪法规范性和优位性的回应。如秦奥蕾教授的《论婚姻保护的立宪目的——兼回应"离婚冷静期"争议》、周刚志教授和李琴英的《"两法衔接"的制度法理——基于"优化营商环境"的视角》、郭延军教授的《环境权在我国实在法中的展开方式》、张震教授的《环境法体系合宪性审查的原理与机制》、任喜荣教授的《民法典对宪法秩序建构的回应及其反思》等。

（9）全球化与比较宪法

随着全球化的进程推进到传统的国内宪法领域，本年度外国宪法学与比较宪法学研究仍方兴未艾。该领域研究主要对象为美国和法国，体现出宪法学界对于传统强国的偏爱。钟瑞华副研究员从宪法、政治和文化的多维视野，讨论了美国的政教关系问题。邹奕副教授从宪法权利约束私人行为的角度出发，研究了美国的州行为理论及其借鉴。刘晗副教授则基于美国不成文宪法学说的比较，对"有宪法典的不成文宪法"这一论断进行了考察。此类研究还包括左亦鲁的《从自由到平等：美国言论自由的现代转型》、王蔚副教授的《基本权利之"基本"的内涵——以法国法为中心》。

2021年是中国共产党成立百年之际，是实现第二个百年奋斗目标的开端。在历史性的一年里，宪法学人面对坚持全面依法治国，推动国家治理体系和治理能力现代化等重大问题，积极服务党和国家工作大局，坚持正确政治方向，充分发挥党建引领作用，围绕党和国家工作重心，努力繁荣发展宪法学研究事业，为推进全面依法治国、建设社会主义现代化强国作出了卓越贡献。

二 2022年CLSCI宪法学论文发表情况与统计分析①

2022年CLSCI共刊发论文1861篇，2021年CLSCI共刊发论文1884篇，2020年CLSCI共刊发论文1938篇。除《法律科学》、《中国刑事法杂志》外，2022年其他CLSCI均刊发了宪法学论文。2022年宪法学论文总计84篇，2021年为96篇，2020年为97篇。

1. 年度高产单位

为便于阅读，仅展现本学科领域发文总量在前10位（4篇及以上）的单位（详见下表）。

排名	单位名	篇数	目录
1	中国社会科学院	7	1. 特别行政区内的宪法适用问题研究，莫纪宏，环球法律评论 2. 法律规范事中合宪性审查的制度建构，朱学磊，中国法学 3. 行政诉讼制度功能展开的宪法基础重思，翟国强，中外法学 4. 特别行政区制度法律特征的宪法学再释义，莫纪宏，中外法学 5. 从法律保留到法律先定，刘志鑫，中外法学 6. 党的十九届六中全会决议中的法治要义，莫纪宏，现代法学 7. 法律体系形式结构的立法法规范，刘小妹，法学杂志
1	中国政法大学	7	1. 基本权利审查中的法益权衡：困境与出路，谢立斌，清华法学 2. 论全国人大作为"四个机关"，王理万，政治与法律 3. 德国宪法史上的一次二元民主制探索及其思想意义，黎敏，华东政法大学学报 4. 数字规则体系中宪法的"规范性"，王蔚，华东政法大学学报 5. 国家治理、宪法规范与政治事实：以法兰西第五共和国总统职权运行为视角，王蔚，中外法学 6. 部门法宪法化的双向流动——以法国法为例，王蔚，法学评论 7. 在政治与法律之间：法兰西第五共和国宪法修改的规范与实践，王蔚，环球法律评论

---

① 资料来源：中国法学创新网，http://www.fxcxw.org.cn/dyna/content.php?id=25243。

续表

排名	单位名	篇数	目录
1	西南政法大学	7	1. 环境法典编撰的宪法依据及合宪性控制，张震，东方法学 2. 区域协调发展的宪法逻辑与制度完善建议，张震，法学杂志 3. 关于备案审查结果溯及力的几个基础问题——兼与王锴、孙波教授商榷，梁洪霞，法学论坛 4. 备案审查事后纠错的逻辑基础与制度展开，梁洪霞，政治与法律 5. 论合宪性审查溯及力的规范模式与裁量方法，梁洪霞，当代法学 6. "根据宪法，制定本法"的规范蕴涵与立法表达，张震，政治与法律 7. 论算法认知偏差对人工智能法律规制的负面影响及其矫正，刘泽刚，政治与法律
1	武汉大学	7	1. "团结"语词的欧陆公法叙事：从思想到制度，翟晗，中外法学 2. "监督+监察"体制下失范人大代表的调查处置——由人大代表"被责令辞职"展开的思考，苏绍龙，政法论坛 3. 宪治审视下"全民违法"现象的产生及破解之策，秦前红，政治与法律 4. 习近平法治思想中的监察法治监督理论，秦前红，比较法研究 5. 论人大监督重大行政决策的强化，秦前红，东方法学 6. 论中国共产党党性是党内法规制度的灵魂，周叶中、王梦森，法学杂志 7. 坚持依宪治国、依宪执政，周叶中，China Legal Science
5	北京航空航天大学	6	1. 法律位阶判断标准的反思与运用，王锴，中国法学 2. 基本权利私人间效力：直接还是间接？杨登杰，中外法学 3. 比例原则在香港特别行政区终审法院的适用，周锐恒，法学评论 4. 环境法典编纂的宪法基础，王锴，法学评论 5. 合宪性审查的百年历程与未来展望，王锴，环球法律评论 6. 没收违法所得的合宪性分析——基于德国刑法上特别没收合宪性改革的启示，王锴，法学杂志
6	苏州大学	5	1. 论集体土地征收决定的识别与司法审查，程雪阳，法学家 2. 异地异级调用检察官制度的合宪性分析，程雪阳，环球法律评论 3. 体系解释视角下农村违法占地建房执法权限争议的解决，程雪阳，政治与法律 4. 部门宪法的实质，上官丕亮，法学论坛 5. 虐待罪的刑罚配置检讨：一个宪法与刑法融贯的视角，唐冬平，政治与法律
7	中国人民大学	4	1. 宪法功能转型的社会机理与中国模式，李忠夏，法学研究 2. 全国人大常委会宪法地位的历史变迁与体系展开，钱坤，法学研究 3. 百年大变局之下的宪法学知识体系走向，韩大元，法制与社会发展 4. 大一统国家观的中国宪法学原理，王旭，法制与社会发展

续表

排名	单位名	篇数	目录
7	吉林大学	4	1. 论"中华民族共同体"的宪制内涵，沈寿文，法学论坛 2. 在宪法轨道上坚持和发展中国特色社会主义——纪念现行宪法公布施行四十年，任喜荣，法制与社会发展 3. 区域协调发展的国家保障义务，李海平，中国社会科学 4. 论基本权利私人间效力的范式转型，李海平，中国法学
7	北京大学	4	1. 规制性征收概念与财产权保障体系，李艺，法学家 2. 宪法按劳分配规范的当代意涵，阎天，法学评论 3. 社交平台公共性及其规制——美国经验及其启示，左亦鲁，清华法学 4. 个人信息权的宪法（学）证成——基于对区分保护论和支配权论的反思，张翔，环球法律评论
7	天津大学	4	1. 改革型地方立法变通机制的反思与重构，王建学，法学研究 2. 中华民族共同体的宪法规范构成——以2018年宪法修正案文本为中心，熊文钊、王楚克，法学论坛 3. 论中华民族共同体建设的语言基础——对现行《宪法》语言条款的再阐释，王建学，法学论坛 4. 论中央在区域协调发展中的地位与职责，王建学，法学杂志

2. 年度高产作者

本领域高产学者的标准是发文量在3篇及以上。据此，本领域高产学者为：中国政法大学王蔚副教授（4篇），北京航空航天大学王锴教授（4篇），天津大学王建学教授（3篇），中国社会科学院莫纪宏研究员（3篇），西南政法大学张震教授（3篇），西南政法大学梁洪霞副教授（3篇），武汉大学秦前红教授（3篇），苏州大学程雪阳教授（3篇），广东财经大学童之伟教授（3篇）。

此外，莫纪宏研究员在《比较法研究》发表了《论和平权与和谐权权能正当性的法理基础》，被归入国际法学领域。在此作出说明。

有部分学者因所在单位未在本次高产之列，故在此展示其论文发表情况：广东财经大学童之伟教授在《法学》发表了《法学基本研究对象与核心范畴再思考——基于宪法视角的研究》，在《法学评论》发表了《当代中文法学义务认知之得失》，在《政治与法律》发表了《中文法学之"义务"源流考论》。

3. 年度领域研究热点与趋势

2022年宪法学领域84篇CLSCI论文来自全国32个不同的科研单位。从各科研单位的整体情况上看，以发文量4篇及以上作为高产单位的标准，中国社会科学院大学、中国政法大学、西南政法大学、武汉大学发文量均为7篇。

北京航空航天大学发文量为 6 篇。苏州大学发文量为 5 篇。中国人民大学、吉林大学、北京大学、天津大学发文量均为 4 篇。从上述几所院校宪法学研究的整体状况上看，除了从法解释学的角度进行宪法学理论研究外，不乏基于法社会学、法政治学等视角对宪法现象进行的研究。

以发表论文 3 篇及以上作为高产学者的标准，2022 年宪法学领域的 9 位高产学者总发文量为 29 篇，占宪法学领域全年发文总量的 34.52%（29/84）。从高产作者的年龄结构上看，"50 后"作者 1 位，"60 后"作者 2 位，"70 后"作者 4 位，"80 后"作者 2 位。在宪法学资深学者的带领下，中青年学者勇担重任，坚持"立足中国、借鉴国外，挖掘历史、把握当代，关怀人类、面向未来"的立场和思路，赓续宪法学研究传统，总结中国经验、讲好中国故事、把握世界变局，深入阐释依法治国、依宪治国的科学内涵，推动中国宪法学研究的类型化、体系化与精细化发展。论文围绕着依宪治国、依宪执政的时代课题，尝试对中国传统国家治理思想进行深度阐述，将其转化为具有时代创新性，符合中国国情的宪法学说，充分体现了宪法学的中国智慧与中国特色。

2022 年是现行宪法公布施行 40 周年。党的二十大擘画了中国式现代化的宏伟蓝图。习近平总书记于 2022 年 12 月 19 日发表署名文章《谱写新时代中国宪法实践新篇章——纪念现行宪法公布施行 40 周年》，全面回顾我国宪法制度建设和宪法实施取得的历史性成就，深刻总结我国宪法制度建设的规律性认识，提出新时代新征程全面贯彻实施宪法的明确要求。过去一年，宪法学者围绕"八二宪法"施行 40 周年的经验与启示、后疫情时代的基本权利保障、数字社会的个人信息与隐私权保护、国家机构权力配置、宪法实施和监督、备案审查制度的扎实推进等问题展开学术讨论，从中国宪法实践中提炼标志性概念、原创性观点，取得了积极的学术成果。

本年度产生了几场关于"宪法性质""形式宪法观与实质宪法观""备案审查结果溯及力""个人信息权利的公法保障与私法保障"的学术争鸣。旧学商量加邃密，新知培养转深沉。宪法学研究水平与创新能力正不断提高，宪法学研究的主体性、原创性意识不断增强，具有中国特色的宪法学理论体系正在逐步形成。具体分述如下。

（1）"八二宪法"实施的经验和启示

习近平总书记于"八二宪法"实施 40 周年之际发表署名文章《谱写新时

代中国宪法实践新篇章——纪念现行宪法公布施行40周年》，文章指出，"我们要以纪念现行宪法公布施行40周年为契机，贯彻党的二十大精神，强化宪法意识，弘扬宪法精神，推动宪法实施，更好发挥宪法在治国理政中的重要作用，为全面建设社会主义现代化国家、全面推进中华民族伟大复兴提供坚实保障"。任喜荣教授《在宪法轨道上坚持和发展中国特色社会主义——纪念现行宪法公布施行四十年》一文中指出：四十年的宪法发展史证明，现行宪法是使国家始终沿着中国特色社会主义道路前进的根本法制保证。面向未来，宪法应该更加注重实施和监督，通过发挥"固根本、稳预期、利长远"的保障作用，更好展现国家根本法的力量，更好发挥国家根本法的作用。

当前，世界体系正在发生深刻变革，世界经济版图的改写、国家力量对比的革命性变化、新科技革命对世界的重塑以及全球治理体系的权力建构，为宪法学研究带来机遇和挑战。韩大元教授从"百年大变局之下的宪法学知识体系走向"出发，认为在百年未有之大变局下，宪法学学术使命与责任的履行，需要反思传统的理论范式与框架，以历史眼光梳理学术脉络，寻找具有生命力的知识谱系，构建适应"后疫情时代"的新的学术范畴与范式。在世界宪法学体系的转型中，中国宪法学应主动参与全球宪法问题的讨论，善于提炼中国人民的宪法经验，为世界宪法学的发展奉献中国智慧。王旭教授将中国宪法学原理置于大一统国家观的视角下进行研究，并指出：大一统国家观对中国宪法的塑造，体现在政治—经济、基本权利—国家权力两对范畴的内容安排中，前者构成大一统的现代政治实质，后者则是这个实质在规范主轴上的展开。大一统国家观在当代也面临无组织力量的挑战，需要在保持宪法的公共哲学基础、确立法治统一的宪法原则、加强宪法的社会调控功能三个方向上全面贯彻实施宪法。

（2）关于宪法学基本原理的研究

宪法解释。本年度，学者们对民族团结、按劳分配、共同富裕等宪法条款展开规范研究。阎天助理教授从经济改革的角度对宪法上的按劳分配制度予以阐发。他认为，经济改革为宪法按劳分配规范设定了演进主义的解释立场，改革的实践与需求构成解释宪法按劳分配规范的主要依据。在与经济改革制度环境适配的过程中，按劳分配的规范意涵不断丰富。新发展理念入宪意味着创新和共享成为新的宪法价值目标。对于按劳分配规范的解释，应与效率、创新、共享三大目标实现衔接互构。沈寿文教授通过对"中华民族共同体"进行规范阐释，指出"中华民族共同体"的法制化意味着国家治理结构从"国家→族群集团→个体"的传统模式转向了宪制国家"国家→公民"的现代模式。熊文钊教授、王楚克研究员以 2018 年宪法修正案文本为中心，发现我国宪法文本中的民族概念在关系层级上，具有整体性指向和部分性指向的特征。从深层结构上又分别受到"多元一体的民族关系结构"和"社会主义的民族关系结构"的影响。王建学教授在《论中华民族共同体建设的语言基础——对现行〈宪法〉语言条款的再阐释》一文中指出，我国备案审查在兼顾语言自由的同时应当坚持通用语言的不可取代性。在不断推进中华民族共同体建设的过程中，必须兼收并蓄借鉴比较法，充分阐释宪法语言条款，从而形成具有中国特色的语言宪法体系。

宪法渊源。宪法渊源是宪法学的元问题，在全面推进宪法实施的背景下，这一问题具有重要的理论和实践意义。王世涛教授在《宪法最高法律效力规范分析》一文中指出，宪法最高法律效力是制宪权行使的标志，但宪法最高法律效力规范不应以绝对主权为根据，宪法最高法律效力不完全依赖于宪法效力自我宣称的规范形式。就效力范围而言，宪法最高法律效力规范直接作用于公权力（主要是立法权）而非私权利，由此私法自治的必要空间得以保留；而且宪法最高法律效力规范对后代并不当然具有"前在"或"先定"的效力，但可默示推定。张翔教授通过进行"将宪法渊源作为方法"的视角转换，对宪法包括宪法概念、宪法解释、宪法发展、宪法实施、宪法变迁等宪法学基础性问题进行新的观察和反思，秉持开放的宪法渊源思考方式。王建学教授、黄明涛教授、雷磊教授、左亦鲁助理教授等多位学者也就宪法渊源与宪法解释的关系、宪法审查时代的宪法渊源适用进行了深入探讨。这些讨论使得"宪法渊源"这一概念更加明晰，对于形式宪法观与实质宪法观有了更为深入的理解，为宪法实施等问题的研究提供了新的思路。

部门宪法以及宪法与部门法的关系。上官丕亮教授认为，部门宪法的建构应以宪法文本为基础，并以全面实施宪法和宪法学发展需要为根据。部门宪法的研究应当始终以公民基本权利的保护即人权保护为核心及出发点和最终归宿。部门宪法的研究可关注相关的普通法律法规及部门法，但其侧重点是宪法对它们的作用。石晶博士后在《人体基因科技风险规制路径的反思与完善——以宪法与部门法的协同规制为视角》一文中指出，人体基因科技风险规制的现实需求推进了部门法规制路径的革新，宪法作为基本权利保障法，通过宪法上的国家任务、权衡方式、基本权利、审查基准弥补部门法规制功能的局限；作为框架秩序，以二阶风险规制视角、社会子系统沟通作为框架秩序，弥补部门法规制中公共福利限缩、部门法解释空间扩大、公权力扩张与基本权利干预等困境。反思性监督机制的优化和基本权利取向解释的运用，有利于深化宪法与部门法的协同规制。

全国人大常委会于2021年度启动了环境法典、教育法典、行政基本法典等条件成熟的行政立法领域的法典编纂计划。王锴教授针对环境法典的宪法编纂基础进行了深入研究，他指出：法典编纂是从"国家法制统一"走向"国家法治统一"的必由之路。宪法作为调整国家与公民之间关系的根本大法，为环境法典的编纂提供了双重基础，即国家的环境保护义务与公民环境权保障。环境权作为请求国家积极作为的社会权，其保护范围需要立法来形成。同时，公民的环境保护义务作为法律义务，也需要通过环境法典的编纂来形成其具体内容。从而，构建起公私兼顾的、以环境权和环境保护义务为架构的环境法律关系。翟国强教授讨论了行政诉讼制度的宪法基础，认为现行宪法秩序中的法治原则、基本权利体系以及依法审判条款共同构成了行政诉讼制度的宪法依据，进而塑造了行政诉讼法律关系的基本结构。

（3）基本权利理论研究与数字时代的基本权利保障

党的十八大以来，以习近平同志为核心的党中央坚持把尊重和保障人权作为治国理政的一项重要工作，推动中国人权事业取得历史性成就。习近平总书记围绕尊重和保障人权发表一系列重要论述，立意高远、内涵丰富、思想深刻，为新时代我国人权事业发展提供了根本遵循和行动指南，为推动世界人权事业进步贡献了中国智慧和中国方案。

基本权利私人间效力是宪法学界持续讨论多年的学术论题。李海平教授在《论基本权利私人间效力的范式转型》中认为，应当从国家中心向社会中心转型，确立基本权利对社会权力的效力，社会中心范式下的基本权利私人间效力是遵循"基本权利再具体化"原则，经对社会权力作严格限定，对基本权利的范围、效力强度、关系结构作相应调整后形成的制度体系。杨登杰副教授在《基本权利私人间效力：直接还是间接？》一文中认为基本权利私人间效力的概念需要澄清，不同层面的意义必须区分。在规范根据意义上肯定直接效力，以强调基本权利的私人间效力不必借道个人—国家关系，在司法援用意义上以间接效力为原则，以强调宪法与民法互补交融，如此便能使直接与间接效力各得其分、相容互补。在中国宪法下，不但应承认客观法意义上的直接效力，还应承认主观权利意义上的直接效力。在具体基本权利保护方面，赵谦教授在《基本文化权益保障的权威象征论——以公共文化设施条款为定性基准》一文中认为，应明晰公共文化设施所涉法治权威思维的确定性、可预测性与一般性规范特性，并针对规划准据、建设模式与规划要素诸事项，分别设定兼具羁束性和裁量性的确定性准据指引、凸显合作参与和服务效能的可预测性模式指引、涵摄单元要素和属性要素的一般性要素指引。最终基于对相应体系化权威要义的具体阐明，来尝试厘清实现公共文化设施理性化配置的规范进路。在基本权利面临的法益冲突与平衡上，谢立斌教授认为，学界无需纠缠法益权衡是否可行，而是应当致力于探索提高法益权衡的客观性和可预见性的途径。就此而言，宪法审查机构在大量个案中进行法益权衡，能够形成适用于同类案件的权衡规则，它们能够提高后续基本权利审查的可预见性。宪法教义学的研究应当关注法益冲突，发展出相应的权衡规则，用于指导法益权衡实践。

面向数字时代的基本权利保护。数字时代对个人信息和隐私权产生了深刻影响，信息技术瓦解了传统隐私控制范式的基础，进而引发了隐私保护的困境，学者们针对数字人权，数字规则体系的宪法秩序等方面进行探讨。汪庆华教授在《个人信息权的体系化解释——兼论〈个人信息保护法〉的公法属性》中认为，我们需要从宪法时刻的视角和公民权利的双重面向构建个人信息保护的法律框架，让人的尊严和人性自主的价值引领技术发展。《个人信息保护法》的公法属性、立法宗旨、权利体系、规制措施都体现了这一价值目标，其是数字时代公法秩序变迁的重要产物，它对公法边界的塑造仍需通过其实施来确立。张翔教授在《个人信息权的宪法（学）证成——基于对区分保护论和支配权论的反思》一文中认为，应将个人信息权确立为宪法位阶的基本权利，并以基本权利作为针对国家的主观防御权和辐射一切法领域的客观价值秩序的原理，协调个人信息保护的私法机制和公法机制。个人信息保护应当实现从支配权到人格发展权的思维转换，有助于规制对已收集信息的不当利用、破除"信息茧房"、缓和个人信息保护与利用之间的紧张，以及在"个人—平台—国家"的三方关系中有效保护个人的自决，同时为数据产业保留发展空间。王蔚副教授在讨论"数字规则体系中宪法的规范性"时指出，数字社会亟待以宪法规范为核心调适、整合数字技术治理规则体系，传统宪法实施也需要面向数字社会，从国家权力单向度行使走向多元主体共治，建设安全与信任的数字国家。张恩典研究员在《数字接触追踪技术的实践类型、社会风险及法律规制》一文中则认为，在疫情防控常态化背景下，宜在保障数字接触追踪技术防疫功能的前提下将其纳入法治框架内。数字接触追踪技术应用应当遵循比例原则，并健全以隐私政策为中心的数据采集告知制度、完善数字接触追踪技术影响评估制度，建立事前与事后相结合的算法解释权制度以及基于数据防疫功能强弱程度的动态多元化数据删除制度，实现数字接触追踪技术应用法治化。

（4）国家机构与国家权力配置研究

国家权力的适当配置是一国宪法的重要内容，也是宪法学上的基本问题。

国家机构的横向关系。钱坤博士研究生认为全国人大常委会的宪法地位具有三重面相，即作为最高国家权力机关的常设机关、作为行使国家立法权的机关、作为宪法监督与解释机关。全国人大常委会宪法地位的三重面相，由国家治理需要、政体结构特点及不同职权间的张力共同决定，应以此为框架，厘清全国人大常委会诸项职权的外部边界与内在界分。王理万副教授认为，全国人大具有政治机关、国家权力机关、工作机关、代表机关"四个机关"属性，四重属性之间存在政治逻辑和法治逻辑的紧密互动，需整合政治代表制和法律代表制，适当配置全国人大与其常设机关的职权，积极履行重大事项决定权和监督权。

国家机构的纵向关系。郑毅副教授对"地方性事务"的内涵进行规范分析，明确以《宪法》第100条为前提、《宪法》第104条为核心、《宪法》第107条及《立法法》第82条为重要辅助的地方性事务规范结构，构建六阶递进的动态判断体系，综合运用立、改、释多元手段，最终实现对地方性事务规范内涵的全面解读。王建学教授在《改革型地方立法变通机制的反思与重构》中认为，比例原则是反思和重构改革型地方立法变通机制的重要支点。改革型地方立法变通机制应服务于改革之目的，并在手段上保持适当性、必要性与均衡性。在全面依法治国的新时代，必须在比例权衡中增加法制统一的分量。按照习近平法治思想中重大改革于法有据的要求，应对改革型地方立法变通增设必要限制，并协同各种改革授权机制的功能，促进改革与法治的良性互动。姚巍助理研究员在研究"浦东新区法规的性质、位阶与权限"时指出，浦东新区法规的性质、位阶和权限是逐层递进的问题，从性质上看，浦东新区法规是典型的授权立法、广义的变通立法、重要的试验立法、特殊的地方立法。根据修正后的法律位阶判断标准，浦东新区法规的法律位阶与法律等同，甚至可以将其视为由地方制定的"法律"。从立法权限上看，浦东新区法规亦可涉及法律、行政法规保留的事项，可以变通部门规章，让浦东新区法规更能发挥立法试验的功能。地方立法既要允许各种类型的立法进行制度创新，也要接受中央对立法形式进行创新，提升我国立法法释义学的层次，并推动《立法法》的修改完善。2022年是香港回归祖国25周年，这一年是完善选举制度之后"爱国者治港"原则得到全面落实的一年，也是逐渐走出疫情阴霾、重回发展轨道的一年。2022年11月28日，香港特别行政区行政长官向国务院呈报了《关于黎智英案所涉香港国安法有关情况的报告》，建议提请全国人大常委会对香港国安法有关条款作出解释，阐明没有本地全面执业资格的海外律师参与国安案件是否符合国安法的立法原意和目的，全国人大常委会就《香港国安法》第14条和第47条作出解释。莫纪宏教授认为：不能把"特别行政区制度"在法理上简单地等同于"特别行政区内实行的制度"。在法治轨道上来实现"一国两制"政治构想必须要在"一个宪法制度"的框架内对"两种制度"进行制度性安排。制定《中华人民共和国特别行政区法》有助于更好地实现"一国两制"政治构想。在特别行政区宪法适用问题上，莫纪宏教授指出：宪法规定的特别行政区制度是一个完整地体现国家结构形式特征的地方治理制度，在法理上存在着全国人大制定一般意义上的特别行政区法的必要性和可行性。特别行政区、特别行政区机构、特别行政区全国人大代表以及作为中国公民的特别行政区居民，都具有宪法上的直接法律义务，必须要自觉遵守宪法，维护宪法权威。韩大元教授在"八二宪法"与"一国两制"香港实践25年之际指出：基于宪法的认同是落实"一国两制"、制定和实施基本法的法律基础和政治基础，也是"一国两制"实践的根本保障。只有回到"八二宪法"的指导思想、制度体系与规范体系，我们才能全面、准确理解和把握"一国两制"的历史原点与核心要义，充分发挥宪法在依法治港中的根本法地位。

在司法制度研究方面，杨小敏教授通过分析法院依照法律规定独立行使审判权条款的宪法内涵，指出：社会转型时期，审判独立边界的聚焦从干预审判的主体转变为主体行为，弥补了无法精细判断干预审判主体行为正当性的宪法漏洞。多元价值冲突引发对该条款变迁的多种解释可能。不同主体如何干预法院审判的争议问题，涉及不同价值冲突相互交织，采用新三阶层规范分析框架的统一标准来衡量；保障人权作为限制各种主体干预审判的实质要件是否违背人民整体利益的争议问题，涉及人权和民主新旧价值的冲突，采用兼容方式平衡。这透视出该条款宪法变迁的中国逻辑。

在法律监督制度研究方面，对于法律监督机关的宪法内涵，朱全宝教授指出：现行宪法关于"法律监督机关"（第 134 条）与"检察权"（第 136 条）之规定蕴含的是法律监督机关的多重宪制功能。法律监督机关之宪法定位规约了检察权行使方式和检察制度的变革路径，检察权行使方式和检察制度的变革丰富了法律监督的内涵进而强化了法律监督机关的宪法定位。门中敬教授认为：法律监督是与政治监督相对应的、以法律责任追究为本质内涵的监督方式。而"法律监督机关"应解释为落实法律监督功能的机关，其职权行为是以防止法律执行和适用的异化为根本目的、以对违法行为的责任追究为目标的一种程序性权力制约活动。

（5）宪法实施与宪法监督的研究

宪法的生命在于实施，宪法的权威也在于实施。习近平总书记强调："我们要以纪念现行宪法公布施行 40 周年为契机，贯彻党的二十大精神，强化宪法意识，弘扬宪法精神，推动宪法实施，更好发挥宪法在治国理政中的重要作用，为全面建设社会主义现代化国家、全面推进中华民族伟大复兴提供坚实保障。"这为我们在新时代新征程上全面实施宪法指明了方向，提供了根本遵循。

学者们针对合宪性审查制度的发展历程及实现方式进行了研究。王锴教授在《合宪性审查的百年历程与未来展望》一文中指出，中国特色的合宪性审查制度能够为世界合宪性审查制度提供中国智慧和中国方案。朱姗姗副研究员在《论法院合宪性预审机制的建构——激活〈立法法〉第 99 条第 1 款研究》中认为，实践中最高人民法院从未行使过合宪性审查权，重要原因之一就是合宪性预审机制缺失。为激活该条款，发挥最高人民法院的作用，建议构建法院合宪性预审机制。杜强强教授在《符合法律的宪法解释与宪法发展》一文中倡导符合法律的宪法解释，即在宪法有复数解释时以法律为准据而选择宪法解释的方法。合法宪法解释主要在于使宪法经由立法的冲击而产生新的含义，这种方法既能维持宪法的最高性，又能容纳宪法含义新的发展。

刘志鑫助理研究员在《从法律保留到法律先定》中对宪法实施和监督工作中的重要原则"法律保留"作出梳理，认为其语词翻译存在疏忽，应以"法律先定"取代之，以排除"保留"的干扰和阻碍，精准表达该原则的基本内涵。王锴教授在《法律位阶判断标准的反思与运用》一文中对法律位阶判断标准作出反思，认为一个法律形式只有在授权另一个法律形式产生的基础上并能够单向否定被授权产生的法律形式的效力时，两者之间才能形成上下位阶关系。门中敬教授在《不抵触宪法原则的适用范围：规范差异与制度逻辑》一文中认为，不抵触宪法原则是法制统一原则的重要内容，宪法将部分行政法规和地方性法规纳入该原则适用范围，立法法将其适用范围扩展到所有的法律规范，遵循的是宽泛意义上的制度逻辑，并非其适用范围的扩大。

关于合宪性审查的方式，朱学磊助理研究员在《法律规范事中合宪性审查的制度建构》一文中讨论了事中审查，认为它是在法律规范的起草和审议阶段落实宪法规定的主要途径。法律规范草案的合宪性需要从功能性和规范性两维度进行审查，根据不同类型审查主体的比较优势分配审查任务，明确违反宪法的处理方法。关于提升合宪性审查的效果，李蕊佚副教授在《论行政机关辅助合宪性审查的职能》中建议由行政机关辅助全国人大及其常委会推动合宪性审查工作。

近年来，我国备案审查工作逐步实现显性化、制度化、常态化。2022年全国人大常委会法工委推动深度开展涉及计划生育内容规范性文件清理工作。梁洪霞副教授在《关于备案审查结果溯及力的几个基础问题——兼与王锴、孙波教授商榷》中指出，谁有溯及力、对谁有溯及力、溯及力的后果以及如何判断是否溯及，构成了备案审查制度运作的四大基本要素。应充分考虑法治的长远目标与阶段性目标的辩证关系，在维护法秩序稳定的前提下，根据公民权利保护的迫切程度构建一种渐进式的备案审查溯及力模式。针对"合宪性审查溯及力的规范模式与裁量方法"，梁洪霞副教授认为：我国应构建"以不溯及既往为原则，渐进式的溯及既往为例外"的模式，对例外溯及既往的个案要进行充分的利益衡量，全面考察案件性质、案件数量、案件时间、案件内容、当事人信赖、当事人期待、溯及力适用效果等因素，谨慎对待。

(6) 宪法与国家治理体系现代化的研究

区域协调发展。党的二十大报告中指出，"深入实施区域协调发展战略、区域重大战略、主体功能区战略、新型城镇化战略，优化重大生产力布局，构建优势互补、高质量发展的区域经济布局和国土空间体系。"促进区域协调发展，是实现全体人民共同富裕的现代化、全面建成社会主义现代化强国的必然要求与应有之义。根据二十大报告的要求，通过扎实推动西部大开发形成新格局，推动东北全面振兴取得新突破，促进中部地区加快崛起，鼓励东部地区加快推进现代化，必将形成更高水平和更高质量的区域经济协调发展新格局。学者们立足宪法学视野，产生了诸多研究成果。李海平教授在《区域协调发展的国家保障义务》中指出：区域协调发展国家保障义务的本质是区域实质平等，属性为客观法义务，内容由目的性义务和手段性义务构成。作为国家目标条款确定的国家义务范例，区域协调发展国家保障义务的基本原理可普遍化为国家目标条款的一般理论。张震教授在《区域协调发展的宪法逻辑与制度完善建议》中认为，推动区域协调发展战略更好实施，依据宪法的规范与理论，应该坚持整体性、平衡性、针对性、效能性等几项原则；以破解行政区难题为突破口，在中央与地方之间，通过试行中央适度、有效授权机制，充分提升地方的主动性、积极性治理效能；在地方与地方之间，探索相互关系的法理内涵，为地方合作提供制度依据。于文豪教授在《区域协同治理的宪法路径》中指出，宪法的内在价值和协同治理的合宪性链条出发，区域协同治理应当构建目标规则、不抵触规则、监督规则、关系平等规则、效力规则和形式规则。还需通过立法将规则具体化，形成协同治理的组织法、行为法和责任法制度。王建学教授在《论中央在区域协调发展中的地位与职责》一文中认为，需要在央地关系视角下对区域协调发展进行解析。党中央集中统一领导是区域协调发展的政治保障，中央的立法权和行政权则是其制度载体和运行依托。中央首先应当扫除发展障碍，释放地方和社会的发展动能，为各地方创造平等的发展机会，同时应当对发展不协调进行精准的制度纠偏。区域协调发展目标具有长期性，必须健全促进区域协调发展的法律机制。

全过程人民民主。全过程人民民主是以习近平同志为核心的党中央深化对社会主义民主政治发展规律的认识，创造性提出的重大理论命题。全过程人民民主是社会主义民主政治的本质属性，有助于实现人民民主和国家意志的统一。李忠夏教授在《宪法功能转型的社会机理与中国模式》中指出，中国经历了从传统社会主义向中国特色社会主义的变迁，以社会主义、政治整合、社会本位的基本权利体系为依托，形成了独具特色的宪法秩序，不仅有效完成了国家建构、社会调控和个体保护的三重任务，也为世界宪法的发展贡献了中国方案。刘怡达副教授在《论全过程人民民主的宪法基础》一文中指出，推进全过程人民民主应以宪法为基础，宪法的作用集中表现为贯彻民主理念、确定民主重点、保障民主权利、设计民主程序和规范民主实践。基于"坚持党的领导、人民当家作主、依法治国有机统一"的法政逻辑，中国共产党是推进和实现全过程人民民主的强有力的组织者和领导者。

监察制度研究。自2022年1月1日起，《中华人民共和国监察官法》正式施行。2021年8月20日，十三届全国人大常委会第三十次会议通过监察官法。该法共9章68条，是继监察法、公职人员政务处分法之后，又一部关于深化国家监察制度改革的法律。秦前红教授在论述习近平法治思想中的监察法治监督理论时指出：在全面推进依法治国的当下，监察法治监督理论是习近平法治思想深化国家监察体制改革一系列重要论述的组成部分。习近平监察法治监督理论生成逻辑严密、渊源深厚，实现了权力制约与监督理论的传承与创新；功能定位清晰，回应了新时代反腐倡廉的新要求、新挑战；原则导向科学，指明监察监督工作开展的根本遵循；治理体系严谨，形成了系统化的方案证成；实践指向明确，规划了深化监察体制改革的长远布局。对习近平监察法治监督理论的阐释与研究，有利于国家监察体制改革行稳致远，有利于健全党和国家监督体系的制度蓝图。

党内法规问题研究。加强党内法规制度建设，是全面从严治党、依规治党的必然要求，是建设中国特色社会主义法治体系的重要内容，也是推进国家治理体系和治理能力现代化的重要保障。党的十八大以来，中国共产党党内法规体系建设进入"快车道"。全面依法治国和全面从严治党的生动实践，为党内法规研究提供了空前的发展机遇。党内法规研究受到宪法学者关注，产生了一系列研究成果。蒋清华副教授认为，党内法规法典化是成文制度的发展趋势，对于确保制度协调融贯、提升体系化效应，促进依规治党事业高质量发展十分必要。现阶段应以适度体系型法典化为目标，积极稳妥推进党内法规法典化。周叶中教授、王梦森博士指出，中国共产党党性是党内法规制度的灵魂，从理论建构角度看，中国共产党党性是党内法规制度理论体系构建的基础；从实践运行角度看，中国共产党党性是贯穿党内法规制度建设的主线。就研究趋势而言，未来党内法规研究将进一步加强党内法规基础理论研究，提升党内法规研究学理化水平，注重研究方法多元化，强调本土叙事，拓展党内法规研究领域，逐步实现多学科交流融合。

（7）外国宪法与比较宪法的研究

域外宪法学说是中国宪法学研究的重要理论渊源。我国宪法及其知识体系根植于中国社会土壤，具有鲜明的中国精神和中国元素。学者们从当代中国法治实践中汲取理论创新的动力源泉，重视不同宪法文化的相互激荡和交流互鉴，提炼易于为国际社会所理解和接受的宪法新概念、新范畴、新理论，为全球治理和构建人类命运共同体贡献中国智慧和中国方案。刘晗副教授对中国比较宪法学研究进行了重新定位与方法论重构，认为在比较宪法学的研究定位方面，须适度改变以往的借鉴式研究，着重理解式研究，更新有关域外宪法的知识体系。在方法论层面，应在功能主义路径上补足文化主义路径，将宪法制度放到不同文化语境中予以深描；在司法中心主义之上补足政体视角，关注宏观政制结构和决策机制；在专题研究中扩大国别案例范围，克服"留学国别主义"和"西方中心主义"倾向。王蔚副教授以法兰西第五共和国总统职权运行为视角，指出政治事实并非"必要的恶"，对规范与事实相互影响过程进行研究亦可正当化宪法学多元研究方法。黎敏副教授分析了魏玛制宪的二元民主制探索及其思想意义，并指出德国宪制史上经历的民主制度与民主思想争锋，对当代思考宪法与议会制民主、民粹式民主、防御性民主的复杂关系，界定民主宪制的规范语义场依旧有镜鉴意义。

（8）小结与展望

立善法于天下，则天下治；立善法于一国，则一国治。党的十八大以来，以习近平同志为核心的党中央高度重视宪法在治国理政中的重要地位和作用，把实施宪法摆在全面依法治国的突出位置。当代中国正经历着历史上最为广泛而深刻的社会变革，也正在进行着人类历史上最为宏大而独特的实践创新。国家治理领域产生了诸多深刻而复杂的现实问题，为宪法学研究提出了大量亟待回答的理论课题。中国特色社会主义的宪法实践，为宪法学理论创造、学术繁荣提供了强大动力和广阔空间。未来宪法学的发展将继续从中国宪法制度与实践中挖掘新材料、发现新问题、提出新观点，用学术话语提炼新概念、新范畴、新表达，在全社会形成共同维护宪法权威、捍卫宪法尊严、保证宪法实施的良好氛围，不断推动法治中国建设迈出新步伐、创造新成就，为实现第二个百年奋斗目标、全面建设社会主义现代化国家提供有力法治保障。

三 2023年CLSCI宪法学论文发表情况与统计分析[①]

2023年度全年CLSCI共刊发论文1877篇。2022年度全年CLSCI共刊发论文1861篇，2021年度全年CLSCI共刊发论文1884篇，2020年度全年CLSCI

---

① 资料来源：中国法学创新网，http://www.fxcxw.org.cn/dyna/content.php?id=26798。

共刊发论文 1938 篇。除《中国刑事法杂志》外，2023 年度其他 CLSCI 均刊发了宪法学论文。2023 年度宪法学论文总计 107 篇，2022 年度为 84 篇，2021 年度为 96 篇，2020 年度为 97 篇。

1. 年度高产单位

为便于阅读，仅展现本学科领域发文总量 3 篇及以上的单位，详见下表。

排名	单位名	篇数	目录
1	中国社会科学院	16	1. 论经济特区法规的"区外适用"效力，莫纪宏，中外法学 2. 怎样发现宪法精神？莫纪宏，法商研究 3. 增强宪法自觉，促进宪法发展——习近平《谱写新时代中国宪法实践新篇章——纪念现行宪法公布施行 40 周年》核心要义解读，莫纪宏，法学 4. 论全面依法治国总体格局基本形成的重大理论与实践意义，莫纪宏，法学评论 5. 论特别行政区制度建设的政理·法理·宪理，莫纪宏，当代法学 6. 展望社会主义现代化强国的中国宪法，莫纪宏，法学论坛 7. 构建中国自主的宪法学知识体系，莫纪宏，China Legal Science 8. 论数字权利的宪法保护，莫纪宏，华东政法大学学报 9. 党对宪法工作全面领导的方式和机制研究——习近平《谱写新时代中国宪法实践新篇章——纪念现行宪法公布施行 40 周年》重要思想解读，莫纪宏，法学杂志 10. "法学学"视野下中国法学"三大体系"构建的方法论路径，莫纪宏，法制与社会发展 11. 新立法法视角下宪法保留原则的特征及其规范功能，莫纪宏，政法论坛 12. 论基本权利放弃，柳建龙，法学家 13. 论全国人大及其常委会以决定方式行使立法权，江辉，环球法律评论 14. 数字经济立法的内在逻辑和基本模式，刘小妹，华东政法大学学报 15. 法律保留的双重构造，刘志鑫，法律科学 16. 重构宪法"节约条款"，王博，政治与法律
2	中国人民大学	13	1. 论我国现行宪法的人民民主原则，韩大元，中国法学 2. 中国式现代化的宪法逻辑，韩大元，法学研究 3. 新时代中国宪法发展的内在规律及其课题——习近平"谱写新时代中国宪法实践新篇章"重要文章的解读，韩大元，法学评论 4. 我国宪法非公有制经济规范的变迁与内涵，韩大元，华东政法大学学报 5. 我国全过程人民民主是全链条、全方位、全覆盖的民主，韩大元，China Legal Science 6.《清华法学》与清华学术期刊中的宪法学传统，韩大元，清华法学 7. 中国宪法学自主知识体系的历史建构，韩大元、姜秉曦，中外法学 8. 健全保证宪法全面实施的制度体系及其展开——党的二十大报告中"加强宪法实施和监督"精神解读，王旭，法学家

续表

排名	单位名	篇数	目录
2	中国人民大学	13	9. 论习近平法治思想中的坚持依宪治国、依宪执政，王旭，法学论坛 10. 全过程人民民主的理论逻辑与宪法实现，李忠夏，当代法学 11. 积极稳妥推进合宪性审查工作，胡锦光，China Legal Science 12. 个人信息"合理利用"的规范分析，张婉婷，法学评论 13. 论合宪性审查决定的普遍约束性及其限度，段沁，华东政法大学学报
3	武汉大学	9	1. 监察体制改革背景下高校学术惩戒制度研究，石泽华，政法论坛 2.《立法法》修改视野下监察法规的适用研究，石泽华，现代法学 3. 监察官惩戒制度的理论逻辑及优化路径，石泽华，中外法学 4. 高校监察派驻模式的法理逻辑与制度构造，石泽华，法学论坛 5. 党政联合制定党内法规的规范路径研究，秦前红，政法论坛 6. 监察合规：企业合规的反腐败之维，秦前红、李世豪，华东政法大学学报 7. 重访改革历程：作为宪法变迁的"社会主义市场经济"，黄明涛，华东政法大学学报 8. 论党内法规学科的体系化构建，周叶中、邵帅，法学论坛 9. 法治化营商环境的宪法保障，王雨亭，法律科学
4	西南政法大学	6	1. 依宪完善行政区划调整标准体系及其构建，张震，政治与法律 2. 从生育政策到生育权：理论诠释、规范再造及功能定位，张震，当代法学 3. 宪法生态文明规范体系对环境法典编纂的制度化依据——以《立法法》第二次修改为背景的探讨，张震，法学论坛 4. 全过程人民民主的宪法逻辑，张震，东方法学 5. 区域协同立法的宪法规制，温泽彬，法学 6. 自由贸易试验区授权立法方式的优化，陈建平，法学
4	中国政法大学	6	1. 解决国王空位的宪法拟制——读《国王的两个身体》，焦洪昌，政法论坛 2. 主权原则在中国宪法中的展开，王理万，中国法学 3. 技术避风港的实践及法理反思，沈伟伟，中外法学 4. 论公立高校校规中法律保留原则的适用，林家骏，法学评论 5. 备案审查中的政治性审查，李松锋，中外法学 6. 宪法国民健康条款的规范阐释，张肇延，法学评论
6	东南大学	4	1. 论作为一种新型中国式宪法权力的监察权，刘练军，政治与法律 2. 宪法上监督条款的类型化分析，刘练军，环球法律评论 3. 数字人权的概念证立、本原考察及其宪法基础，龚向和，华东政法大学学报 4. 私密信息的概念构成与规则体系，贺彤，华东政法大学学报

续表

排名	单位名	篇数	目录
6	广东财经大学	4	1. 从尊重传统到反映当代法律实践——续论以法权为核心的实践法学话语体系，童之伟，法商研究 2. 权利、权力和义务概念合理程度的衡量标准，童之伟，法律科学 3. 权利率、权力率与法权曲线——以拉弗曲线为起点的法理探索，童之伟，法学评论 4. 当代我国财产与权利、权力之关系——结合相关资产负债表的研究，童之伟，政治与法律
6	吉林大学	4	1. 个人信息国家保护义务理论的反思与重塑，李海平，法学研究 2. 合宪性解释的三重性质，李海平，当代法学 3. 中国宪法体制中民主集中制的统合作用，沈寿文，法学研究 4. 宪法跨领域功能的制度分析——兼及"领域自觉"的实践意义，任喜荣，法学评论
9	山东大学	3	1. 中国共产党军事法规百年规范演进，肖金明、方琨，法学论坛 2. 计算法学研究范式的阐释与构建，肖金明、方琨，法学评论 3. 检察公益诉讼中检法对应关系之改造，刘松山，政法论坛
9	厦门大学	3	1. 公开个人信息处理的默认规则——基于《个人信息保护法》第27条第1分句，张薇薇，法律科学 2. 宪法和一般法关系命题的观念溯源与当代表达，许瑞超，环球法律评论 3. 中国宪法上基本权利法律保留的生成与构造，陈鹏，中国社会科学
9	北京大学	3	1. 基本权利限制法律保留的中国方案，张翔，法律科学 2. 中国宪法"第一修正案"——1979年修宪决议的历史背景与宪法功能，左亦鲁，法学家 3. 基本权利私法效力的界限，奚若晨，当代法学

2. 年度高产作者

本领域高产学者的标准是发文量在 2 篇及以上。据此，本领域高产学者为：中国社会科学院莫纪宏研究员（11篇），中国人民大学韩大元教授（7篇），西南政法大学张震教授（4篇），广东财经大学童之伟教授（4篇），武汉大学石泽华讲师（4篇），中国人民大学王旭教授（2篇），武汉大学秦前红教授（2篇），东南大学刘练军教授（2篇），吉林大学李海平教授（2篇），山东大学（威海）肖金明教授和方琨博士研究生（2篇），中南财经政法大学秦小建教授（2篇），上海交通大学林彦教授（2篇），西南大学赵谦教授（2篇），广东外语外贸大学谢宇讲师（2篇）。

有部分学者因所在单位未在本次高产之列，故在此展示其论文发表情况：

林彦教授在《中外法学》发表《全国人民代表大会：制度稳定型权力机关》，在《清华法学》发表《传统续造：基本法律修改权的创制》。赵谦教授在《环球法律评论》发表《土地增值收益权属的耦合共生论》，在《东方法学》发表《基本文化权益保障的信任共识论》。谢宇讲师在《中外法学》发表《美国法律如何防控外国威胁——基于美国国家安全法律的考察》，在《法学评论》发表《立法实施能够全面实施宪法吗——对我国宪法实施模式的反思与完善》。秦小建教授在《中国法学》发表《全国人大常委会授权的宪法定位及合宪性展开》，在《法学》发表《授权改革试点应首先遵循法律保留原则》。

3. 年度领域研究热点与趋势

2023年CLSCI共发表宪法学论文107篇，在十四个法学二级学科中位列第八，总量占CLSCI期刊全年发文总数的5.7%（107/1877），与2022年的情况相比略有上升（84篇）。宪法学2023年在三大权威期刊共发文10篇，其中《中国社会科学》2篇、《中国法学》4篇、《法学研究》4篇，占三大权威期刊发文总量的5.6%（10/177），占该学科全年CLSCI期刊发文总量的9.3%（10/107）。相较于2022年，2023年度宪法学在三大权威期刊的发文量和占比均有明显回升。就《中国社会科学》发文情况而言，刘晗副教授发表《中国宪法社会权的体系解释》一文，陈鹏教授发表《中国宪法上基本权利法律保留的生成与构造》一文；就《中国法学》发文情况而言，韩大元教授发表《论我国现行宪法的人民民主原则》一文，王理万副教授发表《主权原则在中国宪法中的展开》一文，秦小建教授发表《全国人大常委会授权的宪法定位及合宪性展开》一文，杨登杰副教授发表了《基本权利私人间效力法理基础的澄清与重构》一文；就《法学研究》发文情况而言，韩大元教授发表《中国式现代化的宪法逻辑》一文，李海平教授发表《个人信息国家保护义务理论的反思与重塑》一文，沈寿文教授发表《中国宪法体制中民主集中制的统合作用》一文，杜强强教授发表《论我国宪法上的议行复合结构》一文。除《中国刑事法杂志》外，2023年度其他CLSCI期刊均刊发了宪法学论文。

2023年宪法学领域107篇CLSCI论文来自全国37个不同的科研单位。从各科研单位的整体情况上看，以发文量3篇及以上作为高产单位的标准，中国社会科学院发文量为16篇，中国人民大学发文量为13篇，武汉大学发文量为9篇，西南政法大学、中国政法大学发文量为6篇，东南大学、广东财经大学、吉林大学发文量为4篇，山东大学（威海）、厦门大学、北京大学发文量为3篇，共发文71篇，占宪法学发文总量的66.4%（71/107）。相较于2022年，中国社会科学院法学研究所继续保持发文量首位。从各高产单位的地域分布上看，华北地区5所高校（科研院所），东北地区1所高校，华中地区1所高校，华南地区1所高校，西南地区1所高校，东南地区2所高校，宪法学研究主要集中于各地域行政中心地区，总体而言分布格局较为均衡。

以发表论文2篇及以上作为高产学者的标准，2023年宪法学领域的15位高产学者总发文量为48篇，占宪法学领域全年发文总量的44.86%（48/107）。分别为：中国社会科学院莫纪宏研究员（11篇），中国人民大学韩大元教授（7篇），西南政法大学张震教授（4篇），广东财经大学童之伟教授（4篇），武汉大学石泽华讲师（4篇），中国人民大学王旭教授（2篇），武汉大学秦前红教授（2篇），东南大学刘练军教授（2篇），吉林大学李海平教授（2篇），山东大学（威海）肖金明教授和方琨博士研究生（2篇），中南财经政法大学秦小建教授（2篇），上海交通大学林彦教授（2篇），西南大学赵谦教授（2篇），广东外语外贸大学谢宇讲师（2篇）。从高产作者的年龄结构上看，"50后"作者1位，"60后"作者4位，"70后"作者4位，"80后"作者3位，"90后"作者3位。

青年宪法学者在2023年取得了积极的成果，包括讲师、博士后、助理教授或助理研究员、博士研究生在内的青年宪法学者共在CLSCI期刊独立发表论文29篇，占宪法学学科CLSCI期刊论文总量的27.1%（29/107）。其中，以讲师身份发表的CLSCI期刊论文为10篇，以博士后身份发表的CLSCI期刊论文为4篇，以助理教授或助理研究员身份发表的CLSCI期刊论文为7篇，博士研究生独立发表的CLSCI期刊论文为8篇。在宪法学资深学者的带领下，中青年学者不断加强理论创新、不断丰富实践创造、更好发挥宪法作用。以冷静观察社会，以记录抵抗遗忘，不乏深邃的观点、犀利的见解与高度的人文关怀。随着"90后"作者高质量学术成果的不断产出，宪法学研究队伍的年轻化趋势愈发明显。宪法学人承前贤探径之精神，发当世同情之理解，立时代潮头，通古今变化，发思想先声，践行着一代代宪法学人的使命担当。

从2023年宪法学研究的整体状况上看，宪法学者围绕构建宪法学自主知识体系、宪法精神与宪法原则、新兴科技的宪法审度、国家机构与权力配置、宪法实施和监督、备案审查制度的完善等当代中国宪法理论和实践中的热点问题展开深入研究，在诸多方面取得了共识和成果。2023年是全面贯彻落实党的二十大精神的开局之年，宪法研究更敏锐地应对着变动的经验事实，为新事物、新规则提供更加包容的价值空间，又继续坚持理论创新，积极主动地融入世界宪法文明的变迁与发展中，贡献宪法文明的中国思考与中国范式。2023年度，《立法法》修改完善了依宪立法、依法立法的原则，加强宪法实施和监督，明确合宪性审查要求，完善备案审查制度。2023年12月29日，全国人大常委会通过《关于完善和加强备案审查制度的决定》，这标志着中国特色的备案审查制度正逐渐走向成熟，中国特色的合宪性审查话语体系正逐渐形成。2023年度评选出"法工委就涉罪人员近亲属受限制规范进行合宪性审查""'异地用检'得到进一步规范""未成年人因文身被取消入学资格""《治安管理处罚法》修订草案引起热议"等中国十大宪法事例。日臻完善的宪法制度规范与代表性个案体现了中国人民对美好的宪法生活热情与期待，也是中国宪法学者的责任、使命和价值追求。为宪法学研究提供了更为深入的理论研究空间与生动的社会实践图景。宪法学研究水平与创新能力正不断提高，宪法学研究的主体性、原创性意识不断增强，具有中国特色的宪法学理论体系正在逐步形成。具体分述如下。

（1）宪法学基本理论研究

习近平总书记在《谱写新时代中国宪法实践新篇章——纪念现行宪法公布施行40周年》一文中明确提出"宪法精神"的概念。引发了宪法学者的广泛关注，有学者从"新时代中国宪法发展的内在规律及其课题"的角度对该文章进行解读，认为：宪法学研究要回应新时代的新课题，将这些从实践中提炼的规律性认识进一步学术化、体系化和精细化，推动形成中国自主的宪法学科体系、学术体系、话语体系，切实提高我国宪法理论的解释力、说服力与国际影响力。（韩大元）针对文章首次出现的"宪法精神"这一概念，有学者指出，"宪法精神"对当代中国宪法的实施具有重大的意义，但理论和实践中不宜泛化使用"宪法精神"概念，要在揭示宪法文本中宪法规定、宪法原则背后蕴涵的宪法原理的基础上，运用宪法解释的方法，通过明确宪法文本中宪法规定之间、宪法规定与宪法原则之间以及宪法原则与宪法原则之间的价值关系，来"发现"宪法精神。（莫纪宏）针对文章中首次提出的"宪法自觉"与"宪法发展"，有学者认为，在加强宪法解释方面，"宪法自觉"仍然存在需要提升的空间，只有在宪法实施方面产生了宪法行动的"自觉"，宪法制度才能真正地得到发展，宪法的根本法权威才能得到有效发挥。（莫纪宏）针对文中首次提到的"党对宪法工作的全面领导"。有学者指出,"宪法工作"虽然目前尚属于政策性术语,但该概念具有很强的解释中国宪法实践中各种宪法现象和问题的能力。"加强党对宪法工作的全面领导"这一理论命题具有必要性、可行性,加强党对宪法工作的全面领导具有理论和实践意义。(莫纪宏)

构建宪法学自主知识体系。学者们认为,法学学科体系、学术体系和话语体系建设是当下中国法学界面临的重要研究任务。要真正走出法学"三大体系"建设理论研究的误区和困境,关键是要把法学作为一门科学。根据科学学的原理和方法论来构建"法学学",并通过科学有效地运用"法学学"方法论来全面系统地研究法学学科体系、学术体系和话语体系之间的价值关系和逻辑联系。(莫纪宏)在构建宪法学自主知识体系的过程中,历史主义是构建、识别、塑造宪法学知识的体系性、自主性与中国性的重要途径。通过对百年来宪法学文献的全面梳理,可以发现中国宪法学沿着知识发生学的演进脉络逐渐形成了以学术体系、学科体系与话语体系为主干的知识框架。其中,学术体系是知识体系的核心,包括以"宪法"为起点的概念体系,以"立宪主义"为内核的原理体系和以"解释学"为根基的方法体系。(韩大元)如何丰富宪法学自主知识体系的内涵是学术研究的重要方向,2023年新修改的《中华人民共和国立法法》中很多条款都隐含了"宪法保留"原则的价值要求,特别是将"宪法精神"作为立法依据,为"宪法保留"原则的存在和发挥自身的规范建构和解释功能提供了充足的规范性依据。因此,在法理上引入"宪法保留"原则的概念可以丰富中国自主的宪法学知识体系,并在宪法实践中推动合宪性审查工作有效地开展。(莫纪宏)

全面依法治国与中国式现代化。法治建设在中国式现代化过程中的支撑性作用愈加明显。2023年度,宪法学者从推进中国式现代化的宪法实践出发,立足当前,充分运用法治思维和法治方式解决我国经济社会发展面临的突出问题,推进习近平法治思想研究阐释学理化。对习近平法治思想中坚持依宪治国、依宪执政的内涵,中国式现代化的宪法逻辑等问题予以阐发:习近平法治思想与宪法在精神实质上是统一的,它系统、原创性地回答了"为什么要坚持依宪治国、依宪执政""中国宪法的显著优势和重大作用是什么""如何全面贯彻实施宪法"等一系列问题,是我们在法治轨道上全面建设社会主义现代化国家的根本法理依据。(王旭)现代化话语贯穿于我国宪法制定、修改与实施的历史进程。为更好发挥宪法对中国式现代化的规范和保障作用,应认真对待宪法文本，体系性地运用宪法解释学方法，深挖宪法基础范畴与概念，建构具有历史意识、面向现代化实践的中国宪法理论体系。（韩大元）

全过程人民民主。我国宪法中的国家根本任务条款、人民主权条款、国家性质条款、人民代表大会制度条款、政治参与条款与民主集中制条款构成了"全过程"人民民主的规范体系。2023年度，学者们持续深化以宪法为基础推进全过程人民民主，深入研究宪法在贯彻民主理念、确定民主重点、保障民主权利、设计民主程序、规范民主实践等方面发挥的作用。有学者分析了全过程人民民主的理论逻辑与宪法实现，指出"全过程人民民主"的理论逻辑是与"社会主义"观念密切相关的民主理念，将形式民主、实质民主、政治集中、价值决断整合于全过程人民民主的链条当中。（李忠夏）厘清全过程人民民主的宪法逻辑，要处理好民主与法治、发展、治理之间的辩证关系，更好发挥人民代表大会制度对全过程人民民主的重要载体作用。（张震）民主集中制是我国政权组织形式的原则，也是国家机构的组织原则，蕴含着民主正当性和集中有效性双重价值目标，党的民主集中制和国家机构的民主集中制相互影响、相互作用，实现了依宪执政与依宪治国的衔接，塑造了中国宪法体制。（沈寿文）

社会主义基本经济制度。社会主义市场经济的制度与政策具有宪法属性与效力，2023年度，宪法学者们以宪法为基础不断完善社会主义市场经济体制，探讨如何进一步完善与市场经济相适应的社会主义法律体系，依据社会经济发展情况对社会主义市场经济体制条款进行宪法解释，深化对市场经济的认识，优化营商环境，实现数字经济时代的宪法创新。在宪法变迁中实现宪法规范的更新，是实施宪法、维护宪法权威的重要路径，是市场经济入宪留给我们的宝贵教益。（黄明涛）从宪法规范上看，非公有制经济与公有制经济虽然性质不同，但在社会主义市场经济体制中，二者具有平等的法律地位，应当受到平等保护。基于国家的宪法义务，国家在立法、公共政策制定等不同领域，应当维护非公有制经济的合法权利和利益，落实非公有制经济的宪法地位。（韩大元）就目前营商环境而言，全面实施宪法需要从平衡改革与法治，优化权力的纵向、横向配置，处理好政府与市场的关系，维护公正司法四个维度捍卫营商环境中的宪法秩序。（王雨亭）

宪法与部门法的关系。2023年度，在宪法学研究"议题化"、部门法议题宪法化的背景下，宪法学者继续对部门法中的宪法问题予以主动回应。有学者通过对宪法和一般法关系命题进行观念溯源，总结出宪法与一般法关系的当代表达：这一关系命题涉及宪法与立法者制定的一般规范的关系构造如何理解宪法、是否以及如何限制形式法律对一般规范的创造为二者关系命题的核心。这一关系命题涉及阶层判断：首先判断制宪者的意志与更高的法对宪法认知的影响，其次判断具有形式和实质双重优位性的宪法对一般法的影响。（许瑞超）全国人大常委会于2021年度启动了环境法典、教育法典、行政基本法典等条件成熟的行政立法领域的法典编纂计划，2023年度，宪法学者继续深入对宪法中环境权的表达及实施等问题的探讨，对环境权是否入宪仍存在争论，有学者以《立法法》第二次修改为背景，就宪法生态文明规范体系对环境法典编纂的制度化依据进行研究，指出在环境法典编纂过程中，确定宪法依据到底是什么，以及到底产生什么样的制度化依据，进而形成系统全面的诠释及建议，是宪法学者可以为环境法典编纂作出的学术贡献，也是构建中国宪法学自主知识体系的有益探索。（张震）

（2）*基本权利问题研究*

基本权利原理。公民基本权利仍是宪法学研究的核心内容。2023年度，学者们针对基本权利放弃、基本权利私法效力、基本权利的法律保留等问题予以深入阐释。就基本权利放弃而言，有学者认为，基本权利放弃仅当可以放弃、主体具有相应认知能力、有意思表示时才产生效力，且不得违反宪法法律明文规定、客观价值秩序，损害人性尊严、基本权利本质内容及第三人基本权利。（柳建龙）基本权利私人间效力是宪法学界持续讨论多年的学术论题，有学者分析了基本权利私法效力的界限，具体而言，个案判断时应先依据基本权利与民事权利的关系确定适用范围，再优先通过民法基本原则的适用实现价值指引和价值补充的功能。在适用一般条款时，应先通过既有的案例类型填补价值。基本权利规范仅在民法价值判断明显失衡或缺位时才有必要适用。（奚若晨）针对法律保留原则，有学者总结出基本权利限制法律保留的中国方案，认为应当以我国宪法基本权利章的独特结构和各基本权利条款的具体规定为基础，特别是考量独特的"示列性规定"，构建中国的基本权利限制法律保留的分层方案。（张翔）有学者分析了法律保留的双重构造，发现在中国独有的"法律—法规—规章"三层结构中，行政法规是再造三层结构的关键概念。在法律保留的基础上延伸出"法规保留"，既坚持法律与法规的界限，也划分法规与规章的界限，形成逐层递进的双重构造。（刘志鑫）除了基本权利领域的法律保留原则外，学者们还从央地关系、授权试点、制宪史、公立高校校规等视角出发丰富了法律保留的内涵和实践。若结合央地关系就法律保留的理论基础加以拓展，则可以发现我国纵向法律保留的范围涉及社会主义政治统一和市场统一两个维度。社会主义制度必然要求在部分领域采用严格的法律保留模式。综合纵向法律保留的范围和程度两个方面的考虑，具体保留规范的适用可进一步精确化。（俞祺）授权改革试点应首先遵循法律保留原则，授权改革试点的合宪性由法律保留、授权明确性和比例原则等多项原则共同支撑，应从宪法保留、全国人大与全国人大常委会权限关系、绝对保留和相对保留三个递进层次，提炼授权改革试点受法律保留约束的三个规范要求。（秦小建）制宪史表明，《宪法》第51条设定的无法律保留的基本权利的限制事由可以被限缩解释，从而既能适用于附带简单法律保留及特别法律保留的基本权利，又能彰显差异化保留的规范意义。差异化法律保留亦可为解决基本权利冲突、区分立法的合宪性审查基准提供指引。（陈鹏）具体到实践领域，在解决公立高校办学自主权与法律保留原则之间张力的过程中，应将办学自主权划分为核心事务、重点事务、辅助事务三个层级，并据此调适法律保留原则在不同情形中的适用级别。（林家睿）

2023年度，宪法学者对社会权、生育权、文化权、财产权、健康权等公民基本权利进行研究。针对社会权，有学者发现我国宪法中的社会权不仅具有社会经济性质，更具有一定程度的政治性质，其功能更多体现为客观价值秩序功能，其具体的保护义务不仅指向合宪性审查机关和司法机关等具体国家机构，也指向国家治理体系。（刘晗）在"少子老龄化"和"人口负增长"的时代背景下，生育政策的主旨必然转向政策的法定化与生育的权利化。生育权作为公民与生俱来的应然权利，应当上升到宪法位阶进行理解和诠释，实现生育权"生"和"育"的有机统一。（张震）有学者从信任共识论出发，认为通过厘清公共文化服务供给规范所涉治理模式、资金管理与设施管理事项的信任要义，进而设定相应的外部、内部与主体之开放式行为交往指引，投入结构、用途管制之规则式物质保障指引，场所、服务与监督之普遍干预式行为评判指引。（赵谦）有学者通过对宪法国民健康条款进行规范阐释，指出现行宪法中的国民健康条款包括总领性条款、预防性条款、服务保障性条款以及健康推进的组织性条款。这一规范体系主要通过指明健康立法的方向与重点、确立健康政策的原则与目标、推动宪法与部门法的协同实施、明确健康保障的责任主体，发挥规范效力。（张肇廷）

新兴科技的宪法审度、生成式人工智能与知识生产范式变革。新兴科技的迅猛发展，在给人类社会带来便利的同时，也带来一系列挑战。人工智能将是否能够真正造福人类？基因技术能否改变人性？如何防范新技术可能带来的伦理风险？2023年度，宪法学者梳理和构建科技宪法伦理理论体系，明确相关标识性概念的内涵框架、路径特点，确立系统化、规范化、科学化的科技宪法伦理，探索新兴科技的发展的宪法边界。深入研究新兴科技伦理治理的模式路径、宪法发挥的作用机制等问题，聚焦各类新兴技术如生成式人工智能、生物技术、算法设计等在应用过程中产生的具体问题，探讨其潜在的宪法问题。有学者对"数字人权"进行了概念证立、本原考察及宪法基础分析，认为数字人权包括以人的"数字属性"为本原形成的具有数字化形态的传统人权，以及以人的"数字属性"为本原形成的新兴数字权利，两类人权应当成为基本权利。（龚向和）有学者对个人信息国家保护义务理论进行了反思与重塑，他认为，当前的个人信息国家保护义务理论以"客观法"表征个人信息基本权的属性，错置了客观法与主观权利之间的关系；用"间接效力"指称个人信息基本权对作为私主体的信息处理者的效力，混淆了"效力"和"效果"的语义。确立个人信息保护权利基础的二元结构，明确个人信息基本权积极面向的主观权利属性，适度延伸个人信息基本权的效力范围，并对国家保护义务内容作相应调整，是重塑个人信息国家保护义务理论的有效途径。（李海平）有学者基于《个人信息保护法》第27条第1分句对公开个人信息处理的默认规则进行了分析，并指出，《中华人民共和国个人信息保护法》第27条第1分句一方面推定信息主体同意信息处理者处理公开的个人信息，建构起基于知情同意的默认规则；另一方面赋予信息主体对默认规则的"明确"拒绝权，二者共同构筑了处理公开个人信息默认规则的完整架构。（张薇薇）有学者就计算法学研究的范式进行了阐释与构建，指出：计算法学研究范式的整体构建，需要在计算法学初步成形基础上，提炼出计算法学蕴含的主要命题，包括法秩序有序性、整合模式、法治协调共生等，并使计算法学的构造与原理体系化。（肖金明、方琨）有学者围绕技术避风港来构建平台责任制度，将使得平台治理变得更为有效、更能适应技术更新迭代，进而改善我国网络平台的治理现状，顺应平台经济健康有序发展的需求。（沈伟伟）有学者就个人信息"合理利用"进行了规范分析，并指出，个人信息"合理利用"应该兼具不受侵犯和风险预防两个方面，在面对国家公权力和私主体两种不同的处理者时，应该具有不同的保护逻辑。（张婉婷）有学者就私密信息展开研究，认为对其概念的界定具有区分隐私和（无涉隐私的）个人信息，并明确各自规则适用范围的重要功能。《个人信息保护法》中处理者侵权的举证规则、违法处理的行政责任，以及对违法处理的事前预防机制，均为隐私权"没有规定的"内容，应当予以适用。（贺彤）

(3) 国家制度与权力配置问题研究

国家权力的适当配置是一国宪法的重要内容，也是宪法学上的基本问题。2023年度，宪法学者继续就人民代表大会制度的制度特色、监察体制的制度逻辑及实践运行机理、人大授权立法、区域协同立法等领域进行研究。有学者从历史、规范、实践三重维度证成全国人民代表大会是制度稳定型权力机关。优化全国人大的功能应遵循适度扩充原则，并在实现议事资源均衡化的前提下，通过观念更新激活主观非常态性职权，加强监督权行使，同时要防止其功能过载。（林彦）有学者对监察体制的制度逻辑及实践运行机理展开了系统深入的研究，分别从制度逻辑，如"中华人民共和国《立法法》修改视野下监察法规的适用""监察官惩戒制度的理论逻辑及优化路径"，及实践运行如"监察体制改革背景下高校学术惩戒制度""高校监察派驻模式的法理逻辑与制度构造"等监察体制相关问题展开研究。（石泽华）有学者将监察权视为一种新型中国式宪法权力，并指出，监察权与各个功能型宪法权力之间是监察与被监察的关系。监察具有党政一体的特殊性，意味着它超越了传统的宪法权力理论框架，标志着一种新型中国式宪法权力的诞生。（刘练军）有学者就企业合规中的监察合规展开研究，认为，监察合规的路径可从内、外两个视角展开：外部视角主要表现为纪检监察机关对企业的事前廉洁合规教育和腐败预防，对事后合规激励理念的贯彻，以及对相关公职人员是否廉洁依法履职进行监督；内部视角主要指在党统一领导的分工负责制下，国有企业纪检监察部门的合规监督作用的充分发挥。（秦前红、李世豪）

立法相关问题研究。在人大立法方面，有学者考察了全国人大及其常委会以决定行使立法权的方式，认为这种方式可能影响《中华人民共和国宪法》与《中华人民共和国立法法》规定的法律制定程序的严肃性，模糊立法权与其他权力的区别。为避免决定方式行使立法权可能造成的问题，应当统一立法权行使的程序；从长远看，应统一立法的名称为"**法"。（林彦）基本法律修改权的创设反映了对于人民代表大会制度所承载的民主代议与有效决策两大价值的务实平衡,在有效填补规则空白的同时为改革提供更稳妥的法治保障。(林彦)在授权立法方面,有学者探讨了自由贸易试验区授权立法方式的优化路径,并指出,可以通过制定《自由贸易试验区法》进行授权立法;在中央设置中国自由贸易试验区管理委员会,授予其管理自由贸易试验区的一切职权;授予地方自由贸易试验区管理机构地方性法规拟制权。(陈建平)有学者从全国人大常委会授权的宪法定位及合宪性展开,认为全国人大常委会授权是一种隐蔽的宪制变动,要从"所授之权为自身之权""所授之权为可授之权""授权具有明确性""所授之权适合被授权机关行使""授权机关设置民主控制机制"等展开"阶层式"的合宪性分析。(秦小建)同时,授权改革试点应遵循法律保留原则,应从宪法保留、全国人大与其常委会权限关系、绝对保留和相对保留三个递进层次,提炼授权改革试点受法律保留约束的三个规范要求。(秦小建)在区域协同立法方面,有学者认为,区域协同立法的合宪性控制要在实体上坚持区域利益与国家利益并重的原则,在程序上区分直接管理事务和间接管理事务,对前者的协同立法主要依靠事后的备案审查机制,对后者的协同立法侧重于在事前通过宪法解释进行合宪性控制。(温泽彬)学者们还对区域协同立法过程中涉及的行政区划制度、特别行政区制度进行了研究,针对行政区划制度,有学者指出,行政区划调整应坚持有效性、体系性、类型化、依宪性要求,以系统性法治思维在根本法意义上融入国家重大发展战略,融入国家治理现代化的体系。(张震)针对特别行政区制度,有学者对经济特区法规的"区外适用"效力进行了分析,指出,鉴于"一市两法""双重立法权"现象存在的立法价值弊端,应制定《经济特区法规基本法》来取代目前以《立法法》所规定的含义模糊的全国人大授权决定作为经济特区法规的立法依据的做法,在经济特区所在地的市人大及其常委会制定的地方性法规与经济特区法规的适用范围完全一致情形下,宜撤销地方性法规的制定权,保留实质意义上的经济特区法规制定权。(莫纪宏)在数字经济立法方面,有学者从数字经济立法的内在逻辑和基本模式出发,指出,数字经济立法必须创新立法体制机制,从分散立法、地方立法模式向中央立法、综合立法模式转变,加快构建由基础性立法、领域立法、区域协同立法和地方立法组成的立法体系,以更加协调、系统、完备的法律规则为发展数字经济提供法治保障。(刘小妹)

(4) 宪法实施与宪法监督问题研究

宪法的生命在于实施,宪法的权威也在于实施。2023年度,学者们针对宪法实施的主体、方式、对象、手段等方面进行深入研究。有学者运用制度分析的方法分析宪法的跨领域功能，并指出，在理论上建构"领域自觉"，可以帮助宪法适用机关厘清宪法功能发挥的领域，深化中国特色宪法实施理论研究。（任喜荣）有学者就党的二十大报告中"加强宪法实施和监督"进行了解读，并指出，健全保证宪法全面实施的制度体系，需要在根本方向、工作布局、主体内容、制度保障四方面进一步探索。（王旭）有学者结合现行宪法体制，认为我国应当建立起"立法实施为主，司法实施为辅"的宪法实施模式，允许司法机关在有限的情形下直接适用宪法，并加强对司法机关实施宪法的监督。（谢宇）在宪法解释方面，有学者分析了合宪性解释的三重性质，认为，合宪性解释的性质具有解释对象、争议裁判、解释方法三个不同维度。只有案件事实符合作为解释依据的宪法条文的事实要件，且被解释的法律条文符合解释规则的规范要件，方可运用合宪性解释。（李海平）

学者们还针对合宪性审查、备案审查制度的限度及实现方式进行了研究。有学者讨论了合宪性审查决定的普遍约束性及其限度，并指出，全国人大常委会作出的合宪性审查决定是行使宪法明确赋予的释宪权的结果，包含了宪法解释，具有普遍约束性，但是对于同样享有涉宪性权力的全国人大而言，审查决定仅约束其立法活动，不约束其通过行使修宪权而进行的宪法监督。对于常委会自身而言，审查决定除非在实质确定力的范围内遮断后来的审查申请，否则不以先例的方式排除常委会修正有关宪法解释。（段沁）有学者通过梳理备案审查中的政治性审查机制，发现保证党中央令行禁止是备案审查工作的首要功能，人大常委会应专注于根据宪法和法律开展备案审查工作，以合宪/法性审查吸纳政治性审查的方式来落实政策贯彻功能。（李松锋）在宪法监督方面，有学者就宪法中的监督条款进行了类型化分析，并指出，从其历史生成上看，宪法上的监督条款可以划分为继受宪制传统的、汲取历史经验的和创新宪法权力架构的。从其规范性质上看，宪法上的监督条款可以划分为作为权利规范的、作为义务规范的和作为权力规范的。从其价值目标上看，宪法上的监督条款可以划分为承载人民民主、实现人权保障、促进经济发展和维护法治秩序。（刘练军）

（5）党内法规研究

加强党内法规制度建设，是全面从严治党、依规治党的必然要求，是建设中国特色社会主义法治体系的重要内容，也是推进国家治理体系和治理能力现代化的重要保障。2023年度，党内法规研究受到宪法学者关注，产生了一系列研究成果。有学者对党政联合制定党内法规的规范路径进行了分析，认为，基于党规和国法的分殊以及严格依法立法和全面从严治党的要求，有必要从进一步明确联合制定党内法规的主体和范围、优化联合立规的制定和发布机制、构建更为刚性的监督保障机制等方面入手，促进党政联合立规实现更高程度的规范化，助推法治中国建设。（秦前红）有学者探讨了党内法规学科的体系化构建方式，指出，为加快构建与依规治党实践相适应的党内法规学学科体系，我们必须深刻认识党内法规学作为一级学科的应有定位，正确把握党内法规学与其他学科的相互关系，加强党内法规学学科发展规划和统筹建设，加快构建中国自主的党内法规知识体系。（周叶中　邵帅）

（6）小结与展望

步步常由逆境行，极知造物欲其成。当代中国宪法学面临的问题，在世界宪法历史发展的脉络中自有其特殊的定位，从中国宪法制度与实践中挖掘新材料、发现新问题、提出新观点，用学术话语提炼新概念、新范畴、新表达，是中国宪法学研究的重要课题。只有坚持"立足中国、借鉴国外，挖掘历史、把握当代，关怀人类、面向未来"的立场和思路，才能真正构建具有中国特色、中国风格、中国气派的宪法学学科体系、学术体系和话语体系。

未来宪法学研究将继续坚持对中国宪法学的价值追求，捍卫宪法学价值尊严。结合当代中国宪法制度和宪法实践，加强中国宪法理论研究，提炼标志性概念、原创性观点，加强中国宪法学科体系、学术体系、话语体系建设，不断提升中国宪法理论和实践的说服力、影响力。

附录　中国国家图书馆馆藏"宪法"类主要著作书目

书名	责任者	出版、发行者	出版发行时间
《宪法基本知识讲话》	吴家麟	中国青年出版社	1954
《宪法基本知识讲话》	王珉等	中国青年出版社	1962
《中国宪法类编》	陈荷夫	中国社会科学出版社	1980
《宪法论文集》	张友渔等	群众出版社	1982
《宪法学概论》	萧蔚云等	北京大学出版社	1982
《学点宪法知识》	周新铭等	群众出版社	1982
《宪法学》	法学教材编辑部《宪法学》编写组 主编：吴家麟	群众出版社	1983
《宪法论》	张光博	吉林人民出版社	1984
《宪法学资料选编》	北京广播电视大学法律教研室	中央广播电视大学出版社	1985
《宪法学》	白正淳等	黑龙江人民出版社	1985
《中国宪法学》	许崇德	天津人民出版社	1986
《外国宪法》	刘采一等	吉林大学出版社	1986
《宪法学》	韩国章等	吉林大学出版社	1987
《苏联宪法和苏维埃立法的发展》	刘向文	法律出版社	1987
《宪法教程》	吴杰等	法律出版社	1987
《宪法》	王叔文	四川人民出版社	1988
《宪法学教程》	廉希圣	中国政法大学出版社	1988

续表

书名	责任者	出版、发行者	出版发行时间
《简明宪法学》	刘和海等	山东人民出版社	1988
《比较宪法学》	何华辉	武汉大学出版社	1988
《宪法学教程》	吕泰峰	河南大学出版社	1988
《宪法学基础》	卫之骅	山东大学出版社	1988
《宪法学自学考试辅导与练习》	王显举	中国人民大学出版社	1988
《宪法学》	徐家鹿等	对外贸易教育出版社	1989
《世界宪法大全·上卷》	姜士林陈等	中国广播电视出版社	1989
《宪法学》	马新福	吉林人民出版社	1989
《宪法学词典》	赵喜臣	山东大学出版社	1989
《宪法学学习指导书》	吴家麟	中央广播电视大学出版社	1989
《中国宪法教程》	许清	中国政法大学出版社	1989
《宪法学》	魏定仁等	北京大学出版社	1989
《成文宪法的比较研究》	马尔赛文等，陈云生译	久大文化公司，桂冠图书公司	1990
《比较宪法纲要》	张光博	辽宁大学出版社	1990
《宪法学》	吴家麟	中央广播电视大学出版社	1991
《宪法学》	徐至善	云南大学出版社	1992
《宪法学原理·上》	徐秀义等	中国人民公安大学出版社	1993
《宪法的实施和保障》	张光博等	吉林大学出版社	1993
《宪法学》	蒋碧昆	中国政法大学出版社	1994
《宪法学基本理论》	张庆福	社会科学文献	1994
《宪法学》	王月明	华东理工大学出版社	1995
《宪法学-外国部分》	许崇德等	高等教育出版社	1996
《宪法学》	蒋碧昆	中国政法大学出版社	1997
《世界宪法全书》	姜士林等	青岛出版社	1997
《宪法学》	本书编写组［编］	中国环境科学出版社	1998
《国外社会主义宪法论》	陈宝音	中国人民公安大学出版社	1998
《宪法审判制度概要》	莫纪宏	中国人民公安大学出版社	1998
《比较宪法学》	王广辉	武汉水利电力大学出版社	1998
《宪法比较研究》	李步云	法律出版社	1998
《宪法学》	康健等	辽宁大学出版社	1998

续表

书名	责任者	出版、发行者	出版发行时间
《宪法学》	胡肖华	中南工业大学出版社	1999
《宪法学》	俞子清	中国政法大学出版社	1999
《宪法学》	李树忠	龙门书局	1999
《宪法学》	郭学德	中国经济出版社	1999
《宪法学》	周叶中	法律出版社	1999
《宪法监督论》	李忠	社会科学文献出版社	1999
《宪法学》	董和平等	法律出版社	2000
《宪法学》	全国高等教育自学考试指导委员会	中国人民大学出版社	2000
《宪法学》	韩大元	法律出版社	2000
《比较宪法学新论》	赵树民	中国社会科学出版社	2000
《宪法学》	王月明	华东理工大学出版社	2000
《宪法学》	胡肖华等	湖南人民出版社，湖南大学出版社	2001
《现代宪法学基本原理》	徐秀义等	中国人民公安大学出版社	2001
《宪法学》	贵立义	中国财政经济出版社	2001
《现代宪法的逻辑基础》	莫纪宏	法律出版社	2001
《独联体国家宪法比较研究》	任允正等	中国社会科学出版社	2001
《外国宪法》	鄂振辉	华夏出版社	2001
《宪法学》	甘超英	人民法院出版社	2002
《比较宪法》	沈宗灵	北京大学出版社	2002
《宪法学》	张世信	复旦大学出版社	2002
《中国宪法》	刘茂林	中国政法大学出版社	2002
《宪法学》	王磊	中国方正出版社	2002
《新世纪外国宪法学》	赵珺瑛等	内蒙古大学出版社	2002
《宪法学》	肖泽晟	科学出版社	2003
《宪法学》	胡锦光等	中国人民大学出版社	2003
《比较宪法与行政法》	王红	中共中央党校出版社	2003
《〈中华人民共和国宪法〉概论》	廖克林	贵州人民出版社	2003
《比较宪法与行政法》	龚祥瑞	法律出版社	2003
《宪法学》	殷啸虎	上海人民出版社	2003

续表

书名	责任者	出版、发行者	出版发行时间
《宪法学》	董和平	法律出版社	2004
《宪法学》	苗连营	郑州大学出版社	2004
《外国宪法：案例及评述》	胡建淼	北京大学出版社	2004
《宪法学》	莫纪宏	社会科学文献出版社	2004
《宪法学专题研究》	韩大元等	中国人民大学出版社	2004
《宪法学》	苗连营	郑州大学出版社	2004
《宪法解释的理论建构》	范进学	山东人民出版社	2004
《宪法诉讼的民主价值》	刘志刚	中国人民公安大学出版社	2004
《外国宪法判例》	韩大元等	中国人民大学出版社	2005
《外国宪法比较研究》	刘一纯	中国检察出版社	2005
《宪法学》	费春	中国民主法制出版社	2005
《宪法学》	焦洪昌	北京大学出版社	2006
《宪法学导论》	齐小力	群众出版社	2006
《宪法学》	魏定仁等	知识产权出版社	2006
《宪法学》	韩大元	高等教育出版社	2006
《宪法学专论》	朱福惠等	科学出版社	2006
《宪法学》	傅思明	对外经济贸易大学出版社	2006
《财产权保障与宪法变迁》	王锴	海南出版社	2006
《宪法解释的哲学》	徐振东	法律出版社	2006
《宪法学》	邹平学等	中国民主法制出版社	2006
《宪法学》	蒋碧昆	中国政法大学出版社	2007
《宪法原理解读》	马岭	山东人民出版社	2007
《宪法学》	郑贤君	北京大学出版社	2007
《宪法学》	胡锦光等	中国人民大学出版社	2007
《比较宪法学》	秦前红	武汉大学出版社	2007
《宪法学》	俞子清	中国政法大学出版社	2007
《外国宪法》	薛小建	北京大学出版社	2007
《宪法哲学导论》	江国华	商务印书馆	2007
《实践中的宪法学原理》	莫纪宏	中国人民大学出版社	2007
《宪法学》	朱福惠	厦门大学出版社	2007

续表

书名	责任者	出版、发行者	出版发行时间
《宪法解释方法与案例研究》	周伟	法律出版社	2007
《宪法》	刘茂林	中国人民大学出版社	2007
《比较宪法》	费巩	法律出版社	2007
《宪法学的新发展》	莫纪宏	中国社会科学出版社	2008
《比较宪法》	韩大元	中国人民大学出版社	2008
《宪法解释方法的变革》	刘国	中国政法大学出版社	2008
《宪法学》	吴家清等	科学出版社	2008
《宪法隐私权研究》	屠振宇	法律出版社	2008
《论宪法修改程序》	杜强强	中国人民大学出版社	2008
《中国宪法》	刘茂林	中国政法大学出版社	2008
《宪法学》	杨平	科学出版社	2008
《宪法学》	李光懿等	北京航空航天大学出版社	2008
《宪法学原理》	莫纪宏	中国社会科学出版社	2008
《宪法学》	焦洪昌	北京大学出版社	2009
《论公民的宪法义务》	李勇等	山东人民出版社	2008
《宪法学原理》	陈云生	北京师范大学出版社	2009
《中国宪法导论》	刘茂林	北京大学出版社	2009
《宪法审查的启动要件》	郑磊	法律出版社	2009
《宪法判断的方法》	翟国强	法律出版社	2009
《立宪主义语境下宪法与民法的关系》	刘志刚	复旦大学出版社	2009
《政党立宪研究》	叶海波	厦门大学出版社	2009
《现代宪法学》	陈云生	北京师范大学出版社	2010
《宪法与紧急状态》	莫纪宏等	法律出版社	2010
《中国宪法学基本范畴与方法》	韩大元等	法律出版社	2010
《成文宪法的比较研究》	王惠玲	对外经济贸易大学出版社	2010
《外国宪法》	祝捷	武汉大学出版社	2010
《和谐农村与农民权利的宪法保障》	郭殊	中国社会出版社	2010
《宪法（第二版）同步辅导与案例集》	胡弘弘等	武汉大学出版社	2010
《宪法学》	甘超英等	北京大学出版社	2011

续表

书名	责任者	出版、发行者	出版发行时间
《宪法学》	齐小力等	中国人民公安大学出版社	2011
《宪法监督程序研究》	陈冬	中国检察出版社	2011
《宪法监督的理论与违宪审查制度的建构》	陈云生	方志出版社	2011
《论道宪法》	蔡定剑	译林出版社	2011
《外国宪法》	胡锦光	法律出版社	2011
《宪法学》	甘超英等	北京大学出版社	2011
《宪法学原理》	朱福惠	厦门大学出版社	2011
《宪法学讲义》	林来梵	法律出版社	2011
《法庭上的宪法》	周伟等	山东人民出版社	2011
《世界各国宪法·欧洲卷》	《世界各国宪法》编辑委员会编译	中国检察出版社	2012
《世界各国宪法·亚洲卷》	《世界各国宪法》编辑委员会编译	中国检察出版社	2012
《世界各国宪法·非洲卷》	《世界各国宪法》编辑委员会编译	中国检察出版社	2012
《世界各国宪法·美洲大洋洲卷》	《世界各国宪法》编辑委员会编译	中国检察出版社	2012
《中国宪法三十年》	李林等	社会科学文献出版社	2012
《宪法历史及比较研究》	程树德	商务印书馆	2012
《未列举权利研究》	屠振宇	中国法制出版社	2012
《部门宪法学系列丛书》	周刚志等	中国政法大学出版社	2012-
《新农村建设的宪法学解读》	胡弘弘	湖北人民出版社	2012
《宪法学》	杜承铭等	厦门大学出版社	2012
《宪法诉讼的中国探索》	谢维雁	山东人民出版社	2012
《宪法教义学》	白斌	北京大学出版社	2014
《外国宪法》	张震等	中国人民大学出版社	2014
《外国宪法》	孙大雄	知识产权出版社	2014
《外国宪法选译》	肖君拥	法律出版社	2015
《国家权力与公民权利的宪法界限》	陈征	清华大学出版社	2015
《健全宪法实施监督机制研究报告》	李林等	中国社会科学出版社	2015
《宪法实施原理》	王旭	法律出版社	2016

续表

书名	责任者	出版、发行者	出版发行时间
《宪法知识中小学生读本》	李林等	中国民主法制出版社	2016
《中华民国（南京）宪法研究》	聂鑫	香港城市大学出版社	2017
《宪法变迁与宪法教义学》	李忠夏	法律出版社	2018
《法国式合宪性审查的历史变迁》	王建学	法律出版社	2018
《宪法与澳门基本法》	任进	江苏人民出版社	2019
《预算权的宪法规制研究》	任喜荣等	吉林大学出版社	2019
《宪法规范之程序性考察》	谭波	中国民主法制出版社	2022
《宪法的逻辑与合宪性》	莫纪宏	当代中国出版社	2023
《中国宪法解释学》	韩秀义	当代中国出版社	2023
《中小学宪法晨读》	《中小学宪法晨读》编写组【编】	中国民主法制出版社	2024
《海国宪志》	刘晗	北京大学出版社	2024

资料来源：中国国家图书馆、中国国家数字图书馆、国家典籍博物馆。参见 https://www.nlc.cn/web/index.shtml。

图书在版编目(CIP)数据

新中国宪法学学术发展简况 / 刘小妹，李忠，莫纪宏主编.--北京：社会科学文献出版社，2024.10.
ISBN 978-7-5228-4323-0

Ⅰ.D921.04

中国国家版本馆 CIP 数据核字第 202450JR87 号

新中国宪法学学术发展简况

主　　编 / 刘小妹　李　忠　莫纪宏
副 主 编 / 朱学磊　刘志鑫

出 版 人 / 冀祥德
责任编辑 / 芮素平
责任印制 / 王京美

出　　版 / 社会科学文献出版社·法治分社（010）59367161
　　　　　　地址：北京市北三环中路甲29号院华龙大厦　邮编：100029
　　　　　　网址：www.ssap.com.cn
发　　行 / 社会科学文献出版社（010）59367028
印　　装 / 北京联兴盛业印刷股份有限公司

规　　格 / 开　本：787mm×1092mm　1/16
　　　　　　印　张：26.5　字　数：458千字
版　　次 / 2024年10月第1版　2024年10月第1次印刷
书　　号 / ISBN 978-7-5228-4323-0
定　　价 / 149.00元

读者服务电话：4008918866

版权所有 翻印必究